JÜRGEN KOSCHWITZ

Die kurzfristige polizeiliche Freiheitsentziehung

Schriften zum Öffentlichen Recht

Band 110

Die kurzfristige polizeiliche Freiheitsentziehung

Freiheitsentziehung durch die Vollzugspolizei der Länder und den Bundesgrenzschutz unter besonderer Berücksichtigung des Artikels 5 der Menschenrechtskonvention

Von

Dr. jur. Jürgen Koschwitz

DUNCKER & HUMBLOT / BERLIN

Gedruckt 1969 bei Alb. Sayffaerth, Berlin 61
Printed in Germany

Meinen Eltern

Vorwort

Nach Artikel 104 Absatz II Satz 1 des Grundgesetzes hat über die Zulässigkeit und Fortdauer einer Freiheitsentziehung nur der Richter zu entscheiden. Durch diesen Verfassungssatz hat der Begriff der Freiheitsentziehung eine außerordentliche Bedeutung erlangt. Zu seiner Klärung will die vorliegende Arbeit beitragen. Im übrigen werden weniger die zahlreich vorhandenen Äußerungen zu den verschiedenen Erscheinungsformen des polizeilichen Eingriffs in die persönliche Freiheit zusammengestellt und kritisch betrachtet, als vielmehr einige Fragen herausgegriffen und untersucht, die für die polizeiliche Praxis große Bedeutung haben, bislang aber noch nicht hinreichend geklärt sind. Neben der Tragweite des Artikels 104 des Grundgesetzes gehört hierzu insbesondere die Einwirkung der europäischen Menschenrechtskonvention auf das deutsche Polizei- und Strafprozeßrecht. Wegen der bedauerlichen Zersplitterung des allgemeinen Polizeirechts bedurfte es einer verhältnismäßig umfangreichen Darstellung der Rechtsgrundlagen.

Die Untersuchung wurde ursprünglich im Frühjahr 1968 der Juristischen Fakultät der Georg-August-Universität zu Göttingen als Dissertation vorgelegt. Spätere Gesetzesänderungen wurden bis April 1969 berücksichtigt. Desgleichen konnte der Kommentar *Guradzes* zur Menschenrechtskonvention noch nachträglich berücksichtigt werden.

Der Verfasser dankt auch an dieser Stelle Herrn Professor Dr. Werner Weber, Göttingen, für die Betreuung der Arbeit und die freundliche Unterstützung.

Bad Oldesloe, den 30. April 1969

Jürgen Koschwitz

Inhaltsverzeichnis

Abkürzungs- und Gesetzesverzeichnis

(mit Ausnahme allgemein gebräuchlicher Abkürzungen und solcher Gesetze, die nur an einer Stelle der Arbeit mit Angabe der Fundstelle genannt sind)

a. A.	= anderer Ansicht
a.a.O.	= am angegebenen Ort
AB	= Ausführungsbestimmungen
AB zum NdsSOG	= Ausführungsbestimmungen zum Gesetz über die öffentliche Sicherheit und Ordnung, RdErl. des NdsMdI v. 9. 5. 1962 (MBl. S. 507; auch bei *Ule-Rasch*, S. 519 ff. zu den einzelnen Vorschriften)
AB zum PrPVG	= Ausführungsbestimmungen zum Preußischen Polizeiverwaltungsgesetz v. 1. 10. 1931 (MBliV S. 923; auch bei *Klausener-Kerstiens-Kempner, Scheer-Trubel* und *Ule-Rasch* zu den einzelnen Vorschriften)
ABl.	= Amtsblatt
Abs.	= Absatz
Abschn.	= Abschnitt
Abt.	= Abteilung
a. E.	= am Ende
a. F.	= alter Fassung
Affaire Lawless (Fond)	= s. Literaturverzeichnis, Publications de la Cour Européenne des Droits de l'Homme
allg. M.	= allgemeine Meinung
ALR	= Allgemeines Landrecht für die preußischen Staaten v. 5. 2. 1794
Alt.	= Alternative
Anm.	= Anmerkung
Ann.	= Annuaire, s. Literaturverzeichnis, Yearbook of the European Convention on Human Rights
AöR	= Archiv des öffentlichen Rechts (Band und Seite)
arg.	= argumentum
Art.	= Artikel
AS	= Amtliche Sammlung (Band und Seite)
AusfG	= Ausführungsgesetz
AusfVO	= Ausführungsverordnung
AusländerG	= Ausländergesetz v. 28. 4. 1965 (BGBl. I/353)
Ausländerpolizei-VO	= Ausländerpolizeiverordnung v. 22. 8. 1938 (RGBl. I/1053)
Bad.	= Badisch
Bad.-Württ.	= Baden-Württembergisch (bei Gerichtsbezeichnungen)
BAnz.	= Bundesanzeiger (Jahr und Nummer)
Bay	= Bayern, Bayerisch
BayBS	= Bereinigte Sammlung des bayerischen Landesrechts 1802 bis 1956
BayObLG	= Bayerisches Oberstes Landesgericht

BayObLGSt	= Entscheidungen des Bayerischen Obersten Landesgerichts in Strafsachen (Jahr und Seite)
BayObLGZ	= Entscheidungen des Bayerischen Obersten Landesgerichts in Zivilsachen (Jahr und Seite)
BayPAG	= Gesetz über die Aufgaben und Befugnisse der Polizei in Bayern (Polizeiaufgabengesetz) v. 16. 10. 1954 i. d. F. v. 3. 4. 1963 (GVBl. S. 95, berichtigt S. 120)
BayPOG	= Gesetz über die Organisation der Polizei in Bayern (Polizeiorganisationsgesetz) v. 20. 10. 1954 (GVBl. S. 245)
BayVBl.	= Bayerische Verwaltungsblätter (Jahr und Seite)
BayVerf.	= Verfassung des Freistaates Bayern v. 2. 12. 1946 (GVBl. S. 333)
BayVerwahrungsG	= (Bayerisches) Gesetz über die Verwahrung geistesgerichtsordnung v. 22. 3. 1960 (GVBl. S. 269) süchtiger Personen (Verwahrungsgesetz) v. 30. 4. 1952 (GVBl. S. 163)
BayVwZVG	= Bayerisches Verwaltungs-Zustellungs- und Vollstreckungsgesetz v. 30. 5. 1961 (GVBl. S. 148)
Bd.	= Band
BDH	= Bundesdisziplinarhof
Bericht	= Bericht der Europäischen Kommission für Menschenrechte an den Gerichtshof im Falle Lawless (s. S. 175 Fn. 24)
BGB	= Bürgerliches Gesetzbuch v. 18. 8. 1896 (RGBl. S. 195)
BGBl.	= Bundesgesetzblatt (Jahr, Teil, Seite; das österreichische Bundesgesetzblatt wird nach Nummern zitiert)
BGH	= Bundesgerichtshof
BGHSt	= Entscheidungen des Bundesgerichtshofs in Strafsachen (Band und Seite)
BGHZ	= Entscheidungen des Bundesgerichtshofs in Zivilsachen (Band und Seite)
BGS	= Bundesgrenzschutz
BGSG	= Gesetz über den Bundesgrenzschutz und die Einrichtung von Bundesgrenzschutzbehörden v. 16. 3. 1951 (BGBl. I/201)
BK	= Bonner Kommentar; s. Literaturverzeichnis Kommentar zum Bonner Grundgesetz
BK/O	= Anordnung der Alliierten Kommandatura Berlin (Order of the Allied Kommandatura Berlin)
Bln	= Berlin, Berliner
BlnAusfG z. VwGO	= (Berliner) Gesetz zur Ausführung der Verwaltungskranker, geistesschwacher, rauschgift- oder alkohol-
BlnPolZG	= Gesetz über die Zuständigkeit der Berliner Polizei- und Ordnungsbehörden (Polizeizuständigkeitsgesetz) v. 2. 10. 1958 (GVBl. S. 959)
BlnPVG	= (Preußisches) Polizeiverwaltungsgesetz i. d. F. v. 2. 10. 1958 (GVBl. S. 961)
BlnUntG	= (Berliner) Gesetz über die Unterbringung von Geisteskranken und Süchtigen v. 5. 6. 1958 (GVBl. S. 521)
BlnVerf.	= Verfassung von Berlin v. 1. 9. 1950 (VOBl. I/433)
BlnVGG	= (Berliner) Gesetz über die Verwaltungsgerichtsbarkeit v. 8. 1. 1951 (VOBl. I/46)

BlnVwVerfG	= Gesetz über das Verfahren der Berliner Verwaltung v. 2. 10. 1958 (GVBl. S. 951)
Blutalkohol	= Zeitschrift „Blutalkohol“ (Jahr und Seite)
BR	= (Deutscher) Bundesrat
BRD	= Bundesrepublik Deutschland
Bre	= Bremen, Bremisch
BreAusfG z. VwGO	= (Bremisches) Gesetz zur Ausführung der Verwaltungsgerichtsordnung v. 15. 3. 1960 (GBl. S. 25)
BrePolG	= (Bremisches) Polizeigesetz v. 5. 7. 1960 (GBl. S. 73)
BreUntG	= (Bremisches) Gesetz über die Unterbringung von Geisteskranken, Geistesschwachen und Süchtigen v. 16. 10. 1962 (GBl. S. 203)
BreVerf.	= Landesverfassung der Freien Hansestadt Bremen v. 21. 10. 1947 (GBl. S. 251)
BreVwVerfG	= (Bremisches) Gesetz über das Verwaltungsverfahren und den Verwaltungszwang v. 11. 4. 1934 i. d. F. v. 1. 4. 1960 (GBl. S. 37)
BReg.	= Bundesregierung
BT	= (Deutscher) Bundestag
Bundes-SeuchenG	= Gesetz zur Verhütung und Bekämpfung übertragbarer Krankheiten beim Menschen (Bundes-Seuchengesetz) v. 18. 7. 1961 (BGBl. I/1012)
BVerfG	= Bundesverfassungsgericht
BVerfGG	= Gesetz über das Bundesverfassungsgericht v. 12. 3. 1951 (BGBl. I/243)
BVerwG	= Bundesverwaltungsgericht
BW	= Baden-Württemberg, Baden-Württembergisch
BWAusfG z. VwGO	= (Baden-Württembergisches) Gesetz zur Ausführung der Verwaltungsgerichtsordnung v. 22. 3. 1960 (GBl. S. 94)
BWPolG	= (Baden-Württembergisches) Polizeigesetz v. 21. 11. 1955 (GBl. S. 249)
BWUntG	= (Baden-Württembergisches) Gesetz über die Unterbringung von Geisteskranken und Suchtkranken v. 16. 5. 1955 (GBl. S. 87)
BWVerf.	= Verfassung des Landes Baden-Württemberg v. 11. 11. 1953 (GBl. S. 173)
BWVerwBl.	= Baden-Württembergisches Verwaltungsblatt (Landesbeilage der DÖV) (Jahr und Seite)
BYIL	= The British Yearbook of International Law (Jahr und Seite)
CEDH	= Cour Européenne des Droits de l'Homme, s. Literaturverzeichnis, Publications de la Cour ...
CIC	= Code d'instruction criminelle v. 16. 3. 1808
CPJI	= Cour Permanente de Justice internationale, s. StIGH
CPP	= Code de Procédure Pénale v. 23. 12. 1958 (in Kraft seit 2. 3. 1959)
DA-BGS	= Dienstanweisung über Aufgaben und Befugnisse des Bundesgrenzschutzes v. 5. 7. 1962 (GMBl. S. 271); Abschnitt IX i.d. F. v. 11. 10. 1968 (GMBl. S. 372)
Dalloz Hebdomadaire	= Dalloz, Recueil Hebdomadaire de Jurisprudence
Die Polizei	= Zeitschrift „Die Polizei“ (Zentralorgan für das Sicherheits- und Ordnungswesen) (Jahr und Seite)

Diss.	= (juristische) Dissertation
DJZ	= Deutsche Juristen-Zeitung (Jahr und Spalte)
Doc.	= Document
DÖV	= Die öffentliche Verwaltung (Jahr und Seite)
DRiZ	= Deutsche Richterzeitung (Jahr und Seite)
Drucks.	= Drucksache
dt.	= deutsch
Dt. Pol.	= Deutsche Polizei (Zeitschrift der Gewerkschaft der Polizei) (Jahr und Seite)
DVBl.	= Deutsches Verwaltungsblatt (Jahr und Seite)
E (mit einem Gesetz)	= Entwurf (eines Gesetzes)
(hinter der Bezeichnung eines Gerichts)	= Entscheidung in einer amtlichen Sammlung (Band und Seite)
EGGVG	= Einführungsgesetz zum Gerichtsverfassungsgesetz v. 27. 1. 1877 (RGBl. S. 77)
EGStPO	= Einführungsgesetz zur Strafprozeßordnung v. 1. 2. 1877 (RGBl. S. 346)
ER	= Europarat
ErgBd.	= Ergänzungsband
Erl.	= Erläuterung
ESVGH	= Entscheidungssammlung des Hessischen und des Württemberg-Badischen Verwaltungsgerichtshofs (Band und Seite)
FB	= Freiheitsbeschränkung
FE	= Freiheitsentziehung
FEG	= Gesetz über das gerichtliche Verfahren bei Freiheitsentziehungen v. 29. 6. 1956 (BGBl. I/599)
FGG	= (Reichs-)Gesetz über die Angelegenheiten der freiwilligen Gerichtsbarkeit i. d. F. v. 20. 5. 1898 (RGBl. S. 771)
FGO	= Finanzgerichtsordnung v. 6. 10. 1965 (BGBl. I/1477)
Fn.	= Fußnote
G	= Gesetz
GA	= Goltdammer's Archiv für Strafrecht (Jahr und Seite)
Gazzetta Ufficiale	= Gazzetta ufficiale del regno d'Italia
GBl.	= Gesetzblatt
GeschlKrG	= Gesetz zur Bekämpfung der Geschlechtskrankheiten v. 23. 7. 1953 (BGBl I/700)
GG	= Grundgesetz für die Bundesrepublik Deutschland v. 23. 5. 1949 (BGBl. S. 1)
GH	= Europäischer Gerichtshof für Menschenrechte
GK	= Generalklausel
GMBl.	= Gemeinsames Ministerialblatt (herausgegeben vom Bundesministerium des Innern)
GR	= Die Grundrechte; herausgegeben von Bettermann-Nipperdey-Scheuner (Band I von Bettermann-Neumann-Nipperdey); Band, Halbband und Seite (Erscheinungsort usw. jeweils bei der Verfasserangabe im Literaturverzeichnis)

GS	= Preußische Gesetzsammlung (bis 1906: Gesetz-Sammlung für die Königlich Preußischen Staaten)
GVBl.	= Gesetz- und Verordnungsblatt
GVG	= Gerichtsverfassungsgesetz v. 27.1.1877 (RGBl. S. 41) i. d. F. v. 12.9.1950 (BGBl. S. 513)
GVOBl.	= Gesetz- und Verordnungsblatt (Schleswig-Holstein)
Hbg	= Hamburg, Hamburgisch
HbgAusfG zu Art. 104 GG	= (Hamburgisches) Gesetz zur Ausführung des Artikels 104 des Bonner Grundgesetzes v. 17.8.1949 (GVBl. S. 177)
HbgAusfG z. VwGO	= (Hamburgisches) Gesetz zur Ausführung der Verwaltungsgerichtsordnung vom 21. Januar 1960 v. 29.3.1960 (GVBl. S. 291)
HbgSOG	= (Hamburgisches) Gesetz zum Schutz der öffentlichen Sicherheit und Ordnung v. 14.3.1966 (GVBl. S. 77)
HbgVerf.	= Verfassung der Freien und Hansestadt Hamburg v. 6.6.1952 (GVBl. S. 117)
HbgVwVG	= (Hamburgisches) Verwaltungsvollstreckungsgesetz v. 13.3.1961 (GVBl. S. 79)
HChE	= Grundgesetz-Entwurf des Verfassungskonvents auf Herrenchiemsee (im artikulierten Teil des Berichts über den Verfassungskonvent auf Herrenchiemsee, s. Literaturverzeichnis, Bericht ...)
Hess	= Hessen, Hessisch
HessAusfG z. VwGO	= Hessisches Gesetz zur Ausführung der Verwaltungsgerichtsordnung v. 6.2.1962 (GVBl. S. 13)
HessPolG	= Hessisches Polizeigesetz v. 10.11.1954 (GVBl. S. 203)
HessSOG	= Hessisches Gesetz über die öffentliche Sicherheit und Ordnung v. 17.12.1964 (GVBl. S. 209)
HessUntG	= (Hessisches) Gesetz über die Entziehung der Freiheit geisteskranker, geistesschwacher, rauschgift- oder alkoholsüchtiger Personen v. 19.5.1952 (GVBl. S. 111)
HessVerf.	= Verfassung des Landes Hessen v. 1.12.1946 (GVBl. S. 229)
HessVwVG	= Hessisches Verwaltungsvollstreckungsgesetz v. 4.7.1966 (GVBl. S. 151)
HGB	= Handelsgesetzbuch v. 10.5.1897 (RGBl. S. 219)
h. M.	= herrschende Meinung
HRR	= Höchstrichterliche Rechtsprechung (Jahr und Nummer der Entscheidung)
Hs.	= Halbsatz
H.St.	= s. Literaturverzeichnis, Halsbury's Statutes of England
i. d. F.	= in der Fassung
i. e. S.	= im eigentlichen Sinne
i. S.	= im Sinne
i. V. m.	= in Verbindung mit
JBl. Saar	= Justizblatt des Saarlandes (Jahr und Seite)
JMBl.	= Justizministerialblatt
JöR	= Jahrbuch des öffentlichen Rechts der Gegenwart (Band und Seite)
Journal Officiel	= Journal officiel de la République française
JR	= Juristische Rundschau (Jahr und Seite)

JSchG	= Gesetz zum Schutze der Jugend in der Öffentlichkeit i. d. F. v. 27. 7. 1957 (BGBl. I/1058)
JW	= Juristische Wochenschrift (Jahr und Seite)
JWG	= Gesetz für Jugendwohlfahrt v. 11. 8. 1961 (BGBl. I/1206, berichtigt S. 1875) (vorher Reichsgesetz für Jugendwohlfahrt v. 9. 7. 1922 (RGBl. I/633)
JZ	= Juristenzeitung (Jahr und Seite)
KG	= Kammergericht
KMR	= s. Literaturverzeichnis, *Kleinknecht-Müller-Reitberger*
Kommission	= Europäische Kommission für Menschenrechte
LG	= Landgericht
li. Sp.	= linke Spalte
lit.	= littera
LQR	= The Law Quarterly Review (Volume und Seite)
LT	= Landtag
LVG	= (Preußisches) Gesetz über die allgemeine Landesverwaltung v. 30. 7. 1883 (GS S. 195)
LVG (mit Ortsnamen)	= Landesverwaltungsgericht
LZ	= Leipziger Zeitschrift für Deutsches Recht (Jahr und Seite)
MBl.	= Ministerialblatt
MBliV	= Ministerial-Blatt für die Preußische innere Verwaltung (bis 1907: Ministerial-Blatt für die gesamte innere Verwaltung in den Königlich Preußischen Staaten)
MdI	= Minister des Innern
MDR	= Monatsschrift für Deutsches Recht (Jahr und Seite)
MilReg.	= Militärregierung
Modellentwurf	= s. Literaturverzeichnis
MRK	= Menschenrechtskonvention = Konvention zum Schutze der Menschenrechte und Grundfreiheiten v. 4. 11. 1950 (BGBl. 1952 II/685, berichtigt S. 953)
MRVO Nr. 165	= Verordnung Nr. 165 der britischen Militärregierung: Verwaltungsgerichtsbarkeit in der britischen Zone, v. 15. 9. 1948 (ABl. MilReg. S. 799)
m. w. Nachw.	= mit weiteren Nachweisen
n. F.	= neuer Fassung
N. F.	= Neue Folge
Nds	= Niedersachsen, Niedersächsisch
NdsRPfl.	= Niedersächsische Rechtspflege (Jahr und Seite)
NdsSOG	= (Niedersächsisches) Gesetz über die öffentliche Sicherheit und Ordnung v. 21. 3. 1951 (GVBl. S. 79)
NJW	= Neue Juristische Wochenschrift (Jahr und Seite)
NW	= Nordrhein-Westfalen, Nordrhein-Westfälisch
NWOBG	= (Nordrhein-Westfälisches) Gesetz über Aufbau und Befugnisse der Ordnungsbehörden — Ordnungsbehördengesetz — v. 16. 10. 1956 (GVBl. S. 155)
NWPOG	= Gesetz über die Organisation und die Zuständigkeit der Polizei im Lande Nordrhein-Westfalen v. 11. 8. 1953 i. d. F. v. 8. 12. 1964 (GVBl. S. 411)
NWPVG	= Preußisches Polizeiverwaltungsgesetz in der für den Aufgabenbereich der Polizei geltenden Neufassung aufgrund der Bekanntmachung v. 27. 11. 1953 (GVBl. S. 403)

NWUntG	= (Nordrhein-Westfälisches) Gesetz über die Unterbringung geisteskranker, geistesschwacher und suchtkranker Personen v. 16. 10. 1956 (GVBl. S. 300)
NWVerf.	= Verfassung für das Land Nordrhein-Westfalen v. 28. 6. 1950 (GVBl. S. 127)
NWVwVG	= Verwaltungsvollstreckungsgesetz für das Land Nordrhein-Westfalen v. 23. 7. 1957 (GVBl. S. 216)
O	= Ordnung
OLG	= Oberlandesgericht
OLG (mit in Klammern gesetztem Ortsnamen	= Die Rechtsprechung der Oberlandesgerichte auf dem Gebiete des Zivilrechts (Band und Seite)
OVG	= Oberverwaltungsgericht
OWiG	= Gesetz über Ordnungswidrigkeiten v. 24. 5. 1968 (BGBl. I/481)
OWiG 1952	= Gesetz über Ordnungswidrigkeiten v. 25. 3. 1952 (BGBl. I/177)
PAG	= s. BayPAG
PCIJ	= Permanent Court of International Justice (s. StIGH)
PolG	= Polizeigesetz
Pr	= Preußen, Preußisch
PrOVG	= Preußisches Oberverwaltungsgericht
PrPVG	= (Preußisches) Polizeiverwaltungsgesetz v. 1. 6. 1931 (GS S. 77)
RAO	= Reichsabgabenordnung v. 13. 12. 1919 i. d. F. v. 22. 5. 1931 (RGBl. I/161) (§ 202 i. d. F. v. 11. 7. 1953, BGBl. I/551)
RdErl.	= Runderlaß
Rdn.	= Randnummer
Rec.	= Recueil, s. Literaturverzeichnis, Council of Europe, Collection of Decisions
Recueil Sirey	= Recueil général des lois et des arrêts; fondé par J.-B. Sirey
Recht	= Das Recht (Jahr und Nummer der Entscheidung)
Rechtspflegeausschuß	= Ausschuß (des Parlamentarischen Rates) für Verfassungsgerichtshof und Rechtspflege
RegE	= Regierungsentwurf
re. Sp.	= rechte Spalte
RG	= Reichsgericht
RGBl.	= Reichsgesetzblatt (Jahr, Teil, Seite)
RG Rspr.	= Rechtsprechung des Deutschen Reichsgerichts in Strafsachen (1879—88) (Band und Seite)
RGSt	= Entscheidungen des Reichsgerichts in Strafsachen (Band und Seite)
RGZ	= Entscheidungen des Reichsgerichts in Zivilsachen (Band und Seite)
RhPf	= Rheinland-Pfalz, Rheinland-Pfälzisch
RhPfPVG	= Polizeiverwaltungsgesetz von Rheinland-Pfalz v. 26. 3. 1954 (GVBl. S. 31)
RhPfUntG	= (Rheinland-Pfälzisches) Landesgesetz über die Unterbringung von Geisteskranken und Suchtkranken v. 19. 2. 1959 (GVBl. S. 91, berichtigt S. 114)
RhPfVerf.	= Verfassung für Rheinland-Pfalz v. 18. 5. 1947 (VOBl. S. 207)

RhPfVGG	= (Rheinland-Pfälzisches) Landesgesetz über die Verwaltungsgerichtsbarkeit v. 14. 4. 1950 (GVBl. S. 103)
RhPfVwVG	= Verwaltungsvollstreckungsgesetz für Rheinland-Pfalz v. 8. 7. 1957 (GVBl. S. 101)
Rspr.	= Rechtsprechung
RV 1871	= Verfassung des Deutschen Reichs v. 16. 4. 1871 (RGBl. S. 64)
RVerwBl.	= Reichsverwaltungsblatt (Jahr und Seite)
S.	= Seite oder (i. V. m. einer Rechtsvorschrift) Satz
s.	= siehe
s. (in Verbindung mit einem englischen Gesetz)	= section
SaBl.	= Sammelblatt für Rechtsvorschriften des Bundes und der Länder
Sb.	= Sonderband (des NdsGVBl.)
scil.	= scilicet
SGG	= Sozialgerichtsgesetz v. 3. 9. 1953 i. d. F. v. 23. 8. 1958 (BGBl. I/613)
SH	= Schleswig-Holstein, Schleswig-Holsteinisch
SHAnz.	= Schleswig-Holsteinische Anzeigen (Jahr und Seite)
SHLVwG	= Allgemeines Verwaltungsgesetz für das Land Schleswig-Holstein (Landesverwaltungsgesetz) v. 18. 4. 1967 (GVOBl. S. 131; in Kraft seit 1. 1. 1968)
SHPolG	= Polizeigesetz für das Land Schleswig-Holstein v. 23. 3. 1949 i. d. F. v. 22. 12. 1952 (GVOBl. S. 185)
SHUntG	= (Schleswig-Holsteinisches) Gesetz über die Unterbringung von psychisch Kranken und Süchtigen v. 28. 8. 1958 (GVOBl. S. 271)
SJZ	= Süddeutsche Juristen-Zeitung (Jahr und Spalte)
StIGH	= Ständiger Internationaler Gerichtshof; Entscheidungen zitiert CPJI Série ... oder PCIJ Series ... (jeweils die authentische — französische oder englische — Fassung)
StGB	= Strafgesetzbuch v. 15. 5. 1871 i. d. F. v. 25. 8. 1953 (BGBl. I/1083, berichtigt 1954 I/33)
StPO	= Strafprozeßordnung v. 1. 2. 1877 i. d. F. v. 17. 9. 1965 (BGBl. I/1374)
str.	= streitig
StrafprozeßänderungsG 1964	= Gesetz zur Änderung der Strafprozeßordnung und des Gerichtsverfassungsgesetzes v. 19. 12. 1964 (BGBl. I/1067)
st. Rspr.	= ständige Rechtsprechung
StVG	= Straßenverkehrsgesetz v. 19. 12. 1952 (BGBl. I/837), zuletzt geändert durch das Einführungsgesetz zum Gesetz über Ordnungswidrigkeiten v. 24. 5. 1968 (BGBl. I/503)
StVO	= Straßenverkehrsordnung v. 13. 11. 1937 i. d. F. v. 29. 3. 1956 (BGBl. I/327)
süddt. VGG	= Gesetz über die Verwaltungsgerichtsbarkeit (in den Ländern der ehemaligen amerikanischen Besatzungszone Deutschlands), Bayern: Gesetz v. 25. 9. 1946 (GVBl. S. 281), Bremen: Gesetz v. 5. 8. 1947 (GBl. S. 171), Hes-

	sen: Gesetz v. 31. 10. 1946 (GVBl. S. 194), Württemberg-Baden: Gesetz v. 16. 10. 1946 (Bad. Regierungsblatt S. 221)
UN	= United Nations
UN-Study	= s. Literaturverzeichnis United Nations Publication
UN Yearbook	= s. Literaturverzeichnis, United Nations, Yearbook on Human Rights
UZwG	= Gesetz über den unmittelbaren Zwang bei Ausübung öffentlicher Gewalt durch Vollzugsbeamte des Bundes v. 10. 3. 1961 (BGBl. I/165)
VA	= Verwaltungsakt

Verfassung des Saarlandes v. 15. 12. 1947 (ABl. Saarland S. 1077) und v. 20. 12. 1956 (ABl. S. 1657)

VerfGH	= Verfassungsgerichtshof
VG	= Verwaltungsgericht
VGH	= Verwaltungsgerichtshof
VO	= Verordnung
VOBl.	= Verordnungsblatt
Vol.	= Volume
VollzE zum BayPAG	= Entschließung des Bayerischen Staatsministeriums des Innern zum Vollzug des Polizeiaufgabengesetzes v. 17. 5. 1963 (Ministerialamtsblatt der bayerischen inneren Verwaltung S. 219, auch bei *Berner* zu den einzelnen Vorschriften)
Vorbem.	= Vorbemerkung
Vorläufige NdsVerf.	= Vorläufige Niedersächsische Verfassung v. 13. 4. 1951 (GVBl. S. 103)
VRS	= Verkehrsrechts-Sammlung (Jahr und Seite)
VV zum NWOBG	= Verwaltungsvorschrift zur Durchführung des Ordnungsbehördengesetzes, RdErl. des Innenministers v. 1. 12. 1956 (MBl. S. 2341, jetzt SaBl. S. 2060)
VwGO	= Verwaltungsgerichtsordnung v. 21. 1. 1960 (BGBl. I/17)
VwRspr.	= Verwaltungsrechtsprechung in Deutschland (Band und Seite)
VwVG	= Verwaltungs-Vollstreckungsgesetz v. 27. 4. 1953 (BGBl. I/157)
WehrpflichtG	= Wehrpflichtgesetz i. d. F. v. 14. 5. 1965 (BGBl. I/391)
WP	= Wahlperiode
WRV	= Verfassung des Deutschen Reichs v. 11. 8. 1919 (RGBl. S. 1383) (Weimarer Reichsverfassung)
Württ.-Bad.	= Württemberg-Badisch (bei Gerichtsbezeichnungen)
ZaöRV	= Zeitschrift für ausländisches öffentliches Recht und Völkerrecht (Band und Seite)
ZStW	= Zeitschrift für die gesamte Strafrechtswissenschaft (Band und Seite)
ZPO	= Zivilprozeßordnung v. 30. 1. 1877 i. d. F. v. 12. 9. 1950 (BGBl. S. 533)

Englische Gesetze werden nach der Gesetzessammlung „The Law Reports, Statutes“ zitiert (nach reign — Regierungsjahr — und chapter [c.] — Kapitel des Gesetzes —).

Erster Teil

Grundlegungen und Rechtsgrundlagen

Erster Abschnitt

Grundlegungen

1. Kapitel

Abgrenzung des Gegenstandes der Arbeit

I. Begrenzung auf die Vollzugspolizei und Ausklammerung einiger Rechtsgebiete

Nach allgemeinem Polizeirecht obliegt die Freiheitsentziehung (FE) zumeist der Vollzugspolizei, sei es, daß ihr sowohl die Anordnung als auch die Ausführung einer FE obliegt, sei es, daß ihr nur die Durchführung einer FE übertragen ist, die von einer anderen Verwaltungsbehörde oder einem Gericht angeordnet wird. Soweit die Anordnung und Durchführung einer FE anderen Verwaltungsbehörden als der Vollzugspolizei übertragen ist — zum Beispiel Ordnungsbehörden mit eigenen Vollzugskräften[1] — bietet diese Rechtslage keine grundsätzlichen Besonderheiten. Daher beschränkt sich die Arbeit auf solche FEen, welche die Vollzugspolizei entweder selbst anordnet und durchführt oder die sie auf Ersuchen vornimmt. Unter „Polizei" wird im folgenden nur die Vollzugspolizei verstanden.

Aus dem Kreise der FEen auf Ersuchen waren diejenigen FEen auszuscheiden, deren Anordnung dem Richter obliegt. Diese Fälle sind für die hier abzuhandelnden Probleme auch dann ohne besonderes Interesse, wenn die Anordnung auf Polizeirecht beruht. Die — nur materiellrechtliche — Problematik wird bereits bei den von der Polizei selbst oder einer anderen Verwaltungsbehörde angeordneten FEen erörtert. Erst recht bietet die Vollstreckung richterlicher Anordnungen, die nicht auf polizeirechtliche Vorschriften gestützt sind (Ausführung von Haftbefehlen und Vorführungsbefehlen nach den Prozeßgesetzen, Ergreifen entwichener Strafgefangener oder Heilanstaltsinsassen usw.) keine besonderen Probleme.

---

[1] z. B. § 51 NdsSOG mit VO v. 24. 3. 1959 (GVBl. S. 58); § 13 NWOBG.

Im Interesse besserer Übersichtlichkeit wurde das besondere Polizeirecht ausgeklammert, insbesondere das Gebiet des Ausländerpolizeiwesens und des Unterbringungsrechts. Die Vorschriften der Unterbringungsgesetze, die der Polizei für Notfälle besondere Befugnisse geben[2], finden nur Anwendung, wenn gegen einen Geisteskranken in dieser Eigenschaft eingeschritten wird; anderenfalls bleibt es bei den Bestimmungen der Polizeigesetze, die eine FE gestatten[3]. Desgleichen wurde auf die Erörterung der Mitwirkung der Polizei bei (möglicherweise) freiheitsentziehenden Maßnahmen innerhalb besonderer Gewaltverhältnisse[4] verzichtet.

Da der Schwerpunkt der polizeilichen Tätigkeit bei den Bundesländern liegt, behandelt die Arbeit in erster Linie die FE durch die Polizei der Länder. Um auch die Polizei des Bundes zu berücksichtigen, wurde aus dem Kreis der Bundespolizeibehörden der Bundesgrenzschutz (BGS) mit einbezogen[5].

II. Begriff der Kurzfristigkeit

Der Begriff der Kurzfristigkeit ist durch die Verfassung vorgegeben. Nach Art. 104 II 3 GG darf die Polizei niemanden länger als bis zum Ende des Tages nach dem Ergreifen in eigenem Gewahrsam halten. Jede längere FE kann somit nur auf der Anordnung einer anderen Behörde beruhen. Soweit es sich dabei um die Anordnung einer Verwaltungsbehörde handelt, besteht kein grundsätzlicher Unterschied gegenüber der Vollziehung einer kürzeren FE auf Ersuchen; soweit ein Gericht die FE anordnet, fällt der Vollzug ohnehin aus dem Thema der Arbeit heraus. Kurzfristig im Sinne dieser Arbeit ist mithin die FE, die sich innerhalb der Frist des Art. 104 II 3 GG hält.

2. Kapitel

Begriff der Freiheitsentziehung

I. Die in Betracht kommenden polizeilichen Maßnahmen

Als FEen kommen folgende Maßnahmen in Betracht: Auf strafprozessualem Gebiet die vorläufige Festnahme (§ 127 StPO), die Mit-

---

[2] z. B. § 15 I BlnUntG. Einzelheiten bei *Baumann*, UntR, S. 123 ff.

[3] z. B. Schutzhaft oder Gewahrsam zur Verhinderung einer unmittelbar bevorstehenden Straftat. Demgemäß erklärt § 15 III BlnUntG das BlnPVG nur hinsichtlich der vorläufigen Einweisung Geisteskranker und Süchtiger für unanwendbar.

[4] Etwa Zuführung schulpflichtiger Kinder zum Unterricht oder Wehrpflichtiger zur Einheit.

[5] Zu den übrigen Bundespolizeibehörden und ihren Rechtsgrundlagen s. *Drews-Wacke*, S. 535 ff.; *Wacke*, Staatsbürger und Staatsgewalt II/161 ff.

nahme von Zeugen zur Personalienfeststellung („Sistierung"), die Festnahme der Störer von Amtshandlungen (§ 164 StPO), das Verbringen zur Dienststelle oder zu einem anderen Ort zur Durchführung körperlicher Untersuchungen oder erkennungsdienstlicher Maßnahmen (§§ 81 a, 81 b StPO) und die Durchsuchung von Personen, auf dem Gebiet des Verwaltungsrechts der Polizeigewahrsam, die Sistierung, die Vorführung zur Dienststelle oder zu einem anderen Ort einschließlich der Vorführung zur erkennungsdienstlichen Behandlung und die Personendurchsuchung.

Einigkeit besteht lediglich darüber, daß die vorläufige Festnahme zur Einleitung der Untersuchungshaft und der Polizeigewahrsam[1] FEen darstellen.

II. Freiheitsentziehung und Freiheitsbeschränkung

Art. 104 I 1 GG bestimmt, daß die Freiheit der Person — d. h. die körperliche Bewegungsfreiheit[2] — nur aufgrund eines förmlichen Gesetzes „beschränkt" werden darf, während die Absätze II—IV der Vorschrift von der „FE" handeln. Bei der Erarbeitung des Begriffs der FE geht man daher allgemein von dem Gegensatz von Freiheitsbeschränkung (FB) und FE aus[3]. An die Erwähnung der FB in Abs. I 1 schließt sich unmittelbar die Bestimmung an, daß festgehaltene Personen nicht mißhandelt werden dürfen. Dieser enge räumliche Zusammenhang legt die Annahme nahe, daß auch die in Abs. I 1 behandelte FB ein Festhalten meint, der Grundgesetzgeber also die Begriffe FB und FE synonym gebraucht hat. Das BVerfG dürfte einer solchen Auslegung ebenfalls zuneigen, wenn es in Zusammenhang mit der Frage, ob die Vorladung zum Verkehrsunterricht eine FB im Sinne des Art. 104 I GG darstellt, ausführt, Art. 104 GG — also der ganze Art. 104 — schütze die körperliche Bewegungsfreiheit vor Verhaftung, Festnahme und ähnlichen Eingriffen, also vor unmittelbarem Zwang[4].

---

[1] *Drews-Wacke*, S. 175; *Dürig* in Maunz-Dürig, Rdn. 63 zu Art. 1 II GG; *Kaufmann*, S. 265 ff., 271 ff., 282; *König*, S. 361, 368; *Samper*, Rdn. 1 und 4 zu Art. 17, 2 zu Art. 18 PAG; *Schiedermair*, S. 128; *Ule-Rasch*, Rdn. 109 zu § 15 bis 17 PrPVG; *Wolff*, VR I, § 33 V b 3; anders noch *Dürig*, AöR 79/80 Fn. 71.

[2] Statt vieler: BVerfGE 10/302, 318; BVerwGE 6/354, 355; OVG Berlin, DÖV 1956/153 f.; *Dürig* in Maunz-Dürig, Rdn. 49 zu Art. 2 II und 5 zu Art. 104 GG; *Hamann*, Anm. B 10 zu Art. 2 und A 1 zu Art. 104 GG; *Holtkotten*, BK, Erl. II B 1 zu Art. 104 GG; *v. Mangoldt-Klein*, Anm. VI 2 a zu Art. 2 GG. Anders (Freiheit von jedem staatlichen Zwang) nur noch *Wernicke*, BK, Erl. II 2 d zu Art. 2 GG im Anschluß an *Anschütz*, Anm. 1 und 2 zu Art. 114 WRV.

[3] BVerfGE 10/302, 323; *Bettermann*, GR III, 2/881 Fn. 555; *Dürig*, in Maunz-Dürig, Rdn. 5 zu Art. 104 GG; *Hamann*, Erl. B 1 zu Art. 104 GG; *Holtkotten*, BK, Erl. II C 1 zu Art. 104 GG; *E. Kern*, GR II/71; *Reichard*, S. 29; *Saage*, Rdn. 1 zu § 2 FEG; *Ule-Rasch*, Rdn. 7 zu §§ 15—17 PrPVG.

[4] NJW 1967/1221, 1222.

In dieselbe Richtung weist es, wenn das Gericht die Verurteilung zu einer Freiheitsstrafe mit der Begründung für eine FB im Sinne Art. 104 I 1 GG hält, der Strafausspruch bilde zusammen mit der ihm folgenden Strafvollstreckung einen Gesamtvorgang des Freiheits*entzugs*[5]. An anderer Stelle freilich meint das BVerfG, Art. 104 I GG wiederhole und ergänze den Vorbehalt des Art. 2 II 3 GG für alle FBen, während Art. 104 II GG ihn für den schwersten Eingriff, die FE, einschränke[6]; diese Gegenüberstellung liegt auf der Linie der h. M. Die Frage, ob ein Unterschied zwischen der FB im Sinne des Art. 104 I 1 GG und der FE im Sinne des Art. 104 II—IV GG besteht, braucht hier jedoch nicht abschließend geklärt zu werden, weil nur der Begriff der FE interessiert und nur dessen Voraussetzungen zu erörtern sind.

III. Die Abgrenzungsmethoden

Bei der Abgrenzung der beiden von der h. M. in Art. 104 GG hineingelesenen Begriffe besteht Übereinstimmung darin, daß die FB der weitergehende Begriff ist und daß der Unterschied zwischen beiden Formen des Eingriffs kein qualitativer, sondern ein gradueller ist[7]. Die grundlegenden Begriffsbestimmungen der FE stammen von *Holtkotten* und *Dürig*. Nach Holtkotten[8] liegt eine FE nicht bei jedem Eingriff in die Bewegungsfreiheit vor, sondern nur bei einem besonders starken Maße bzw. einem besonders hohen Grad der Freiheitsbeeinträchtigung. Dürig[9] fragt hingegen danach, ob der Betroffene in seiner Bewegungsfreiheit allseitig oder nur in irgendeiner Richtung beschränkt ist (allseitige oder partielle Beschränkung) und meint, eine FE liege dann vor, wenn jemand gegen oder ohne seinen Willen an einem bestimmten, eng umgrenzten Ort festgehalten wird[10]. Eine besonders starke Beeinträchtigung der Bewegungsfreiheit ist nach Holtkotten[11] anzunehmen, wenn die Grundsubstanz des Rechts auf Bewegungsfreiheit tangiert ist. Diese Tangierung der Grundsubstanz erläutert Holtkotten dahin, daß der Betroffene völlig außerstande gesetzt wird, sich überhaupt noch irgendwie nach seinem Belieben zu bewegen. Er hält solche Maßnahmen nicht für FEen, die die Bewegungsfreiheit nur in geringem Umfang bzw. nur nach einer bestimmten Richtung hin einschränken. Damit gibt Holtkotten zu erkennen, daß er im Grunde — ähnlich wie Dürig — fragt, was von der Bewe-

---

[5] BVerfGE 14/174, 186 (Hervorhebung vom Verfasser).
[6] BVerfGE 10/302, 323.
[7] s. die Fn. 3 Genannten außer BVerfG und *Ule-Rasch*.
[8] In BK, Erl. II C 1 zu Art. 104 GG.
[9] In Maunz-Dürig, Rdn. 5 und 12 zu Art. 104 GG.
[10] a.a.O., Rdn. 6 zu Art. 104 GG.
[11] a.a.O.

gungsfreiheit noch übrig bleibt. Zwischen beiden Autoren besteht daher kein grundsätzlicher Gegensatz.

Nach § 2 I des Gesetzes über das gerichtliche Verfahren bei Freiheitsentziehungen vom 29. 6. 1956[12] (FEG) liegt eine FE vor, wenn eine Person gegen ihren Willen oder im Zustande der Willenlosigkeit in einem Gefängnis, einem Haftraum, einem Arbeitshaus, einer abgeschlossenen Verwahranstalt, einer abgeschlossenen Anstalt der Fürsorge, einer abgeschlossenen Krankenanstalt oder einem abgeschlossenen Teil einer Krankenanstalt untergebracht wird. Hier wird die FE bewußt von der Absperrung und Einschließung her erfaßt, was auf dem Umstand beruht, daß das FEG auf Absonderungen nach der VO zur Bekämpfung übertragbarer Krankheiten vom 1. 12. 1938[13], auf Einweisungen nach dem Gesetz zur Bekämpfung der Geschlechtskrankheiten vom 23. 7. 1953 (GeschlKrG), auf die Abschiebungshaft und die polizeiliche Verwahrung zu deren Vorbereitung nach der AusländerpolizeiVO vom 22. 8. 1938[14] sowie auf Unterbringungen im Arbeitshaus nach § 20 der VO über die Fürsorgepflicht vom 13. 2. 1924[15] zugeschnitten ist[16]. Die Begriffsbestimmung in § 2 I FEG ist für Artikel 104 GG zu eng[17]. Zweck des Art. 104 GG — entweder des ganzen Artikels oder seiner Absätze II—IV — ist es, den Rechtsunterworfenen gegen den Entzug seiner Bewegungsfreiheit zu schützen. Diesem Schutzzweck wird nur eine Abgrenzung der FE gerecht, die vom Erfolg — dem Entzug der Bewegungsfreiheit — ausgeht. Die Mittel, die zu diesem Entzug verwendet werden, sind dagegen unerheblich. Dies wird bestätigt durch § 239 StGB und die Rechtsprechung zu dieser Vorschrift, die dasselbe Rechtsgut schützt wie die Art. 2 II 2 und 104 GG[18]. Schon der Wortlaut des § 239 StGB stellt dem Einsperren die Beraubung des Gebrauchs der persönlichen Freiheit auf andere Weise gleich. Demgemäß wird jede Maßnahme als Freiheitsberaubung angesehen, die das Verlassen des gegenwärtigen Aufenthaltsortes in einer für das Opfer wirksamen Weise verhindert[19]. Die Schlußfolgerung *Reichards*[20] und *Saages*[21] — die der Begründung des Regierungs-

[12] BGBl. I/599.

[13] RGBl. I/1721 (jetzt § 37 Bundes-SeuchenG).

[14] Jetzt Abschiebungshaft nach § 16 AusländerG v. 28. 4. 1965.

[15] RGBl. I/100 (jetzt § 26 BundessozialhilfeG v. 30. 6. 1961, BGBl. I/815).

[16] *Saage*, Rdn. 7—12 zu § 1 FEG; *Reichard*, S. 33, 36, 55 f., 58.

[17] *Baumann*, UntR, S. 8; *Bettermann*, GR III, 2/881; *Dürig* in Maunz-Dürig, Rdn. 6 zu Art. 104 GG.

[18] *Baumann*, a.a.O., S. 7; *Bettermann*, a.a.O., S. 880; *v. Mangoldt-Klein*, Anm. VI 2 a zu Art. 2 GG. Auch BVerfGE 10/302, 328 weist auf die Rechtsprechung zu § 239 StGB hin.

[19] *Schönke-Schröder*, Rdn. 5 und 6; *Schwarz-Dreher*, Anm. 2 je zu § 239 StGB; *Baumann*, a.a.O., S. 7 f.; *Bettermann*, a.a.O., S. 880 f.

[20] S. 57 f.

[21] Rdn. 5 zu § 2 FEG.

entwurfs des FEG entspricht[22] —, alle in § 2 I FEG nicht aufgeführten Maßnahmen seien allenfalls FBen im Sinne des Art. 104 I 1 GG, beruht auf dem logisch fehlerhaften Schluß von den verwendeten Mitteln auf den Erfolg (FB oder FE) und ist deshalb unzutreffend, abgesehen davon, daß es nicht angeht, die höherrangige Norm des Art. 104 GG anhand einer rangniederen und späteren Vorschrift auszulegen[23]. Die einzige höchstrichterliche Entscheidung, in welcher der Fehler der Auslegung des Art. 104 GG anhand des § 2 FEG ebenfalls begangen wurde, ein Beschluß des BVerwG[24], hat zu Recht keine Gefolgschaft gefunden. Die Begriffsbestimmung in § 2 FEG bildet somit kein Hindernis, neben dem in einem Haftraum vollzogenen Polizeigewahrsam auch die Sistierung, die Vorführung und die Mitnahme oder Festhaltung zur Durchsuchung als FEen im Sinne des Art. 104 GG anzusehen.

IV. Anwendung auf die hier untersuchten Maßnahmen

1. Möglichkeit „eigen-williger" Bestimmung des Aufenthaltsortes

Berücksichtigt man den Zweck des Art. 104 GG, so muß man bei der Abgrenzung der FE danach fragen, ob der Betroffene sich nach der fraglichen Maßnahme noch nach seinem eigenen Willen bewegen, d. h. seinen Aufenthaltsort wechseln kann oder ob dies nicht mehr der Fall ist.

Von diesem Ausgangspunkt her ist festzustellen, daß nicht nur in Polizeigewahrsam oder vorläufig festgenommenen Personen die Freiheit „eigen-williger" Bewegung entzogen ist, sondern daß die übrigen eingangs genannten Fälle insoweit gleich liegen: Auch der — aus polizeirechtlichen oder strafprozessualen Gründen — zwecks Feststellung seiner Personalien oder zwecks Durchsuchung seiner Person zur Wache Mitgenommene, der — zur Vernehmung, Gegenüberstellung, Untersuchung usw. — Vorgeführte und der zur Aufnahme von Lichtbildern, zur Abnahme von Blutproben und Fingerabdrücken oder zur Durchführung von Messungen am Körper zur Dienststelle oder zum Arzt Verbrachte ist während der Dauer der Mitnahme oder der Vorführung und während der sich anschließenden Festhaltung nicht in

---

[22] BT, 2. WP, Drucks. Nr. 169 S. 8 (Einzelbegründung zu § 1 des E, jetzt § 2 FEG).

[23] *Baumann*, UntR, S. 8.

[24] JR 1958/153, 154. Ähnlich ein obiter dictum in Zusammenhang mit der Anordnung einer Gebrechlichkeitspflegschaft in BGHZ 35/1, 7.

der Lage, sich nach eigenem Willen frei zu bewegen[25]. Dementsprechend hat das RG schon in den Jahren 1880 und 1886 bei der zwangsweisen Mitnahme zur Wache zwecks Feststellung der Personalien den objektiven Tatbestand des § 239 I StGB für erfüllt gehalten[26] und festgestellt, daß sich der Betroffene „während der zwangsweisen Sistierung im Zustand der Unfreiheit" befand[27].

Bei genauer Betrachtung entspricht diese Charakterisierung der Sistierung, der Vorführung und der Festhaltung oder Mitnahme zur Durchsuchung auch den Abgrenzungsmethoden von Holtkotten und Dürig[28]. Wenn Dürig fordert, jemand müsse an einem bestimmten, eng umgrenzten Ort festgehalten werden, so erweckt dies zwar den Eindruck, als ob er ähnlich der Definition in § 2 I FEG nur eine Inhafthaltung in einer Anstalt, einer Zelle oder einem ähnlichen Raum als FE ansieht. Die Sistierung, die Vorführung und die Festhaltung oder Mitnahme zur Durchsuchung lassen sich aber ohne weiteres unter Dürigs Voraussetzung der „allseitigen Freiheitsbeschränkung" einordnen. Dementsprechend betrachtet Dürig denn auch die Vorführung von Geschlechtskranken nach § 18 GeschlKrG und die zwangsweise Durchführung körperlicher Untersuchungen nach § 81 a StPO als FEen[29]. Da die Sistierung, die Vorführung und die Festhaltung oder Mitnahme zur Durchsuchung den Betroffenen für die Dauer der Maßnahmen „völlig außerstande setzen, sich überhaupt noch irgendwie nach seinem Belieben zu bewegen", stellen diese Maßnahmen auch nach Holtkottens Abgrenzungsmethode FEen dar. Das trifft nicht nur auf die Festhaltung auf der Dienststelle während der Ermittlung der Personalien, der Durchsuchung, der Durchführung der erkennungsdienstlichen Maßnahmen usw. oder beim Arzt während der Entnahme der Blutprobe oder der sonstigen Untersuchung zu, sondern auch für den erzwungenen Weg zu diesen Stellen. Es ist für die Beeinträchtigung der Bewegungsfreiheit unerheblich, ob jemand an einem Ort festgehalten wird, der seine Lage nicht verändert, oder ob sich dieser Ort fortbewegt; folglich stellt auch der Transport im Gefangenen- oder

---

[25] So besonders deutlich *Schiedermair*, S. 119, der freilich trotzdem die Verbringung zur Dienststelle und die Vorführung nicht als FEen ansieht (S. 128); richtig dagegen (FE) BayObLGSt. 1956/170, 171 (sub 1), 172 (sub c).

[26] RGSt 2/292, 297; RGSt 13/426, 428; ebenso RGSt 61/239, 240 f.; RG HRR 1926 Nr. 1885; RGSt 32/269, 272 setzt die Sistierung zur Wache zur Anstellung näherer Untersuchungen wesensmäßig der Verhaftung und vorläufigen Festnahme gleich, da sie, wenn auch nur vorübergehend, die Freiheit der Bewegung ebenso aufhebt wie eine Verhaftung oder vorläufige Festnahme.

[27] RGSt 13/426, 430; entsprechend RGSt 61/239, 240 f.

[28] s. o. S. 28.

[29] In Maunz-Dürig, Rdn. 51 sub a und d zu Art. 2 Abs. II GG.

Streifenwagen eine FE dar[30]. Zwischen diesem Transport und dem Abführen zur Wache, das die Möglichkeit eigenwilliger Bewegung in gleicher Weise ausschließt, besteht aber rechtlich kein Unterschied, so daß auch schon während des Ganges zur Dienststelle eine FE vorliegt[31].

2. Die Frage des psychischen Drucks

In Zusammenhang mit dem Problem der Mittel des Freiheitsentzugs ist die Frage des psychischen Drucks umstritten. Für unsere Untersuchung ist einmal die Fallgestaltung von Interesse, in der der Betroffene nicht unter Anwendung unmittelbaren Zwanges der Dienststelle, dem Krankenhaus usw. zugeführt wird, sondern „freiwillig" neben dem Beamten hergeht oder das Polizeifahrzeug besteigt, und zum anderen die Frage, ob die besonderen Bestimmungen des Art. 104 GG für eine FE schon dann eingreifen, wenn ein Gebot, zu erscheinen, durch Vorführung (zu einem späteren Zeitpunkt) vollstreckt werden kann oder wenn es strafbewehrt ist[32], oder ob wenigstens bereits die Anordnung der Vorführung als FE zu behandeln ist.

a) Fall der drohenden sofortigen Vollstreckung

Da es auf die Mittel, mit denen die Bewegungsfreiheit entzogen wird, nicht ankommt, steht ein psychischer Druck der körperlichen Gewalt grundsätzlich gleich. Ergeht an eine Person die polizeiliche Verfügung, zur Dienststelle usw. mitzukommen, so hätte die Weigerung die sofortige Anwendung unmittelbaren Zwanges zur Durchsetzung des Befehls zur Folge. Dies ist dem Betroffenen bekannt und wird ihm bisweilen ausdrücklich eröffnet. Dem Aufgeforderten fehlt somit jede Entscheidungsfreiheit über seinen Aufenthaltsort in der nächsten Zeit. Daher liegt eine FE auch dann vor, wenn der Betroffene bei drohender sofortiger Zwangsanwendung den Befehl der Polizei, mitzukommen, befolgt[33].

---

30 Vgl. RGSt 38/373 f., wo im Vorschreiben der Fahrtrichtung und dem Gebot, anzuhalten, eine wesensmäßig der Verhaftung und vorläufigen Festnahme gleichzuachtende zeitweise Aufhebung der Bewegungsfreiheit gesehen wird.

31 Übereinstimmend *Baerensprung*, S. 29 f.

32 z. B. — bis zum 31. 12. 1968 — nach § 21 I a. F. StVG wegen Nichtbefolgung der Vorladung zum Verkehrsunterricht (§ 6 StVO); jetzt Ordnungswidrigkeit nach § 24 StVG.

33 So auch RGSt 61/239, 421 f.; E. *Kern*, GR II/70, 72. Das RG nahm sogar Freiheitsberaubung an, obwohl der zum Mitgehen Aufgeforderte auch seinerseits gewillt war, zur Wache zu gehen; der Wille des Sistierten wurde angesichts der drohenden Zwangsgewalt für bedeutungslos erachtet.

b) Möglichkeit späterer Vollstreckung oder Bestrafung

Zur zweiten Frage nehmen *Baumann*[34] und *Ule*[35] an, ein Eingriff in die Freiheit der Person liege bereits in einem Gebot an den Bürger, sich an einen bestimmten Ort zu begeben und sich dort für einige Zeit aufzuhalten, auch wenn keine sofortige Durchsetzung dieses Gebots durch zwangsweise Vorführung droht. Demgegenüber steht die herrschende Auffassung in Rechtsprechung und Literatur[36] auf dem Standpunkt, ein Gebot, sich an einem bestimmten Ort einzufinden und dort eine Zeitlang zu verweilen, enthalte keine Beeinträchtigung der persönlichen Freiheit. Die h. M. liest also in Art. 2 II 2 und Art. 104 GG ein negatives Element hinein, des Inhalts, daß von diesen Bestimmungen nur Maßnahmen erfaßt werden, mit denen der Staat jemanden an der freien Bewegung *hindert,* nicht aber solche, in denen er jemanden anweist, sich an einen bestimmten Ort zu begeben und dort eine Zeitlang zu bleiben. Ule[37] hält diese Unterscheidung für widersinnig, weil das Gebot, an einem bestimmten Ort zu erscheinen und zu verweilen zugleich das Verbot enthalte, sich an jeden anderen Ort als den bezeichneten zu begeben; ein solches Gebot greift nach Ule viel stärker in die Bewegungsfreiheit ein als jedes andere Verbot und stellt sich beinahe schon als Grenzfall zur FE dar.

Allein die h. M. wird jedoch dem Umstand gerecht, daß Art. 2 II 2 und Art. 104 GG nur gegen zwangsweise Eingriffe in die persönliche Bewegungsfreiheit schützen sollen, also nur die Freiheit der Verfügung über den Körper (Rechtsgut des § 239 StGB), nicht aber die Freiheit der Entschließung (Rechtsgut des § 240 StGB) zum Gegenstand haben[38]. Das BVerwG hat anläßlich der Erörterung der Vorladung zum Verkehrsunterricht und der Ablehnung des weiten Freiheitsbegriffes von Anschütz und Wernicke ausgeführt[39], in Art. 104 GG werde der Begriff der Freiheit der Person im Sinne der körperlichen Freiheit als Schutz vor Festnahmen und Verhaftungen verstanden. Ule[40] wendet sich hiergegen mit der Begründung, diese Auffassung

---

[34] Festschrift für Eb. Schmidt, S. 531 und 543.
[35] *Ule-Rasch*, Rdn. 7 und 8 zu §§ 15—17 PrPVG.
[36] Sämtlich für die Vorladung zum Verkehrsunterricht: BVerfG, NJW 1967/1221, 1222; BVerwGE 6/354, 355; OVG Berlin, DÖV 1956/153, 154 (mit dem Hinweis, daß der Fall der Nichtbefolgung einer Ladung als Zeuge gleichliege); OLG Frankfurt a. M., NJW 1956/561 f.; *Bachof*, Verfassungsrecht, Verwaltungsrecht, Verfahrensrecht, S. 129 (A 46); *Dürig* in Maunz-Dürig, Rdn. 50 zu Art. 2 Abs. II und 12 zu Art. 104 GG (auch für die Ladung eines Zeugen und eines Krankheitsverdächtigen zur Untersuchung); E. *Kern*, DÖV 1955/445 f. und GR II/66; a. A. LVG Hannover, DÖV 1955/444 f.
[37] *Ule-Rasch*, Rdn. 7 zu §§ 15—17 PrPVG.
[38] E. *Kern*, GR II/66 und DÖV 1955/446.
[39] BVerwGE 6/354, 355.
[40] a.a.O.

führe zur Identität der Begriffe FB im Sinne des Art. 104 I 1 und FE im Sinne des Art. 104 II GG. Schon oben[41] wurde ausgeführt, daß eine solche Identität wegen der Aufnahme des Satzes 2 in Art. 104 I GG durchaus als möglich erscheint. Aber selbst wenn man mit der überwiegenden und auch von Ule vertretenen Meinung zwischen FB und FE unterscheidet, ist Ules Schlußfolgerung nicht zwingend. Sie könnte allenfalls auf die angeführte Formulierung des BVerwG zutreffen. Diese Formulierung ist jedoch zu eng und läßt nicht deutlich genug erkennen, daß das Gebiet, auf dem Art. 104 GG Schutz gewähren soll, das der zwangsweisen Eingriffe in die körperliche Bewegungsfreiheit ist. So sagt das BVerwG in derselben Entscheidung[42], unter dem Recht auf Freiheit der Person im Sinne des Art. 2 II GG sei die körperliche Freiheit, die Freiheit vor Verhaftungen, Festnahmen und ähnlichen Eingriffen zu verstehen. Demgemäß bezieht das BVerfG[43] Art. 104 GG auf den Schutz der körperlichen Bewegungsfreiheit vor Verhaftung, Festnahme und ähnlichen Eingriffen, „also vor unmittelbarem Zwang". Auf diesem — gegenüber der von Ule als Anknüpfungspunkt benutzten Formulierung — weiteren Gebiet sind auch Einschränkungen der Bewegungsfreiheit in nur einer bestimmten Richtung (zwangsweises Fernhalten von bestimmten Orten) und damit Eingriffe von geringerer Intensität als bei einer FE möglich[44].

Wird nur ein Gebot ausgesprochen, sich an einen bestimmten Ort zu begeben und dort zu verweilen, so ist der Bereich, in dem Art. 104 GG werde der Begriff der Freiheit der Person im Sinne der körperlichen Freiheit der Entschließung[45]. Soweit eine zwangsweise Vorführung statthaft ist, steht noch nicht fest, ob zur Erzwingung des Gebots geschritten wird; der Betroffene kann somit noch frei über seinen Aufenthaltsort entscheiden. Soweit eine Strafdrohung besteht, scheidet dieser psychologische Druck von vornherein als Mittel der FE aus. Die Strafdrohung beeinflußt lediglich mittelbar die Willensbildung des Betroffenen. Dieser hat noch seine Entscheidungsfreiheit und kann abwägen, ob er das Gebot mißachten und das Risiko einer Bestrafung in Kauf nehmen soll oder ob er dieses Risiko vermeiden und daher

---

[41] S. 27.
[42] a.a.O., S. 355.
[43] NJW 1967/1221, 1222.
[44] Dazu, daß das Fernhalten von bestimmten Orten das Wesen der FB ausmacht, s. *Dürig* in Maunz-Dürig, Rdn. 12 zu Art. 104 GG. Dasselbe gilt genau betrachtet für *Holtkottens* Abgrenzungsmethode (s. o. S. 28). Ob das Fernhalten von zahlreichen Orten eine FE darstellt (*Baumann*, UntR, S. 14), kann hier offenbleiben.
[45] s. E. *Kern*, GR II/66. *Baumann*, Festschrift für Eb. Schmidt, S. 531 (6. Satz) stellt zu Unrecht den Vorgeladenen mit dem Vorgeführten gleich.

sich selbst[46] in seiner Bewegungsfreiheit beschränken soll[47]. Ule[48] meint, die Möglichkeit, einen beliebigen Ort aufzusuchen und sich dort aufzuhalten, und damit die körperliche Bewegungsfreiheit, bestehe für eine Person *rechtlich* nicht mehr, wenn an sie eine Weisung ergangen ist, sich an einen bestimmten Ort zu begeben und dort zu verweilen; vertrete man die Ansicht, die öffentliche Gewalt verhindere die Bewegungsfreiheit einer Person nicht, wenn sie deren Erscheinen gebiete, so behaupte man, die Freiheit der Person sei so lange nicht verletzt oder beschränkt, als der Betroffene die *praktische* Freiheit habe, sich dem Recht zu widersetzen; eine solche Freiheit sei aber in einem Rechtsstaat als verbürgtes Grundrecht nicht denkbar. Diese Ansicht Ules beruht auf seiner These, es widerspreche dem Wesen des Rechtsstaates, Grundfreiheiten nur in der Weise einzuräumen, daß allein die zwangsweise Durchsetzung eines hoheitlichen Eingriffs in ein Grundrecht ausgeschlossen oder eingeschränkt sei, der Eingriff selbst aber uneingeschränkt zulässig bleibe; eine solche Trennung zwischen ursprünglichen hoheitlichen Maßnahmen und ihrer Zwangsvollstreckung sei mit dem Grundgesetz nicht vereinbar[49]. Demgegenüber ist festzuhalten, daß — jedenfalls im Bereich des Grundrechts der persönlichen Freiheit — diese Differenzierung und die Beschränkung des besonderen Schutzes auf die zwangsweise Durchsetzung einer staatlichen Anordnung gerechtfertigt ist, weil der Rechtsunterworfene erst bei dieser Durchsetzung des stärkeren Schutzes bedarf. Die bloße Anordnung, von der noch gar nicht feststeht, ob sie einmal zwangsweise durchgesetzt werden wird oder die gar nur mit einer Strafdrohung bewehrt ist, stellt bei genauer Betrachtung noch keinen Eingriff in das betreffende Grundrecht dar[50]. Ihr gegenüber besteht für einen besonderen Schutz, wie ihn Art. 104 GG hinsichtlich der FE enthält, gar kein Anlaß. Wieso eine solche sachlich gerechtfertigte Be-

---

[46] So *Baumann* selbst in UntR, S. 9; s. auch OVG Berlin, DÖV 1956/153, 154. Dementsprechend stellt auch die Androhung des Wegfalls der Fürsorgeunterstützung (Beschränkung Arbeitsscheuer auf Anstaltspflege) keine FE dar, BVerwGE 11/133, 135 (mit ungenauer Begründung).

[47] Hier liegt auch die Grenze, von der an keine FE durch Verhinderung der eigen-willigen Ortsveränderung mehr anzunehmen ist (zutreffend *Baumann*, UntR, S. 9 m. w. Nachw. zur Frage der offenen Anstalten; zu weit *Dürig* in Maunz-Dürig, Rdn. 6 zu Art. 104 GG und die dort Genannten). Mit Recht hat der BDH (DÖV 1964/318 f.) die Ausgangsbeschränkung nach § 14 I WehrdisziplinarO (i. d. F. v. 9. 6. 1961, BGBl. I/697), also das Verbot, die Unterkunft — auch die eigene Wohnung — zu verlassen, nicht als FE angesehen, weil der Soldat nur durch das moralische und rechtliche Band des dienstlichen Befehls gebunden ist, aber nicht — wie zu ergänzen ist — durch Zwang oder Drohung mit sofort anzuwendendem Zwang in der Unterkunft festgehalten wird.

[48] a.a.O., Rdn. 8 zu §§ 15—17 PrPVG.

[49] a.a.O., Rdn. 9 zu § 15—17 PrPVG.

[50] BVerfG, NJW 1967/1221, 1222; BVerwGE 6/354, 355; OVG Berlin, DÖV 1956/153, 154.

schränkung des besonderen Schutzes des Art. 104 GG auf Zwangsmaßnahmen dem Wesen des Rechtsstaates und dem Grundgesetz widersprechen soll, ist nicht einzusehen. Ule versucht auch gar nicht, dies näher zu erläutern[51].

Daher ist der h. M. zu folgen. Ein Gebot, zu erscheinen, kann nicht Teil einer FE sein, wenn nur die Möglichkeit einer Vorführung zu einem späteren Zeitpunkt oder gar nur eine Strafdrohung besteht.

c) *Anordnung der Vollstreckung*

Bei der Beantwortung der Frage, ob bereits die Anordnung einer Vollstreckung, die mit Zwang gegen die Person verbunden ist (Vorführung, zwangsweise Zuführung zum Arzt, zu einer Untersuchungsstelle usw.) eine FE darstellt, ist davon auszugehen, daß die Anordnung der zwangsweisen Vorführung mit der nachfolgenden Vollziehung einen einheitlichen Vorgang bildet. Es liegt hier ebenso wie bei einem auf Freiheitsstrafe erkennenden Urteil, das als Grundlage für die Strafvollstreckung von dieser im Rahmen des Art. 104 GG nicht getrennt werden kann[52]. Daher gelten bereits für die Anordnung einer Vorführung usw. die besonderen Voraussetzungen, die Art. 104 GG für die FE aufstellt.

3. Das Merkmal der Dauer

Nach den bisherigen Ausführungen stellen sämtliche hier untersuchten Maßnahmen FEen im Sinne des Art. 104 II—IV GG dar. Ein Bedenken bleibt noch zu klären: Man könnte meinen, der Begriff der FE enthalte notwendigerweise das Merkmal der Dauer, so daß eine FE nur vorläge, wenn die betreffende Maßnahme eine Festhaltung über einen gewissen längeren Zeitraum zur Folge hat oder doch — da Art. 104 II 2 GG unverzügliche Einschaltung des Richters verlangt — nach dem Willen der festnehmenden Behörde zur Folge haben soll.

a) *Die Äußerungen in Literatur und Rechtsprechung*

Dürig hat früher wegen fehlenden Dauerelements nicht nur die Vorführung und die Zwangsgestellung, sondern auch den Polizeigewahrsam im engeren Sinne („Polizeihaft“) aus dem Begriff der FE im

---

[51] a.a.O., Rdn. 9: „Man wird vielmehr ganz allgemein annehmen müssen, daß ...“

[52] BVerfGE 14/174, 186.

Sinne des Art. 104 GG ausgeklammert[53]. Heute wird diese Auffassung nur noch für die Mitnahme zur Dienststelle oder zu einem anderen Ort und für die Vorführung vertreten. *Wacke*[54] charakterisiert das Sistieren („Mitnehmen zur Wache") als „vorübergehende Beschränkung der persönlichen Freiheit"[55]. Der Grund für die damit ausgesprochene Ablehnung einer FE liegt einzig in der — meist geringeren — Dauer der Maßnahme, wie sich aus der weiteren Feststellung von Wacke ergibt, auch ein solches „Mitnehmen zur Wache" könne angesichts der Vorschriften des Art. 104 GG im äußersten Falle nicht länger als bis zum Ende des Tages nach dem Ergreifen dauern; mit dieser Formulierung gibt Wacke zu erkennen, daß er alle Merkmale einer FE für gegeben hält bis auf das Element einer gewissen Dauer. E. E. *Schneider*[56] hält die Sistierung und die Vorführung nach §§ 21, 22 HessPolG 1954 für bloße Freiheitsbeschränkungen und beruft sich dabei auf die Abgrenzung *Holtkottens,* wonach die Annahme einer Freiheitsentziehung ein besonders starkes Maß bzw. einen besonders hohen Grad der Freiheitsbeeinträchtigung erfordert und eine FE nicht vorliegt, wenn die Bewegungsfreiheit lediglich in geringem Umfang bzw. nur nach einer bestimmten Richtung hin beschränkt wird. Diese Abgrenzung kann bei genauer Betrachtung Schneiders Ergebnis nicht rechtfertigen[57]. Daß Schneider in Wirklichkeit nur nach der Dauer der Maßnahme abgrenzt, zeigt sich an anderer Stelle[58], wo er ausführt, dann, wenn die Feststellung der Personalien auf der Dienststelle in kürzerer Zeit nicht möglich sei, könne die Verwahrung des Mitgenommenen erforderlich werden.

Müller-Heidelberg/Clauss bezeichnen die Sistierung ebenfalls als „vorübergehende FB"[59]. Da sie wegen der Voraussetzungen aber auf § 9 NdsSOG verweisen, den sie als Grundlage für FEen ansehen[60], grenzen auch diese Autoren nur nach der kürzeren Dauer ab. Der Gedanke der Kurzfristigkeit als Maßstab für die Abgrenzung der FE klingt auch

---

[53] AöR 79/80 Fn. 71. Die Ausführungen dürften durch die Darlegungen in Maunz-Dürig, Rdn. 51 sub a und d zu Art. 2 Abs. II GG (s. o. S. 31) und Rdn. 63 zu Art. 1 Abs. II GG (wo *Dürig* die polizeiliche Verwahrung als FE behandelt) überholt sein.

[54] *Drews-Wacke,* S. 103.

[55] Ebenso *Trubel,* Dt. Pol. 1959/271 hinsichtlich der Mitnahme zur Wache bei einer Razzia.

[56] Anm. 2 zu § 17 HessPolG.

[57] s. oben S. 31.

[58] Anm. 6 zu § 21 HessPolG. Ähnlich *Unruh,* S. 19, der die Inverwahrungnahme zuläßt, wenn die Personalienfeststellung auf Schwierigkeiten stößt. Nach beiden Autoren galt die Verweisung in § 21 III 3 HessPolG auf § 18 (richterliche Entscheidung) und § 19 (Dauer der Maßnahme) — jetzt § 46 S. 2 2. Hs. HessSOG — nur für diese Ingewahrsamnahme, d. h. vorher liegt nach ihrer Ansicht keine FE vor.

[59] Anm. 5 zu § 9 NdsSOG.

[60] Anm. 1 zu § 9 NdsSOG.

in der Begründung zum Regierungsentwurf des FEG an, wenn dort von einigen freiheitsbeschränkenden Maßnahmen gesagt wird, sie hätten nur vorübergehende Bedeutung und seien vielfach schon erledigt, wenn sie vor den Richter gebracht würden[61]. *Reichard* hält die Dauer ebenfalls für ein zur Abgrenzung geeignetes Kriterium, wenn er hervorhebt[62], daß Art. 104 GG im Grunde nichts anderes erreichen wolle, als den sicheren Rechtsschutz des einzelnen vor unberechtigter Einschließung oder Einsperrung, soweit sie mit dem völligen Entzug der Freiheit verbunden sei, so wie ihr auch ein Strafgefangener unterworfen sei, „da derartige Maßnahmen im allgemeinen längerfristig zu sein pflegen als bloße FBen". Auch *Schorn*[63], der von der Ingewahrsamnahme Betrunkener zwecks Ausnüchterung meint, sie stelle nach deutschem Recht keine FE dar, dürfte — da er andere Abgrenzungsmerkmale nicht nennt — zu diesem Ergebnis aufgrund der verhältnismäßig geringen Dauer gelangt sein, die den Polizeigewahrsam kennzeichnet. *Kaiser*[64], *Kleinknecht*[65] und *Peters*[66] sehen das Verbringen des Beschuldigten zum Arzt zwecks Entnahme einer Blutprobe (§ 81 a StPO) nicht als FE an, weil es nicht auf Fortdauer der amtlichen Verwahrung des Betroffenen gerichtet ist. Gleicher Ansicht dürfte das OLG Schleswig[67] sein, wenn es diese Maßnahme als eine nur vorübergehende und zeitlich befristete, nämlich mit der Blutentnahme beendete Einschränkung der Bewegungsfreiheit bezeichnet, deren Durchführung durch Hilfsbeamte der Staatsanwaltschaft grundsätzlichen Bedenken um so weniger begegne, als sich die Dauer der FB in dem Rahmen halte, in dem die Polizei auch nach Art. 104 II 2 GG eine Person in eigenem Gewahrsam halten könne.

Bettermanns Ansicht ist unklar. Bettermann nimmt einerseits Identität der FE im Sinne des Art. 104 GG mit der Freiheitsberaubung des § 239 StGB an[68], was für die Einordnung auch der kurzfristigen Maßnahmen unter die FE spricht[69]. Er teilt andererseits sowohl die Meinung *Kerns* mit, auch die Festhaltung, zwangsweise Vorführung und Fesselung sei eine FE, als auch die unrichtige, weil auf § 2 I FEG abstellende Ansicht des BVerwG[70], die Vorführung sei keine FE, ohne

---

[61] BT, 2. WP, Drucks. Nr. 169 S. 7 (sub I 2).
[62] S. 30; s. auch S. 32, wo er ähnlich wie die Begründung des RegE formuliert.
[63] S. 160.
[64] NJW 1964/581.
[65] NJW 1964/2183.
[66] Blutalkohol 1964/242.
[67] NJW 1964/2215, 2217.
[68] GR III, 2/880.
[69] Dazu sogleich sub b.
[70] s. oben S. 30.

daß er zu diesen Äußerungen Stellung nimmt[71]. Bettermann scheint daher an der Qualifzierung der Vorführung und Sistierung als FE zu zweifeln. Unklar ist auch die Stellung von Hans J. *Wolff*. Dieser Autor führt im Rahmen der Aufzählung von Fällen, in denen die Polizeibehörden FEen anordnen dürfen[72], nicht nur den § 17 HessPolG 1954 (Verwahrung) an, sondern auch den § 21 dieses Gesetzes (Sistierung). Demgegenüber beschränkt er sich beim BayPAG und beim RhPfPVG auf einen Hinweis auf Art. 17 ff. bzw. §§ 6 ff., bezieht also Sistierung und Vorführung, die in Art. 14 und 15 bzw. §§ 3 und 4 geregelt sind, nicht mit ein[73], und verweist anschließend — nach Erwähnung der §§ 9 NdsSOG, 15 PrPVG, 4 SHPolG 1949 — auf „ähnliche Ermächtigungen zu polizeilicher Verwahrung".

b) *Eigene Stellungnahme*

Sicher ist, daß ganz flüchtige Maßnahmen (etwa Anhalten einer Person oder eines Fahrzeugs zur Durchsicht der Papiere) keine FEen darstellen[74]. Für alle anderen Maßnahmen bieten sich zwei Möglichkeiten, kürzere Festhaltungen aus dem Begriff der FE auszuklammern. Man könnte einmal aus dem Umstand, daß Art. 104 II 1 GG eine richterliche Entscheidung über Zulässigkeit und Fortdauer einer FE verlangt und daß demzufolge die Exekutive auf dem Gebiet der Eingriffe in die persönliche Freiheit nur noch vorläufige und kurzfristige Maßnahmen vornehmen darf[75], folgern, allen Maßnahmen, die der Exekutive noch gestattet sind, fehle der Charakter der FE. Für die Polizei erhielte man hierbei sogar eine feste zeitliche Grenze (Art. 104 II 3 GG). Zum anderen könnte man annehmen, daß Festhaltungen bis zum Ende des Tages nach dem Ergreifen (Art. 104 II 3 GG) zwar FEen darstellen, daß diese Rechtsnatur aber solchen Maßnahmen fehle, die schon vorher innerhalb einer kürzeren Frist enden. Eine Ausklammerung solcher Maßnahmen, die nicht auf eine längere Festhaltung hinzielen, aus dem Begriff der FE liegt um so näher, als die besonderen Schutzvorschriften des Art. 104 GG eine Wiederholung nationalsozialistischer Praktiken ausschließen sollten, also insbesondere gegen mißbräuchliche „Schutzhaft" in Konzentrationslagern und ähnlichen Einrichtungen gerichtet sind[76].

---

[71] GR III, 2/881 Fn. 555.

[72] VR I, § 33 V b 3.

[73] Auch beim HessPolG 1954 nennt er nicht den § 22 (Vorführung).

[74] *Baumann*, UntR, S. 9 f.; O. *Franz*, NJW 1964/1851; *Ule-Rasch*, Rdn. 21 zu §§ 15—17 PrPVG; s. auch *Drews-Wacke*, S. 188.

[75] BVerwGE 4/196, 199; *Dürig* in Maunz-Dürig, Rdn. 34 zu Art. 104 GG; dazu näher unten S. 132, 136.

[76] *Hamann*, Anm. A 2 zu Art. 104 GG; *Dürig*, a.a.O., Rdn. 2 und 40 zu Art. 104 GG.

Art. 104 II GG enthält in Satz 1 den Grundsatz vorgängiger richterlicher Entscheidung über eine FE. Satz 2 bestimmt, daß die richterliche Entscheidung unverzüglich nachzuholen ist, wenn dem Gebot des Satzes 1 nicht entsprochen wurde. Satz 3 konkretisiert den in Satz 2 gebrauchten Ausdruck „unverzüglich" für die Fälle, in denen es sich um Festhaltungen durch die Polizei handelt[77], wobei konkretisiert „verschärft" bedeutet, weil der Grundgesetzgeber meinte, der Polizei besonderes Mißtrauen entgegenbringen zu müssen[78]. Neben diesem Aufbau des Abs. II ist zu beachten, daß nicht nur in Satz 1 von „FE" die Rede ist, sondern daß dieser Ausdruck auch in Satz 2 gebraucht wird. Dieser eindeutige Wortlaut und klare Aufbau des Art. 104 II GG zeigt, daß das GG auch die Festhaltungen während des durch den Begriff „unverzüglich" begrenzten Zeitraumes als FEen betrachtet, und zwar auch die Festhaltungen bis zum Ende des Tages nach dem Ergreifen, denn die in Satz 3 verwendeten Ausdrücke „Ergreifen" und „in Gewahrsam halten" sind wegen der Funktion des Satzes 3 als Konkretisierung des Satzes 2 mit dem dortigen Begriff der FE identisch. Damit entfällt jede Möglichkeit, das Merkmal der Dauer oder des Hinzielens auf eine gewisse Dauer als Kriterium für die Abgrenzung der FE heranzuziehen[79]. Dem Versuch, solche Festhaltungen auszuklammern, die noch während der Frist des Art. 104 II 3 GG enden, stellt sich zudem die praktische Schwierigkeit entgegen, daß es nicht möglich ist, innerhalb dieser Frist eine Zeitgrenze festzulegen, bis zu der eine FE verneint werden könnte.

Reiff[80] meint, § 20 II BWPolG, der das Verbringen einer Person zur Dienststelle zwecks Personalienfeststellung zuläßt, gestatte eine Festhaltung während allenfalls einer Stunde; ein längerer Zwangsaufenthalt auf der Wache sei nur aufgrund der Bestimmung über den polizeilichen Gewahrsam möglich. Die Richtlinien des Hessischen Ministers des Innern für die Behandlung von Kindern, Jugendlichen und Heranwachsenden bei der Vollzugspolizei vom 8. 7. 1966[81], bedienen sich gleichfalls der Stundenfrist, wenn sie der Polizei einen Antrag beim Gericht auf eine einstweilige Anordnung nach § 1666 BGB erlassen, falls es sich um eine „kurzfristige (stundenweise) Inobhutnahme" handelt. Reiff sieht zwar auch die Sistierung als FE an[82], aber seine Zeitgrenze zeigt doch die Unmöglichkeit einer solchen Abgrenzung:

---

[77] BVerfGE 10/302, 321.
[78] E. *Kern*, GR II/73; dazu näher unten S. 101.
[79] Ebenso *Ule-Rasch*, Rdn. 7 a. E. zu §§ 15—17 PrPVG; *Kaufmann*, S. 264; O. *Franz*, NJW 1964/240 und 1851.
[80] Erl. III 2 zu § 20 BWPolG. Ebenso *Rheinwald-Kloesel*, Erl. 2 zu § 20 BWPolG.
[81] Staatsanzeiger für das Land Hessen, S. 937.
[82] Anm. I zu § 20 BWPolG (Hinweis auf Art. 5 MRK).

Einerlei, ob es sich um die Unterscheidung der Sistierung vom Gewahrsam oder allgemein um die Abgrenzung der FE von Maßnahmen geringerer Intensität handelt, stellt sich sogleich die Frage, wieso die Grenze nicht bei einer halben Stunde, bei eineinhalb Stunden, bei zwei oder acht Stunden gezogen wird. Überdies trifft es nicht zu, daß die Sistierung und die Vorführung stets eine kürzere Zeit in Anspruch nehmen als der polizeiliche Gewahrsam. Ein Gewahrsam zur Verhütung einer Straftat[83] kann sehr kurzfristig sein, wenn es sich etwa um einen schnell erregbaren und dementsprechend schnell wieder beruhigten Störer handelt, der möglicherweise schon auf dem Weg zur Wache wieder entlassen werden kann. Eine Schutzhaft kann alsbald enden, wenn es der herbeigerufenen Verstärkung der Polizei gelingt, die drohende Menge schnell zu zerstreuen. Demgegenüber erstreckt sich eine Sistierung, insbesondere wenn der Sistierte Angaben verweigert oder unrichtige Angaben macht, oft über mehrere Stunden, zumal wenn Rückfragen bei anderen Meldebehörden notwendig werden[84]. Desgleichen kann eine Vorführung länger als eine Verwahrung dauern, etwa im Falle einer Gegenüberstellung mit mehreren Zeugen oder einer medizinischen Untersuchung (§ 81 a StPO). Auch die Personendurchsuchung kann — wie hier einzufügen ist — erhebliche Zeit beanspruchen, beispielsweise bei der Überprüfung des Inhalts mehrerer Anzug- und Manteltaschen oder der Suche nach im Anzugfutter verborgenen Gegenständen[85]. Deshalb geht es nicht an, Sistierung und Vorführung — sowie Mitnahme und Festhaltung zur Durchsuchung — generell aus dem Begriff der FE auszuklammern; der Weg über eine Abgrenzung im Einzelfall ist aber wegen der undurchführbaren zeitlichen Abgrenzung ebenfalls nicht gangbar.

Die Außerachtlassung der Dauer des Entzugs der Bewegungsfreiheit entspricht auch der Rechtsprechung zu § 239 StGB. Das RG hatte bereits in den angeführten Entscheidungen aus den Jahren 1880 und 1886[86] den erzwungenen Gang zur Wache als Freiheitsberaubung angesehen, obwohl dieser Gang im ersten Falle auch noch abgebrochen wurde, weil der angebliche Beamte die Sistierte plangemäß veranlaßte, sich ihm hinzugeben, und obwohl sich im zweiten Falle die sofortige Angabe der Personalien auf der Wache und die sofortige Entlassung des Sistierten anschlossen[87]. In anderen Entscheidungen hat

---

[83] Wenn in dieser Arbeit von „strafbarer Handlung“ oder von „Straftat“ gesprochen wird, so ist damit stets eine mit Strafe bedrohte (also nur tatbestandsmäßige und rechtswidrige, aber nicht notwendigerweise schuldhafte) Handlung gemeint.

[84] Vgl. *Drews-Wacke* S. 103; B. *Kern* S. 48.

[85] Vgl. unten S. 47 f.

[86] RGSt 2/292 ff.; 13/426 ff. (s. oben S. 31).

[87] RGSt 2/292, 297 nimmt nur „eine bloß augenblickliche Hinderung des Freiheitsgebrauchs“ aus.

das RG ein Einsperren „ein Vaterunser lang“[88] und für zwei bis drei Minuten[89] als ausreichend angesehen. Der BGH hat ein halbstündiges Einsperren für § 239 I StGB genügen lassen[90]. Demgemäß wird auch ein (aufgrund Vorführungsbefehls) Vorgeführter als Gefangener im Sinne des § 120 StGB (Gefangenenbefreiung)[91] angesehen[92].

Ob der Grundgesetzgeber auch derart kurze Festhaltungen von dem Begriff der FE in Art. 104 II—IV GG erfaßt wissen wollte, ist sehr fraglich[93], kann aber dahinstehen, weil sich der klare Wortlaut der Vorschriften auf jede, auch die kurzfristigste Festhaltung bezieht.

4. Das Merkmal des Zweckes

Schließlich sei noch erwähnt, daß auch der Zweck der Maßnahmen nicht als Abgrenzungskriterium geeignet ist. Man könnte auf den Gedanken kommen, nur solche Maßnahmen als FEen anzusehen, bei denen der Entzug der Bewegungsfreiheit im Vordergrund steht, nicht aber solche, die in erster Linie auf einen ganz anderen Zweck gerichtet sind (Herstellung erkennungsdienstlicher Unterlagen, Untersuchung auf ansteckende Krankheiten usw.). Dies klingt bei *König* an, der ausführt, die Anhaltung und die Verbringung zur Dienststelle (Art. 14 BayPAG) seien nicht Maßnahmen mit Selbstzweck, sondern dienten der Aufklärung der persönlichen Verhältnisse aus den in Art. 14 I PAG abschließend niedergelegten Gründen[94], sie unterschieden sich vom Polizeigewahrsam dadurch, daß sie zweckgebunden und daher lediglich vorübergehender Art seien[95]; auch die Vorführung nach Art. 15 BayPAG sei wegen ihres Zweckes vom Polizeigewahrsam verschieden[96]. Das OLG Schleswig weist anläßlich der Begründung der Vereinbarkeit der Zwangsbefugnisse nach § 81 a StPO ebenfalls auf den begrenzten Zweck der Verbringung zum Arzt hin[97]. Da Art. 104 GG aber Schutz gegen Beeinträchtigung der körperlichen Bewegungsfreiheit schlechthin bieten soll, kann es bei der Begriffsbestimmung der FE auf Zwecke und Motivationen der Maßnahme ebensowenig wie

---

88 RGSt 7/259, 260 f.

89 RGSt 33/234—236.

90 BGHSt 14/314, 315.

91 Und damit auch im Sinne der §§ 121 und 347 StGB (Entweichenlassen von Gefangenen).

92 RGSt 12/162, 163 f. Dies muß auch für den Sistierten gelten.

93 s. o. S. 39 a. E. und unten S. 103—105.

94 S. 352 (Anm. II 5 zu Art. 14 PAG).

95 S. 361 (Vorbem. vor Art. 17 PAG).

96 s. Fn. 95. *König* nimmt jedoch bei beiden Maßnahmen eine FE an, s. o. S. 43 Fn. 99.

97 NJW 1964/2215, 2217.

auf die Mittel des Freiheitsentzugs ankommen[98]; maßgebend ist ausschließlich der Erfolg, der Entzug der Bewegungsfreiheit.

5. Ergebnis

Da somit jede allseitige Aufhebung der eigen-willigen Bewegungsfreiheit ohne Rücksicht auf die Dauer und die angewandten Mittel als FE im Sinne des Art. 104 II—IV GG anzusehen ist, handelt es sich bei sämtlichen in diesem Kapitel erörterten Maßnahmen um FEen.

Der hier eingenommene Standpunkt zum Begriff der FE wird von zahlreichen Autoren — zumeist unter Beschränkung auf das jeweils abgehandelte Rechtsgebiet und oft ohne oder ohne erschöpfende Begründung — geteilt[99]. Daß auch die Mitnahme zur Durchsuchung eine FE darstellt, ist bislang erst von einem Autor erkannt worden[100], der aber auch die Zurückhaltung in Räumen, in denen die zu durchsuchende Person angetroffen wird, wohl nur als FB ansieht. Auch verschiedene Gesetze erkennen die Sistierung oder die Vorführung dadurch als FEen an, daß sie die Höchstfrist des Art. 104 II 3 GG auf

---

[98] *Bettermann*, GR III, 2/883; s. ferner (dazu, daß sogar Maßnahmen im Interesse des Betroffenen unter Art. 104 GG fallen): OVG Koblenz AS 2/29, 32; VG Freiburg, DVBl. 1951/313, 314; *Dürig* in Maunz-Dürig, Rdn. 6 a. E. zu Art. 104 GG; *Hamann*, Anm. B 1 a zu Art. 104 GG.

[99] *Altmeyer-De Clerck*, Erl. 5 zu § 7 RhPfPVG (Sistierung — „Fortdauer der FE"); *Baerensprung*, S. 118 f. und 119 f. (Vorführung und Sistierung); *Baumann*, UntR, S. 10 (vorübergehendes Festhalten im Untersuchungsraum, Transport im Kraftwagen); *Bernet-Groß*, Anm. 4 zu § 46 HessSOG (Sistierung — Zweifel in Anm. 10 zu § 16 HessSOG für die zwangsweise Verbringung zur Vornahme erkennungsdienstlicher Maßnahmen); *Dürig* in Maunz-Dürig, Rdn. 51 sub a und d zu Art. 2 Abs. II GG (s. o. S. 31); O. *Franz*, NJW 1964/240 f. und 1851; *Geerds*, GA 1965/329—331, 337 („Freiheitsentzug" bei der Blutprobe); *Gobrecht*, S. 50 (zu § 15 BlnPVG — Sistierung), S. 54, 57 (zu § 17 Bln PVG — Vorführung); *Herzog*, AöR 86/230 (zwangsweise Untersuchung), 217 f. und BayVBl. 1959/46 f. (Vorführung); *Kaufmann*, Aufstellung S. 265—337, insbesondere 286 ff. und 334 f. (Vorführung), 289 ff. und 336 (Sistierung), 291 ff. und 337 ff. (Vorführung auf Ersuchen); E. *Kern*, GR II/71—72 (Festhaltung, Vorführung, Fesselung, Festnahmeakt, Transport), 100 (Mitnahme zur Wache bei einer Razzia); B. *Kern* S. 48 f. (Zwangsgestellung), 58 f. (Maßnahmen nach § 81 b StPO); *König*, S. 352 (Anm. II 5 zu Art. 14 PAG —Sistierung), 353 (Anm. 1 zu Art. 15 PAG — Vorführung), 368 (Vorbem. vor Art. 20—22 PAG) und 369 sub I (Sistierung und Vorführung); *Müller* in KMR, Anm. 5 zu § 127 StPO (Sistierung); *Samper*, Rdn. 2 zu Art. 15 PAG (Vorführung), Rdn. 46, 54 zu Art. 14 PAG (Sistierung); *Scheer-Trubel*, S. 49 sub III 1 (Vorführung und Zuführung); *Schelling*, S. 8 (Sistierung, Zuführung eines Ansteckungsverdächtigen zum Amtsarzt); *Stümper*, BWVerwBl. 1962/69 (Mitnahme zur Wache bei einer Razzia); *Ule-Rasch*, Rdn. 7 a. E., Rdn. 76 (Vorführung) und Rdn. 109 (Sistierung, Vorführung, Untersuchung) je zu §§ 15—17 PrPVG.

Auch BVerfGE 10/302, 321 spricht bei Art. 104 II 3 GG von der „FE" durch die Polizei.

[100] B. *Kern*, S. 58. Vgl. unten S. 34 Fn. 14.

diese Maßnahmen anwenden[101], daß sie aussprechen, der Betroffene sei „in Freiheit zu setzen“ oder „zu entlassen“[102], oder daß sie eine Verlängerung als Anordnung der „Fortdauer der FE“ bezeichnen[103]. Besonders deutlich kommt die Einstufung der Mitnahme zur Wache als FE in dem (neuen) Polizeirecht von Hessen[104] und Schleswig-Holstein[105] zum Ausdruck, das die unverzügliche Herbeiführung einer richterlichen Entscheidung vorschreibt; das schleswig-holsteinische Gesetz hebt dabei ausdrücklich hervor, diese Entscheidung sei nach Art. 104 II GG notwendig. Im hessischen Recht[106] wird zudem für die Vorführung eine vorgängige richterliche Entscheidung verlangt und diese Maßnahme auch dadurch als FE anerkannt. Zwei Gesetze stellen die Sistierung auch hinsichtlich der Einräumung einer Gelegenheit zur Benachrichtigung von Vertrauenspersonen des Sistierten dem Polizeigewahrsam im eigentlichen Sinne gleich[107].

---

[101] BayPAG Art. 20 (Sistierung und Vorführung); HessSOG § 46 S. 2 i.V.m. § 49 S. 1 (Sistierung); RhPfPVG § 7 S. 2 (Sistierung); SHLVwG § 176 II 3 (Sistierung); ebenso DA-BGS Abschn. VI 4 (Sistierung); ferner HessVwVG § 79 II, SHLVwG § 213 II 2, jeweils für die Vorführung als Vollstreckungsmaßnahme. Die beiden letztgenannten Gesetze verlangen auch eine richterliche Entscheidung (Hess § 79 I, SH § 213 III).

[102] § 18 II 1 GeschlKrG (betrifft Vorführung); HessSOG § 46 S. 2 und die in Fn. 101 genannten Vorschriften.

[103] BayPAG Art. 20 (Sistierung und Vorführung); RhPfPVG § 7 S. 2 (Sistierung).

[104] HessSOG (1964) § 46 S. 2 2. Hs. i.V.m. § 48.

[105] SHLVwG (1967) § 176 IV.

[106] VwVG (1966) § 79 I.

[107] BayPAG Art. 22 S. 1; HessSOG § 46 S. 46 S. 2 i.V.m. § 50 III 2.

Zweiter Abschnitt

Rechtsgrundlagen für Freiheitsentziehungen

3. Kapitel

Gesetzliche Regelung für die Polizei der Länder

A. Befugnisse zur Freiheitsentziehung nach der StPO

I. Vorläufige Festnahme und Sistierung des Beschuldigten

§ 127 StPO enthält in Abs. I 1. Alt. (Betreffen auf frischer Tat und Fluchtverdacht) und in Abs. II (Voraussetzungen eines Haft- oder Unterbringungsbefehls und Gefahr im Verzug) die eigentlichen Fälle der vorläufigen Festnahme, also der FE, die in eine richterliche (Untersuchungs-) Haft übergehen kann und soll. Die zweite Alternative des Abs. I (Betreffen auf frischer Tat und Unmöglichkeit, die Persönlichkeit sofort festzustellen[1]) ist dagegen ihrem Wesen nach kurzfristig und kann allenfalls dann in eine Untersuchungshaft übergehen, wenn sich die Personalien auch auf der Dienststelle nicht ermitteln lassen und deswegen Fluchtgefahr (§ 112 II Nr. 2 n. F.; s. § 113 II Nr. 3 n. F. StPO) anzunehmen ist; diese Festnahme ist daher besser als strafprozessuale Sistierung zu bezeichnen[2]. Das StrafprozeßänderungsG 1964 hat den Begriff des Fluchtverdachts in § 127 I 1. Alt. nicht wie in § 112 II Nr. 2 n. F. StPO durch den strengeren weil objektiven Begriff der Fluchtgefahr ersetzt. Die Verschärfung des Haftrechts wirkt sich daher nur auf die Festnahme nach § 127 II StPO aus, nicht aber auf dem wichtigen Gebiet des sofortigen Zugriffs nach § 127 I[3]. Für § 127 II können auch die neuen Haftgründe des § 112 III—IV n. F. StPO eine (geringe) Bedeutung erlangen.

---

[1] Dazu gehört auch der Fall, daß die Feststellung auf der Straße in Anbetracht der Umstände unangemessen ist, RGSt 27/153, 156; ungenau RG JW 1925/1000 Nr. 57, das den Eindruck erweckt, als liege dieser Fall außerhalb des § 127 StPO; dazu *Lobe-Alsberg*, Anm. V zu § 127 StPO; richtig RG JW 1931/1563 Nr. 19, RG HRR 1926 Nr. 1885 und auch RG JW 1935/3393 Nr. 28.

[2] Dazu BayObLG, DÖV 1960/130 f.; RGSt 59/113, 114; *Schwarz-Kleinknecht*, Anm. 1 A zu § 127 StPO; *Kaufmann*, S. 95 Anm. 8.

[3] Eb. *Schmidt* (ErgBd.), Rdn. 1, 12 zu § 127.

II. § 164 StPO

Die StPO gibt in § 164 der Polizei das Recht, Personen festzunehmen, die Amtshandlungen stören, wobei zu beachten ist, daß es sich um Amtshandlungen nach der StPO handeln muß[4].

III. § 81 a StPO

Heute ist fast allgemein anerkannt, daß § 81 a StPO, nach dem die zu Hilfsbeamten der Staatsanwaltschaft bestellten Polizeibeamten eine körperliche Untersuchung des Beschuldigten — insbesondere die Entnahme von Blutproben — anordnen können[5], nicht nur die Befugnis zur zwangsweisen Durchsetzung der Untersuchungshandlungen selbst enthält, sondern auch das Recht gibt, den Betroffenen dem Arzt oder der Polizeidienststelle zuzuführen[6], mithin eine FE vorzunehmen. Entgegen der Annahme von *Peters*[7] ist eine Mitnahme zur Dienststelle auch dann zulässig, wenn dort die Untersuchung nicht stattfinden soll, aber sachliche Gründe den Umweg gebieten[8]. § 81 a gibt dagegen dem Polizeibeamten, der selbst nicht Hilfsbeamter der Staatsanwaltschaft ist, keine Befugnis, den Beschuldigten zwangsweise zur Dienststelle zu schaffen, um dort erst die Anordnung eines Hilfsbeamten (Wachhabenden) nach § 81 a II herbeizuführen[9]. Ob in dem praktisch wichtigsten Fall des Trunkenheitsdelikts § 127 II i. V. m. § 112 II Nr. 3 a n. F. StPO (Verdunkelungsgefahr) diese Zuführung deckt, erscheint zumindest zweifelhaft. Es setzte voraus, daß man das nur passive Aus-

---

[4] BayObLGSt 1962/316, 318; *Kohlhaas* in Löwe-Rosenberg, Anm. 1 zu § 164 StPO; *Schwarz-Kleinknecht*, Anm. 1 zu § 164 StPO.

[5] Zur verfassungsrechtlichen Unbedenklichkeit des § 81 a StPO s. BVerfGE 16/194, 200 f.

[6] BayObLG, JZ 1964/625; OLG Schleswig, NJW 1964/2215 m. w. Nachw., insbesondere aus der Rechtsprechung; *Dürig* in Maunz-Dürig, Rdn. 51 zu Art. 2 Abs. II GG; *Kaiser*, NJW 1964/580 f.; B. *Kern*, S. 57 f.; *Kleinknecht*, NJW 1964/2181 ff. m. zahlreichen Nachw.; *Peters*, § 40 II 2 a und Blutalkohol 1964/241 ff.; *Sarstedt* in Löwe-Rosenberg, Erl. 9 zu § 81 a StPO; *Sax* in KMR, Anm. 1 c zu § 81 a StPO; Eb. *Schmidt* (ErgBd.), Rdn. 28, 29 zu § 81 a StPO; *Schönke-Schröder*, Rdn. 20 zu § 113 StGB; *Schwarz-Kleinknecht*, Anm. 8 zu § 81 a StPO, Einl. 1 H e; *Tiedemann*, JZ 1964/625 und 626; a. A. *Geerds*, GA 1965/330—332; *Naucke*, SHAnz. 1963/185 f.

Baumann, Festschrift für Eb. Schmidt, S. 538 f. behandelt nur die Eingriffe in die Bewegungsfreiheit bei Vornahme der Untersuchungshandlung.

[7] Blutalkohol 1964/243.

[8] Etwa Übergabe des von einer Funkwagenbesatzung Ergriffenen an andere Beamte zwecks Zuführung zum Arzt, damit der Streifenwagen wieder für weitere Einsätze zur Verfügung steht; ebenso *Kruse*, Blutalkohol 1964/366; *Kleinknecht*, NJW 1964/2184; Eb. *Schmidt* (ErgBd.), Rdn. 29 zu § 81 a StPO; OLG Hamburg, VRS 1965/196, 199 f.

[9] H. M.; OLG Saarbrücken, NJW 1959/1190; OLG Schleswig, NJW 1964/2215, 2217; *Kleinknecht*, NJW 1964/2186 f.; *Sarstedt* in Löwe-Rosenberg, Erl. 8; *Sax* in KMR, Anm. 7; Eb. *Schmidt* (ErgBd.), Rdn. 25; *Schwarz-Kleinknecht*, Anm. 7 je zu § 81 a StPO; a. A. *Kaiser*, NJW 1964/581.

nutzen des Zeitablaufs und damit des Abbaus des Blutalkohols als ein Vernichten, Verändern, Beiseiteschaffen, Unterdrücken oder Fälschen eines Beweismittels ansehen könnte. Der Wortlaut des § 112 II Nr. 3 a StPO und das Wesen der Untersuchungshaft sprechen gegen eine Erstreckung auf reine Unterlassungen, die durch bloße FE als solche nicht zu verhindern sind[10]. Fehlten aber die Voraussetzungen für eine Vorführung zum Erlaß eines Haftbefehls, so könnte § 127 II i. V. m. § 112 II Nr. 3 a StPO auch nicht den geringeren Eingriff der Zuführung zu einem Hilfsbeamten zum Erlaß einer Anordnung nach § 81 a decken[11].

IV. § 81 b StPO

Der § 81 b StPO, der für das Strafverfahren oder für den Erkennungsdienst die Aufnahme von Lichtbildern und Fingerabdrücken des Beschuldigten und die Vornahme von Messungen und ähnlichen Maßnahmen an ihm gestattet, enthält nach richtiger Ansicht ebenfalls neben der Ermächtigung zur zwangsweisen Durchsetzung der Maßnahmen das Recht zur Mitnahme des Beschuldigten zur Dienststelle oder zu einem anderen störungsfreien Ort[12]. Anders als § 81 a kennt § 81 b weder eine Subsidiarität der Anordnungsbefugnis der Polizei, noch ist diese Befugnis auf Hilfsbeamte der Staatsanwaltschaft beschränkt.

V. Durchsuchung von Personen

Die Durchsuchung der Person des Verdächtigen (§ 102 StPO, auf Anordnung eines Hilfsbeamten der Staatsanwaltschaft, § 105 I StPO) läßt sich oft nur mit erheblichem Zeitaufwand und in zahlreichen Fällen nicht an der Stelle vornehmen, an welcher der Verdächtige angetroffen

---

[10] *Kaiser*, NJW 1964/581; *Kleinknecht*, NJW 1964/2186; *Sarstedt* in Löwe-Rosenberg, Erl. 9 zu § 81 a StPO; *Schwarz-Kleinknecht*, Am. 6 B zu § 112, 9 zu § 81 a StPO; a. A. OLG Braunschweig, NJW 1949/317; 1956/1808; OLG Saarbrücken, NJW 1959/1190, 1191; *Sax* in KMR, Anm. 7 zu § 81 a StPO; Eb. *Schmidt* (ErgBd.), Rdn. 25 zu § 81 a StPO; wohl auch *Dünnebier* in Löwe-Rosenberg, Erl. 5 b zu § 112 StPO.

Kleinknecht, NJW 1964/2186 nimmt Fluchtgefahr und damit Festnahmemöglichkeit nach § 127 II StPO an, wenn die Gefahr besteht, daß der Beschuldigte sich der zu erwartenden Blutprobe — und damit einem Teil des Strafverfahrens — entziehen werde.

[11] Einzelheiten dieser rein strafprozessualen Frage sollen hier nicht erörtert werden.

[12] *Kleinknecht*, NJW 1964/2181; B. *Kern*, S. 58 f.; E. *Kern*, Strafverfahrensrecht, § 34 D II; s. ferner *Bach*, NJW 1962/1001; *Berner*, Anm. 4 zu Art. 14 PAG; *Schwarz-Kleinknecht*, Anm. 4 zu § 81 b StPO. Nach *Baumann*, Festschrift für Eb. Schmidt, S. 539 f., erlaubt § 81 b StPO nur diejenigen Beeinträchtigungen der Bewegungsfreiheit, die zur Abnahme der Fingerabdrücke usw. unbedingt erforderlich sind; *Baumann* übergeht aber die Frage der Mitnahme zur Dienststelle völlig.

wird[13]. Aus § 102 StPO muß daher das Recht der Polizei hergeleitet werden, den Betroffenen, der sich an einem geeigneten Ort (etwa in der eigenen Wohnung) befindet, dort bis zur Beendigung der Durchsuchung seiner Person, also vielfach für eine nicht ganz unerhebliche Zeitspanne, festzuhalten und den Verdächtigen, der an einem ungeeigneten Ort (etwa auf offener Straße oder in einer Gaststätte) angetroffen wird, zur Dienststelle oder in sonstige geeignete Räume mitzunehmen und dort für die Zeit der Durchsuchung festzuhalten. Die Vorschrift gestattet somit auch FEen, was bislang noch nicht klar genug herausgestellt worden ist[14].

Eine Zurückhaltung an einem bestimmten Ort für die Dauer der Durchsuchung der Person und damit eine FE deckt auch § 103 I StPO, der von der h. M. dahin ausgelegt wird, daß nicht nur die Räume des Nichtverdächtigen, sondern auch die darin befindlichen Sachen und Personen durchsucht werden dürfen[15].

VI. § 163 StPO und die Sistierung von Zeugen

Die Vorschrift des § 163 I StPO, nach der die Behörden und Beamten des Polizeidienstes strafbare Handlungen zu erforschen und alle keinen Aufschub gestattenden Anordnungen zu treffen haben, um die Verdunkelung der Sache zu verhüten, wird von der überwiegenden Meinung als bloße Aufgabenzuweisung, nicht aber als Ermächtigungsnorm zu Eingriffen in Rechte der Bürger aufgefaßt[16]. Diese Auslegung erscheint zunächst überraschend, weil im Falle des § 14 I PrPVG und

---

[13] Dabei kann offenbleiben, ob der Begriff der Durchsuchung auf die Suche in der Kleidung beschränkt ist (so *Peters*, § 40 II 3; Eb. *Schmidt*, Rdn. 11 zu § 102 StPO und ErgBd., Rdn. 4, 5, 12, 13 zu § 81 a StPO), oder ob er auch die Suche an der Oberfläche des Körpers einschließlich der Haare, Achselhöhlen und Zehen (so *Kaufmann*, S. 105; E. *Kern*, GR II/82) oder in sämtlichen Körperhöhlen und -öffnungen (so *Sax* in KMR, Anm. 2 a zu § 81 a StPO; *Schwarz-Kleinknecht*, Anm. 2 B zu § 102 StPO; *Ule-Rasch*, Rdn. 153 zu §§ 15—17 PrPVG) umfaßt.

[14] Für die Mitnahme zur Durchsuchung lediglich B. *Kern*, S. 58 wie hier. *Ule*, a.a.O., Rdn. 109, 154 zu §§ 15—17 PrPVG spricht nur von einer FB. *Baumann*, Festschrift für Eb. Schmidt, S. 537, erörtert auch bei § 102 StPO nur den Eingriff in die Bewegungsfreiheit durch die Durchsuchung selbst.

[15] RGSt 14/189, 194; wohl auch RGSt 42/440; *Dünnebier* in Löwe-Rosenberg, Erl. 3; *Henkel*, S. 332 Fn. 6; *Müller* in KMR, Anm. 4; Eb. *Schmidt* (ErgBd.), Rdn. 4; *Schwarz-Kleinknecht*, Anm. 1 A je zu § 103 StPO; a. A. *Peters*, § 40 II 3.

[16] RGSt 27/153, 155 f.; 32/269, 271 f.; 38/373, 374; 39/189, 190; 67/351, 352; BayObLG, DÖV 1960/130; OLG Saarbrücken, NJW 1959/1190, 1191; *Dünnebier* in Löwe-Rosenberg, Erl. I 2 zu § 127 StPO; *Hoffmann*, DVBl. 1967/753; *Kaufmann*, S. 83 und 286 sub 8 m. Fn. 2 auf S. 346; *Lobe-Alsberg*, Anm. V zu § 127 StPO; *Müller* in KMR, Anm. 1 c zu § 163, 5 zu § 127 StPO; *Peters*, § 24 III, § 46 I 4; Eb. *Schmidt*, Rdn. 18 a. E. zu § 127, ErgBd., Rdn. 5 zu § 163 StPO; unentschieden BGH, NJW 1962/1021. In der Begründung unrichtig wegen Anlehnung an RG JW 1925/1000 Nr. 57 (s. o. S. 45 Fn. 1), OLG Braunschweig, GA 1953/28.

der entsprechenden Vorschriften der anderen Polizeigesetze aus derselben Fassung („haben ... zu treffen") gerade hergeleitet wird, daß es sich um keine bloße Aufgabenzuweisung, sondern um eine Ermächtigungsnorm handelt[17]. Die h. M. trifft für das Gebiet der Zwangsmaßnahmen im Ergebnis jedoch deshalb zu, weil die Vorschriften der StPO, die sich ausdrücklich mit Zwangsmaßnahmen befassen, Spezialregelungen darstellen und daher die lex generalis des § 163 I derogieren. Dies war auch der Ausgangspunkt der Rechtsprechung des RG, die Beschränkungen der persönlichen Freiheit des Beschuldigten durch die Polizei zum Zwecke der Strafverfolgung nur unter den Voraussetzungen des § 127 StPO zuließ — heute wären noch §§ 81 a und b und nach dem Vorstehenden auch §§ 102 und 103 zu nennen —, und daneben einen Rückgriff auf § 163 nicht gestattete[18]. Tritt § 163 aber nur gegenüber abschließenden Sonderregelungen zurück, so ist auch die zu einem früheren Zeitpunkt begründete Rechtsprechung des RG zutreffend, wonach die Polizei berechtigt ist, Zeugen einer Straftat zum Zwecke der Feststellung der Personalien zwangsweise zur Dienststelle mitzunehmen[19]. Zwar hat die StPO der Polizei ausdrücklich keine Befugnis zu Zwangsmaßnahmen gegenüber Zeugen verliehen[20]; diese Regelung ist aber nicht abschließend. Vielmehr setzt die StPO, indem sie einerseits dem Bürger eine Zeugenpflicht auferlegt (§§ 48 ff. StPO) und dem Richter Mittel an die Hand gibt, sie zu erzwingen (§§ 51, 70 StPO), und andererseits der Polizei den ersten Zugriff überträgt (§ 163 StPO), die Befugnis der Polizei voraus, Personen, die über eine Straftat Auskunft geben können, nach den Personalien zu fragen und bei Verweigerung der Angabe oder Verdacht unrichtiger Antwort

---

[17] *Bachof*, DÖV 1955/106; *Drews-Wacke*, S. 42; *Wacke*, Die Polizei 1962/164 f.; s. auch *Ule-Rasch*, Rdn. 1, 56, 59 zu § 14 PrPVG.

[18] s. die grundlegende Entscheidung RGSt 27/153, 155 f.

[19] *RGSt* 13/426, 430 f.; ebenso RG Rspr. Bd. 8390 f. Die Art der aufzuklärenden Straftat spielt keine Rolle, RGSt 13/426, 431.

Zustimmend: OLG Neustadt, NJW 1952/1027, 1028; *Erbs*, Anm. II zu § 163 StPO; *Fuhrmann* in Dalcke, Anm. 2 zu § 163 StPO; *Kaufmann*, S. 83 f.; *Klausener-Kerstiens-Kempner*, Erl. 7 a zu § 15 PrPVG; *Kohlhaas* in Löwe-Rosenberg, Erl. 2 zu § 163 StPO (allerdings unter Verkennung des Inhalts von RGSt 13/426 ff.); *Kohlrausch*, StPO, 24. Aufl., Anm. 2 zu § 163; *Peters*, § 46 I 4 d; *Schack*, RVerwBl. 1935/714 m. w. Nachw. aus der älteren Literatur in Fn. 58; *Schäfer* in Dalcke, Anm. 2 zu § 17 PrPVG; *Schwarz-Dreher*, Anm. 2 C zu § 113 StGB.

Schwarz-Kleinknecht, Anm. 7 und 8 zu § 163 StPO stellen auf Landesrecht ab.

Bedenken bei E. *Kern*, GR II/83 und Eb. *Schmidt*, Vorbem. vor § 48 StPO, Rdn. 17.

A. A. *Baumann*, Festschrift für Eb. Schmidt, S. 544 f.; B. *Kern*, S. 50 f. (der aber verkennt, daß sich die abschließende Regelung der StPO nur auf den Beschuldigten bezieht); *v. Kries*, S. 476, Fn. 1.

[20] Vgl. jetzt § 81 c IV StPO.

zwangszustellen[21]. Nach Neufassung des § 360 I Nr. 8 StGB im Jahre 1935 folgt die Befugnis zur Sistierung auch aus § 127 StPO i. V. m. dieser Vorschrift. Wegen der gesetzlichen Zeugenpflicht hat die Polizei ein (hoheitliches) Recht, nach den Personalien der Zeugen zu fragen, ist also „zuständig" im Sinne des § 360 I Nr. 8 StGB[22]. Verweigert der Zeuge die Angabe oder macht er unrichtige Angaben, so wird er auf frischer Tat (§ 360 I Nr. 8 StGB) betroffen und darf nach § 127 I 2. Alt. StPO zwangsgestellt werden, weil seine Persönlichkeit nicht sofort festgestellt werden kann[23]. Dasselbe gilt übrigens bei der Ermittlung eines Zeugen einer Ordnungswidrigkeit[24].

Dagegen gibt die StPO der Polizei kein Recht — bekannte — Zeugen zur Vernehmung vorzuführen[25]. Die StPO (§ 51) stellt dieses Zwangsmittel nur dem Richter zur Verfügung. Da keine Verpflichtung zur Aussage vor der Polizei besteht, kann auch nicht festgestellt werden, daß die StPO ein ungeschriebenes Vorführungsrecht voraussetzt. Alle Versuche, die strafprozessualen Befugnisse der Polizei durch Landesrecht zu ergänzen, sind zum Scheitern verurteilt[26].

Wegen der in der Literatur geäußerten Bedenken gegen die Rechtsprechung zur Zeugensistierung und der sich daraus ergebenden Unsicherheit der Polizeibeamten ist eine ausdrückliche Regelung in der StPO dringend zu wünschen[27].

VII. Razzien

Die StPO enthält keine besonderen Bestimmungen für eine Razzia, d. h. eine überraschende Absperrung bestimmter Orte mit anschließender Überprüfung aller angetroffenen Personen, teils an Ort und Stelle, teils auf der Polizeidienststelle[28]. Daher berechtigt die StPO nur dann zu einer Mitnahme zur Dienststelle, wenn gegenüber dem einzelnen Betroffenen die Voraussetzungen der vorstehend aufgeführ-

---

[21] So überzeugend RGSt 13/426, 430 f. *Peters*, a.a.O., spricht hier von „unterstützenden Zwangsmaßnahmen", die § 163 StPO gestatte, also Maßnahmen, die es dem Gericht erst ermöglichen, seine Zwangsbefugnisse auszuüben.

[22] *Schönke-Schröder*, Rdn. 28; *Schwarz-Dreher*, Anm. 8 A b je zu § 360 StGB.

[23] *Peters*, § 46 I 4 d. Ungenau (Vermengung mit landesrechtlichen Vorschriften) *Schwarz-Kleinknecht*, Anm. 7 und 8 zu § 163 StPO.

[24] s. unten S. 60.

[25] Statt aller BGH, NJW 1962/1020.

[26] s. unten S. 88 ff., insbesondere 90 f., 93 f.

[27] Eb. *Schmidt*, Vorbem. vor § 48 StPO, Rdn. 17; E. *Kern*, GR II/83; *Baumann*, a.a.O., S. 544.

[28] Dazu *Kaufmann*, S. 286; E. *Kern*, Strafverfahrensrecht, § 34 D II; GR II/99 f.; B. *Kern*, S. 4; Josef *Müller*, Die Polizei 1965, Beilage Oktober, S. 3 sub VIII 1; Eb. *Schmidt*, Rdn. 7 zu § 163 StPO; *Schultz*, JR 1966/207; *Stümper*, BWVerwBl. 1962/68. Wird nur nach einem oder einigen bestimmten Tätern gesucht, so liegt keine Razzia i. e. S. vor, *Stümper*, a.a.O., S. 88.

ten Vorschriften erfüllt sind[29]. Dabei kann der Ort der Razzia die Annahme dieser Voraussetzungen (insbesondere des dringenden Tatverdachts bei § 127 II StPO oder des Tatverdachts bei § 81 b StPO) erleichtern, so etwa bei der Kontrolle eines Hehler- oder Homosexuellenlokals[30].

Die bloße Anhaltung am Ort der Razzia bis zur ersten Überprüfung („Grobsortierung“[31]) und Entscheidung über die Mitnahme zur Dienststelle ist dagegen — falls die Polizei keine präventiven Zwecke (mit) verfolgt und daher das Polizeirecht nicht eingreift — schon nach § 163 I StPO zulässig, weil insoweit, anders als bei der FE, der Beschlagnahme (§§ 94 ff. StPO), der Durchsuchung (§§ 102 ff. StPO) und der Untersuchung (§§ 81, 81 a, 81 c StPO) eine abschließende Regelung in anderen Bestimmungen der StPO nicht enthalten ist[32].

B. Sonstige Befugnisse zur Freiheitsentziehung (Polizeigesetze und einige Beispiele aus anderen Gesetzen)

I. Polizeigewahrsam im eigentlichen Sinne (Polizeihaft)

Beim Polizeigewahrsam im eigentlichen Sinne stellt der reine Freiheitsentzug das eigentliche Ziel der Maßnahme dar.

Ausgangspunkt der Regelungen in den neuen Polizeigesetzen bildete § 15 PrPVG, der heute noch unverändert im Saarland gilt. Nach Abs. I dieser Vorschrift dürfen Personen in polizeiliche Verwahrung (besser Gewahrsam[1]) genommen werden, wenn dies erforderlich ist, a) zum eigenen Schutz dieser Personen, b) zur Beseitigung einer bereits eingetretenen Störung der öffentlichen Sicherheit oder Ordnung oder zur Abwehr einer unmittelbar bevorstehenden polizeilichen Gefahr, falls die Beseitigung der Störung oder die Abwehr der Gefahr auf andere Weise nicht möglich ist. Nach Abs. II müssen die in Verwahrung genommenen Personen spätestens im Laufe des folgenden Tages aus der polizeilichen Verwahrung entlassen werden, wenn es sich nicht um gemeingefährliche Geisteskranke handelt[2].

---

[29] B. *Kern*, S. 15, 28, 102; E. *Kern*, Strafverfahrensrecht, a.a.O.; Josef *Müller*, Die Polizei 1965, Beilage Juni, S. 2 sub IV 2 und Beilage Oktober, S. 4; Eb. *Schmidt*, Rdn. 7 zu § 163 StPO; ungenau *Kaufmann*, S. 333 f.

[30] Vgl. *Schultz*, JR 1966/207.

[31] Vgl. *Kaufmann*, S. 333.

[32] Richtig B. *Kern*, S. 33 (für die Durchsuchung freier Plätze). Gegen die Zulässigkeit einer Anhaltung nach § 163 StPO (nur unter den Voraussetzungen des § 127 StPO!) BayObLG, DÖV 1960/130 f., jedoch unter irriger Gleichsetzung von Anhaltung und Sistierung. Wie BayObLG auch VollzE zum BayPAG, Abschn. II Nr. 4 b.

[1] Zur Unterscheidung von der Aufbewahrung von Sachen.

[2] § 15 PrPVG geht zurück auf § 6 des preußischen Gesetzes zum Schutze der persönlichen Freiheit vom 12. 2. 1850 (GS S. 45). Davor galt § 3 des gleichnamigen Gesetzes vom 24. 9. 1848 (GS S. 257).

1. Schutzhaft[3]

Dem § 15 I a PrPVG entsprechen wörtlich dieselben Stellen in der Berliner Neufassung des PrPVG vom 2. 10. 1958 und in der nordrhein-westfälischen Neufassung des PrPVG vom 27. 11. 1953. Inhaltlich stimmen mit § 15 I a PrPVG der § 13 I b des HbgSOG („wenn die Maßnahme zum Schutz dieser Person erforderlich ist") und § 9 I a NdsSOG („zum Schutze ihrer eigenen Person") überein. Nach allen diesen Vorschriften ist ein Polizeigewahrsam wegen des Grundsatzes der Verhältnismäßigkeit nur bei einer Gefahr für Leib oder Leben[4] oder für die Freiheit[5] (Entführungsversuch) zulässig. Überdies muß die Ingewahrsamnahme unaufschiebbar sein. Das ergibt sich aus Art. 104 II GG, der — wie noch darzulegen sein wird — FEen durch die Exekutive nur zuläßt, wenn der Richter vorher nicht mehr entscheiden kann[6]. Abgesehen davon beschränkt das Landesrecht in Berlin, Hamburg, Niedersachsen und Nordrhein-Westfalen die Zuständigkeit der (Vollzugs-) Polizei auf unaufschiebbare Maßnahmen (sog. „Erster Zugriff")[7]. Die übrigen Länder haben das Erfordernis einer Gefahr für Leib oder Leben des zu Schützenden ausdrücklich festgelegt, sind sich aber nicht einig, ob die Gefahr gegenwärtig sein (Bayern, Hessen, Rheinland-Pfalz[8]) oder nur drohen muß (Baden-Württemberg, Bremen, Schleswig-Holstein[9]); die letzteren Regelungen werden ebenfalls durch Art. 104 II GG modifiziert. In den weiteren Voraussetzungen besteht Übereinstimmung zwischen Baden-Württemberg, Bayern, Bremen, Rheinland-Pfalz und Schleswig-Holstein[10]; hier muß der Betreffende entweder Selbstmord begehen wollen oder sich in einem erkennbar die freie Willensbestimmung ausschließenden Zustand oder sonst in einer hilflosen Lage befinden. Hessen[11] läßt dagegen die Schutzhaft nur zu, wenn der Bedrohte sich in einem die freie Willensbestimmung ausschließenden Zustand befindet. Danach macht in Hessen bereits die Ingewahrsamnahme eines Selbstmörders Schwierigkeiten, wenn man nicht allgemein annehmen will, daß dieser Per-

---

[3] Die Beibehaltung dieser treffenden Bezeichnung empfiehlt sich trotz ihrer mißbräuchlichen Verwendung in der nationalsozialistischen Zeit.

[4] s. *Dürig* in Maunz-Dürig, Rdn. 63 sub aa zu Art. 1 Abs. II GG; *Echterhölter*, JZ 1956/144 Fn. 50; *Kaufmann*, S. 322.

[5] *Ule-Rasch*, Rdn. 122 zu §§ 15—17 PrPVG.

[6] s. unten S. 132.

[7] BlnPolZG § 2 I b; HbgSOG § 3 II; NdsSOG § 2 II 1; NWOBG § 2 S. 1; ebenso BWPolG § 48 II Ziff. 2; BayPAG Art. 7; BrePolG § 58 I; HessSOG § 1 II 1; SHLVwG § 168 I Nr. 2.

[8] BayPAG Art. 17; HessSOG § 47 I Nr. 1; RhPfPVG § 6 I.

[9] BWPolG § 22 I Nr. 2; BrePolG § 11 I b; SHLVwG § 180 I Nr. 2.

[10] BW § 22 I Nr. 2 b und c; Bay Art. 17 Nr. 1, 2; Bre § 11 I b Nr. 2, 3; RhPf § 6 I b, c; SH § 180 I Nr. 2 b, c.

[11] § 47 I Nr. 1.

sonenkreis sich in dem genannten Zustand befindet. Ein von Hause entlaufener Minderjähriger kann, wenn es sich nicht um ein kleineres Kind handelt, nach normalem Sprachgebrauch des Lebens nicht in einem die freie Willensbestimmung ausschließenden Zustand befindlich angesehen werden. Auch von einer hilflosen Lage (Baden-Württemberg, Bayern, Bremen, Rheinland-Pfalz, Schleswig-Holstein) wird man nur sprechen können, wenn der Minderjährige sich etwa verirrt hat oder sich keine Nahrung oder — im Winter — keine Unterkunft beschaffen kann. In Bayern, Hessen und Rheinland-Pfalz kommt hinzu, daß es an der gegenwärtigen Gefahr fehlt, solange nicht jeden Augenblick die Schädigung des Minderjährigen an Leib oder Leben eintreten kann[12]. Das Beispiel zeigt, daß die angeführten Vorschriften gegenüber § 15 I a PrPVG und den entsprechenden Bestimmungen — die ein Aufgreifen des Minderjährigen schon zulassen, wenn der Schaden in absehbarer Zeit zu besorgen ist[13] — zu eng gefaßt sind[14]. Dies bringt u. a. den rechtspolitischen Nachteil mit sich, daß die Polizei in Fällen, die ein Eingreifen trotz fehlender gesetzlicher Regelung erfordern, auf außerhalb des Polizeigesetzes liegende Konstruktionen zurückgreifen muß, im Falle des entlaufenen Minderjährigen etwa auf eine Ermächtigung durch die Eltern, denen das Aufenthaltsbestimmungsrecht zusteht, oder — falls eine Vermißtenanzeige fehlt — auf eine Geschäftsführung ohne Auftrag.

Eine Ingewahrsamnahme des möglichen Opfers einer drohenden Straftat gegen dessen Willen ist in Baden-Württemberg, Bayern, Bremen, Hessen, Rheinland-Pfalz und Schleswig-Holstein ebenfalls nicht mehr möglich, es sei denn, man nähme eine „hilflose Lage" an (außer in Hessen, wo auch diese Möglichkeit fehlt), was aber nur bei unmittelbar bevorstehender Gefahr (bedrohter Versammlungsredner) möglich wäre[15].

Baden-Württemberg, Bremen, Rheinland-Pfalz und Schleswig-Holstein erwähnen ferner den Fall, daß der an Leib oder Leben Bedrohte um Ingewahrsamnahme nachsucht[16]. In diesem Fall liegt kein polizeilicher Eingriff vor, sondern eine Schutzgewährung (unechter Gewahrsam[17]). Hier kann nur die Frage auftreten, ob und unter welchen Vor-

---

[12] *Ule-Rasch*, Rdn. 114 zu §§ 15—17 PrPVG. Dazu, daß die gegenwärtige Gefahr mit der unmittelbar bevorstehenden Gefahr identisch ist, s. VV zu § 19 NWOBG (sub 19, 2).

[13] *Drews-Wacke*, S. 57; *Ule-Rasch*, Rdn. 4 zu § 21 PrPVG.

[14] Auch *Ule*, a.a.O., Rdn. 139 zu §§ 15—17 PrPVG bezeichnet die hessische Regelung als „fast zu eng".

[15] Dagegen (indirekt) *Schiedermair*, S. 128 f.

[16] BWPolG § 22 I Nr. 2 a; BrePolG § 11 I b Nr. 1; RhPfPVG § 6 I a; SHLVwG § 180 I Nr. 2 a.

[17] *Ule-Rasch*, Rdn. 107 zu §§ 15—17 PrPVG.

aussetzungen die Polizei verpflichtet ist, dem Verlangen zu entsprechen[17]. Daher ist lediglich die rheinland-pfälzische Bestimmung sinnvoll, die es der Polizei nicht nur gestattet, sondern ihr befiehlt, dem Ersuchen zu entsprechen.

2. Sonstige Fälle

Der lit. b des § 15 I PrPVG entsprechen wörtlich § 15 I b BlnPVG, § 9 I b NdsSOG und § 15 I b NWPVG. Die neuen Vorschriften in Hamburg (SOG von 1966, § 13 I a) und Schleswig-Holstein (LVwG von 1967, § 180 I Nr. 1 a und b) sowie § 11 I a BrePolG von 1960 stimmen inhaltlich mit § 15 I b PrPVG überein. Das BWPolG (§ 22 I Nr. 1) läßt die Ingewahrsamnahme zu, wenn auf andere Weise eine unmittelbar bevorstehende erhebliche Verletzung von Recht oder Ordnung nicht verhindert oder ein erheblich rechts- oder ordnungswidriger Zustand nicht beseitigt werden kann. Da der Schutz der öffentlichen Sicherheit im wesentlichen den Schutz der bestehenden Rechtsordnung betrifft[18] und der Verhältnismäßigkeitsgrundsatz einer Ingewahrsamnahme bei geringfügigen Störungen oder Gefahren entgegensteht, deckt sich auch die baden-württembergische Regelung sachlich mit § 15 I b PrPVG. Dabei bleibt es auch, wenn man den Begriff der öffentlichen Sicherheit von vornherein nur auf Rechtsnormen mit Störungsabwehrfunktion (insbesondere auf strafrechtlich geschützte Rechtsgüter) bezieht[19], denn dann müßte dasselbe für den in Baden-Württemberg an die Stelle der „öffentlichen Sicherheit" gesetzten Begriff „Recht" gelten[20].

Das BWPolG läßt überdies einen Polizeigewahrsam zu, wenn die Identität einer Person auf andere Weise nicht festgestellt werden kann (§ 22 I Nr. 3, III). Diese Vorschrift fällt damit aus dem Bereich des Gewahrsams im eigentlichen Sinne heraus[21]. Sie wird selten anwendbar sein, weil eine unbekannte ausweislose Person nach ihrer Sistierung (§ 9 BWPolG) innerhalb der Frist des Art. 104 II 3 GG erkennungsdienstlich behandelt werden kann (§ 23 lit. a BWPolG)[22].

Die lit. c des § 11 I BrePolG, nach der ein an Bord eines Schiffes befindlicher Ausländer, dem die Einreise in das Bundesgebiet zu ver-

---

[18] Eingeschränkt durch die Zuständigkeit der Gerichte und anderer Behörden; Begründung zu § 14 PrPVG; *Drews-Wacke*, S. 64 f.

[19] *Dürig* in Maunz-Dürig, Rdn. 80 sub c, aa zu Art. 2 Abs. I GG m. Fn. 1 (S. 71); ähnlich *Ule-Rasch*, Rdn. 32 zu § 14 PrPVG.

[20] *Dürig*, a.a.O.

[21] s. oben S. 51.

[22] Nach der Ansicht von *Reiff* (Erl. III 2) und *Rheinwald-Kloesel* (Erl. 2 je zu § 20 BWPolG), die im Gesetzestext keine Stütze findet, gestattet § 9 BWPolG nur eine Festhaltung von allenfalls einer Stunde; danach müsse Gewahrsam nach § 22 I Nr. 3 BWPolG angeordnet werden.

wehren ist, zur Verhinderung der Einreise in Gewahrsam genommen werden konnte, ist durch das AusländerG vom 28. 4. 1965 aufgehoben worden[23].

Die Gesetzgeber in Bayern, Hessen und Rheinland-Pfalz meinten, auf die eingeschränkte Generalklausel des § 15 I b PrPVG verzichten zu müssen und die Fälle, in denen ein Gewahrsam unumgänglich ist, im voraus bestimmen zu können. Hessen gestattet, wie schon in früheren Zeiten[24], eine Ingewahrsamnahme nur, wenn es unerläßlich ist, den Betreffenden an der unmittelbar bevorstehenden Begehung einer mit Strafe bedrohten Handlung zu hindern (HessSOG § 47 I Nr. 2). Da hieraus geschlossen werden muß, daß die Festnahme erst recht zur Verhinderung bereits laufender Straftaten zulässig ist, stimmt die hessische Regelung insoweit mit § 6 II RhPfPVG überein. Bayern beschränkt die Festnahmebefugnis bei unmittelbar bevorstehenden mit Strafe bedrohten Handlungen sogar auf Verbrechen und Vergehen (BayPAG Art. 18 Nr. 1) und läßt nur bei bereits laufenden Straftaten eine Ingewahrsamnahme auch zur Verhinderung von Übertretungen zu (Art. 18 Nr. 2 BayPAG — „Unterbindung").

Das BayPAG gestattet ferner die Ingewahrsamnahme zur Unterbindung oder zur Verhinderung einer unmittelbar bevorstehenden verfassungsfeindlichen Handlung des Betroffenen (Art. 18 Nr. 1 und 2). Nachdem Art. 5 III Nr. 1 BayPAG (Fortführen usw. einer nach Art. 9 II GG verbotenen Vereinigung) durch Erlaß des Vereinsgesetzes vom 5. 8. 1964[25] gegenstandslos geworden ist[26], umfaßt der Begriff der verfassungsfeindlichen Handlung nur noch Tätigkeiten, die — ohne mit Strafe bedroht zu sein (arg. Art. 5 I Nr. 1 und 2 PAG) — auf Änderung oder Störung der verfassungsmäßigen Ordnung auf verfassungswidrige Weise — also mit unfriedlichen Mitteln[27] — gerichtet sind (Art. 5 III Nr. 2 PAG).

Diese Definition wird man auch auf das RhPfPVG übertragen können, das die Ingewahrsamnahme zur Verhinderung der Fortführung oder der Begehung einer unmittelbar bevorstehenden Handlung zuläßt, die, ohne mit Strafe bedroht zu sein, aufgrund Verfassungsrechts

---

[23] §§ 12 ff. (Art. 72, 74 Nr. 4 GG); *Ule-Rasch*, Rdn. 134 zu §§ 15—17 PrPVG.

[24] Bereits die hessische Gendarmerie-Instruktion v. 14. 12. 1903 ließ in § 151 die Festnahme nur zur Verhinderung strafbarer Handlungen und zum Schutz des zu Verwahrenden zu, *Kitzinger*, S. 211 Fn. 3. Wie § 47 I HessSOG schon § 17 HessPolG 1954.

[25] BGBl. I/593.

[26] Art. 72, 74 Nr. 3 GG; *Berner*, Anm. 8; *Samper*, Rdn. 37 je zu Art. 5 PAG.

[27] *Samper*, Rdn. 45 zu Art. 5 PAG.

verboten ist (§ 6 II), aber keine Bestimmung dieses Begriffs enthält[28]. Da der Schutz des Staates, d. h. der geltenden Verfassungsordnung und des ungehinderten Funktionierens seiner Organe vom Rechtsgut der öffentlichen Sicherheit erfaßt wird[29], stellt die bayerische und rheinland-pfälzische Regelung nur einen Ausschnitt aus § 15 I b PrPVG dar und enthält keine weitergehenden Rechte. Die Bedeutung dieser Sonderregelung ist gering[30], so daß der Polizeigewahrsam auch in Bayern und Rheinland-Pfalz — von der Schutzhaft abgesehen — praktisch auf die Verhinderung strafbarer Handlungen beschränkt ist.

Diese Regelung ist trotz der großen Zahl der Straftatbestände zu eng. Es ist untragbar, daß die Polizei Ordnungswidrigkeiten und damit offene Rechtsbrüche — mit zum Teil recht schädlichen Folgen[31] — nicht notfalls durch eine FE verhindern oder unterbinden kann[32]. Die Polizei muß ferner in der Lage sein, Störungen ihrer nicht auf die StPO (§ 164!) gestützten Amtshandlungen durch Festnahme des Störers zu unterbinden. Sie muß auch verhindern können, daß ihre Maßnahmen zur Aufrechterhaltung der öffentlichen Sicherheit zunichte gemacht werden; man denke daran, daß jemand die behelfsmäßige Absperrung des Bürgersteigs, die in einer Sturmnacht zum Schutz der Passanten vor herabfallenden Ziegeln errichtet wird, nach Abrücken der Polizei ohne Substanzverletzung (§ 303 I StGB) zu beseitigen droht. Trotz der Bedeutung des Rechtsguts der persönlichen Freiheit und trotz des Grundsatzes der Verhältnismäßigkeit, wird man entgegen *Ule*[33] die Zulässigkeit des Gewahrsams nicht auf eingetretene oder unmittelbar drohende Beeinträchtigungen der öffentlichen Sicherheit beschränken können, wenn auch grundsätzlich nur die Verletzung oder Gefährdung dieses Rechtsguts einen Polizeigewahrsam rechtfertigen wird. Als Beispiele einer Störung der öffentlichen Ordnung, die eine FE erforderlich machen kann, seien genannt das Nächtigen Obdachloser oder Betrunkener unter der Brücke oder im Park in warmer Sommernacht (keine Gefahr für die Gesundheit), falls mangels Frist-

---

[28] Ähnlich *Altmeyer-De Clerck*, Erl. 3 zu § 5 RhPfPVG in Anlehnung an Art. 21 II GG. Für das in § 5 II RhPfPVG genannte Beispiel (Fortführen usw. einer nach Art. 9 II GG verbotenen Vereinigung) gilt das zu Art. 5 III Nr. 1 BayPAG Gesagte; vgl. *Partsch*, GR I, 1/363 Fn. 409; auch *Ule-Rasch*, Rdn. 149 zu §§ 15—17 PrPVG.

[29] Vgl. *Drews-Wacke*, S. 63; *Ule-Rasch*, Rdn. 9 zu § 14 PrPVG.

[30] *Samper*, Rdn. 46 zu Art. 5 PAG.

[31] Etwa Vornahme verbotener Handlungen in Wasserschutzgebieten, Zuwiderhandlungen gegen Wasserreinhalteordnungen, Störung gewässerkundlicher Meßanlagen (s. WasserhaushaltsG v. 27. 7. 1957, BGBl. I/1110, § 41 I Nr. 2, 3, 5); eine Beschlagnahme oder ein Platzverweis wird oft nicht ausreichen.

[32] Obwohl sie sie nach der Begehung verfolgen muß! (§ 53 OWiG, bis zum 30. 9. 1968 § 28 OWiG 1952).

[33] *Ule-Rasch*, Rdn. 112, 113 zu §§ 15—17 PrPVG.

setzung noch keine Strafbarkeit nach § 361 Nr. 8 StGB begründet ist, und das auffällige Benehmen (lautes Sprechen) Angetrunkener in der Nähe einer Prozession oder Gedenkfeier, das noch nicht den Tatbestand der Beleidigung oder des ruhestörenden Lärms erfüllt und sich durch einen Platzverweis nicht abstellen läßt. Einen aktuellen Beweis für die Unzulänglichkeit des BayPAG liefert der Appell des Münchener Polizeipräsidenten an den Gesetzgeber, der Polizei ausreichende Rechtsgrundlagen für die Bekämpfung des „Gammler"-Unwesens zur Verfügung zu stellen; nach geltendem Recht müsse geduldet werden, daß die „Gammler" sich an bestimmten Orten konzentrierten, auf Bänken schliefen und in der Öffentlichkeit Alkohol tränken[34]. Alle drei Sachverhalte stören in Deutschland noch immer die öffentliche Ordnung[35] und können außerhalb von Bayern, Hessen und Rheinland-Pfalz sogar zur Ingewahrsamnahme führen.

3. Gewahrsam auf Ersuchen

Für die Ingewahrsamnahme auf Ersuchen einer anderen zur Anordnung des Gewahrsams befugten Verwaltungsbehörde enthalten Art. 19 I BayPAG und § 47 II 1 HessSOG die Voraussetzung, daß das Ersuchen schriftlich gestellt werden und den tatsächlichen und rechtlichen Grund der Maßnahme angeben muß.

---

[34] Der Tagesspiegel Nr. 6545 v. 19. 3. 1967 S. 9. Außer dem Art. 18 PAG sind auch Art. 14 PAG (Sistierung, dazu unten S. 51) und Art. 16 PAG (Platzverweis) zu eng. Art. 14 ermöglicht nicht die Feststellung der Personalien eines Obdachlosen, so daß ihm keine Aufforderung zur Wohnungsbeschaffung zugestellt und damit die Voraussetzung für eine Strafbarkeit nach § 361 Nr. 8 StGB geschaffen werden kann. Der Platzverweis — normalerweise die erste gegen ordnungsstörende Menschenansammlungen zu treffende Maßnahme — ist in Bayern auf Fälle einer Gefahr für die öffentliche Sicherheit (i. S. des § 14 I PrPVG) beschränkt, sieht man von der Aufklärung von Straftaten und Ordnungswidrigkeiten ab.

Vor einer Neuregelung müßte Art. 98 S. 2 BayVerf. möglicherweise geändert werden, nach dem Einschränkungen der Grundrechte durch Gesetz nur zulässig sind, wenn die öffentliche Sicherheit, Sittlichkeit, Gesundheit oder Wohlfahrt es zwingend erfordern.

[35] Auch die Ansammlung Obdachloser, die einen öffentlichen Platz oder die Straße zu ihrem Lebensmittelpunkt machen, ist nach den bestehenden sozialen und ethischen Anschauungen mit dem gedeihlichen Zusammenleben der Bewohner eines Polizeibezirks (Definition in der Begründung zu § 14 PrPVG) nicht zu vereinbaren; s. zur Polizeiwidrigkeit der Obdachlosigkeit *Drews-Wacke*, S. 121; *Ule-Rasch*, Rdn. 6 zu § 21 PrPVG.

II. Fälle, in denen der Freiheitsentzug nur Mittel zur Erreichung eines anderen Zweckes ist

1. Freiheitsentziehung zur Feststellung der Personalien („Sistierung")

Das PrPVG schränkt die Generalklausel des § 14 I nur für die polizeiliche Verwahrung, das Eindringen in Wohnungen und die Vorführung ein (§§ 15—17). Dabei wird in § 15 von einem weiten Gewahrsamsbegriff ausgegangen, der nicht nur den Polizeigewahrsam im eigentlichen Sinne erfaßt, sondern jede FE — außer der Vorführung (§ 17) — und damit auch die Mitnahme zur Wache zwecks Feststellung der Personalien, falls die Feststellung an einem anderen Ort unmöglich ist oder Schwierigkeiten bereitet (sog. *Sistierung)*[36]. Die Sistierung ist also nicht schon nach § 14 I PrPVG zulässig[37], sondern setzt voraus, daß die Gefahr des Verlustes der Möglichkeit, die Personalien eines Polizeipflichtigen festzustellen und der damit eintretenden Unmöglichkeit, Maßnahmen zur Aufrechterhaltung oder Wiederherstellung der öffentlichen Sicherheit oder Ordnung gegen ihn zu treffen. unmittelbar bevorsteht (§ 15 I b PrPVG)[38]. Außer im Saarland gilt dies auch in Berlin und Nordrhein-Westfalen sowie in Niedersachsen, dessen SOG insoweit ebenso wie das PrPVG aufgebaut ist (§ 9 als lex specialis zu § 1 I SOG)[39].

Die nach 1945 neu geschaffenen Polizeigesetze der Länder sind dagegen bemüht, möglichst alle nach ihrer Art voraussehbaren Maßnahmen, die besonders in die Freiheitssphäre des Bürgers eingreifen, in Sondervorschriften zu regeln[40]. Dabei wurden neben den Vorschriften

---

[36] So der halbamtliche Kommentar der Mitglieder der Polizeiabteilung des PrMdI, *Klausener-Kerstiens-Kempner*, Erl. 7 b zu § 15; ferner *Drews*, PrPolR, 2. Bd., S. 11; *Baerensprung*, S. 120; *Gobrecht*, S. 49 oben, 50; Modellentwurf, S. 53 (zu § 15); *Schultz*, JR 1962/208. Auch *Ule (Ule-Rasch*, Rdn. 109 zu §§ 15—17 PrPVG) spricht vom Gewahrsam im überlieferten weiten Sinne (d. h. einschließlich Sistierung, Vorführung, FE zwecks Durchsuchung).

[37] a. A. *Drews-Wacke*, S. 102; *Hoffmann*, DVBl. 1967/757 f.; *Schack*, RVerwBl. 1935/714: *Schäfer* in Dalcke, Anm. 1 zu § 15 PrPVG.

[38] s. *Klausener-Kerstiens-Kempner*, a.a.O.; vgl. auch *Gobrecht*, a.a.O. Da diese Voraussetzungen wohl stets vorliegen, hat die Streitfrage keine große praktische Bedeutung.

[39] *Müller-Heidelberg/Clauss*, Anm. 5 zu § 9 NdsSOG; *Scheer*, S. 36 (Nr. 88 sub 4).

[40] Sog. polizeiliche Standardmaßnahmen *(Wolff*, VR III, § 129 VI); neben Gewahrsam, Vorladung und Vorführung, Eindringen in Wohnungen noch Durchsuchung, Sicherstellung, Unbrauchbarmachung, Einziehung, erkennungsdienstliche Behandlung, in Bayern sogar Platzverweis (Art. 16 PAG) und Tötung von Tieren (Art. 32 PAG).

Zu den gesetzgeberischen Motiven vgl. z. B. Bremische Bürgerschaft (Landtag), 5. WP, Drucks. Abt. I Nr. 28 (E-BrePolG), Begründung S. 2 (3. Abschn.); Modellentwurf, S. 38 (sub 5).

über den Polizeigewahrsam auch besondere Bestimmungen über die Sistierung aufgenommen. Baden-Württemberg, Bremen und Hessen lassen die Sistierung zu, wenn die Feststellung der Personalien zur Erfüllung einer polizeilichen Aufgabe erforderlich und auf andere Weise als durch Mitnahme zur Dienststelle nicht oder nur unter erheblichen Schwierigkeiten möglich ist[41]. Hamburg und Schleswig-Holstein gestatten die Sistierung, wenn sie zur Gefahrenabwehr erforderlich ist[42], wobei Schleswig-Holstein trotz dieses Wortlauts die Befugnis auch für die übrigen Aufgabengebiete der Polizei zur Verfügung stellt (formeller Polizeibegriff)[43].

Heute ist anerkannt, daß die Polizei auch zur Sicherung privater Rechte tätig werden darf, wenn gerichtlicher Schutz nicht rechtzeitig zu erlangen ist[44]; der wichtigste Fall der Hilfe auf diesem Gebiet ist die Feststellung der Personalien eines (angeblichen) Schuldners. Das HessSOG enthält daher weder eine Einschränkung, noch eine Erweiterung gegenüber den eben genannten Gesetzen, wenn es die Personalienfeststellung und die Sistierung zur Sicherung privater Rechte nur zuläßt, falls der Anspruch glaubhaft erscheint und ohne die Feststellung die Gefahr besteht, daß seine Durchsetzung vereitelt oder erschwert wird (§§ 16 II, 46).

Im Gegensatz zu diesen allgemein gehaltenen Regelungen der Sistierung, die gegenüber der Anwendung der eingeschränkten Generalklausel des § 15 I b PrPVG kaum eine Neuerung enthalten, ist die Zulässigkeit der Sistierung in Bayern und Rheinland-Pfalz übermäßig eingeschränkt. Rheinland-Pfalz läßt sie nur zur Ermittlung oder Aufklärung einer mit Strafe bedrohten oder aufgrund Verfassungsrechts verbotenen Handlung sowie zur Sicherung eines Rechtsanspruchs zu[45], Bayern darüber hinaus noch zur Ermittlung oder Aufklärung einer Ordnungswidrigkeit und zur Bekämpfung von Geschlechtskrankheiten, wenn die Person dringend verdächtig ist, geschlechtskrank zu sein und Geschlechtskrankheiten weiter zu verbreiten[46].

---

[41] BWPolG § 20; BrePolG § 9; HessSOG §§ 16, 46.

[42] HbgSOG § 12 I, II (der noch aufgeführte Mitnahmegrund des Verdachts unrichtiger Angaben ist in den anderen Bestimmungen mitenthalten); SHLVwG § 176 I, II.

[43] § 164 II 2 LVwG. Wegen der Anwendbarkeit der Sistierungsvorschriften auf dem Gebiet des formellen Polizeibegriffs s. in Bremen § 1 II 2 PolG, in Hessen § 45 I 2. Hs. SOG.

[44] PrOVGE 77/333, 337; OVG Koblenz AS 2/6, 11 f.; grundsätzlich *Drews*, Die Polizei 1929/477—479; *Drews-Wacke*, S. 105 f.; *Ule-Rasch*, Rdn. 18—20 zu § 14 PrPVG. Gesetzliche Regelung jetzt in BWPolG § 2 II, BrePolG § 2, HessSOG § 3 und sogleich im Text.

[45] RhPfPVG § 5 I, III.

[46] BayPAG Art. 14. Die Sistierung zur Sicherung eines Rechtsanspruchs wird auf die Fälle der Berechtigung des Ersuchenden zur Selbsthilfe beschränkt.

Soweit das BayPAG die Sistierung des Täters einer Ordnungswidrigkeit zuläßt, ist es seit dem 1. 10. 1968 durch § 54 I 1 OWiG ersetzt, der die Polizei aller Bundesländer berechtigt, einen bei Begehung einer Ordnungswidrigkeit Betroffenen „festzunehmen", wenn seine Person nicht sofort festgestellt werden kann. Das neue OWiG enthält über diese Vorschrift hinaus zwar keine Bestimmung, die die Sistierung eines Zeugen einer Ordnungswidrigkeit ausdrücklich gestattet; angesichts der Zeugenpflichten nach § 46 I OWiG i. V. m. §§ 48 ff. StPO[47], § 59 OWiG, der Zwangsmittel der Verwaltungsbehörde nach § 59 II OWiG und des Richters nach § 46 I OWiG i. V. m. §§ 51, 70 StPO[48] und der Übertragung des ersten Zugriffs auf die Polizei (§ 53 OWiG) gilt hier jedoch dieselbe Argumentation, die zur Zulassung der Sistierung aufgrund des § 163 I StPO führt[49], weshalb Art. 14 I Nr. 1, II BayPAG — da das OWiG eine abschließende Regelung enthält[50] — auch insoweit verdrängt ist, als er die Zeugensistierung betrifft[51]. Außer aufgrund des § 53 S. 1 und 2 OWiG ist die Sistierung eines Zeugen, der seine Personalien verweigert oder unrichtig angibt, auch im Falle einer Ordnungswidrigkeit aufgrund des § 127 I 2. Alt. StPO i. V. m. § 360 I Nr. 8 StGB statthaft, weil die Polizei wegen ihrer Aufgabe nach § 53 S. 1 OWiG „zuständig" i. S. des § 360 I Nr. 8 StGB ist. die Personalien des Zeugen zu erfragen[52].

---

[47] §§ 59 ff. StPO i. V. m. § 48 I OWiG.

[48] Letzterer i. V. m. § 48 II OWiG.

[49] Daß mit Einführung des § 54 OWiG eine Sistierung von Zeugen nicht ausgeschlossen werden sollte, ergibt sich schon aus der Begründung zum E-OWiG. Danach wollte man es mit der Regelung der Festnahme im OWiG beim bisherigen Rechtszustand belassen (s. BT, 5. WP, Drucks. Nr. 1269 S. 82 — Abs. 1 der Begründung zu § 42 des E —). Die Rechtslage vor dem 1. 10. 1968 gestattet aber die Sistierung des Zeugen einer Ordnungswidrigkeit, s. Fn. 52.

[50] s. unten S. 94.

[51] Art. 31, 72, 74 Nr. 1 GG. Zur Anwendbarkeit von Art. 74 Nr. 1 GG s. Begründung zum E-OWiG, a.a.O., S. 28 und S. 41—44, und *Rebmann-Roth-Herrmann*, Rdn. 4 und 5 zu § 2 OWiG.

[52] Schon vor dem 1. 10. 1968 war die Sistierung des Täters oder Zeugen einer Ordnungswidrigkeit auch außerhalb Bayerns zulässig. Zwar gab das OWiG 1952 der Polizei, der es in § 28 I die Aufgaben nach § 163 I StPO zuwies, keine Befugnisse zu Eingriffen in die Rechtssphäre des Betroffenen oder eines Zeugen. Es ließ eine vorläufige Festnahme weder nach § 127 II StPO zu, weil diese nur die Vorstufe zu einer dem Ordnungswidrigkeitenrecht unbekannten Untersuchungshaft ist (*Dünnebier* in Löwe-Rosenberg [ErgBd.], Anm. II 1 b zu § 127 StPO; *Rotberg*, Rdn. 15; *Sax* in KMR, Anm. 4; *Schäfer* in Dalcke, Anm. 7 h; *Schwarz-Kleinknecht*, Anm. 2 je zu § 35 OWiG; jetzt § 46 III 1 OWiG), noch nach § 127 I StPO (DA-BGS Abschn. IX 2 f i. d. F. v. 5. 7. 1962; *Rotberg*, a.a.O.), der ebenfalls nur auf Straftaten anwendbar ist. Da es aber eine Störung der öffentlichen Ordnung oder gar der öffentlichen Sicherheit bedeutet, wenn eine Ordnungswidrigkeit und damit ein Rechtsbruch nicht verfolgt und der entstandene Ahndungsanspruch des Staates nicht verwirklicht werden kann, weil die Person des Täters nicht feststeht (*Kohlhaas*, JR 1964/431; *Schäfer*, a.a.O., Anm. 7 i; ähnlich OLG

Das Gesetz über Personalausweise vom 19. 12. 1950 (PersAuswG)[53] und die Ausführungsgesetze der Länder ergeben keine weitere Rechtsgrundlage für eine Sistierung. Zwar ist nach diesen Vorschriften der Personalausweis einer zur Prüfung der Personalien ermächtigten Behörde vorzulegen (§ 1 I PersAuswG, ebenso z. B. § 1 V HessAusfG[54], § 1 IV NdsAusfG[55])[56], jedoch sind keine Zwangsmaßnahmen vorgesehen. Für die Länder mit allgemein gehaltenen Sistierungsvorschriften ist dieser Rechtszustand ohne Bedeutung. Die Polizei ist ohnehin nur dann zur Prüfung der Personalien „ermächtigt" im Sinne der ausweisrechtlichen Vorschriften, wenn die Voraussetzungen des § 14 PrPVG und der entsprechenden Bestimmungen vorliegen[57] und damit auch die Vorschriften über die Sistierung anwendbar sind[58]. Dagegen können Polizeibeamte in Bayern und Rheinland-Pfalz bei Nichtvorlage des Personalausweises nur dann jemanden zur Wache mitnehmen, wenn die engen Voraussetzungen der dort geltenden Sistierungsvorschriften (Art. 14 PAG, § 5 PVG) vorliegen. Sie sind zudem, falls die Prüfung der Personalien ein Anhalten voraussetzt, sogar zu dieser Prüfung nur unter den Voraussetzungen der Art. 14 I PAG, § 5 I PVG berechtigt und nicht schon nach Art. 2—4, 5 II PAG, §§ 1 I, II, 3 PVG[59]. Da der Ausweis nicht ständig mitgeführt zu werden braucht[60], kommt eine Sistierung nach § 127 I StPO i. V. m. der Strafvorschrift des § 3

Neustadt, NJW 1952/1027, 1028 — für den Verdächtigen), griffen — außer in RhPf — die Vorschriften über die Sistierung ein; die Konstruktion ähnelte derjenigen, die bei der Sistierung zur Sicherung privatrechtlicher Ansprüche angewendet wird. (Für die Ausdehnung dieser Konstruktion auf öffentlich-rechtliche Ansprüche des Staates etwa *Kaufmann*, S. 336; *Gobrecht*, S. 50 — zu § 15 BlnPVG —.) Daneben bestand auch damals — auch in RhPf — die Festnahmemöglichkeit nach § 127 I 2. Alt. StPO i. V. m. § 360 I Nr. 8 StGB (s. OLG Hamburg, JR 1964/430 — für den Verdächtigen —; ungenau *Rotberg*, a.a.O.; *Schwarz-Kleinknecht*, Anm. 4 D zu § 35 OWiG).

[53] BGBl. I/807.

[54] HessAusfG zum BundesG über Personalausweise v. 17. 9. 1952 (GVBl. S. 145).

[55] Nds. Gesetz über Personalausweise v. 20. 4. 1951 (GVBl. Sb. I/318).

[56] Dazu, daß § 1 I PersAuswG auch die Verpflichtung zur Vorlage des Personalausweises auf Verlangen einzelner Beamter meint (arg. § 3 I c „Stelle"), s. *Rausch*, S. 22 (Anm. 3 zu § 1 PersAuswG) und S. 42 (Anm. 6 zu § 1 NWAusfG zum BundesG über Personalausweise v. 18. 12. 1951 [GVBl. 1952/1]); so auch die AusfGe, z. B. Hess § 1 V; Nds § 1 IV; NW § 1 V.

[57] *Drews-Wacke*, S. 102 f.; *Ule-Rasch*, Rdn. 20 a. E. zu §§ 15—17 PrPVG (begrenzt auf § 14 I PrPVG; dies ist jedoch zu eng, da eine Ausweiskontrolle auch auf dem Gebiet des formellen Polizeibegriffs nötig und zulässig ist, z. B. zur Durchführung des JSchG — Feststellung des Alters, vgl. z. B. RdErl. des RhPf Sozialministers v. 25. 3. 1952 [MBl. d. Landesregierung RhPf, Sp. 289 Nr. 6, 7, 9] —).

[58] Daß auch § 15 I b PrPVG anwendbar sein muß, ist praktisch bedeutungslos, s. S. 58 Fn. 38.

[59] s. *König*, Anm. 7 (S. 352) und *Samper*, Rdn. 4 je zu Art. 14 PAG.

[60] Von einer solchen Verpflichtung wurde bewußt abgesehen, *Rausch*, S. 22 (Anm. 2 zu § 1 PersAuswG).

I c PersAuswG, die die Vorlagepflicht nach § 1 I des Gesetzes sanktioniert, nur in Betracht, wenn ein tatsächlich mitgeführter Ausweis nicht vorgelegt wird[61]. Etwas anderes gilt lediglich im Lande Berlin, wo noch immer die Verpflichtung besteht, den (behelfsmäßigen) Personalausweis jederzeit mit sich zu führen und (u. a.) der Polizei vorzuzeigen, und wo die vorsätzliche Zuwiderhandlung gegen diese Pflichten unter Strafe gestellt ist[62].

2. Vorführung

a) Vorführung aus eigenem Recht und aufgrund eigener Entschließung der Polizei

aa) Vorführung in Zusammenhang mit der Aufklärung von Straftaten (§ 17 PrPVG und entsprechende Vorschriften)

Das PrPVG setzt in § 17 voraus, daß die Polizei Vorladungen aussprechen kann, beschränkt aber die Durchsetzung solcher Vorladungen im Zwangswege auf Fälle, in denen diese Maßnahme zur Ermittlung oder Aufklärung einer Handlung oder Unterlassung erforderlich ist, die den Verdacht eines Verbrechens oder Vergehens rechtfertigt. Die Bestimmung ist unverändert im BlnPVG und im NWPVG enthalten[63]. Das RhPfPVG, das in § 4 I die Polizei ausdrücklich ermächtigt, Personen schriftlich oder mündlich vorzuladen, läßt die Vorführung ebenfalls nur zu, wenn die Vorladung der Aufklärung von Verbrechen oder Vergehen dient[64]; der Zusatz, daß die Vorladung ohne hinreichenden Grund nicht befolgt wurde, enthält keine sachliche Einschränkung gegenüber dem § 17 PrPVG. Das BrePolG stellt die Vorführung, die es — wie sogleich zu erörtern ist — zur Aufklärung des Sachverhalts zuläßt (§ 10 I a, II), auch für das Gebiet des formellen Polizeibegriffs und damit möglicherweise auch für die Strafverfolgung zur Verfügung, falls die StPO, also das Gesetz, das der Polizei die besondere Aufgabe überträgt, nichts anderes vorsieht (§ 1 I)[65].

---

[61] Die Auffassung *Sampers* (a.a.O.), § 1 I PersAuswG beziehe sich nicht auf die Feststellung, sondern nur auf die Überprüfung der Personalien durch eine Behörde, der sie bereits bekannt sind, ist zu eng. Hat die Behörde bereits diese Kenntnis, so bedarf es zur „Prüfung" der Personalien (§ 1 I a.a.O.) keiner Vorlage des Ausweises.

[62] BK/O (46) 61 v. 24. 1. 1946, zuletzt geändert durch BK/O (65) 8 v. 23. 6. 1965, GVBl. S. 848 (abgedruckt bei *Kuhle-Steuerwald*, Anhang 50), Ziff. 5 und 9 lit. c., f.

[63] Jeweils § 17.

[64] § 4 III.

[65] Dazu, ob die StPO „etwas anderes vorsieht", also für eine landesrechtliche Regelung der Vorführung bei der Strafverfolgung noch Raum läßt, s. 6. Kapitel, unten S. 88 ff., insbesondere S. 93 f.

Eine dem § 17 PrPVG (und dem § 22 II HessPolG 1954) entsprechende Vorführungs-Bestimmung in § 17 des Entwurfs des HessSOG[66] ist vom hessischen Landtag gestrichen worden, weil der Vorgeladene nicht verpflichtet ist, vor der Polizei auszusagen[67].

bb) Sonstige Fälle

Das NdsSOG (arg. § 4 I i. V. m. § 1 I) und das SHLVwG (§ 177 I) lassen Vorladungen zur Gefahrenabwehr zu. Beide Gesetze verbieten jedoch eine Durchsetzung der Vorladung im Zwangswege (§ 4 I 1, § 177 II) und damit die Anordnung und Vollstreckung einer Vorführung.

In Bremen[68] und Hamburg[69] ist die Polizei ermächtigt, in einer bestimmten polizeilichen Angelegenheit (Bremen) bzw. zur Gefahrenabwehr (Hamburg) Vorladungen auszusprechen, wenn Tatsachen darauf schließen lassen, daß der Betreffende sachdienliche Angaben machen kann; das bremische Gesetz fügt noch hinzu, daß die Vorladung zur Aufklärung des Sachverhalts erforderlich sein muß. Während nach dem BrePolG jede vorgeladene Person vorgeführt werden kann, die ohne hinreichenden Grund ausbleibt[70], ist in Hamburg eine Vorführung nur zugelassen, wenn die Angaben zur Abwehr einer Gefahr für das Leben einer Person erforderlich sind[71].

Das BrePolG kennt darüber hinaus ebenso wie das RhPfPVG die Vorführung zur Durchführung erkennungsdienstlicher Maßnahmen, falls der Vorladung keine Folge geleistet wird[72]. Die erkennungsdienstliche Behandlung ist in beiden Ländern „außer im Falle des § 81 b StPO“ zulässig, wenn sie zur vorbeugenden Bekämpfung mit Strafe bedrohter Handlungen erforderlich erscheint[73] — wobei die Vorführung nach rheinland-pfälzischem Recht auf den Fall beschränkt ist, daß es gilt, Verbrechen oder Vergehen zu verhüten[74] —, in Bremen darüber hinaus dann, wenn die Identität des Betroffenen auf andere Weise nicht zuverlässig festgestellt werden kann oder wenn der Betroffene ohne festen Wohnsitz umherzieht[75].

---

66 Hess. LT, V. WP, Drucks. Abt. I Nr. 815.
67 *Bernet-Groß*, NJW 1965/1569.
68 § 10 I PolG.
69 § 11 I (i. V. m. § 3 II) SOG.
70 § 10 II.
71 § 11 I, II 1 SOG.
72 BrePolG § 23 i. V. m. § 10 I b, II; RhPfPVG §§ 21, 4 III.
73 BrePolG § 23 S. 1 lit. c; RhPfPVG § 21 S. 1.
74 PVG § 21 S. 2 i. V. m. § 4 III.
75 PolG § 23 S. 1 lit. a, b.

Das SHLVwG gestattet in § 178 I erkennungsdienstliche Maßnahmen zur Identitätsfeststellung (Nr. 1), zur vorbeugenden Bekämpfung von Verbrechen und Vergehen (Nr. 3) und dann, wenn Tatsachen darauf schließen lassen, daß der Betroffene ohne festen Wohnsitz umherzieht (Nr. 2). Diese Vorschrift läßt ebenfalls die Verbringung des Betroffenen zur Dienststelle oder zu einem anderen geeigneten Ort zu. Zwar verweist § 178 II anders als die Bestimmungen über Gewahrsam (§ 180 IV) und Vorführung im Wege der Vollstreckung (§ 213 III) nicht auf die Vorschrift des § 176 IV, wonach bei einer Sistierung — und damit einer kürzeren FE — eine richterliche Entscheidung unverzüglich herbeizuführen ist. Das ist aber deshalb erklärlich, weil bei der Sistierung die Dauer des Festhaltens auf der Dienststelle noch nicht feststeht, sondern vom Fortgang der Ermittlungen, insbesondere dem Verhalten des Sistierten abhängt, während bei der Mitnahme zur Herstellung von Lichtbildern, Fingerabdrücken usw. von vornherein feststeht, daß die FE unter normalen Verhältnissen in kürzester Zeit beendet sein wird, so daß selbst nach der strengen Auffassung des schleswig-holsteinischen Gesetzgebers zur Frage der richterlichen Entscheidung bei FEen, die spätestens am folgenden Tage enden (Art. 104 II 3 GG)[76], keine richterliche Entscheidung erforderlich ist. Zudem liefe § 178 I, weil in den Fällen des § 178 I Nr. 2 und 3 keine Sistierung und erst recht kein Gewahrsam zulässig ist, insoweit leer, falls er keine zwangsweise Verbringung zur Dienststelle zuließe. Ein solches Ergebnis kann dem Gesetzgeber nicht unterstellt werden. Es liegt hier ebenso wie bei § 81 b StPO[77]. Für die Zulässigkeit der Verbringung spricht auch der Umstand, daß wie bei der Sistierung und beim Gewahrsam (§§ 176 II, 180 II) nach § 178 II die (Vollzugs-) Polizei für die Durchführung erkennungsdienstlicher Maßnahmen ausschließlich zuständig ist. Der Ausschluß der Vorführung in § 177 II läßt keinen gegenteiligen Schluß zu, weil der Gesetzgeber dort jedenfalls in erster Linie an die Vorladung zu einer — nicht erzwingbaren — Vernehmung gedacht hat[78].

In den anderen Ländern — außer Baden-Württemberg, dessen Regelung sogleich zu erörtern ist — sind erkennungsdienstliche Maßnahmen zur Erfüllung der polizeilichen Aufgaben, insbesondere zur Feststellung der Identität einer Person, falls andere Mittel versagen,

---

[76] s. unten S. 98 f., 129 f.

[77] s. oben S. 47.

[78] Vgl. Begründung zu § 172 E-LVwG, SH LT, 5. WP, Drucks. Nr. 650, S. 254.

ebenfalls zulässig[79] — und zwar aufgrund der Generalermächtigung, in Bayern nur unter den Voraussetzungen der „partiellen Generalklausel" des Art. 5 II PAG —, jedoch ist dort keine FE nur zum Zwecke der erkennungsdienstlichen Behandlung möglich, vielmehr können die Maßnahmen nur vorgenommen werden, wenn dem Betroffenen seine Freiheit bereits aufgrund der Vorschriften über die Sistierung oder den Gewahrsam entzogen ist.

Das BWPolG regelt in § 21 I nur die Vorladung, die es zur Durchführung erkennungsdienstlicher Maßnahmen nach § 30[80] (§ 21 I Nr. 2) sowie zur Aufklärung des Sachverhalts in einer bestimmten polizeilichen Angelegenheit gestattet, wenn Tatsachen darauf schließen lassen, daß der Betreffende sachdienliche Angaben machen kann (§ 21 I Nr. 1). Eine Vorführung ist nicht vorgesehen. Die Frage ihrer Zulässigkeit berührt das allgemeine Problem, ob die Zulassung des unmittelbaren Zwanges in den Vorschriften des Polizeigesetzes über die Zwangsmittel der Polizeibehörden (hier §§ 32 ff. BWPolG[81]) oder im Verwaltungsvollstreckungsgesetz ausreicht, um aufgrund der Vorladung eine Person vorzuführen[82], oder ob die Vorführung ihre Stütze außerhalb der Bestimmungen über die Zwangsmittel und die Zwangsvollstreckung finden muß. Bei den Vorschriften über die Zwangsmittel handelt es sich um reines Vollstreckungsrecht. Daher darf die Anwendung unmittelbaren Zwanges nur dann zu einer FE führen, wenn der durchzusetzende Verwaltungsakt (vollstreckbare Titel) in seinem verfügenden Teil auf FE lautet. Der einzige Fall, in dem die Vollstreckung eines nicht auf FE lautenden Verwaltungsakts (VA) eine FE bewirken darf, ist die Zwangshaft. Das Verwaltungs-Vollstreckungsgesetz vom 27. 4. 1953 (VwVG) schränkt daher mit Recht nur in § 16 (Ersatzzwangshaft) das Grundrecht des Art. 2 II 2 GG ein, nicht aber in § 12 (unmittelbarer Zwang)[83], weil im Falle der Durchsetzung eines auf FE lautenden VA mit unmittelbarem Zwang die Grundrechtseinschränkung in dem Gesetz enthalten ist (und wegen Art. 19 I 2 GG

---

[79] *Drews-Wacke*, S. 104; *Ule-Rasch*, Rdn. 30 f. zu §§ 15—17 PrPVG; *Wolff*, VR III, § 129 VI a 5 (unter Vermengung mit der körperlichen Untersuchung). *Bernet-Groß*, Anm. 7 zu § 16 HessSOG erkennen nicht, daß die erkennungsdienstliche Behandlung auch der Feststellung der Identität dienen kann.

[80] Wenn die Identität des Betroffenen anders nicht zuverlässig festgestellt werden kann oder wenn er ohne festen Wohnsitz umherzieht.

[81] s. *Ule-Rasch*, S. 348, Anm. 1 und 2 zu § 32 BWPolG; im ehemaligen Geltungsbereich des PrPVG: §§ 55—57 PrPVG i. V. m. §§ 32 ff. BWPolG (§ 93 I Ziff. 5 lit. a BWPolG). BW besitzt kein Verwaltungs-Vollstreckungsgesetz.

[82] So *Drews-Wacke*, S. 186 letzter Abs.; *Jellinek*, S. 338 f.; *Kaufmann*, S. 286; wohl auch *Wolff*, VR III, § 129 VI a 3.

[83] Ebenso RAO § 202 II 3 gegenüber I.

enthalten sein muß), das diesen VA zuläßt[84]. Die Anordnung der Vorführung (FE) — nicht ihre Vollstreckung — muß also in Rechtsvorschriften außerhalb der Bestimmungen über die Zwangsmittel ihre Grundlage finden[85, 86]. Das wird von den genannten Autoren nicht klar erkannt. Indem sie aus der Vorladung und der Zulassung des unmittelbaren Zwanges die Zulässigkeit der Vorführung herleiten, setzen sie die Vorführung mit dem unmittelbaren Zwang gleich[87]. Der unmittelbare Zwang (d. h. die Einwirkung auf Personen oder Sachen durch körperliche Gewalt, ihre Hilfsmittel und durch Waffen, § 2 I UZwG) ist aber nur das Mittel zur Durchsetzung einer vom materiel-

---

[84] Dazu auch unten S. 84—87.

Freilich kann es *anläßlich* der Vollstreckung eines nicht auf FE lautenden VA zu einer FE kommen, insbesondere wenn der Pflichtige bei der Erzwingung eines bestimmten Handelns, Duldens oder Unterlassens durch unmittelbaren Zwang Widerstand leistet und zur Unterbindung des Angriffs auf die Vollzugsbeamten nach Polizeirecht oder zur Strafverfolgung nach der StPO (§§ 127 I 1. Alt., II oder 81 a) festgenommen wird. Diese FE beruht dann aber nicht auf dem Verwaltungsvollstreckungsrecht, sondern auf einem neuen, auf das Polizeigesetz oder die StPO gestützten VA, der seinerseits wieder nach dem Verwaltungsvollstreckungsrecht durchgesetzt wird.

[85] Soweit die Verwaltungsvollstreckungsgesetze die Vorführung eines Vorgeladenen und zum Erscheinen Verpflichteten regeln (z. B. § 23 I HbgVwVG, § 79 I HessVwVG), setzen sie voraus, daß das materielle Recht die FE gestattet (Pflicht zum Erscheinen!). Wollte man diese Bestimmungen auch auf Fälle anwenden, in denen nach dem sonstigen Recht die Vorführung noch nicht zulässig ist, so enthielten sie insoweit — andere Gesetze ergänzendes — materielles Recht, das nicht in ein VwVG gehörte.

[86] Selbstverständlich können der Erlaß des die FE anordnenden VA und dessen Vollstreckung nicht nur unmittelbar aufeinander folgen, sondern es kann, falls selbst für den Erlaß eines formlosen VA keine Zeit mehr bleibt, auch sogleich Verwaltungszwang ausgeübt werden („sofortiger Zwang", „sofortiger Vollzug" [§ 6 II VwVG] oder „unmittelbare Ausführung einer polizeilichen Maßnahme", § 44 I 2 PrPVG, § 34 I 1 NdsSOG und weitere Bestimmungen — s. *Ule-Rasch*, Erl. B zu § 44 PrPVG —; in § 8 BWPolG fehlt ein entsprechender Satz). Aber auch im letzteren Fall bedarf es einer Grundlage für die FE im materiellen Polizeirecht, weil in dem sofortigen Zwang die polizeiliche Verfügung sowie die Androhung und die Festsetzung des Zwangsmittels enthalten sind (PrOVGE 95/111 ff., insbesondere 118; st. Rspr.; OVG Münster AS 11/68, 72; *Drews-Wacke*, S. 299—301, 358; *Ule-Rasch*, Rdn. 7 zu § 44 PrPVG m. w. Nachw.; deutlich § 18 II VwVG, wonach gegen die sofortige Anwendung eines Zwangsmittels (§ 6 II) dieselben Rechtsmittel wie allgemein gegen VAe gegeben sind). Richtigerweise enthält daher das VwVG auch für die Fälle des sofortigen Zwanges keine Grundrechtseinschränkung.

[87] Deutlich *Drews-Wacke*, S. 376, wo die Abschiebungshaft als Fall des unmittelbaren Zwanges bezeichnet wird; ähnlich *Wolff*, VR III, § 160 II d 3.

Unzutreffend auch *Forsthoff*, S. 288 (§ 15, 3), der davon ausgeht, daß die Anwendung unmittelbaren Zwanges auch dann zu einer FE führen kann, wenn der vollstreckte VA keine FE anordnet (arg. der für notwendig gehaltenen richterlichen Entscheidung nach Art. 104 II GG).

Auch die gesamte ältere Rechtsprechung setzt Vorführung und unmittelbaren Zwang gleich, z. B. PrOVGE 26/386, 388; PrOVG, JW 1931/1741, 1742 letzter Satz; OLG Marienwerder, GA 1898/1899 (Bd. 46), 362; s. auch Runderlasse des PrMdI v. 21. 5. 1892, MBliV S. 222 f. und v. 9. 5. 1896, MBliV S. 79).

len (Polizei-) Recht gestatteten Vorführung, das oft — nämlich dann, wenn der Vorgeführte „freiwillig" dem Beamten folgt — nicht einmal angewandt zu werden braucht[88].

Es kommt bei § 21 I BWPolG deshalb darauf an, ob das BWPolG in seinem materiellen Teil die Vor*führung* gestattet; ist das zu verneinen, so können die §§ 32 ff. („Polizeizwang") in Verbindung mit der Vorladung keine Vorführung rechtfertigen. Das materielle Recht braucht die Vorführung nicht ausdrücklich zuzulassen; es reicht aus. wenn die Zulässigkeit durch Auslegung ermittelt werden kann (siehe §§ 81 a und b, 102, 103 StPO[89]). Obwohl der ausdrückliche Ausschluß der Vorführung in § 4 I 1 NdsSOG und § 177 II SHLVwG diesen Eindruck erwecken könnte, gehört die Möglichkeit der Vorführung nicht begrifflich zur Vorladung. Die Vorladungsvorschrift kann lex imperfecta sein oder zwar eine Pflicht zum Erscheinen begründen, aber zu deren Durchsetzung nur die Festsetzung von Zwangsgeld gestatten. Das wird bewiesen durch § 17 HessSOG und § 26 NWOBG, die beide die Vorführung nicht erwähnen, und zwar deshalb, weil sie ausgeschlossen sein soll[90]. Wenn — wie bei § 21 I BWPolG — andere Vorschriften des Gesetzes keinen zwingenden Schluß gestatten, kommt es zunächst darauf an, ob die Ermächtigung zur Vorladung ohne die Möglichkeit einer Vorführung sinnlos wäre. Das ist bei § 21 I Nr. 1 BWPolG nicht der Fall. Kann eine Person sachdienliche Angaben zur Aufklärung des Sachverhalts machen, so erscheint zwar eine Vorladung zweckmäßig, eine Vorführung hingegen wäre verhältnismäßig nutzlos, weil der Widerstrebende auf diesem Wege ohnehin nicht zur Aussage gezwungen werden kann[91]. Auf dieser Überlegung beruht auch der Ausschluß der Vorführungsmöglichkeit im hessischen, niedersächsischen und schleswig-holsteinischen Polizeirecht[92]. Dagegen wäre im Falle der Vorladung zur erkennungsdienstlichen Behandlung (§ 21 I Nr. 2 BWPolG) die Vorführung nach Erfolglosigkeit einer Festsetzung von Zwangsgeld das einzige Mittel, das der Polizei die Erfüllung ihrer

---

[88] § 17 PrPVG, der trotz der negativen Fassung zusammen mit § 14 PrPVG, den er einschränkt, die materielle Grundlage für die Vorführung darstellt, ist also zu Recht nicht als bloße Einschränkung des § 55 PrPVG in die Bestimmungen über die Zwangsmittel eingereiht worden (richtig AB zu § 55 sub III A 1 a: „Die Anwendung unmittelbaren Zwanges ... zur Durchführung einer polizeilichen Verfügung, einschließlich der Fälle der §§ 15, 16 und 17 PVG ..."; insoweit zutreffend auch *Kaufmann*, S. 218 f.; unrichtig *Ule-Rasch*, Rdn. 1 zu §§ 15—17 PrPVG).

[89] s. o. S. 46—48.

[90] Hess: s. o. S. 63; NW: VV zu § 26 OBG; *Rietdorf*, Anm. 1 zu § 26 OBG; *Senger-Kurzmann*, Erl. 4 zu § 26 OBG.

[91] *Drews-Wacke*, S. 187; s. das Verbot in § 29 BWPolG, bei Vernehmungen Zwang anzuwenden.

[92] s. S. 63 Fn. 67; S. 64 Fn. 78 (für Hess und SH).

Aufgabe nach § 30 BWPolG ermöglichte[93]. Eine Beschränkung der Folgen des Ausbleibens etwa auf die Verwirkung eines Anhörungsrechts wie in § 4 II NdsSOG oder § 26 II NWOBG scheidet hier aus. Neben der Frage nach dem ohne Vorführungsmöglichkeit verbleibenden Sinn der Vorladung ist aber auch der sich aus der Entstehungsgeschichte ergebende Wille des Gesetzgebers zu berücksichtigen. Die Entstehungsgeschichte ergibt wie im Falle des § 17 HessSOG klar, daß die Vorführung einer vorgeladenen Person ausgeschlossen sein sollte, denn der baden-württembergische Landtag hat eine entsprechende Bestimmung des Regierungsentwurfs gestrichen[94].

Es liegt in Baden-Württemberg also ebenso wie in den Ländern, in denen erkennungsdienstliche Maßnahmen nach der Generalklausel zulässig sind.

Nach Art. 15 I BayPAG kann die Polizei eine Person vorführen, die aufgrund eines Gesetzes vorgeladen wird, die Vorladung aber nicht befolgt. Gesetz im Sinne dieser Bestimmung ist nicht das PAG selbst, sondern eine andere Norm[95]. Da eine Vorführung eines von der Polizei nach § 163 StPO Vorgeladenen nicht möglich ist[96], hat die Bestimmung nur Bedeutung für die Vorführung von Personen, die durch andere Behörden vorgeladen werden[97]; sie wird deshalb unter b erörtert.

Außer den Polizeigesetzen ermächtigen auch einige Sondergesetze die Polizei, Personen anderen Behörden zuzuführen, z. B. § 1 II 2 des Gesetzes zum Schutze der Jugend in der Öffentlichkeit in der Fassung

---

[93] Freilich hat die Nr. 2 entgegen den Vorstellungen des Gesetzgebers nur einen kleinen Anwendungsbereich. Der ohne festen Wohnsitz Umherziehende — dessen Identität feststeht — (§ 30 2. Alt.) wird keine ladungsfähige Anschrift haben. Unbekannte — und damit die große Mehrheit der Personen, deren Identität nicht feststeht (§ 30 1. Alt.) — können erst recht nicht geladen werden (vgl. *Ule-Rasch*, Rdn. 38 zu §§ 15—17 PrPVG); bei ihnen kommt eine erkennungsdienstliche Behandlung nur anläßlich einer Sistierung oder Ingewahrsamnahme (§ 22 I Nr. 3 BWPolG) in Frage. Daher greift § 21 I Nr. 2 nur ein, wenn eine Person und ihre Anschrift der Behörde zwar bekannt sind, aber gleichwohl Zweifel an der Identität bestehen (etwa Verdacht der Führung eines unrichtigen Namens). — Der baden-württembergische Gesetzgeber hat den grundlegenden Unterschied zwischen der Vorladung (einer bekannten Person) und der Sistierung (eines Unbekannten) — s. *Drews-Wacke*, S. 103; *Müller-Heidelberg/Clauss*, Anm. 1 zu § 4 NdsSOG — nicht genügend beachtet.

[94] *Reiff*, Erl. II 3 zu § 21 BWPolG. Gegen eine Vorführungsmöglichkeit auch *Rheinwald-Kloesel*, Erl. 2 zu § 21 BWPolG. *Ule-Rasch*, Rdn. 3 und 74 zu § 15—17 PrPVG kommt ebenfalls zur Verneinung der Vorführung.

[95] *König*, Anm. I, II 1 (S. 353—355); *Samper*, Rdn. 1 a. E., 3—12, 17 (S. 183) je zu Art. 15 PAG. — Es liegt hier ebenso wie bei der Anordnung einer FE durch den Richter (Art. 20 PAG), s. unten S. 73.

[96] s. o. S. 50. Die von BayObLGSt 1956/170, 171 f. nicht entschiedene Frage, ob Landesrecht den § 163 StPO ergänzen kann, ist zu verneinen; s. unten S. 88—93.

[97] *Samper*, Rdn. 1 a. E. zu Art. 15 PAG; *Schiedermair*, S. 121.

vom 27. 7. 1957 (JSchG) — nach dem unmittelbar (sittlich) gefährdete Kinder und Jugendliche notfalls den Erziehungsberechtigten zuzuführen oder hilfsweise in die Obhut des Jugendamtes zu bringen sind — und § 19 GeschlKrG, der die Polizeibehörden verpflichtet, in Verwahrung oder vorläufig festgenommene Personen, bei denen nach ihren Lebensumständen der hinreichende Verdacht einer Geschlechtskrankheit und der Weiterverbreitung von Geschlechtskrankheiten begründet ist, vor der Freilassung dem Gesundheitsamt zuzuführen.

b) Vorführung auf Ersuchen anderer Behörden

Im Rahmen ihrer Verpflichtung zur Amtshilfe (Art. 35 GG) hat die Polizei auf Ersuchen anderer Behörden Personen vorzuführen (sog. Vollzugshilfe)[98]. Ein Beispiel für das Ersuchen einer Bundesbehörde bietet § 44 II WehrpflichtG, ein landesbehördliches Ersuchen behandelt z. B. § 18 I GeschlKrG in Verbindung mit den landesrechtlichen Zuständigkeitsvorschriften[99]. Spricht das Gesetz nicht wie in diesen Fällen ausdrücklich von einer Vorführung, so muß die Auslegung ergeben, daß die ersuchende Behörde nicht nur die Vorladung, sondern auch die Vorführung anordnen darf[100]. Auf dem Gebiet des Landesrechts ist die Pflicht zur Vollzugshilfe vielfach auf die Durchsetzung gefahrenabwehrender Maßnahmen bestimmter Behörden beschränkt worden[101].

In diesen Zusammenhang gehört auch der bereits erwähnte Art. 15 BayPAG[102]. Die Vorschrift begründet kein neues Vorführungsrecht für die Polizei, sondern ergänzt Gesetze, die nicht nur eine Vorladung, sondern auch eine Vorführung zulassen, indem sie eine Pflicht zum Erscheinen begründen und die Möglichkeit der Vorführung nicht ausdrücklich oder stillschweigend ausschließen[103]. So weist die Entschließung des bayerischen Innenministeriums zum Vollzug des PAG zu

---

[98] *Ule-Rasch*, S. 402 (Anm. 1 zu § 6 BlnPolZG); *Wolff*, VR II, § 77 VI a 3.

[99] z. B. in Bln (§ 6 II PolZG), Bre (§ 58 III PolG), SH (§ 168 I Nr. 4 LVwG).

[100] Vgl. vorstehend zu § 21 I BWPolG. Pflicht zum Erscheinen und damit Möglichkeit der Vorführung ist z. B. zu bejahen beim ImpfG v. 8. 4. 1874 (RGBl. I/31), s. AusfVO v. 22. 1. 1940 (RGBl. I/214), § 7 lit. e betr. Entscheidung der Impfärzte „über die Impffähigkeit der von der Polizei vorgeführten ... Impfpflichtigen". — Eine Vorführung zum Verkehrsunterricht ist trotz der in § 6 StVO begründeten Teilnahmepflicht nicht möglich, weil diese Bestimmung als Verordnungsrecht dem Art. 104 I 1 GG nicht genügt (s. BVerfG, NJW 1967/1221, 1222); a. A. *Wacke*, Die Polizei 1962/215.

[101] z. B. § 45 III 1 HessSOG; § 2 I 2, II 3 NdsSOG (dazu AB zu § 2 Nr. 8 und 9); § 2 S. 3 NWOBG, § 17 I NWPOG; § 168 I Nr. 4 SHLVwG.

[102] s. o. S. 68.

[103] *König*, Anm. I (S. 353); *Samper*, Rdn. 1 je zu Art. 15 PAG. — Art. 15 PAG entspricht insoweit also den §§ 23 I HbgVwVG und 79 I HessVwVG (s. o. S. 66 Fn. 85).

Art. 15 nur auf § 18 GeschlKrG hin, der die Vorführung ausdrücklich zuläßt[104]. Daher hat Art. 15 PAG vornehmlich die Bedeutung, daß die Polizei für die Durchführung der Vorführungen für zuständig erklärt wird. Soweit er die *Anordnung* der Vorführung der Polizei überträgt[105], hat dies gegenüber Bundesrecht keine Wirkung (Art. 31 GG); hier bleibt es bei der Zuständigkeit der betreffenden Verwaltungsbehörde für die Anordnung der Vorführung und der Vollzugshilfe der Polizei[106].

3. Durchsuchung

Wie die Durchsuchung einer Person nach der StPO läßt sich auch die entsprechende Maßnahme nach Polizeirecht oft nur vornehmen, wenn der Betroffene für einige Zeit festgehalten oder/und an einen geeigneten Ort mitgenommen wird[107]. Daher sind die Vorschriften der Polizeigesetze, die eine Durchsuchung von Personen gestatten, zugleich als Rechtsgrundlage für eine solche FE aufzufassen. Für die Richtigkeit dieser Auslegung spricht § 64 RhPfPVG, in dem die Grundrechte nicht wie allgemein üblich[108] für das ganze Polizeigesetz, sondern nur für Eingriffe aufgrund bestimmter Vorschriften eingeschränkt werden und der den Art. 2 II 2 GG nicht nur für Vorführung, Sistierung und Gewahrsam, sondern auch für die Durchsuchung nach § 17 RhPfPVG einschränkt.

Abgesehen von der hier nicht interessierenden Durchsuchung von Personen, die sich bereits im Gewahrsam der Polizei befinden, ist die Durchsuchung in Berlin, Niedersachsen, Nordrhein-Westfalen und dem Saarland unter den Voraussetzungen der Generalklausel — die Mitnahme an einen anderen Ort jedoch nur unter den Voraussetzungen des § 15 I PVG (§ 9 I NdsSOG)[109] — zulässig, in den übrigen Ländern im wesentlichen zur Auffindung von Sachen, die sichergestellt werden dürfen[110]. Die Sicherstellung kann in Baden-Württemberg, Bremen,

---

[104] In den übrigen Beispielen der Literatur (*König*, Anm. II 1 a. E. [S. 355], *Samper*, Rdn. 5—12 je zu Art. 15 PAG) ergibt sich die Zulässigkeit der Vorführung durch Auslegung (§§ 81 a und b StPO, § 3 I Nr. 2, § 4 II GeschlKrG, Art. 3 BayVerwahrungsG, dagegen kaum § 32 II Bundes-SeuchenG, arg. Abs. V).

[105] s. Wortlaut „Die Polizei *kann* ...", ferner Abs. II und Vergleich mit Art. 19 PAG; *Samper*, Rdn. 14 zu Art. 15 PAG.

[106] Weisungsrecht der Verwaltungsbehörde nach Art. 15 II, III, 31 II, 32 II BayPOG.

[107] s. o. S. 41, 47 f.

[108] Eine weitere Ausnahme macht das BlnPVG, das die Grundrechtseinschränkung in §§ 15 und 16 aufgenommen hat.

[109] s. o. S. 58.

[110] BWPolG § 23 I Ziff. 2 (Sicherstellung und Beschlagnahme); BayPAG Art. 33 I; BrePolG § 13 I b; HbgSOG § 15 a; HessSOG § 51; RhPfPVG § 17; SHLVwG § 179 I Ziff. 1.

Hamburg und Schleswig-Holstein unter den in § 15 I b PrPVG genannten Voraussetzungen stattfinden[111], in Bayern, Hessen und Rheinland-Pfalz[112] unter etwas anderen Bedingungen.

III. Razzien

Razzien[113] werden nicht nur zur Ermittlung und Aufklärung von Straftaten und zur Ergreifung gesuchter Straftäter durchgeführt. sondern auch aus Gründen der Gefahrenabwehr. Meist verbindet die Polizei beide Zwecke miteinander, so daß Vorschriften beider Rechtsgebiete als Grundlage für FEen in Betracht kommen. Ebenso wie in der StPO fehlt es in den Polizeigesetzen an besonderen Bestimmungen über Razzien, insbesondere über die Befugnis zur Mitnahme zur Dienststelle bei solchen Aktionen.

Da eine Razzia auch Unbeteiligte in Mitleidenschaft ziehen kann, kommt bei ihrer Anordnung dem Grundsatz der Verhältnismäßigkeit erhöhte Bedeutung zu[114]. In ruhigen Zeiten können daher nur Orte Schauplatz einer Razzia sein, an denen erfahrungsgemäß in erhöhtem Maße mit Polizeiwidrigkeiten, Straftaten und der Anwesenheit gesuchter Personen zu rechnen ist[115], z. B. Lokale, die als Treffpunkte der Verbrecherwelt dienen, Bordellstraßen, Obdachlosenasyle[116], Homosexuellenlokale, Umschlagplätze für Diebesgut (vgl. § 104 II StPO), allenfalls noch Großstadtbahnhöfe zur Nachtzeit. Aber auch soweit die Ansammlung von kriminellen Elementen, Dirnen, Landstreichern, Homosexuellen und Strichjungen usw. in bestimmten Gegenden einer Stadt oder in bestimmten Lokalen eine polizeiliche Gefahr oder bereits eine Störung der öffentlichen Sicherheit oder Ordnung darstellt[117], wird dadurch nur das Einschreiten der Polizei *überhaupt*, also das Absperren des Lokals oder des betreffenden Gebietes und die

---

[111] § 26 I und § 27 I Ziff. 1; § 17 I a; § 14 I a; § 183 I Ziff. 1 des jeweiligen PolG. Vgl. Fn. 112.

[112] Art. 23 I; § 18 I; § 9 I des jeweiligen PolG.
Einzelheiten und Kritik an der baden-württembergischen Regelung bei *Ule-Rasch*, Rdn. 157—171 PrPVG.

[113] s. o. S. 50.

[114] Vgl. *Drews-Wacke*, S. 103; *Kaufmann*, S. 334; Josef *Müller*, Die Polizei 1965, Beilage Juni, S. 2 sub IV 2; *Schultz*, JR 1962/208; *Stümper*, BWVerwBl. 1962/71 f.; auch *Trubel*, Dt. Pol. 1959/217.
Die VollzE zum BayPAG, Abschn. II Nr. 4 a verbietet sog. Ausforschungsrazzien auf Verdacht.

[115] *Reiff*, Erl. II 2 zu § 20 BWPolG; *Stümper*, a.a.O.; *Müller-Heidelberg/Clauss*, Anm. 5 a. E. zu § 9 NdsSOG; noch enger *Kaufmann*, S. 334 (Aushebung der Schlupfwinkel von Kapitalverbrechern).

[116] Vgl. das Beispiel von Josef *Müller*, Die Polizei 1965, Beilage Juni und Oktober.

[117] So *Peters*, § 47 B II. Ähnlich E. *Kern*, Strafverfahrensrecht, § 34 D II („Ansammlung verdächtiger Personen“) und *Reiff*, Erl. II 2 zu § 20 BWPolG.

Kontrolle der Verdächtigen an Ort und Stelle (Anhalten[118]) gerechtfertigt (§ 14 I PrPVG und entsprechende Bestimmungen), dagegen nicht das Verbringen aller angetroffenen Personen zur Dienststelle[119]. Auch die harmlose Maßnahme des Anhaltens ist, weil die Polizei grundsätzlich nur gegen polizeipflichtige Personen einschreiten darf, gegenüber solchen Personen sofort aufzuheben, die erkennbar nicht zu dem Personenkreis gehören, deren Überprüfung die Razzia dient; deshalb sind Frauen bei einer Razzia gegen Strichjungen oder verirrte Touristen ohne weitere Überprüfung aus der Absperrung herauszulassen[120]. Eine FE darf mangels besonderer Bestimmungen für Massenaktionen nur vorgenommen werden, wenn eine der in den vorstehenden Gliederungsziffern erörterten Vorschriften auf den einzelnen Betroffenen anwendbar ist[121]; es liegt insoweit ebenso wie bei der StPO[122]. In diesem Zusammenhang ist der Umstand von großer Bedeutung, daß die Polizei nicht nur einschreiten darf, wenn objektiv eine Gefahr besteht, sondern auch dann, wenn die Sachlage den Anschein einer polizeilichen Gefahr erweckt[123]. Diese Befugnis zum Eingreifen zwecks Klärung, ob tatsächlich eine Polizeigefahr vorliegt, rechtfertigt auch bei objektiv Unbeteiligten, die nicht offensichtlich aus dem fraglichen Personenkreis herausfallen, eine FE, insbesondere eine Sistierung, wenn sonst — also bis auf das Fehlen der objektiven Gefahr — alle Voraussetzungen dafür erfüllt sind.

Hervorzuheben ist noch, daß — wie auch außerhalb einer Razzia — niemand, der sich ordnungsgemäß ausgewiesen hat, zur Dienststelle mitgenommen werden darf, nur damit dort polizeiliche Karteien oder Fahndungsunterlagen durchgesehen werden können; vielmehr müssen — auch bei der Kontrolle von Kriminellen-Lokalen — die Vorausset-

---

[118] *Drews-Wacke*, S. 188; Josef *Müller*, Die Polizei 1965, Beilage Oktober, S. 4; *Schultz*, JR 1962/208 li. Sp.; *Ule-Rasch*, Rdn. 21 zu §§ 15—17 PrPVG.

[119] In Bayern (Art. 14 PAG) und Rheinland-Pfalz (§ 5 PVG) ist selbst dieses Anhalten nur unter den eingeschränkten Voraussetzungen der Sistierungsvorschriften (§ 14 I PAG, § 5 I PVG) zulässig; dazu oben S. 61 und *Drews-Wacke*, a.a.O.

[120] Josef *Müller*, a.a.O., Beilage Oktober, S. 4; *Schultz*, JR 1962/208; *Kaufmann*, S. 333; auch *Trubel*, Dt. Pol. 1959/270.

[121] Josef *Müller*, a.a.O.; B. *Kern*, S. 15, 28, 102; *Reiff*, Erl. II 2 zu § 20 BWPolG; *Scheer*, S. 203; *Schultz*, JR 1962/207 und 208; *Stümper*, BWVerwBl. 1962/70 und 88; vgl. ferner *Hoffmann*, DVBl. 1967/756 f.; E. *Kern*, Strafverfahrensrecht, § 34 D II und GR II/100; *Peters*, § 47 B II.

Die Ansicht von E. *Kern*, GR II/100, die Mitnahme Unverdächtiger sei gewohnheitsrechtlich zulässig, ist nicht zu halten. Art. 2 II 2, 3 und 104 I 1 GG lassen eine solche „einschränkende Auslegung" nicht zu.

[122] s. o. S. 50 f.

[123] PrOVGE 77/333, 338 f.; BGHZ 5/144, 149; BVerwG, DVBl. 1960/725, 726; *Drews-Wacke*, S. 58 f.; im Ergebnis wohl auch *Ule-Rasch*, Rdn. 5 zu § 14 und Rdn. 16 zu § 70 PrPVG.

zungen der §§ 127 I (1. Alt.), II; 81 a, 81 b oder 102 f. StPO oder der polizeirechtlichen Bestimmungen, abgesehen von denen über die Personalienfeststellung, vorliegen.

IV. Dauer der Freiheitsentziehung aufgrund der Polizeigesetze

Nach § 15 II PrPVG sind in Gewahrsam genommene Personen — nach dem weiten Gewahrsamsbegriff also auch Sistierte — spätestens im Laufe des folgenden Tages zu entlassen. Eine Ausnahme ist nur für gemeingefährliche Geisteskranke gemacht. Damit bietet das PrPVG, von dieser heute noch im Saarland bedeutsamen Ausnahme abgesehen[124], keine Grundlage für eine über das Ende des folgenden Tages hinausgehende — wegen Art. 104 II 3 GG von einer nichtpolizeilichen Stelle und letztlich (Art. 104 II 2 GG) vom Richter anzuordnende — FE. Diese auf das preußische Gesetz zum Schutze der persönlichen Freiheit vom 12. 2. 1850[125], § 6 S. 2 zurückgehende Frist ist zu kurz. Ein in Gewahrsam Genommener muß selbst dann am Ende des folgenden Tages entlassen werden, wenn er noch immer fest entschlossen ist, eine Gewalttat oder eine Brandstiftung zu begehen; ebenso muß ein Rädelsführer bei noch andauernden politischen Unruhen freigelassen werden. Mit Eduard Kern[126] ist hier eine Änderung zu fordern.

Dasselbe gilt nicht nur für die nordrhein-westfälische Neufassung des PrPVG (§ 15 II), für das NdsSOG (§ 9 II), für das HessSOG (§ 49 I) und für § 176 II 3 SHLVwG (Sistierung) — die schlechthin Entlassung anordnen —, sondern auch für das BayPAG (Art. 20), das RhPfPVG (§ 7 S. 2) und § 180 III 2 SHLVwG (Gewahrsam); nach diesen Vorschriften ist der Betreffende bis zum Ende des folgenden Tages zu entlassen, falls nicht vorher der Richter „aufgrund eines Gesetzes" (Bayern, Rheinland-Pfalz) bzw. „aufgrund eines anderen Gesetzes" (Schleswig-Holstein) die Fortdauer der FE angeordnet hat; dabei muß es sich auch in Bayern und Rheinland-Pfalz um ein anderes Gesetz als das betreffende Polizeigesetz handeln[127]. Demgegenüber sind die Polizeigesetze in Baden-Württemberg, Berlin, Bremen und Hamburg so gefaßt, daß auch eine über das Ende des folgenden Tages dauernde FE aufgrund des Polizeigesetzes — durch den Richter — angeordnet

---

[124] Das Saarland hat noch kein UnterbringungsG erlassen, s. *Baumann*, UntR, S. 744 ff.

[125] GS S. 45.

[126] GR II/90 f.

[127] *König*, Anm. II (S. 369); *Samper*, Rdn. 14 je zu Art. 20 PAG; unklar *Altmeyer-De Clerck*, Anm. 5 a. E. zu §§ 6—8 RhPfPVG.

werden kann[128]; Baden-Württemberg begrenzt die Dauer dieses Gewahrsams auf zwei Wochen[129].

4. Kapitel

Gesetzliche Regelung für den Bundesgrenzschutz

I. Befugnisse zur Freiheitsentziehung nach der StPO

Der Grenzschutz (Art. 73 Ziff. 5 GG) stellt eine sachlich und örtlich begrenzte polizeiliche Aufgabe dar[1]. Die Bundesgrenzschutzbehörden (§ 1 BGSG) sind daher Polizeibehörden, die Beamten des BGS Polizeibeamte des Bundes. Sie gehören somit zu den Behörden und Beamten des Polizeidienstes im Sinne des § 163 StPO, so daß ihnen im Rahmen ihrer sachlichen und örtlichen Zuständigkeit dieselben Befugnisse zur FE aufgrund der StPO zustehen wie den Behörden und Beamten der Polizei der Länder[2].

II. Befugnisse zur Freiheitsentziehung nach dem BGSG

Nach § 2 S. 1 BGSG sichern die Bundesgrenzschutzbehörden das Bundesgebiet gegen verbotene Grenzübertritte, insbesondere durch die Ausübung der Paßnachschau. Sie sichern nach Satz 2 das Bundesgebiet ferner gegen sonstige die Sicherheit der Grenzen gefährdende Störungen der öffentlichen Ordnung im Grenzgebiet bis zu einer Tiefe von 30 Kilometern. Der zweite Satz stellt nicht nur eine sachlich dem § 14 I PrPVG entsprechende Aufgabenzuweisung dar, sondern enthält zugleich — ebenfalls wie § 14 I PrPVG — die Zuweisung von Befugnissen[3]. Dies ergibt sich daraus, daß es in § 2 BGSG nicht heißt, die Bundesgrenzschutzbehörden hätten die folgenden Aufgaben, sondern daß die Fassung „sie sichern ..." gewählt wurde. Der Gesetzgeber hat die Richtigkeit dieser Auslegung bestätigt, indem er mit Gesetz vom 11. 7. 1965[4] den § 2 a in das BGSG einfügte, nach dem der Bundesmi-

---

[128] BWPolG § 22 III; BlnPVG § 15 III i. V. m. dem FEG (vgl. *Gobrecht*, S. 50); BrePolG § 11 II 3 („... sofern nicht vorher die Fortdauer des Gewahrsams durch richterliche Entscheidung für zulässig erklärt worden ist"); HbgSOG § 13 V (wie BrePolG).

[129] Ebenso Modellentwurf § 17 II.

[1] s. Regelung der Aufgaben und Befugnisse in § 2 BGSG; DA-BGS Abschn. II; *Wacke*, Staatsbürger und Staatsgewalt II/170; *Ule-Rasch*, S. 263 (Anm. 2 a zu § 2 BGSG).

[2] s. DA-BGS, Abschn. VII, VIII, IX 1 a.

[3] *Krent*, S. 35; *Wacke*, Staatsbürger und Staatsgewalt II/172, 173; *Ule-Rasch*, S. 263 (Anm. 2 b aa zu § 2 BGSG); *Pioch*, Die Polizei 1952/165.

[4] BGBl. I/603.

nister des Innern im Einvernehmen mit dem Bundesminister der Finanzen „Aufgaben und Befugnisse, die sich aus § 2 ergeben", auf die Zollverwaltung zur Ausübung übertragen kann[5]. § 2 S. 2 BGSG stellt somit eine echte polizeiliche Generalklausel auf dem Gebiet des Grenzschutzes dar[6]. Zu den Maßnahmen, die bei der Sicherung des Bundesgebiets gegen die Sicherheit der Grenzen gefährdende Ordnungsstörungen erforderlich werden könnten, gehört auch die FE in Gestalt der Ingewahrsamnahme, der Sistierung oder der Mitnahme zur Durchsuchung. Demgemäß nennt die DA-BGS, die fast das gesamte landesrechtlich auf der Grundlage des PrPVG ausgebildete Polizeirecht als für den BGS anwendbar erklärt[7], unter den Einzelbefugnissen aufgrund Polizeirechts, auch die „vorübergehende FE zur Feststellung der Personalien (Sistierung)" und die polizeiliche Verwahrung von Personen unter Voraussetzungen, die denen des § 15 I a und b PrPVG entsprechen[8]. Gegen die Zulässigkeit dieser Maßnahmen einschließlich der Ingewahrsamnahme des Nichtstörers zu dessen eigenem Schutz aufgrund des § 2 S. 2 BGSG dürften in der Tat keine Bedenken bestehen[9], sieht man einmal von den später zu erörternden Fragen der Vereinbarkeit einer Generalklausel mit Art. 2 II 3 und 104 I 1 GG und der Grundrechtseinschränkung (Art. 19 I S. 2 GG) ab[10]. Denn die in den Abschnitten IV (Aufgaben der Polizeibehörden), V (Polizeipflichtige Personen), VIII (Polizeiliche Verfügungen) des PrPVG enthaltenen Institute einschließlich der Ingewahrsamnahme des Nichtstörers im polizeilichen Notstand — von dem § 15 I a PrPVG nur einen Unterfall darstellt — sind bereits vor Schaffung dieses Gesetzes von der Rechtsprechung der norddeutschen Verwaltungsgerichte, insbesondere des PrOVG, aus der Generalklausel des § 10 II 17 ALR entwickelt wor-

---

[5] Damit ist die „Vereinbarung" zwischen dem Bundesminister des Innern und dem Bundesminister der Finanzen v. 1. 10. 1951 über die Ausübung der Paßnachschau an den meisten Grenzübergängen durch die Zollverwaltung sanktioniert worden. Der Umstand, daß der Gesetzgeber dies für erforderlich hielt, stellt ein Indiz dafür dar, daß die Verwaltungsabkommen mit Bay, BW, Bre und Hbg, nach denen die Bayerische Grenzpolizei, die Baden-Württembergische Landespolizei sowie die Bremer und Hamburger Wasserschutzpolizei die Grenzübergänge kontrollieren, mit dem BGSG (§§ 1 I und 2) unvereinbar sind (so *Wacke*, Staatsbürger und Staatsgewalt II/170 Fn. 20 und *Ule-Rasch*, S. 262 — Anm. 1 c bb zu § 1 BGSG —).

[6] Dabei ist der Begriff der öffentlichen Sicherheit in dem weiteren Begriff der öffentlichen Ordnung mitenthalten. Schon aus sprachlichen Gründen konnte man nach den „die Sicherheit der Grenzen gefährdenden Störungen" nicht wieder die Formulierung „der Sicherheit oder Ordnung" aufnehmen (*Wacke*, a.a.O., S. 172).

[7] Abschn. II, III 1 a, V, VI; ebenso schon DA-BGS v. 5. 6. 1953 (GMBl. S. 194), Abschn. II, V, VI.

[8] Abschn. VI, 2—4.

[9] *Wacke* in Drews-Wacke, S. 175, 541 und Staatsbürger und Staatsgewalt II/172 f.; *Krent*, S. 43 f.; *Ule-Rasch*, S. 263 (Anm. 2 b aa a. E. zu § 2 BGSG).

[10] Dazu unten S. 77 ff. (insbesondere S. 80 f.) und S. 82—87.

den[11], deren gewohnheitsrechtliche Geltung außerhalb des Bereichs des ALR dabei angenommen wurde. Daß in Preußen für die Ingewahrsamnahme eine Sonderregelung zu § 10 II 17 ALR im Freiheitsschutzgesetz vom 12. 2. 1850[12] bestand, kann zu keinem anderen Ergebnis führen, zumal es sich dabei nur um eine Einschränkung von Befugnissen handelte, die sonst mit der Generalklausel belegt worden wären.

Da § 2 S. 2 BGSG, anders als die Polizeigesetze der meisten Bundesländer[13], keine dem Art. 104 II 3 GG entsprechende Zeitgrenze für die Maßnahme „FE" kennt, bietet die Vorschrift — vorbehaltlich der Klärung der beiden eben erwähnten Fragen — auch eine Grundlage für eine über das Ende des Tages nach der Festnahme dauernde, vom Richter angeordnete FE.

---

[11] *Wacke*, Staatsbürger und Staatsgewalt II/173.
Die Hilfsbegründung *Wackes* (a.a.O. und Drews-Wacke, S. 541), das Landespolizeirecht sei aufgrund der langjährigen Handhabung durch den BGS zumindestens gewohnheitsrechtlich in das Bundesrecht übernommen worden, ist für die FE wegen des Erfordernisses des förmlichen Gesetzes in Art. 104 I 1 (und auch schon in Art. 2 II 3 GG — h. M., s. unten S. 79 Fn. 19 —) nicht brauchbar.

[12] s. o. S. 51 Fn. 2.

[13] s. o. S. 73.

Dritter Abschnitt

Rechtliche Überprüfung der im Zweiten Abschnitt aufgeführten Vorschriften (mit Ausnahme der Frage der richterlichen Entscheidung nach Art. 104 GG und der Vereinbarkeit mit der Menschenrechtskonvention)

5. Kapitel

Vereinbarkeit mit dem Grundgesetz

I. Art. 2 II 3, 104 I 1 GG und die (eingeschränkte) Generalklausel

In der ersten Zeit nach Inkrafttreten des GG tauchten Zweifel auf, ob eine Generalklausel (GK) eine ausreichende Grundlage im Sinne der Art. 2 II 3, 104 I 1 GG für Freiheitsentziehungen darstellen kann. Die h. M.[1] bejahte dies für die eingeschränkte GK des § 15 PrPVG. Da weder Art. 2 II 3 noch Art. 104 I 1 ausdrücklich fordern, daß das Gesetz die Maßnahme „FE" nennen muß, wird auch eine dem § 14 PrPVG entsprechende GK für ausreichend angesehen[2]. Die Frage ist neuerdings wieder von *Ule* aufgeworfen worden. Ule geht davon aus, daß nur ein Gesetz den Anforderungen der Art. 2 II 3 und 104 I 1 GG entspricht, das den Eingriff in die körperliche Bewegungsfreiheit nach Art, Ausmaß und Voraussetzungen so genau wie möglich umschreibt[3]. Daher scheide die GK des § 14 I PrPVG als Grundlage für freiheitsentziehende Maßnahmen aus[4]. Aus der eingeschränkten GK des § 15

---

[1] OVG Koblenz AS 2/29, 31; 2/35, 36; OVG Münster AS 6/132; *Baerensprung*, S. 53; *Hamann*, Anm. B 2 zu Art. 104 GG (für § 15 PVG, § 9 NdsSOG); E. *Kern*, GR II/87; Hanswerner *Müller*, Der Deutsche Rechtspfleger 1953/555; *Wolff*, DÖV 1951/313 und VR I, § 33, V b 3, VR III, § 129 VI a 1, 2. Keine Bedenken auch in den Kommentaren zu den Polizeigesetzen (z. B. *Müller-Heidelberg/Clauss* zu § 9 NdsSOG; *Reiff* zu § 22 BWPolG). a. A. *Holtkotten*, BK, Erl. II B 2 c, II C 3 d, 4 a, 5 a zu Art. 104 GG.

[2] *Bernet-Groß*, Vorbem. 1 zu §§ 47 ff. HessSOG; *Drews-Wacke*, S. 175; *Dürig* in Maunz-Dürig, Rdn. 16 zu Art. 104 GG; *Giese-Schunck*, Erl. II 1 zu Art. 104 GG; *Scheer-Trubel*, S. 45 f.; *Hoffmann*, DVBl. 1967/757 (der die von ihm behandelte Sistierung freilich nur als FB ansieht, a.a.O., S. 752); a. A. *Baerensprung*, S. 50, 51; *Kaufmann*, S. 303.

[3] *Ule-Rasch*, Rdn. 35 zu § 14 PrPVG, Rdn. 15, 22, 70, 77 a. E. zu §§ 15—17 PrPVG.

[4] a.a.O., Rdn. 10, 15 zu §§ 15—17 PrPVG.

PrPVG will Ule alle typischen Maßnahmen, die einen Eingriff in die Bewegungsfreiheit darstellen (Sistierung, Vorführung, Durchsuchung, Untersuchung) ausgeklammert und durch besondere Vorschriften geregelt wissen[5]. Auch gegen die Umschreibung der Voraussetzungen des Gewahrsams im engeren Sinne in § 15 I PrPVG erhebt Ule Bedenken; er meint, einer solchen GK bedürfe es nicht mehr, weil jemand nur noch in Gewahrsam genommen werden dürfe, wenn anders sein Leben, seine Gesundheit oder seine Freiheit nicht gerettet werden können oder er nicht daran gehindert werden kann, eine begonnene oder unmittelbar bevorstehende Straftat zu begehen[6]. Dem § 15 PrPVG erkennt Ule allenfalls noch eine Existenzberechtigung als Auffangvorschrift für Tatbestände zu, die sich in besonderen Bestimmungen nicht regeln lassen[7]. Diese Auffassung hätte, abgesehen von der schon oben[8] als zu eng erkannten Begrenzung des Gewahrsams im eigentlichen Sinne — die Ule veranlaßt, in den einzelnen Bestimmungen die Worte „oder Ordnung" als nicht geschrieben zu betrachten[9] —, zur Folge, daß in Berlin, Niedersachsen, Nordrhein-Westfalen und dem Saarland mangels einer Sonderbestimmung niemand mehr sistiert oder zur Durchsuchung an einen geeigneten Ort mitgenommen werden könnte[10]. Eine Vor*ladung*, die nach der bereits widerlegten Auffassung Ules einen Eingriff in die körperliche Bewegungsfreiheit darstellt[11], ist nach Ule in allen Ländern zulässig, weil überall eine besondere Vorschrift existiert. Die für eine Vorführung darüber hinaus erforderliche ausdrückliche besondere Ermächtigung[12] hält er in der Bremer Fassung (§ 10 II PolG[13]) für grundgesetzwidrig, weil sie nach seiner Meinung so weit gefaßt ist, daß sie sich mit der GK deckt[14]; hiervon nimmt er auch die Vorführung zur erkennungsdienstlichen Behandlung nicht aus (§ 10 II i. V. m. Abs. I b), die nur unter den Voraussetzungen der drei

---

5 a.a.O., Rdn. 109 zu §§ 15—17 PrPVG.

6 a.a.O., Rdn. 109 i. V. m. 112 zu §§ 15—17 PrPVG.

7 a.a.O., Rdn. 109 a. E. zu §§ 15—17 PrPVG.

8 s. o. S. 56 f.

9 a.a.O., Rdn. 112, 122, 125, 131, 132, 134, 144, 147 und zur alten Rechtslage in Alt-Hamburg (Rdn. 137) und SH (Rdn. 152) zu §§ 15—17 PrPVG.

10 So *Ule*, a.a.O., Rdn. 109 und (Sistierung:) 33, 39, 47, 48, 52, (Durchsuchung:) 157, 161, 166, 167, 170 zu §§ 15—17 PrPVG. *Ules* Ausführungen zu Hbg (Rdn. 44, 163 a.a.O.) und SH (Rdn. 53, 171 a.a.O.) sind durch die neuen Gesetze überholt.

11 a.a.O., Rdn. 7—9, 70 zu §§ 15—17 PrPVG; s. o. S. 33—36.

12 a.a.O., Rdn. 77 zu §§ 15—17 PrPVG.

13 s. o. S. 63.

14 a.a.O., Rdn. 92.
Sollte *Ule* — da er auf Rdn. 76 verweist — die Verfassungswidrigkeit auch deswegen annehmen, weil das BrePolG keine vorgängige richterliche Entscheidung fordert (dazu unten S. 133 f.), so würde er die unmittelbare Anwendbarkeit des Art. 104 GG verkennen.

in § 23 S. 1 PolG genannten Fällen zulässig ist[15]. Obwohl Ule der Regelung des Vorführungsrechts in § 17 PrPVG (Aufklärung eines Verbrechens oder Vergehens) verfassungsrechtliche Unbedenklichkeit bescheinigt[16], überträgt er sein Urteil zu § 10 II BrePolG auch auf § 4 III RhPfPVG mit dem Zusatz, die Beschränkung der Vorführungsmöglichkeit auf Vorladungen, die der Aufklärung von Verbrechen oder Vergehen dienen, könne an der Verfassungswidrigkeit nichts ändern[17].

Die Ausführungen Ules verlieren abgesehen von diesen Ungereimtheiten zwar schon dadurch an Gewicht, daß Ule in demselben Werk[18] die Ansicht vertritt, aus der GK des § 2 S. 2 BGSG, in der von einer Beeinträchtigung der persönlichen Freiheit keine Rede ist und deren Tatbestandsmerkmale im übrigen weit hinter § 14 I PrPVG zurückbleiben, ergäben sich die in der DA-BGS aufgeführten weiteren Befugnisse, also auch das Recht zur Sistierung (DA, Abschn. VI 2) und zur Ingewahrsamnahme (DA, Abschn. VI 3), für welche die Dienstanweisung die Formulierung des § 15 I b PrPVG übernimmt. Gleichwohl sind diese Äußerungen geeignet, in der Praxis erhebliche Verwirrung hervorzurufen. Bei ihrer Überprüfung ist davon auszugehen, daß der Grundgesetzgeber eine einzige Voraussetzung für die Eingriffsgrundlage aufgestellt hat, die des förmlichen Gesetzes (Art. 2 II 3[19], 104 I 1 GG). Der Zweck dieser Verschärfung gegenüber Art. 114 I 2 WRV ergibt sich deutlich aus der Entstehungsgeschichte. Der Parlamentarische Rat wollte damit eine Wiederholung der mißbräuchlichen „Schutzhaft" in der nationalsozialistischen Zeit verhindern[20], die ebenso wie die damalige polizeiliche Vorbeugungshaft[21] auf Runderlassen und angeblichem Gewohnheitsrecht beruhte. Abgesehen von diesem Ausschluß des (Not-)Verordnungs- und insbesondere des Gewohnheits-

---

[15] Dazu o. S. 63.

[16] Rdn. 85, 101 zu §§ 15—17 PrPVG. Ebenso für die entsprechende Regelung in Bln (Rdn. 90 a.a.O.) und NW (Rdn. 98 a.a.O.).

[17] Rdn. 100 a.a.O. Die rheinland-pfälzische Regelung von Vorladung und Vorführung stellt nur eine klarere Fassung des § 17 PrPVG dar.

[18] S. 263 Anm. 2 b aa a. E. zu § 2 BGSG.

[19] Auch Art. 2 II 3 GG verlangt nach h. M. ein förmliches Gesetz: *Giese-Schunck*, Anm. II 8; *v. Mangoldt-Klein*, Erl. VII 1; *Wernicke*, BK, Erl. II 2 f je zu Art. 2 GG; *Maunz*, § 14 III 2; etwas abweichend *Dürig* in Maunz-Dürig, Rdn. 5—7 zu Art. 2 Abs. II GG.

[20] s. Ausführungen des Abgeordneten Zinn (Vorsitzender des Ausschusses für Verfassungsgerichtshof und Rechtspflege) in der 4. Sitzung des Grundsatzausschusses v. 21. 9. 1948 (*v. Doemming-Füßlein-Matz*, JöR NF 1/63) und in der 42. Sitzung des Hauptausschusses v. 18. 1. 1949 (Verhandlungen des Hauptausschusses, S. 536). Vgl. auch unten S. 103—105.

[21] Vgl. (Not-)VO des Reichspräsidenten zum Schutze des deutschen Volkes v. 4. 2. 1933 (RGBl. I/35), § 22 (allerdings noch mit einer beschränkten richterlichen Kontrolle, Abs. IV); B. *Kern*, S. 86 f. (Runderlasse des PrMdI v. 13. 11. 1933 und des Reichs- und PrMdI v. 10. 12. 1934, ausgedehnt auf das Reich durch nicht veröffentlichten Runderlaß v. 14. 12. 1937); s. auch E. *Kern*, GR II/91 und *Scheer-Trubel*, S. 42.

rechts hat der Grundgesetzgeber nur verfahrensrechtliche Sicherungen in Art. 104 GG getroffen und hat bewußt davon abgesehen, die materiellen Voraussetzungen für eine FE durch die Exekutive und insbesondere die Polizei näher abzugrenzen[22]. Daher kann aus Art. 104 und ebenso aus Art. 2 II 3 GG nichts für den Inhalt der Normen hergeleitet werden, aufgrund deren in die persönliche Freiheit eingegriffen werden darf. Entgegen Ule[23] gebietet deshalb Art. 104 GG nicht, die polizeilichen Standardmaßnahmen bei Vermeidung ihrer Unzulässigkeit aus dem überkommenen weiten Begriff des Gewahrsams auszugrenzen; abgesehen davon hat eine solche Ausgrenzung geringen praktischen Wert[24], denn der Bürger bedarf des Schutzes weniger gegen die typischen als gegen die atypischen Maßnahmen, wofür aber auch Ule nur die — eingeschränkte — GK des § 15 I b PrPVG als Auffangtatbestand bereithält[25]. Solange der Gesetzgeber kein „Hellseher" ist[26], kann auf eine solche Ermächtigung auch nicht verzichtet werden, wenn die Belange der Allgemeinheit ausreichend gewahrt werden sollen. Dies und die rechtsstaatliche Unbedenklichkeit des § 15 PrPVG zeigt sich an dem Umstand, daß auch die neuen Polizeigesetze in Hamburg und Schleswig-Holstein ebenso wie schon das BrePolG von 1960 die Formulierung des § 15 I b PrPVG beibehalten haben und daß die Ermächtigungen in anderen europäischen Staaten dieser Bestimmung entsprechen oder — zumeist — über sie hinausgehen[27]. Daß auch der Parlamentarische Rat nicht an den Ausschluß einer GK dachte, ergibt sich außer aus den bereits genannten Tatsachen auch aus der „Kritischen Würdigung" *Thomas*[28]. In dem von Thoma unterbreiteten Vorschlag des Artikels über die persönliche Freiheit[29] waren in Abs. III die FEen behandelt, die „lediglich auf die allgemeine polizeiliche Ermächtigung gestützt sind" und die regelmäßig die Dauer von 48 Stunden nicht überschreiten sollten. Soweit hier deutlich die polizeiliche GK als Eingriffsgrundlage angesprochen ist, hat dieser Vorschlag keinen Widerspruch gefunden.

Somit ist mit der h. M. die eingeschränkte GK des § 15 I PrPVG als ausreichende gesetzliche Grundlage im Sinne der Art. 2 II 3, 104 I 1 GG

---

22 Dies gibt auch *Ule*, a.a.O., Rdn. 109 zu §§ 15—17 PrPVG zu.
23 a.a.O., Rdn. 109 zu §§ 15—17 PrPVG.
24 Anders wohl *Kaufmann*, S. 304.
25 Dazu, daß die von *Ule* primär angebotene Reduzierung des § 15 PrPVG auf die Schutzhaft und die Verhinderung strafbarer Handlungen zu eng ist, s. o. S. 56 f.
26 s. *Dürig*, AöR 79/80 Fn. 70 und in Maunz-Dürig, Rdn. 80 zu Art. 2 Abs. I GG.
27 Dazu unten S. 222—234.
28 Parlamentarischer Rat, Drucks. Nr. 244.
29 a.a.O., S. 5; abgedruckt bei *v. Doemming-Füßlein-Matz*, JöR NF 1/64; vgl. auch dort S. 746 Fn. 7.

anzusehen. Entstehungsgeschichte und Zweck dieser Vorschriften legen auch die Annahme nahe, daß das Gesetz die freiheitsbeschränkenden oder -entziehenden Maßnahmen nicht ausdrücklich aufzuführen braucht, daß also auch eine dem § 14 I PrPVG entsprechende Ermächtigung ausreicht. Zudem kann der Fall, daß ein Gesetz zu Eingriffen in die Bewegungsfreiheit ermächtigt, ohne dem Bürger dies erkennbar zu machen, nach Inkrafttreten des GG nicht mehr vorkommen, weil das Gesetz das Grundrecht des Art. 2 II 2 GG als eingeschränkt nennen muß (Art. 19 I 2 GG). Da sämtliche Polizeigesetze der Länder Sondervorschriften für eine FE enthalten, hinter die die GK zurücktritt, hat die Frage heute nur noch für das BGSG Bedeutung[30].

II. Art. 19 I 2 GG

1. StPO

Die gesamte StPO ist als Bestandteil des Gesetzes zur Wiederherstellung der Rechtseinheit auf dem Gebiete der Gerichtsverfassung, der bürgerlichen Rechtspflege, des Strafverfahrens und des Kostenrechts vom 12. 9. 1950[31] nachkonstitutionelles Recht geworden[32]. Die in dieser Arbeit interessierenden Bestimmungen der StPO wiederholen jedoch nur Grundrechtseinschränkungen, die beim Inkrafttreten des GG bereits gegolten haben und unterliegen deshalb nicht dem Zitiergebot des Art. 19 I 2 GG[33]. Für die neuen Haftgründe des § 112 III, IV n. F. StPO (hier i. V. m. § 127 II StPO) enthält Art. 15 StrafprozeßänderungsG 1964[34] eine Einschränkung des Art. 2 II 2 GG.

2. Polizeigesetze und Sondergesetze

Die Polizeigesetze der Länder nennen durchweg das Grundrecht des Art. 2 II 2 GG als eingeschränkt[35]. Das PrPVG (Saarland) fällt als vorkonstitutionelles Gesetz nicht unter Art. 19 I 2 GG[36]. Der § 17 BlnPVG wird gesondert behandelt[37].

---

[30] Dazu sogleich sub II 3.

[31] BGBl. I/455.

[32] s. BVerfGE 8/210, 213 f. (für die ZPO).

[33] BVerfGE 5/13, 16; st. Rspr., zuletzt E 16/194, 199 f.; h. M., Nachweise bei *Kilian*, S. 43 Fn. 16, S. 44 Fn. 17; dort auch Gegenstimmen.

[34] BGBl. I/1067.

[35] BWPolG § 4 Ziff. 2; BayPAG Art. 66; BlnPVG § 15 II (zu § 17 s. unten S. 87 f.); BrePolG § 51 lit. b; HbgSOG § 31; HessSOG § 4 Ziff. 2; NdsSOG § 1 II; NWPVG § 14 III; PhPfPVG § 64 lit. b; SHLVwG § 193.

[36] BVerfGE 2/121, 122 (allerdings am untauglichen Objekt, weil § 81 StPO nachkonstitutionell ist, s. BVerfGE 8/210, 213 f., vgl. *Kilian*, S. 41); allg. M. (vgl. *Kilian*, a.a.O.).

[37] s. unten sub 4 (S. 87 f.).

Von den im 3. Kapitel als Beispiele aufgeführten weiteren Rechtsgrundlagen genügen das GeschlKrG (§ 2 I), das OWiG (§ 110) und das WehrpflichtG (§ 51) dem Zitiergebot. Dagegen schränkt das JSchG den Art. 2 II 2 GG nicht ein. Da ein dem § 2 II 2 JSchG entsprechendes Zuführungsrecht im vorkonstitutionellen Recht nicht enthalten war[38] und eine Verletzung des Art. 19 I 2 GG nach herrschender und wegen der Sicherungsfunktion der Vorschrift zutreffender Meinung[39] die Nichtigkeit der betreffenden Vorschrift zur Folge hat, bietet § 2 II 2 JSchG keine Grundlage für eine FE[40].

3. BGSG

Auch das BGSG bezeichnet keine Grundrechte als eingeschränkt. Daher könnte sein § 2 keine Grundlage für eine FE bieten[41], es sei denn, die Bestimmung fiele ganz oder zum Teil aus dem Anwendungsbereich des Art. 19 I GG heraus oder das fehlende Zitat würde durch eine Einschränkung des Art. 2 II 2 GG in einem anderen Gesetz ersetzt.

a) Notwendigkeit eines Grundrechtszitats

aa) *Wackes* Ausführungen[42] erwecken den Eindruck, als meine er, ausgehend von seiner jetzt[43] nur noch hilfsweise vertretenen Ansicht, in der über zehnjährigen unwidersprochenen Handhabung des PrPVG aufgrund der DA-BGS von 1953 und 1962 liege eine gewohnheitsrechtliche Rezeption dieses vorkonstitionellen, aber nach Art. 123 (124, 125) GG weitergeltenden Gesetzes und insbesondere seiner GK, es bedürfe keiner ausdrücklichen Grundrechtseinschränkung. Diese Argumentation ist unabhängig von ihrer sonstigen Richtigkeit jedenfalls auf dem Gebiet der präventiv-polizeilichen FE durch den BGS nicht verwendbar. Dem Erfordernis eines förmlichen Gesetzes (Art. 2 II 3, 104 I 1 GG) kann nur der § 2 BGSG genügen, den Wacke jetzt auch in erster Linie als Grundlage der Befugnisse des BGS ansieht[44].

---

[38] s. PolizeiVO zum Schutze der Jugend v. 10. Juni 1943 (RGBl. I/349).

[39] BGHZ 5/46, 54; OVG Münster AS 14/170, 178 („Muß-Vorschrift"); *Wernicke*, BK, Erl. II 1 e zu Art. 19 GG; *Hamann*, Anm. B 5 zu Art. 19 GG; *Kilian*, S. 4 f. m. w. zahlreichen Nachw.; wohl auch BVerfGE 5/13, 15 f.; a. A. *v. Mangoldt-Klein*, Anm. IV 3 a zu Art. 19 GG.

[40] a. A. *Potrykus*, Erl. 20 zu § 1 JSchG, der Art. 19 I 2 GG mit *v. Mangoldt-Klein*, a.a.O., nur als Soll-Vorschrift ansieht.

[41] Nichtigkeit der gesamten Vorschrift wäre dagegen nicht anzunehmen.

[42] *Drews-Wacke*, S. 140 (Mitte) i. V. m. S. 139, 354 (1. Abs.), 541.

[43] Staatsbürger und Staatsgewalt II/173.

[44] Staatsbürger und Staatsgewalt, a.a.O. und schon *Drews-Wacke*, S. 175, wo er die formell-gesetzliche GK des § 2 als ausreichende Grundlage für eine FE ansieht, ohne jedoch auf das fehlende Grundrechtszitat einzugehen.

bb) In Zusammenhang mit vorkonstitutionellem Recht könnte man allenfalls auf den Gedanken kommen, die GK des § 2 S. 2 BGSG wiederhole nur bereits geltende Eingriffsbefugnisse und brauche aus diesem Grunde kein Zitat zu enthalten[45]. Aber auch dies erweist sich als unrichtig, weil der BGS keine Vorläufer hat und das Recht vor dem 24. 5. 1949 daher keine dem § 2 BGSG entsprechende Regelung enthält. Die Befugnisse des früheren Zollgrenzschutzes (jetzigen Zollgrenzdienstes), an den man denken könnte, sind auf die Überwachung des Warenverkehrs zugeschnitten und decken sich nicht mit den Befugnissen aus § 2 BGSG[46].

cc) Man könnte ferner meinen, das fehlende Zitat führte nur zur Unzulässigkeit einer FE gegenüber einem Nichtstörer, änderte aber nichts an der Möglichkeit, einem Störer der öffentlichen Sicherheit oder Ordnung die Freiheit zu entziehen, weil dieser nur in die von vornherein bestehenden Grundrechtsschranken zurückgewiesen werde, so daß kein Eingriff in das Grundrecht vorliege und Art. 19 I 2 GG daher unanwendbar sei. Die auf den „Soweit"-Satz des Art. 2 I GG gegründete Lehre von der Polizeipflicht als immanenter Schranke der Grundrechte und von den Polizeigesetzen als nur deklaratorischer Sichtbarmachung dieser Schranken[47] kann jedoch für das Grundrecht der Freiheit der Person (Art. 2 II 2, 104 GG) keine Geltung beanspruchen. Sie beruht auf der Überlegung, daß die Grundrechte nur mit der Maßgabe gewährt sind, bei ihrer Ausübung die öffentliche Sicherheit und Ordnung nicht zu stören, daß diese Rechtsgüter also nicht unter Berufung auf die Grundrechte verletzt werden dürfen. Diese Argumentation kann nur für Grundrechte zutreffen, die positiv Rechte gewähren, wie insbesondere die allgemeine Handlungsfreiheit (Art. 2 I GG) und die Freiheit, mit dem Eigentum grundsätzlich nach Belieben zu verfahren (Art. 14 I, II GG), ferner etwa die Rechte der ungestörten

---

[45] s. o. S. 81 Fn. 33.

[46] s. ZollG v. 20. 3. 1939 (RGBl. I/529), §§ 19, 21, 22, 41, 43 II (Rechte, im Zollgrenzbezirk Grundstücke zu betreten, Personen anzuhalten, zu durchsuchen, nach Waffen abzutasten, Fahrzeuge zu kontrollieren) und ZollG v. 14. 6. 1961 (BGBl. I/737), §§ 71, 74.

[47] Insbesondere *Dürig*, AöR 79/57 ff., 79 ff.; *derselbe* in Maunz-Dürig, Rdn. 72 ff. zu Art. 2 Abs. I GG (mit Gegenstimmen), insbesondere Rdn. 82 (dort sub bb auch zur Entbehrlichkeit der Grundrechtsbenennung nach Art. 19 I 2 GG) und 83—85; ferner *Altmeyer-De Clerck*, Erl. zu § 22 (sub a), Erl. 2 a zu § 25 RhPfPVG; *Kilian*, S. 77—80 und 61—63; *Müller-Heidelberg/Clauss*, Anm. 2 b dd (Art. 14 GG) zu § 1 (S. 29), 2 zu § 6 und 2 zu § 7 NdsSOG; *Reiff*, Erl. I 1 zu § 6, I 1 zu § 7 BWPolG; *Rietdorf*, Anm. 3 zu § 16 NWOBG; *Senger-Kurzmann*, Erl. 1 zu § 16 NWOBG. a. A. BVerwGE 5/153, 158; 1/303 ff. („Sünderin"-Fall, keine Anwendung der polizeilichen GK auf Art. 5 GG, „Gemeinschaftsvorbehalt"; Näheres bei *Dürig* in Maunz-Dürig, Rdn. 70 sub c zu Art. 2 Abs. I GG). Gegen die uneingeschränkte Ausdehnung des „Soweit"-Satzes des Art. 2 I GG auf andere Grundrechte, *Ule-Rasch*, Rdn. 33 zu § 14 PrPVG.

Religionsausübung (Art. 4 II GG), der Meinungsäußerung (Art. 5 I, II GG), der Versammlung (Art. 8 GG) und der Berufswahl und -ausübung (Art. 12 I GG); denn nur die Ausübung derartiger Rechte kann zur Verletzung der Rechtsgüter öffentliche Sicherheit und Ordnung führen und die Zurückweisung in die Schranken dieser Grundrechte auslösen. Bei dem rein negativen Abwehrrecht der Art. 2 II 2 und 104 GG ist eine solche mißbräuchliche Ausübung nicht möglich. Der Störer mißbraucht daher niemals die Freiheit der Person, sondern stets nur andere Grundrechte, vornehmlich seine allgemeine Handlungsfreiheit (Handlungshaftung) und die Eigentumsfreiheit (Zustandshaftung). Da Identität zwischen dem mißbrauchten und dem staatlicherseits auf seinen wirklichen Inhalt zurückgedrängten Grundrecht bestehen muß[48], kann der Störer nach der hier erörterten Lehre nur in die Schranken *dieser* mißbrauchten Grundrechte zurückgewiesen werden, ohne daß eine konstitutive Einschränkung dieser Rechte erfolgt[49]. In einer FB oder FE gegenüber dem Störer liegt somit stets ein Eingriff in das — nicht mißbrauchte — Grundrecht der Art. 2 II 2, 104 GG, so daß Art. 19 I 2 GG auch hier eingreift[50].

b) Frage der Ersetzung des in § 2 BGSG fehlenden Grundrechtszitats

Das in § 2 BGSG fehlende Grundrechtszitat könnte durch eine Einschränkung des Art. 2 II 2 GG im VwVG oder im UZwG ersetzt sein. Es wurde bereits erwähnt, daß das VwVG nur in seinem § 16 (Ersatzzwangshaft) den Art. 2 II 2 GG als eingeschränkt nennt[51]. Die Frage spitzt sich also darauf zu, ob die Nennung des Art. 2 II 2 GG in § 3 des — auch für den BGS geltenden[52] — UZwG den Mangel des § 2 BGSG heilt. Dieser Ansicht dürfte *Kilian*[53] sein, der im Anschluß an die

---

[48] *Dürig* in Maunz-Dürig, Rdn. 83 sub f, bb zu Art. 2 Abs. I GG.

[49] Unrichtig *Kilian*, S. 79 f.: Der Skifahrer, der in einer verbotenen Zone eine Lawine auszulösen droht, macht in unzulässiger Weise von seiner Handlungsfreiheit (Art. 2 I GG) Gebrauch, nicht aber vom Recht des Art. 2 II 2 GG (s. schon Wortlaut des Art. 2 II 2 „Die Freiheit der Person ist unverletzlich" gegen den des Art. 2 I „Jeder hat das Recht auf ...").

[50] So beschränkt die polizeirechtliche Literatur die o. a. Lehre auch auf die Grundrechte der Persönlichkeitsentfaltung und der Eigentumsfreiheit (ohne Begründung); besonders deutlich *Drews-Wacke*, S. 206, aber auch *Altmeyer-De Clerck*, a.a.O.; *Müller-Heidelberg/Clauss*, Anm. 2 zu § 6 und 2 zu § 7 einerseits, 1 (Abs. 3) zu § 9 andererseits; *Reiff; Rietdorf; Senger-Kurzmann*, jeweils a.a.O.

[51] s. o. S. 65 f.

[52] § 6 Nr. 1 UZwG i. V. m. § 1 I des Gesetzes zur Regelung der Rechtsverhältnisse der Polizeivollzugsbeamten des Bundes (Bundespolizeibeamten-G) v. 19. 7. 1960 (BGBl. I/569) mit VO v. 24. 10. 1960 (BGBl. I/835) und v. 17. 7. 1961 (BGBl. I/1036).

[53] S. 74 f.

Aufzählung der Grundrechtseinschränkungen der Polizeigesetze der Länder den § 3 UZwG als ausdrückliche Grundrechtseinschränkung des Bundespolizeirechts nennt und diese Bestimmung damit nach Funktion und Tragweite mit den erwähnten Zitaten in den Länderpolizeigesetzen gleichsetzt. *Ule*[54], der die polizeiliche GK des § 14 I PrPVG nicht als ein Gesetz im Sinne des Art. 2 II 3 GG ansieht, aufgrund dessen in die Freiheit der Person eingegriffen werden darf, sondern eine besondere gesetzliche Regelung verlangt, sieht als solche besondere Regelung neben den Vorschriften der Polizeigesetze über den Polizeizwang (z. B. §§ 32 ff. BWPolG) auch das UZwG und die entsprechenden Gesetze, ja sogar Verordnungen[55] der Länder an, müßte folglich auch die dortigen Grundrechtseinschränkungen für ausreichend erachten; er meldet denn auch bei § 2 BGSG keine Bedenken hinsichtlich der präventiv-polizeilichen FE an[56].

Nach Art. 19 I 2 i. V. m. 1 muß das Gesetz das Grundrechtszitat enthalten, „auf Grund" dessen ein Grundrecht eingeschränkt werden kann, also eben das in Art. 2 II 3 und 104 I 1 GG genannte Gesetz. Das Zitat in § 3 UZwG reichte also nur aus, wenn das UZwG die gesetzliche Grundlage für die FE im Sinne der Art. 2 II 3 und 104 I 1 GG darstellte. Eine behördliche FE besteht rechtlich aus der Anordnung der FE in einem VA, der auf ein Gesetz gestützt ist, das die Maßnahme „FE" zuläßt — hier möglicherweise § 2 BGSG —, und der Vollstreckung dieser Anordnung, die im Bereich des Bundespolizeirechts im VwVG geregelt ist[57]. Während das VwVG in seinem Zweiten Abschnitt die Anforderungen an den zu vollstreckenden Titel (Unanfechtbarkeit, Anordnung des sofortigen Vollzuges), die zulässigen Zwangsmittel und das Verfahren bei ihrer Anwendung behandelt, bestimmt das UZwG Näheres über die Art und Weise des Vorgehens bei der Anwendung des Zwangsmittels des unmittelbaren Zwanges und ergänzt insoweit das VwVG. Aus dieser Funktion folgt, daß das UZwG ein reines Verfahrensgesetz[58] darstellt, das über die Frage, ob ein Eingriff in das Recht der persönlichen Freiheit vorgenommen werden soll, nichts aussagt. Es setzt im Falle einer FE vielmehr voraus, daß sowohl die

---

[54] *Ule-Rasch*, Rdn. 35 zu § 14 PrPVG.

[55] z. B. NdsVO über die Anwendung unmittelbaren Zwanges durch die Verwaltungs- und Polizeibehörden v. 15. 11. 1951 (GVBl. S. 221), RhPfLandesVO über die Anwendung unmittelbaren Zwanges durch die Polizei v. 10. 4. 1954 (GVBl. S. 61).

[56] S. 263 (Anm. 2 a a. E. zu § 2 BGSG).

[57] Beide Teile können selbstverständlich in Sekundenschnelle aufeinander folgen. Der die FE anordnende VA kann auch notfalls entfallen und wird als in der unmittelbaren Ausführung der Ingewahrsamnahme liegend fingiert (§ 44 I 2 PrPVG, § 6 II VwVG; s. o. S. 66 Fn. 86). Vgl. *Wacke*, JZ 1962/138 f.

[58] *Wacke*, JZ 1962/137; ebenso *Ule-Rasch*, S. 303 sub V 3 in Widerspruch zu Rdn. 35 zu § 14 PrPVG.

Ingewahrsamnahme als auch die Anwendung unmittelbaren Zwanges zu ihrer Durchsetzung nach anderen Vorschriften zulässig sind. Das zeigt sich auch deutlich an § 1 I des Gesetzes („Die Vollzugsbeamten ... haben bei der in *rechtmäßiger* Ausübung ihres Dienstes *zulässigen* Anwendung unmittelbaren Zwanges nach den Vorschriften dieses Gesetzes zu *verfahren*") und an dem hier untersuchten § 3 selbst, der die Grundrechte nur einschränkt, „soweit *rechtmäßig* unmittelbarer Zwang bei Ausübung öffentlicher Gewalt angewendet wird"[59]. Bildet das UZwG somit nur die gesetzliche Grundlage für die Anwendung körperlicher Gewalt oder von Waffengewalt (§ 2 I UZwG), die bei der Vollziehung eines auf FE lautenden VA erforderlich wird, so steht fest, daß es nicht das Gesetz im Sinne der Art. 2 II 3 und 104 I 1 GG sein kann. „auf Grund" dessen in das Recht der persönlichen Freiheit eingegriffen wird[60]. Dieses Gesetz kann nur das materielle Polizeirecht sein, beim BGS also § 2 BGSG[61]. Daher muß nach Art. 19 I 2 GG das BGSG selbst den Art. 2 II 2 GG als eingeschränkt nennen. Das Zitat in § 3 UZwG kann sich nur auf Grundrechtsbeeinträchtigungen beziehen, die sich nicht unmittelbar aus der vollstreckten Anordnung ergeben, sondern die bei der Vollstreckung durch die Anwendung unmittelbaren Zwanges eintreten und für die das UZwG auch die gesetzliche Grundlage darstellt. Für die Durchsetzung eines auf FE lautenden VA hat die Einschränkung der Art. 2 II 1 und 13 I GG in § 3 UZwG Bedeutung, weil die Anordnung der Ingewahrsamnahme oder der Sistierung noch nicht die Verletzung des Lebens, der körperlichen Unversehrtheit oder des Hausrechts bei Durchführung der FE deckt; dagegen ist die Einschränkung des Art. 2 II 2 GG bedeutungslos, wenn man nicht mit *Pioch*[62] — angesichts des in Art. 2 II 2, 104 GG geschützten Rechtsguts wohl zu Unrecht[63] — die Fesselung eines Festgenommenen als (weitere) Einschränkung der Freiheit der Person ansehen wollte. Bei der Vollstreckung eines nicht auf FE lautenden VA scheidet auch dieser

[59] Ebenso *Wacke*, a.a.O.

[60] Dies verkennt *Ule*, a.a.O., Rdn. 35 zu § 14 PrPVG (s. o. S. 85); richtig dagegen *Wacke*, JZ 1962/138 re. Sp.

Dürig (in Maunz-Dürig, Rdn. 83 sub f bb zu Art. 2 Abs. I GG), der die Einschränkung auch des Art. 2 II 2 GG für den Polizeizwang begrüßt, wird man den Fehler Ules nicht unterstellen dürfen, da er den Polizeizwang als „Vollstreckungsstation" der Polizeiverfügung anerkennt und die exakten verfassungsrechtlichen Deckungen einschließlich Grundrechtszitats wegen der oft eintretenden Beeinträchtigungen von Grundrechten fordert, deren immanente Schranken der Störer nicht überschritten hat, von Grundrechten also, mit denen sich die vollstreckte Polizeiverfügung auch nicht befaßt.

[61] *Wacke*, a.a.O., S. 138 li. Sp.; richtig auch *Rasch* in Ule-Rasch, S. 303 sub V 3 a. Der Widerspruch zu Rdn. 35 zu § 14 PrPVG dürfte auf der Verschiedenheit der Verfasser beruhen (vgl. Vorwort, S. V).

[62] UZwG, S. 89 (Erl. 3 zu § 3 UZwG); s. auch *Pioch*, Die Polizei 1961/131 li. Sp.

[63] Vgl. auch *Wacke*, JZ 1962/199 li. Sp.

Fall aus, weil der Betroffene nicht in Gewahrsam der Vollzugsbeamten geraten kann[64], dagegen ist die Nennung des Art. 2 II 2 GG hier für FBen bedeutsam, zu denen es etwa bei der Durchsetzung einer Duldung oder Unterlassung kommen kann, wenn der Pflichtige für einige Zeit von einem bestimmten Ort ferngehalten wird[65].

Die mit dem UZwG unter anderem bezweckte Ergänzung des VwVG hinsichtlich der Grundrechtseinschränkungen[66] ist somit auf diese bei der Anwendung unmittelbaren Zwanges eintretenden Grundrechtsbeeinträchtigungen beschränkt. Eine etwa beabsichtigte allgemeine Einschränkung des Art. 2 II 2 GG für den Bereich des VwVG hätte auch im Falle ihrer Verwirklichung keinen Einfluß auf das materielle Recht gehabt, weil bereits das VwVG einen VA voraussetzt, der auf einer Norm beruht, die dem Art. 19 I 2 GG entspricht[67].

Der BGS kann somit aufgrund des § 2 BGSG keine präventiv-polizeiliche FE vornehmen.

4. Berliner Neufassung des PrPVG

Der Berliner Gesetzgeber hat bei der Neufassung des PrPVG im Jahre 1958 die Grundrechtseinschränkung nicht allgemein für das PVG ausgesprochen, sondern in § 15 als Abs. II (Art. 2 II 2 GG) und in § 16 als Abs. IV (Art. 13 GG) eingefügt. Da er nicht erkannt hat, daß die Vorführung (§ 17 PVG) eine FE darstellt[68], fehlt in dieser Bestimmung das Grundrechtszitat. Jedoch enthält § 17 PVG nur eine Eingriffsmöglichkeit, die schon beim Inkrafttreten des GG bestand, so daß Art. 19 I 2 GG nach der Rechtsprechung des BVerfG nicht eingreift[69], ohne daß es auf die Vorstellungen des Gesetzgebers ankommt. Es bedarf daher

---

64 Eine eventuelle Festnahme des Pflichtigen bei Widerstand gegen die Vollstreckungsbeamten beruht nicht auf dem VwVG oder gar dem UZwG, sondern auf Polizeirecht oder Strafprozeßrecht, vgl. o. S. 66 Fn. 84.

65 z. B. von seinem Grundstück, auf dem er Vermessungen o. ä. Maßnahmen zu dulden hat. Vgl. o. S. 34 Fn. 44.

66 *Wacke*, JZ 1962/138 re. Sp.; s. auch Begründung zum RegE-UZwG, BT, 3. WP, Drucks. Nr. 38 S. 4 (sub 1) und S. 10 (zu § 11).

67 s. o. S. 65 f. — *Wackes* Ausführungen in JZ 1962/138 sub 3 können i. V. m. Drews-Wacke, S. 175 — wo er § 2 BGSG als ausreichende Grundlage für eine FE ansieht — in entgegengesetztem Sinne verstanden werden, zumal Wacke dort im Hinblick auf die Bahnpolizei bedauert, daß das UZwG die Festnahme nicht geregelt hat. Eine solche Regelung der Grundlage für einen freiheitsentziehenden VA hätte aber in das UZwG nicht hineingehört, wie sich aus den eigenen klaren Gedankengängen Wackes in JZ 1962/137, 138 sub 1 und 2 ergibt.

68 Begründung zum E-PolZG, Abgeordnetenhaus von Berlin, II. WP, Drucks. Nr. 1561 S. 12 (zu § 10 des E).

69 s. o. S. 81 Fn. 33.

keines Eingehens auf die zumindest zweifelhafte Ansicht des BVerwG[70], Art. 19 I 2 GG gelte nicht im Lande Berlin, weil er das Gesetzgebungs-*verfahren* betreffe, für das der Bund dem Lande Berlin keine Vorschriften machen könne, ohne gegen den Vorbehalt der Alliierten zu verstoßen, nach dem Berlin nicht durch den Bund regiert werden darf[71].

6. Kapitel

Vereinbarkeit einiger Vorschriften der Landespolizeigesetze mit der StPO, dem EGStPO und Art. 72, 74 GG

Die Bestimmungen der Polizeigesetze, die der Polizei freiheitsentziehende Maßnahmen in Zusammenhang mit der Strafverfolgung gestatten[1], könnten gegen § 6 I 1 EGStPO i. V. m. Art. 31, 72, 74 Nr. 1 GG verstoßen und deshalb nichtig oder nur beschränkt anwendbar sein.

Wenn § 6 I 1 EGStPO die prozeßrechtlichen Vorschriften der Landesgesetze für alle Strafsachen außer Kraft treten läßt, über die von den ordentlichen Gerichten nach der StPO zu entscheiden ist, so bezieht sich dies auf den ersten Blick nur auf das Verfahren vor den Gerichten[2]. Die Vorschrift muß jedoch in Zusammenhang mit dem gesamten Inhalt der StPO gesehen werden. Da die StPO auch das Ermittlungsverfahren einschließlich der Tätigkeit der Polizei regelt, muß auch der Begriff der prozeßrechtlichen Vorschriften in § 6 I 1 EGStPO auf das Vorverfahren bezogen werden. Die Zuständigkeit des Bundes für die gesetzliche Regelung des Ermittlungsverfahrens folgt nicht nur,

---

70 BVerwGE 2/118, 122. — Es ist anerkannt, daß in Berlin der Grundrechtsteil des GG im übrigen gilt (BVerfGE 1/70, 72 f.; BVerwG, a.a.O., S. 119 und E 4/196, 197; BGHZ 20/112, 114) und damit auch der den Art. 2 II 2, 3 ergänzende Art. 104 (BVerwGE 1/229, 231; 4/196, 197).

71 Genehmigungsschreiben der Militärgouverneure zum Grundgesetz v. 12. 5. 1949, Ziff. 4 (Übersetzung in VOBl. für die Britische Zone S. 416).
Die Begründung zum E-BlnPolZG geht von der Geltung des Art. 19 I 2 GG in Berlin aus (a.a.O. — Fn. 68 — S. 11 — zu § 9 des E —).

1 Vorführung — ohne Beschränkung auf mutmaßliche Täter — zur Ermittlung oder Aufklärung von Verbrechen oder Vergehen nach § 17 PrPVG (Bln, NW, Saarland) und § 4 III RhPfPVG, sowie zur Strafverfolgung schlechthin nach § 10 I a, II i. V. m. § 1 II 2 BrePolG (s. o. S. 62); Sistierung zur Ermittlung oder Aufklärung strafbarer Handlungen nach Art. 14 I Nr. 1, II BayPAG, § 5 I a, III RhPfPVG und, falls die StPO keine abschließende Regelung enthalten sollte, nach §§ 9 BrePolG, 16 I, 46 HessPolG, 176 SH-LVwG jeweils i. V. m. dem formellen Polizeibegriff (§§ 1 II 2 Bre, 45 I 2. Hs. Hess, 164 II 2 SH) — s. o. S. 59 — und entsprechend der Konstruktion bei der Sistierung zur Aufklärung von Ordnungswidrigkeiten unter der Herrschaft des OWiG 1952 (s. o. S. 60 Fn. 52) nach § 15 I b PrPVG (Bln, Nds, NW, Saarland).

2 Dies nimmt *Wacke*, Die Polizei 1962/213 an.

wie bei der Regelung des Widerspruchsverfahrens in der VwGO[3], aus dem Zusammenhang mit der Zuständigkeit für das Verfahren vor den Gerichten, sondern ergibt sich auch aus einer die geschichtliche Entwicklung berücksichtigenden Auslegung des Art. 74 Nr. 1 GG. Die StPO wurde aufgrund des Art. 4 Nr. 13 RV 1871 (Gesetzgebungskompetenz des Reiches für „die gemeinsame Gesetzgebung über ... das gerichtliche Verfahren") erlassen und bestand unter der Herrschaft des Art. 7 Nr. 3 WRV („Das Reich hat die Gesetzgebung über das gerichtliche Verfahren") fort. Damit hatte der Begriff des „gerichtlichen Verfahrens" auf strafprozessualem Gebiet einen Inhalt erhalten, der das Ermittlungsverfahren umfaßte und konnte bei der Formulierung des Katalogs in Art. 74 GG, die unter stetem Rückblick auf die WRV vorgenommen wurde, nur mit diesem Inhalt gemeint sein[4, 5].

I. Vorführung nach § 17 PrPVG und den entsprechenden Vorschriften

Indem § 17 PrPVG[6] sich auf in der Vergangenheit liegende Handlungen oder Unterlassungen bezieht, die nicht mehr verhütet werden können, ergänzt er — jedenfalls in erster Linie — die Befugnisse der Polizei bei der Strafverfolgung. Die Entstehungsgeschichte bestätigt dies. Nach Erlaß der StPO hatten die preußischen Polizeibehörden trotz erheblicher Bedenken[7] die in § 132 LVG angeführten Zwangsmittel (zu denen auch der unmittelbare Zwang gehörte) auch zur Erzwingung ihrer Anordnungen im Rahmen der Strafverfolgung angewandt; sie hatten insbesondere vorgeladene Beschuldigte und Zeugen

---

[3] Dazu *Klinger*, Anm. A zu § 68 VwGO; *Koehler*, Vorbem. III vor § 68 VwGO; *Ule*, VwGbkt., Anm. I zu § 68 VwGO; Schriftlicher Bericht des Rechtsausschusses des BT, 3. WP. Drucks. Nr. 1094, S. 7 f. zu §§ 70 ff. des E-VwGO.

[4] s. BVerfGE 3/407, 414 f.

[5] Aus Art. 74 Nr. 1 GG ergibt sich auch die Gesetzgebungskompetenz des Bundes für § 81 b 2 Alt. StPO. Nach Ansicht des BVerfG (E 16/89, 94) und des BVerwG (E 11/181, 182 unter Aufgabe von E 2/302 ff.) handelt es sich bei der Anordnung der in § 81 b genannten Maßnahmen gegen einen Beschuldigten zum Zwecke des Erkennungsdienstes zwar um eine Polizeiverfügung, bei § 81 b 2. Alt. also um Polizeirecht. Die Aufbewahrung der Unterlagen dient aber nicht nur der Abschreckung und damit der Verbrechensverhütung, sondern erleichtert der Polizei auch die Aufklärung künftiger Taten (BVerwGE 11/181, 183), dient also auch der (zukünftigen) Strafverfolgung; gerade daraus ergibt sich der präventive Effekt. Diese Doppelfunktion genügt, um die Kompetenz des Bundes für die 2. Alternative — die bereits unter der Herrschaft des Art. 7 Nr. 3 WRV eingefügt wurde — zu begründen (so im Ergebnis auch *Ule-Rasch*, Rdn. 30 zu §§ 15—17 PrPVG).

[6] Das Folgende gilt auch für die anderen in Fn. 1 genannten Vorführungsbestimmungen.

[7] So Runderlaß des PrMdI v. 21. 5. 1892, MBliV S. 222: „Nach Lage der Gesetzgebung stehen den Polizeibehörden in ihrer Eigenschaft als Organe der Staatsanwaltschaft keinerlei Zwangsmittel zu Gebote."
Dazu *Hennes*, Die Polizei 1960/183 f.

zwangsweise zur Dienststelle vorgeführt[8]. Diese Praxis, die schließlich sogar vom PrOVG[9] — das bezeichnenderweise jedoch den Verwaltungsrechtsweg versagte und die Beschwerde an die Staatsanwaltschaft für zulässig hielt — und vom RG[10] gebilligt wurde[11], sollte durch § 17 PrPVG unter Beschränkung auf Verbrechen und Vergehen legalisiert werden[12].

Diese Umstände müßten zur Unanwendbarkeit des § 17 PrPVG im Rahmen der Strafverfolgung führen, es sei denn, der Bund hätte die Zwangsmittel im Ermittlungsverfahren nicht abschließend in der StPO geregelt, so daß noch Raum für die Gesetzgebung der Länder bliebe[13] und § 6 I 1 EGStPO insoweit eingeschränkt ausgelegt werden müßte bzw. selbst gegen das GG verstieße. Der Bund hat die Zwangsmittel jedoch nicht aus seiner Regelung des Ermittlungsverfahrens ausgeklammert, sondern hat sie in den §§ 98, 105, 127, später noch §§ 81 a und 81 b, behandelt. Da die Zwangsbefugnisse, insbesondere diejenigen gegenüber Beschuldigten und Zeugen, den bei weitem wichtigsten Teil der Bestimmungen über das Ermittlungsverfahren darstellen[14], muß angenommen werden, daß die in den genannten Bestimmungen enthaltene Regelung der Zwangsbefugnisse, zusammen mit der sich aus den §§ 48 ff., 163 I StPO ergebenden Sistierungsbefugnis[15] abschließend ist[16]. Zwar läßt sich nicht übersehen, daß diese Zwangsbefugnisse sehr

---

[8] Zur Unrichtigkeit der rechtlichen Konstruktion s. o. S. 65—67, insbesondere S. 66 Fn. 87.

[9] PrOVGE 26/386 ff.; 32/387 f.

[10] LZ 1915/546, 547; Recht 1915 Nr. 997; noch sehr vorsichtig RGSt 9/433, 436.

[11] Zusammenstellung der älteren Literatur bei B. *Kern*, S. 31 Fn. 1, in geringerem Umfang (insbesondere billigende Autoren) bei *Kaufmann*, S. 84 m. Anm. S. 95 f.

[12] Begründung (s. Literaturverzeichnis) zu § 17. — Dazu, daß § 17 als Ergänzung der StPO gedacht war, z. B. *Kaufmann*, S. 335; E. *Kern*, GR II/89. *Wacke*, der dies in Die Polizei 1962/213 leugnet, spricht in Drews-Wacke, S. 184 selbst von einer verfahrensrechtlichen Sondervorschrift und stellt S. 185 der Vorladung und Vorführung nach § 17 die nicht vollstreckbare Vorladung in allen übrigen Fällen, „insbesondere wenn nur rein polizeiliche Dinge in Rede stehen" gegenüber.

[13] Art. 72 I GG: „... solange und *soweit* der Bund von seinem Gesetzgebungsrechte keinen Gebrauch macht."

[14] Vgl. *Gerland*, JW 1934/108.

[15] s. o. S. 49 f.

[16] *Erbs*, Anm. II zu § 163 StPO; *Gerland*, a.a.O.; *Henkel*, S. 251 Fn. 6; *Hennes*, Die Polizei 1960/185; B. *Kern*, S. 32; E. *Kern*, GR II/83 und Strafverfahrensrecht, § 38 C II; *Kohlhaas* in Löwe-Rosenberg, Erl. 2 zu § 163 StPO; *Kohlrausch*, StPO, 23. Aufl., Anm. 2 zu § 163 StPO, anders 24. Aufl.; *v. Kries*, S. 476; *Lobe-Alsberg*, Anm. V zu § 127 StPO; *Müller* in KMR, Anm. 1 c zu § 163 StPO; Eb. *Schmidt* (ErgBd.), Rdn. 22 a. E. zu § 127 StPO, vgl. auch Rdn. 5 a. E. zu § 163 StPO; *Schönke-Schröder*, Rdn. 13 zu § 113 StGB; *Schulz*, Vorbem. D 2 vor § 48, Anm. E 1 zu § 163 StPO; *Tiedemann*, JZ 1964/626. Dazu neigt auch BGH, NJW 1962/1021. *Wacke*, Die Polizei 1962/212 erkennt an, daß der Bund mit der StPO unter Ausschluß der Landes-

gering sind; jedoch bietet dieser Umstand kein Argument gegen den kodifikatorischen Charakter, sondern findet seine Erklärung in dem starken Mißtrauen gegen Polizei und Staatsanwaltschaft zur Zeit der Schaffung der StPO[17]. Wollte man der Gegenmeinung[18] folgen, so ergäbe sich die kaum mögliche Konsequenz, daß die Polizei bei der Strafverfolgung in den einzelnen Ländern unterschiedliche Befugnisse hätte. Besonders bei § 17 PrPVG, der selten innerhalb des ersten Zugriffs praktisch wurde, muß auch bedacht werden, daß die Polizei nach den Vorstellungen des Gesetzgebers der StPO die Ermittlungssache unverzüglich an die Staatsanwaltschaft, die „Herrin des Vorverfahrens", abgibt (§ 163 III 1 StPO)[19], der nach der StPO ebensowenig wie der Polizei eine über §§ 127, 102 f. — und nunmehr § 81 a — StPO hinausgehende Zwangsbefugnis zusteht, insbesondere nicht gegenüber Zeugen.

Obwohl § 17 PrPVG somit im Rahmen der Strafverfolgung wegen Widerspruchs zu § 6 I 1 EGStPO i. V. m Art. 31, 72, 74 Nr. 1 GG[20] nicht anwendbar ist, braucht keine Nichtigkeit angenommen zu werden. Die Vorschrift kann als rein polizeirechtliche Bestimmung aufrechterhalten werden. Die Ermittlung oder Aufklärung eines Verbrechens oder Vergehens, die eine Vorführung notwendig macht, kann ein geeignetes Mittel sein, um eine Polizeigefahr abzuwehren. Freilich muß eine solche durch Aufklärung der Straftat zu bannende Gefahr für die

---

gesetzgebung von seiner Kompetenz nach Art. 74 Nr. 1 GG Gebrauch gemacht hat, bejaht aber gleichwohl in vollem Umfang die Anwendbarkeit des § 17 PrPVG (dazu sogleich im Text).

[17] *Gerland*, JW 1934/108; s. auch *v. Kries*, *S.* 282. — Heute sollte man allerdings eine angemessenere Regelung treffen.

[18] RG, angeführt in Fn. 10 und RGSt 67/351, 354 f.; PrOVG, angeführt in Fn. 9; *Drews*, PrPolR, 2. Bd., S. 12; *Hoffmann*, DVBl. 1967/754 f.; *Kohlrausch*, StPO, 24. Aufl., Anm. 2 zu § 163; *Schäfer* in Löwe-Rosenberg, Erl. 2 zu § 6 EGStPO; *Ule-Rasch*, Rdn. 80, 81 zu §§ 15—17 PrPVG, anders Rdn. 50 a. E. zu § 14 PrPVG. Keine Bedenken gegen § 17 PrPVG bei *Kaufmann*, S. 287 und *Schwarz-Kleinknecht*, Anm. 1 zu § 6 EGStPO. Weitere Nachweise aus der älteren Literatur bei B. *Kern* und *Kaufmann*, angeführt in Fn. 11. Der preußische LT setzte sich über die Bedenken gegen die Vereinbarkeit mit § 6 EGStPO hinweg, *Eichhoff*, DJZ 1931/806. *Schack*, RVerwBl. 1935/711 behandelt die Frage der Vereinbarkeit des § 17 PrPVG mit § 6 EGStPO als unlösbar und unterstellt für seine weiteren Ausführungen, daß für landesrechtlichen Vorladungszwang Raum sei. Unentschieden auch *Kopperschmidt*, DÖV 1953/77 und BayObLGSt 1956/170, 172 (für Art. 15 BayPAG).

Das Urteil RGSt 67/351 (= JW 1934/107 Nr. 15) beruht nicht auf einer anderen verfassungsrechtlichen Lage als heute, wie BGH, NJW 1962/1021 anzunehmen scheint, denn auch 1933 besaß das Reich die konkurrierende Gesetzgebungszuständigkeit, Art. 7 Nr. 3, 12 I WRV.

[19] Die Praxis sieht freilich anders aus, vgl. *Peters*, § 24 III; *Kohlhaas* in Löwe-Rosenberg, Vorbem. 10 b vor §§ 158 ff. StPO; Eb. *Schmidt* (ErgBd.), Vorbem. 3 vor § 158 StPO.

[20] Fehlte § 6 I 1 EGStPO, so ergäbe sich die Unanwendbarkeit direkt aus der StPO i.V.m. Art. 31, 72, 74 Nr. 1 GG. Auf diesem Wege geht der BGH (NJW 1962/1020 f.) vor, der § 6 I 1 EGStPO übersieht.

öffentliche Sicherheit oder Ordnung *im Einzelfall* bestehen. Die allgemeine Befürchtung, ohne die Verbrechensaufklärung ließe sich die Verbrechensverhütung nicht durchführen[21], reicht hierfür allerdings nicht aus, denn diese Erwägung, die auf sämtliche Straftaten zutrifft, rechtfertigte jede beliebige Ergänzung der StPO und bewiese nur, daß die betreffenden Bestimmungen des Polizeigesetzes in Wahrheit zum Ermittlungsverfahren gehörten. Infolge des Erfordernisses einer im Einzelfall bevorstehenden, mit Hilfe der Aufklärung der begangenen Tat zu bekämpfenden Gefahr, wird der Anwendungsbereich des § 17 PrPVG gegenüber den Vorstellungen des Gesetzgebers erheblich beschränkt, im wesentlichen auf solche Sachverhalte, in denen es wahrscheinlich erscheint, daß der Täter demnächst ein weiteres gleichartiges Delikt — etwa mit noch unbekannten Methoden — begeht. Freilich wird die zur Gefahrenabwehr zulässige Vorführung oft auch der Strafverfolgung zugute kommen. Diese Nebenfolge kann aber nicht dazu führen, die Maßnahme überhaupt zu verbieten, die Polizei also auf dem Gebiet der Gefahrenabwehr mit Rücksicht auf ihre zweite Aufgabe der Strafverfolgung zu beschneiden[22].

Führt man den § 17 PrPVG auf seine rein polizeirechtliche Bedeutung zurück, so erweisen sich auch die Bedenken als unbegründet, die der BGH[23] — der nur die strafprozeßrechtliche Bedeutung des § 17 prüft — gegen die Vorschrift erhoben hat. Eine Doppelermächtigung der Polizei zu Eingriffen in die persönliche Freiheit bei der Strafverfolgung, von der der BGH spricht und die er für überflüssig und

---

[21] So *Peters*, § 24 II; *Wacke*, Die Polizei 1962/213 (dort S. 212—214 auch Näheres über die Ansichten zu § 17 PrPVG in der älteren Literatur); *Kiskalt*, S. 33 und stillschweigend alle Äußerungen, die den § 17 PrPVG als allgemeine polizeirechtliche Vorschrift bezeichnen, z. B. *Klausener-Kerstiens-Kempner*, Erl. 3 zu § 17; *Nebinger*, S. 243 Anm. 19; Äußerung des Reichs- und Pr. Justizministeriums, in Bezug genommen bei Klausener-Kerstiens-Kempner, a.a.O.; ähnlich *Kopperschmidt, DÖV* 1953/77; wohl auch *Ule-Rasch*, Rdn. 64 zu §§ 15—17 PrPVG (Vermengung von Strafprozeß- und Polizeirecht). Richtig dagegen (Polizeigefahr im Einzelfall) H. W. *Schmidt*, NJW 1962/2191 und 2192; ähnlich HessMdI, nicht veröffentlichter Runderlaß zu § 22 HessPolG 1954, auszugsweise abgedruckt bei E. E. *Schneider*, Anm. 2 zu § 22 (Vorladung müsse zur Gefahrenabwehr erforderlich sein; allerdings will der HessMdI wenige Ausnahmen zulassen) und Begründung zum E-HessSOG, Hess LT, V. WP, Drucks. Abt. I Nr. 815 S. 32 (Vorladung nur aus polizeilichen Motiven; für Maßnahmen zur Erforschung strafbarer Handlungen biete das Polizeirecht keine Handhabe).

[22] Dies erhellt insbesondere, wenn man sich die Aufgabengebiete Strafverfolgung und Gefahrenabwehr auf zwei verschiedene Behörden verteilt denkt. — Zutreffend RGSt 39/189, 192 f., wo die Durchsuchung eines der Neigung zu Ausschreitungen Verdächtigen zum Zwecke der Beschlagnahme eines Revolvers für nach § 10 II 17 ALR gerechtfertigt angesehen wurde, obwohl die Maßnahme nebenbei der Überführung des Durchsuchten diente, aber durch die StPO nicht gedeckt war.

[23] NJW 1962/1021.

untunlich hält, liegt wegen des Erfordernisses der Polizeigefahr und der daraus folgenden Verschiedenheit der Eingriffsvoraussetzungen gar nicht vor[24]. Die fehlende Verpflichtung zur Aussage vor der Polizei, auf die der BGH ferner hinweist[25], berührte die Gültigkeit des § 17 nur, wenn die Vorschrift ausschließlich eine Vorführung zur Vernehmung zuließe und es gestattete, auch solche Personen vorzuführen, die bereits zu erkennen gegeben haben, daß sie nicht aussagen wollen. Dies ist jedoch nicht der Fall. Soweit der Vorzuführende vernommen werden soll und zu erkennen gibt, daß er nicht aussagen will, ist die Vorführung zur Aufklärung der Straftat und zur Abwehr der Polizeigefahr ungeeignet, daher nicht erforderlich im Sinne des § 17 I und deshalb unzulässig[26]. Die Vorführung kann nach § 17 aber auch stattfinden, wenn es nur auf die Anwesenheit des Vorzuführenden auf der Dienststelle ankommt, etwa zum Zwecke der Gegenüberstellung; dann verfängt der Hinweis auf die fehlende Aussageverpflichtung erst recht nicht[27].

Die Bestimmung des § 1 II 2 BrePolG, nach der die Vorschriften des Polizeigesetzes auch für die Durchführung der Aufgaben gelten, die der Polizei durch andere Gesetze übertragen sind, hat nach dem Vorstehenden für die Vorführung (§ 10 I a, II BrePolG) zum Zwecke der Strafverfolgung keine Bedeutung.

II. Vorschriften über die Sistierung

Aus diesen Überlegungen ergibt sich zugleich, daß auch die landesrechtlichen Vorschriften über die Sistierung zum Zwecke der Ermittlung oder Aufklärung einer Straftat nur anwendbar sind, wenn die Mitnahme zur Wache zugleich zur Gefahrenabwehr im Einzelfall erforderlich ist[28]. Diese Feststellung hat insbesondere Bedeutung für Bayern und Rheinland-Pfalz[29], während in den übrigen oben[29] genannten Ländern wegen der kodifikatorischen Regelung der StPO nur

---

[24] Ebenso H. W. *Schmidt*, NJW 1962/2091.

[25] Ebenso *Kopperschmidt*, DÖV 1953/77.

[26] Hess Justizminister in dem erwähnten Runderlaß des HessMdI (Fn. 21). — Grundlegend zur Aussageverweigerung als hinreichenden Grund für die Nichtbefolgung einer Vorladung, BayObLGSt 1956/170, 172 (zu Art. 15 BayPAG).

[27] Ebenso H. W. *Schmidt*, NJW 1962/2091. — Dies hat der Hess. LT übersehen, als er die dem § 17 PrPVG (§ 22 II HessPolG 1954) entsprechende Vorschrift des § 17 E-HessSOG strich (s. o. S. 63).

[28] Die StPO regelt auch die Sistierung (abschließend): § 127 I 2. Alt., RGSt. 13/426, 430 f. (s. o. S. 36); dies verkennt *Tiedemann*, JZ 1964/626. Anders als hier *Schwarz-Kleinknecht*, Anm. 8 zu § 163 StPO, 1 zu § 6 EGStPO.

[29] s. o. S. 88 Fn. 1.

die ergänzende Verweisung auf die polizeirechtlichen Befugnisse nicht wirksam wird, bzw. der Rückgriff auf § 15 I b PrPVG ausgeschlossen ist.

Da das OWiG 1952 eine solche abschließende Regelung der Zwangsbefugnisse nicht kannte, blieben bis zum 30. 9. 1968 die polizeirechtlichen Vorschriften auf diesem Gebiet auch bei der Verfolgung anwendbar[30]. Die seit dem 1. 10. 1968 in Kraft befindliche Regelung in § 54 (Tätersistierung) und § 53 (Zeugensistierung) OWiG[31] muß jedoch für abschließend gehalten werden[32], so daß kein Raum mehr für Landesrecht bleibt.

---

[30] s. o. S.60 Fn. 52.
[31] s. o. S. 60.
[32] Vgl. die oben S. 90 f. für die StPO angeführten Argumente.

Zweiter Teil

Verfahrensrecht (Art. 104 GG)

Erster Abschnitt

Notwendigkeit einer richterlichen Entscheidung

Erster Unterabschnitt

Polizeigesetze und Freiheitsentziehung auf Ersuchen

7. Kapitel

Die Freiheit ist dem Betroffenen bereits entzogen

A. Praxis, gesetzliche Regelung und Streitstand

Während Art. 104 II 2 GG vorschreibt, daß bei jeder nicht auf richterlicher Anordnung beruhenden FE unverzüglich eine richterliche Entscheidung herbeizuführen ist, verbietet der anschließende Satz 3 es der Polizei, aus eigener Machtvollkommenheit jemanden länger als bis zum Ende des Tages nach dem Ergreifen in eigenem Gewahrsam zu halten. Das Verhältnis dieser beiden Sätze zueinander ist noch nicht abschließend geklärt. Die Frage, ob die Verpflichtung, unverzüglich eine richterliche Entscheidung herbeizuführen, auch im Rahmen des Satzes 3 gilt, ist von großer praktischer Bedeutung. Von ihrer Beantwortung hängt es ab, ob die Polizei den Richter auch dann anrufen muß, wenn feststeht, daß die FE noch innerhalb der Frist des Satzes 3 endet — sei es, daß die tatsächlichen Voraussetzungen für die FE entfallen (Ausnüchterung, Ermittlung der Personalien usw.), sei es, daß die Rechtsgrundlage für die FE ein längeres Festhalten auch mit richterlicher Entscheidung nicht gestattet[1] und ein anderes Gesetz nicht eingreift — oder wenn die Polizei noch nicht absehen kann, ob eine FE über das Ende des folgenden Tages hinaus erforderlich sein wird. Erhebliche praktische Schwierigkeiten, auf die im folgenden noch einzugehen ist, bedingen ein dringendes Bedürfnis, in den genannten

---

[1] s. o. S. 73 f.

Fällen von der Herbeiführung einer richterlichen Entscheidung abzusehen, bzw. eine solche Entscheidung erst dann einzuholen, wenn erkennbar wird, daß eine über das Ende des folgenden Tages hinaus dauernde FE erforderlich ist.

Diesem Bedürfnis entsprechend wird in der Praxis überwiegend verfahren. Die Praxis entspricht der Regelung der meisten Polizeigesetze. Diese verbieten nur, einen Festgenommenen ohne richterliche Entscheidung oder überhaupt länger als bis zum Ende des Tages nach dem Ergreifen festzuhalten, erwähnen aber keine Verpflichtung, unverzüglich eine richterliche Entscheidung herbeizuführen[2]. Die betreffenden Gesetzgeber dürften daher auf dem Standpunkt stehen, daß eine richterliche Entscheidung nur dann herbeigeführt werden muß, wenn die FE die Frist des Art. 104 II 3 GG überschreitet, der Satz 2 dieser Bestimmung im Rahmen des Satzes 3 also nicht anzuwenden ist. Das gleiche gilt für den hamburgischen Gesetzgeber. Nach § 13 V HbgSOG darf eine in Gewahrsam genommene Person nicht länger als bis zum Tage nach der Begründung des Gewahrsams festgehalten werden, falls nicht bis zu diesem Zeitpunkt die Fortdauer des Gewahrsams richterlich für zulässig erklärt worden ist. Während hier von der Einholung einer richterlichen Entscheidung bei kurzfristigen FEen keine Rede ist, verpflichtet das hamburgische Gesetz zur Ausführung des Art. 104 des Bonner Grundgesetzes vom 17. 8. 1949 (AusfG)[3], das für alle FEen aufgrund Landesrechts gilt und vom neuen HbgSOG 1966 nicht berührt wurde[4], in § 1 II alle Behörden, die eine FE aufgrund hamburgischen Rechts vornehmen, unverzüglich die Entscheidung des nach Abs. I hierfür zuständigen Vormundschaftsgerichts herbeizuführen, und zwar eine vorläufige spätestens bis zum Ende des Tages nach der Ergreifung. Der erste Teil dieser Vorschrift spricht dafür, daß auch bei kurzfristigen FEen die richterliche Entscheidung eingeholt werden muß. An dem Zusatz („und zwar ...") zeigt sich aber, daß hier nur FEen erfaßt werden sollten, die über das Ende des Tages nach der Festnahme andauern, denn nur in diesen Fällen kann von einer vorläufigen Entscheidung die Rede sein; bei einer kurzfristigen FE wäre der innerhalb der Frist des Art. 104 II 3 GG ergehende Richterspruch die endgültige Entscheidung[5].

---

[2] BayPAG Art. 20; BWPolG § 22 III; BrePolG § 11 II 3; NdsSOG § 9 II; NWPVG § 15 II; RhPfPVG § 7; ebenso PrPVG (Saarland) § 15 II; DA-BGS, Abschn. VI 4; Modellentwurf § 17 II. Jetzt auch § 54 II 2 OWiG.

[3] GVBl. S. 177.

[4] E-SOG, Mitteilung des Senats an die Bürgerschaft Nr. 75 v. 11. 5. 1965 S. 198 (Einzelbegründung zu § 13 sub 5).

[5] Ebenso *Baumann*, UntR, S. 535 (die vorläufige Entscheidung setze einen auf endgültige Unterbringung gerichteten Antrag voraus); s. auch § 2 I 2 AusfG, wonach das Vormundschaftsgericht einen „Unterbringungsbefehl" erläßt; hieraus ergibt sich, daß es sich im Grunde um ein VerfahrensG für

Berner[6], *Bettermann*[7], *König*[8], *Müller-Heidelberg/Clauss*[9], *Samper*[10], *Schmehl*[11] und *Wolff*[12] sind gleichfalls dieser Ansicht. Das BayObLG[13] teilt diese Meinung, wenn es die richterliche Entscheidung nur bei solchen FEen als Rechtmäßigkeitsvoraussetzung ansieht, die über die „Fristen des Art. 104 II" hinaus dauern. *Bettermann*[14], der grundsätzlich die Verwaltungsgerichte zur Entscheidung nach Art. 104 II GG für zuständig hält, billigt die Übertragung dieser Entscheidung auf den Amtsrichter nach § 18 HessPolG 1954 mit dem Hinweis auf die besondere Eilbedürftigkeit, die sich daraus ergebe, daß der Polizeigewahrsam in Hessen selbst mit richterlicher Zulassung nur bis zum Ende des folgenden Tagen dauern dürfe[15]. Damit gibt Bettermann zu erkennen, daß er in den Bundesländern, deren gesetzliche Regelung nicht dem hessischen Polizeirecht entspricht, die Herbeiführung einer richterlichen Entscheidung nicht für erforderlich — also nicht von Art. 104 II GG geboten — hält, wenn die FE vor Ablauf des folgenden Tages endet. Die anderen genannten Autoren geben ihren Standpunkt dadurch zu erkennen, daß sie nur Art. 104 II 3 GG anführen[16] oder auf die in dieser Bestimmung enthaltene Höchstfrist hinweisen[17], den Satz 2 des Art. 104 II GG aber nicht zitieren und auch die Herbeiführung einer richterlichen Entscheidung bei einer kurzfristigen FE nicht erwähnen. *Wacke*[18] hält den Satz 2 des Art. 104 II GG wohl im Rahmen des Satzes 3 für anwendbar, zieht aber entgegen dem klaren Wortlaut des Satzes 2 den unrichtigen Schluß, eine richterliche Entscheidung solle „tunlichst" schon vor dem Ende des Tages nach dem Ergreifen herbeigeführt werden.

Unterbringungssachen handelt. — *Kaufmann*, der S. 264 die Meinung vertritt, auch bei der kurzfristigen FE müsse eine richterliche Entscheidung herbeigeführt werden (s. unten S. 98), beruft sich S. 265 also zu Unrecht auf § 1 HbgAusfG zur Bestätigung seiner Ansicht.

6 Anm. 1 zu Art. 20 PAG.

7 GR III, 2/890.

8 S. 368 f. (Vorbem. vor Art. 20—22 und Anm. I, II zu Art. 20 PAG).

9 Anm. 4 zu § 9 NdsSOG.

10 Rdn. 2, 10, 12, 14 zu Art. 20 PAG.

11 Die Justiz 1957/282 li. Sp.

12 DÖV 1951/314.

13 BayObLGZ 1956/425, 430.

14 a.a.O.

15 So in der Tat §§ 18, 19 Ziff. 3 HessPolG 1954 (jetzt ebenso §§ 48, 49 II Ziff. 2 HessSOG 1964). *Bettermann* spricht ungenau von „anderthalb Tagen".

16 *Berner*, *König* jeweils a.a.O.; *Samper* (a.a.O. Rdn. 1) führt zwar einleitend den Art. 104 II 2 GG an, zieht dann aber keine Folgerungen daraus. Alle drei Autoren erwähnen daneben noch Art. 102 II BayVerf., der Vorführung spätestens am Tage nach der Festnahme vorschreibt.

17 *Müller-Heidelberg/Clauss*, *Schmehl*, *Wolff*, jeweils a.a.O.

18 *Drews-Wacke*, S. 175.

Demgegenüber sind *Baerensprung*[19], *Baumann*[20], *Bernet-Groß*[21], *Dürig*[22], O. *Franz*[23], *Kaufmann*[24] — der allerdings an anderer Stelle die Gegenmeinung vertritt[25] —, *Saage*[26], *Schelling*[27], *Schmidt-Bleibtreu/Klein*[28], E. E. *Schneider*[29], *Ule*[30], *Unruh*[31] sowie das OVG Koblenz[32] der Meinung, eine richterliche Entscheidung müsse auch herbeigeführt werden, wenn die FE innerhalb der Frist des Art. 104 II 3 GG endet[33].

Bernet-Groß[34] und *Unruh*[35] halten bei der Sistierung eine richterliche Entscheidung dann für entbehrlich, wenn die Feststellungen in kürzerer Frist getroffen werden können, bzw. wenn sich dabei keine Schwierigkeiten ergeben.

Abgesehen von einigen Hinweisen auf die praktischen Schwierigkeiten, die diese Ansicht verursacht[36], und einigen Andeutungen hinsichtlich des bei der Herbeiführung der richterlichen Entscheidung einzuschlagenden Verfahrens[37], gehen die Autoren nicht auf die Frage ein, wie ihre Rechtsmeinung in der Praxis durchgeführt werden soll. Eine Andeutung der praktischen Konsequenzen findet sich bei *Ule*[38], der ausführt, bei einer gewaltsamen Mitnahme zur Wache zwecks Personalienfeststellung gebiete Art. 104 II 2 GG, eine richterliche Entscheidung „soweit möglich" noch vor Beginn der Ermittlungen zur Feststellung der Identität der Person herbeizuführen. Diese zweite Ansicht wird vom Gesetzgeber des FEG, vom hessischen Gesetzgeber der Jahre 1954 und 1964 und neuerdings vom schleswig-holsteinischen Gesetzgeber geteilt. Das HessSOG schreibt, wie schon das HessPolG 1954 (§§ 17, 18, 21 III 3), sowohl bei der polizeilichen Verwahrung als auch bei der Mitnahme zur Dienststelle unverzügliche Herbeiführung

---

19 S. 67 f.
20 Festschrift für Eb. Schmidt, S. 538.
21 Anm. 4 zu § 46, 1 zu § 48 HessSOG.
22 In Maunz-Dürig, Rdn. 36 und 41 sub d aa zu Art. 104 GG.
23 NJW 1966/240 und 1966/1851.
24 S. 264.
25 S. 20. Die Abweichung dürfte auf der Mitwirkung verschiedener Autoren beruhen.
26 Rdn. 1 zu § 13 FEG.
27 S. 44.
28 Rdn. 9 zu Art. 104 GG (Die vorläufige FE nach Art. 104 II 2, 3 (!) und III stehe unter dem Vorbehalt der richterlichen Entscheidung).
29 Anm. 1 zu § 18 HessPolG 1954.
Ebenso G. *Littmann* im Vorwort zu Schneiders Kommentar, S. VIII.
30 *Ule-Rasch*, Rdn. 29, 76, 116, 118 zu §§ 15—17 PrPVG.
31 S. 20.
32 AS 2/29, 33 f.
33 Ebenso wohl auch *Gobrecht*, S. 50 (zu § 15 BlnPVG); *v. Mangoldt*, Anm. 5 zu Art. 104 GG; *Scheer-Trubel*, S. 48 (Anh. II sub I 3).
34 Anm. 4 zu § 46 HessSOG.
35 S. 19.
36 *Baerensprung*, S. 66; *Schelling*, S. 44.
37 Dazu unten S. 108 f.
38 a.a.O., Rdn. 29 zu §§ 15—17 PrPVG.

einer richterlichen Entscheidung vor (§§ 46 S. 2, 2. Hs., 47, 48), obwohl beide Maßnahmen nur bis zum Rnde des Tages nach ihrem Beginn dauern dürfen (§§ 46 S. 2, 2. Hs., 49 I).

Die Begründung zum Entwurf des HessPolG[39] schließt sich überdies ausdrücklich der Ansicht *Kaufmanns*[40] an, der als erster die Meinung vertreten hatte, daß die richterliche Entscheidung auch bei der kurzfristigen FE eingeholt werden muß. In der Begründung zum HessSOG[41] wird ebenfalls betont, die Entscheidung müsse auch dann unverzüglich herbeigeführt werden, wenn vorauszusehen sei, daß die Verwahrung bis zum Ablauf des folgenden Tages ende. Das neue SHLVwG von 1967 hat einen Rechtszustand herbeigeführt, der dem hessischen entspricht. Nicht nur sind Mitnahme zur Wache und Gewahrsam bis zum Ende des folgenden Tages befristet (§§ 176 II 3, 180 III 2)[42], sondern es ist auch „eine nach Art. 104 II GG notwendige richterliche Entscheidung ... unverzüglich herbeizuführen" (§§ 176 IV, 180 IV)[43]. Das FEG geht in § 13 I ebenfalls davon aus, daß bei allen FEen die richterliche Entscheidung herbeigeführt werden muß. *Saage*[44], der zuständige Referent im Bundesjustizministerium, betont in seiner Kommentierung des § 13 FEG denn auch, daß aus Art. 104 II 3 GG nicht der Umkehrschluß gezogen werden könne, die Polizei sei ganz allgemein ohne richterliche Entscheidung zu einer nicht nur vorläufigen FE berechtigt, wenn diese nicht länger dauere als bis zum Tage nach dem Ergreifen, vielmehr verlange Satz 2 die unverzügliche Herbeiführung einer richterlichen Entscheidung.

Da das BlnPVG in § 15 III das FEG für anwendbar erklärt, gilt die Verpflichtung, eine richterliche Entscheidung selbst bei kurzfristigen FEen einzuholen, auch für die Berliner Polizei. In der Praxis wird jedoch nicht so verfahren. Auch dürfte der Berliner Gesetzgeber bei der Verweisung auf das als Unterbringungsgesetz im Rahmen des PVG gänzlich ungeeignete FEG diese Konsequenz kaum bemerkt haben[45].

---

39 Hess LT, II. WP, Abt. I Drucks. Nr. 964 S. 2131 (zu §§ 18, 19).
40 S. 264.
41 Hess. LT, V. WP, Abt. I Drucks. Nr. 815 S. 38.
42 So schon vorher SHPolG 1949 § 4 II (= PrPVG § 15 II).
43 Diese Bestimmungen waren im E-LVwG (SH LT, 5. WP, Drucks. Nr. 650, §§ 171, 175) noch nicht enthalten. — *v. d. Groeben-Knack*, Rdn. 4.2 zu § 176 und Rdn. 4 zu § 180 LVwG legen sie so aus, daß die Neuerungen wieder entfallen.
44 Rdn. 1 zu § 13 FEG.
45 Vgl. E-PolZG, in dessen § 10 die Verweisung zunächst ausgesprochen werden sollte, Abgeordnetenhaus von Bln., II. WP, Drucks. Nr. 1561 S. 12 (Begründung zu § 10), wo ausgeführt ist, als anwendbare Regelung komme nur das für vergleichbare Fälle (!) geschaffene BundesG über das gerichtliche Verfahren bei FEen vom 29. 6. 1956 in Betracht, weil das Berliner UnterbringungsG v. 24. 7. 1952 auf einen zu schmalen gesundheitspolizeilichen Sektor zugeschnittene Spezialvorschriften enthalte. — Zur Ungeeignetheit des FEG für die kurzfristige polizeiliche FE s. unten S. 142 f.

Schließlich folgte auch ein inzwischen mit Ablauf der 5. Wahlperiode erledigter Entwurf eines Gesetzes zur Änderung des Gesetzes über die Organisation und die Zuständigkeit der Polizei im Lande Nordrhein-Westfalen (NWPOG)[46] der zweiten Ansicht. Nach dem geplanten § 16 g II 1 NWPOG sollte bei einer Ingewahrsamnahme unverzüglich die Entscheidung des Amtsrichters herbeigeführt werden, wobei allerdings der Fall angenommen werden sollte, daß der Betroffene „nur vorübergehend in Gewahrsam genommen (wird)". Als Beispiele für diesen Ausnahmetatbestand sind die Ingewahrsamnahme einer Person zum Schutz vor einer aufgebrachten Menschenmenge oder zur Unterbindung einer Schlägerei sowie der Gewahrsam eines randalierenden Betrunkenen bis zur Ausnüchterung genannt[47]. Eine Vorführung vor den Richter nach Beseitigung der Gefahr und damit eine Verlängerung der FE wird als sinnwidrig bezeichnet[47]. Damit wäre die Verpflichtung zur Einholung einer richterlichen Entscheidung für die meisten Fälle polizeilichen Gewahrsams (§ 16 f NWPOG sollte im wesentlichen dem § 15 I PrPVG entsprechen) zwar verneint worden. Da ein Polizeigewahrsam nach dem NWPOG nur bis zum Ende des folgenden Tages möglich sein sollte (§ 16 g II 3), ging der Entwurf aber jedenfalls im Grundsatz trotz der angeführten Einschränkung von der Anwendbarkeit des Satzes 2 des Art. 104 II GG im Rahmen des Satzes 3 aus.

B. Eigene Lösung

I. Geltung des Art. 104 II 2 und 3 GG für die Polizei

Die in Art. 104 II 3 GG enthaltene Frist könnte als zeitliche Grenze, bis zu der keine richterliche Entscheidung herbeigeführt zu werden braucht, nur in dem Umfang herangezogen werden, in dem Art. 104 II 3 GG überhaupt für die Polizei gilt. Soweit Streit darüber herrscht, ob unter „Polizei" im Sinne des Art. 104 II 3 GG nur die Vollzugspolizei[1] bzw. die Polizei im engeren Sinne[2] zu verstehen ist oder ob auch die aus der früheren Verwaltungspolizei hervorgegangenen Ordnungsbehörden[3] als „Polizei" im Sinne des Satzes 3 zu betrachten sind, braucht darauf nicht weiter eingegangen zu werden, weil nach beiden

---

[46] LT NW, 5. WP, Drucks. Nr. 841 (Bd. 5).

[47] a.a.O., S. 24 (Einzelbegründung zu § 16 g II); vgl. die Ansicht von *Bernet-Groß* und *Unruh* (oben S. 98).

[1] So *Brösamle*, DÖV 1952/169 Fn. 8; *Holtkotten*, BK, Erl. II C 5 a zu Art. 104 GG; OVG Münster, DÖV 1952/408, 409; Württ.-Bad. VGH, VwRspr. 5/331, 336.

[2] OVG Koblenz AS 2/29, 33.

[3] *Baerensprung*, S. 60 f.; *Hamann*, Anm. B 9 zu Art. 104 GG; E. *Kern*, GR II/73, anders aber DÖV 1954/112 (Polizeibehörden); *v. Mangoldt*, Anm. 5 zu Art. 104 GG; *Reichard*, S. 98; *Saage*, Rdn. 1 zu § 13 FEG (unentschieden Rdn. 11 daselbst); *Schelling*, S. 42 f.

Ansichten sämtliche FEen durch die Vollzugspolizei unter Satz 3 fallen. Anders verhält es sich jedoch mit der Ansicht *Dürigs*[4], der Polizeibegriff in Satz 3 müsse statt vom Organisatorischen vom Funktionellen her bestimmt werden; „Polizei" seien alle Behörden, soweit sie aufgrund des allgemeinen Polizeirechts — im Gegensatz zu Sondergesetzen — tätig werden. Träfe diese Meinung zu, so wäre Art. 104 II 3 GG nicht anwendbar, wenn die Vollzugspolizei nicht aufgrund des Polizeigesetzes, sondern eines Sondergesetzes tätig wird. Obwohl Dürig zugegeben werden kann, daß die Gefahr einer mißbräuchlichen FE sich vergrößert, wenn sie nicht den konkretisierten Voraussetzungen eines Sondergesetzes entsprechen muß, sondern auf eine — wenn auch eingeschränkte — polizeiliche GK gestützt werden kann, ist dieses Ergebnis mit dem Willen des Grundgesetzgebers nicht zu vereinbaren. Der Parlamentarische Rat brachte aufgrund der zweckfremden Verwendung der Vollzugs-(Sicherheits-)Polizei in der nationalsozialistischen Zeit dieser Behörde besonderes Mißtrauen entgegen und wollte deshalb ihr gegenüber mit der Festsetzung einer Höchstfrist in Art. 104 II 3 GG eine besondere Sicherung schaffen[5], wobei eine Differenzierung nach der Art der Rechtsgrundlagen nie zur Debatte stand[6, 7]. Art. 104

---

[4] In Maunz-Dürig, Rdn. 40 zu Art. 104 GG; folgend *Baumann*, Festschrift für Eb. Schmidt, S. 538.

[5] s. nur E. *Kern*, GR II/73; ferner die Ausführungen des Abgeordneten Zinn in der 8. Sitzung des Rechtspflegeausschusses v. 7. 12. 1948 (*Holtkotten*, BK, Erl. I zu Art. 104 GG, S. 4), der letzte Satz des vorgeschlagenen Art. 136 a I (= Art. 104 II 3 GG; Text des Art. 136 a s. unten S. 105 Fn. 22) solle das Recht der Polizei, von dem allgemeinen Recht der vorläufigen Festnahme (nicht nach § 127 StPO, denn dafür war Art. 136 a II vorgesehen — Der Verfasser) Gebrauch zu machen, zeitlich begrenzen; Grundsatz müsse sein, daß die Polizei niemanden länger in Haft behalten soll; dann solle sie die Person an die zuständige Behörde abgeben ...; hier sei an den Fall gedacht, daß die Sicherheitspolizei einen Mann über eine normale Frist hinaus in polizeilichem Gewahrsam halte. Vgl. auch die Äußerung des Abgeordneten Greve (*Holtkotten*, a.a.O., S. 3), die Polizei finde schon immer einen Grund, einen Gesunden zu einem Geisteskranken zu stempeln und unter diesem Gesichtspunkt so lange festzuhalten, wie sie es für richtig halte, sowie den Bericht des Abgeordneten Laforet in der ersten Lesung des Hauptausschusses (25. Sitzung v. 9. 12. 1948, *Holtkotten*, a.a.O., S. 5), der Schwerpunkt (scil. des vorgeschlagenen Art. 136 a) liege darin, daß die Polizei aus eigener Machtvollkommenheit niemand länger als bis zum Ende des Tages nach dem Ergreifen in eigenem Gewahrsam halten kann.

Hieraus ergibt sich übrigens zugleich, daß sich Art. 104 II 3 GG nur auf die Vollzugspolizei bezieht.

[6] s. die angeführten Äußerungen des Abgeordneten Zinn in der 8. Sitzung des Rechtspflegeausschusses (bei *Holtkotten*, BK, a.a.O., S. 4), in denen auch von Festnahmen durch die Polizei aufgrund Fürsorge- und Gesundheitsrechts die Rede ist.

[7] Wäre *Dürigs* Ansicht richtig, so würde die Befristung bis zum Ende des folgenden Tages nicht für FEen durch die Polizei nach §§ 81 a, 81 b, 102 f., 105, 163 StPO (Zeugensistierung) gelten, weil sich Art. 104 III 1 GG nur auf die vorläufige Festnahme nach § 127 StPO bezieht, wie *Dürig* richtig erkennt (in Maunz-Dürig, Rdn. 42 sub 4 a zu Art. 104 GG).

II 3 GG gilt also für jede FE durch die (Vollzugs-)Polizei ohne Rücksicht auf die Rechtsgrundlage mit der einzigen Ausnahme der vorläufigen Festnahme nach § 127 StPO, für die Art. 104 III GG eine Sonderregelung enthält[8].

Für die Entscheidung der Frage, ob die Polizei auch bei einer FE im Rahmen des Art. 104 II 3 GG eine richterliche Entscheidung herbeiführen muß, ist ferner die Feststellung bedeutsam, daß auch Art. 104 II 2 GG alle FEen durch die Polizei erfaßt[9]. Die Ansicht *Holtkottens*[10], Satz 2 des Art. 104 II GG betreffe nur (sonstige) Verwaltungsbehörden, nicht aber die (Vollzugs-)Polizei, die jede aufgegriffene Person bis zum Ende des folgenden Tages entweder entlassen oder einer (sonstigen) Verwaltungsbehörde zur Herbeiführung einer richterlichen Entscheidung übergeben müsse, hat mit Recht keine Gefolgschaft gefunden. Daß Satz 2 sich nicht nur auf (sonstige) Verwaltungsbehörden, sondern auch auf die Polizei bezieht, ergibt sich schon aus Wortlaut und Aufbau des Art. 104 II GG, wonach Satz 3 den in Satz 2 gebrauchten Ausdruck „unverzüglich" für den Fall konkretisiert (verschärft), daß die FE durch die Polizei vorgenommen wurde[11].

Steht mithin fest, daß Art. 104 II 2 GG auch für FEen durch die Polizei gilt, so ist doch noch nicht entschieden, ob die Polizei auch bei allen FEen unverzüglich eine richterliche Entscheidung herbeiführen muß. Sicher ist vielmehr nur, daß die Polizei zur Herbeiführung verpflichtet ist, wenn die FE länger als bis zum Ende des folgenden Tages dauern soll (Art. 104 II 3 GG) und daß sie hierbei wegen des Merkmals „unverzüglich" in Satz 2 die Frist des Satzes 3 nicht „ausnutzen", die Einschaltung des Gerichts also nicht so lange hinausschieben darf, daß die Entscheidung gerade noch vor Ablauf der Frist ergehen kann[12]. Deswegen behielte der Satz 2 neben Satz 3 auch noch einen Sinn für die Polizei, falls die weitere Auslegung ergeben sollte, daß keine richterliche Entscheidung herbeigeführt zu werden braucht, wenn die FE vor Ablauf des folgenden Tages endet oder wenn die Notwendigkeit einer längeren Dauer noch nicht feststeht.

---

[8] s. näher unten S. 139.

[9] Hier sogar die vorläufige Festnahme nach § 127 StPO, weil Art. 104 III GG den Abs. II 2 nicht verdrängt, sondern ergänzt, *Dürig*, a.a.O., Rdn. 42 sub 4 a zu Art. 104 GG.

[10] In BK, Erl. II C 4 b u. II C 5 b zu Art. 104 GG.

[11] BVerfGE 10/302, 321; *Dürig* in Maunz-Dürig, Rdn. 39, 41 (sub d aa) zu Art. 104 GG; s. o. S. 40.

[12] s. für § 128 StPO *Dünnebier* in Löwe-Rosenberg (ErgBd.), Erl. 4 zu §§ 115, 115 a n. F. i.V.m. Erl. 4 zu §§ 128, 129 StPO; Eb. *Schmidt* (ErgBd.), Rdn. 6 zu 128 StPO; OLG Frankfurt a. M., SJZ 1950/53 f. (für Art. 19 II HessVerf. vor Inkrafttreten des GG).

II. Umfang der Geltung des Art. 104 II 2 im Rahmen des Art. 104 II 3 GG

Die entscheidende Frage lautet, mit welchen Maßgaben der Satz 2 des Art. 104 II GG im Rahmen des Satzes 3 gilt.

1. Wortlaut des Art. 104 II GG

Der Wortlaut des Art. 104 II GG spricht insofern gegen die Anerkennung irgendwelcher Ausnahmen von der Verpflichtung des Satzes 2, als in Satz 2 von „*jeder* nicht auf richterlicher Anordnung beruhenden FE" die Rede ist[13] und nach Satz 1 der Richter nicht nur über die Fortdauer einer FE, sondern auch über deren Zulässigkeit zu entscheiden hat[14]. Mit dem Gesetzeswortlaut ist aber auch eine Auslegung vereinbar, die den Satz 3 als Ausnahme zu Satz 1 („Zulässigkeit") und Satz 2 begreift, dahingehend, daß bei FEen, welche die dort genannte Frist nicht überschreiten sollen, eine richterliche Entscheidung nicht eingeholt zu werden braucht. Gegen den Schluß aus Satz 1 läßt sich insbesondere einwenden, daß dieser Satz nur das Prinzip der vorgängigen richterlichen Entscheidung (über die Zulässigkeit einer FE) enthält — und zudem fordert, daß der Richter Haftprüfungen vorzunehmen, die FE also unter Kontrolle zu halten hat[15] —, daß sich diese Grundsatzvorschrift aber mit einer FE durch andere Staatsorgane überhaupt nicht befaßt; deren Zulässigkeit ergibt sich erst aus den Ausnahmevorschriften der Sätze 2 und 3, die ihre Folgen regeln, so daß ein Festhalterecht der Polizei, das sich möglicherweise aus diesen Ausnahmevorschriften ergibt, nicht durch Rückgriff auf die grundsätzliche Bestimmung ausgeschlossen werden könnte.

2. Zweck des Art. 104 II GG und Entstehungsgeschichte

Die besonders ausführlichen und für eine Verfassung ungewöhnlichen[16] Verfahrensvorschriften des Art. 104 II—IV GG sind auf den Wunsch des Parlamentarischen Rates zurückzuführen, einen wirksamen Schutz vor Mißachtungen des Rechts der persönlichen Freiheit zu schaffen, wie sie während der nationalsozialistischen Herrschaft in

---

13 *Kaufmann*, S. 264; *Baerensprung*, S. 68; *Dürig* in Maunz-Dürig, Rdn. 36 und Fn. 2 zu Rdn. 41 zu Art. 104 GG; *Schelling*, S. 44; E. E. *Schneider*, Anm. 1 zu § 18 HessPolG (wie *Kaufmann*, a.a.O.).

14 *Kaufmann*, a.a.O.

15 Dazu, daß mit der Entscheidung über die Fortdauer die Haftprüfung gemeint ist, *Baerensprung*, S. 102; *Bettermann*, GR III, 2/881 f.; *Dürig* in Maunz-Dürig, Rdn. 33 zu Art. 104 GG.

16 *Kaufmann*, S. 263 f.

großer Zahl vorgekommen sind[17]. Die nationalsozialistische Praxis führte zwar auch zu einer schärferen Behandlung der Störer und Straftäter im „polizeilichen Alltag". An diese kurzfristigen Maßnahmen — Polizeigewahrsam unter den Voraussetzungen des § 15 I PrPVG, Sistierungen, Vorführungen, Durchführung erkennungsdienstlicher Maßnahmen — dachte man im Parlamentarischen Rat jedoch nicht, als man einen Schutz gegen Wiederholung der nationalsozialistischen Mißbräuche erarbeitete. Dies zeigt sich schon daran, daß der nationalsozialistische Gesetzgeber die betreffenden polizeirechtlichen und strafprozessualen Rechtsgrundlagen, abgesehen von den §§ 81 a und b StPO[18], nicht geändert oder neugeschaffen hat und daß der Bundesgesetzgeber die §§ 81 a und b StPO, die zwar im Jahre 1933 eingefügt, aber schon vor der „Machtübernahme" ausgearbeitet worden waren, beibehalten hat. Die Erscheinung, welche die Abwehrreaktionen der Verfasser des GG ausgelöst hat, war vielmehr die Schutzhaft, und zwar nicht die Schutzhaft im Sinne des überkommenen deutschen Polizeirechts (§ 15 I a PrPVG[19]), sondern die mißbräuchliche „Schutzhaft", die Festhaltung politischer Gegner auf Anordnung der Geheimen Staatspolizei für längere Zeit zumeist in Konzentrationslagern[20]. Diese Zielrichtung, die mißbräuchliche „Schutzhaft" unmöglich zu machen, zieht sich wie ein roter Faden durch die Beratungen des Parlamentarischen Rates zu dem späteren Art. 104 GG hindurch. So wurde das Erfordernis des förmlichen Gesetzes in Art. 104 I 1 GG deshalb aufgenommen, weil man befürchtete, Verordnungs- und besonders Gewohnheitsrecht könnte wieder eine „Schutzhaft" im Sinne der nationalsozialistischen Praxis ermöglichen[21]. Insbesondere aber sollten die Bestimmungen des späteren Art. 104 II GG eine solche Schutzhaft ausschließen, was sich deutlich aus den Ausführungen der Abgeordneten Greve und Zinn in der 7. und 8. Sitzung des Rechtspflegeausschusses und der Erklärung des Abgeordneten Laforet, der dem Rechtspflegeausschuß angehörte, in der ersten Lesung des Hauptausschusses ergibt[22]. Vor diesem Hintergrund

---

[17] s. dazu E. *Kern*, GR II/68; *Reichard*, S. 16, 30; BVerfGE 10/302, 320.

[18] Eingefügt durch das AusführungsG zum GewohnheitsverbrecherG v. 24. 11. 1933 (RGBl. I/1000).

[19] = §§ 3 und 6 der preußischen Gesetze zum Schutze der persönlichen Freiheit v. 24. 9. 1848 (GS S. 257) und v. 12. 2. 1850 (GS S. 45).

[20] E. *Kern*, GR II/91. Im Anfangsstadium mißbrauchte man § 15 I a PrPVG noch in der Weise, daß man zunächst eine Menge aufhetzte oder eine drohende Demonstration veranstaltete, und so einen Vorwand für die Anwendung der Vorschrift schuf. Freilich hielt man die Haft dann auch aufrecht, wenn sich die Menge zerstreut oder die Demonstration aufgelöst hatte (s. E. *Kern*, a.a.O., S. 89 Fn. 3).

[21] s. o. S. 79 f.

[22] Dr. Greve führte in der 7. Sitzung v. 6. 12. 1948 zu Abs. I des vom Abgeordneten Dr. Strauß vorgeschlagenen Art. 136 a aus, der Absatz sei erforderlich, um eine Wiederkehr der „Schutzhaft" auszuschließen (mitgeteilt bei *Holtkotten*, BK, Erl. I zu Art. 104 GG, S. 3); Zinn erklärte in der 8. Sitzung v.

kann es als das Ziel des Art. 104 II (und III) bezeichnet werden, jedwede „FEen *auf die Dauer* ohne Tätigwerden eines Richters" zu verhindern, wie der Abgeordnete Zinn in der 4. Sitzung des Grundsatzausschusses vom 21. 9. 1948 zur Begründung des von einem Unterausschuß vorgeschlagenen Art. 3 formulierte[23], der weitgehend dem späteren Art. 104 GG entsprach.

Zielrichtung und Schutzzweck des Art. 104 GG, insbesondere seines Absatzes II, erfordern somit eine richterliche Entscheidung nur bei solchen FEen, die auf eine gewisse Dauer gerichtet sind, also mindestens die in Abs. II 3 gesetzte Frist überschreiten.

---

7. 12. 1948, eine Streichung des Abs. I (scil. des vorgeschlagenen Art. 136 a) würde eine Schutzhaft ohne jede Sicherheitsmaßnahme ermöglichen (bei *Holtkotten*, a.a.O., S. 4);

Dr. Laforet sagte in der 25. Sitzung des Hauptausschusses v. 9. 12. 1948 bei der Erläuterung der Abs. II und III des Art. 136 a u. a., Schutzhaft gebe es keine (bei *Holtkotten*, a.a.O., S. 5).

Art. 136 a lautete (bei *Holtkotten*, a.a.O., S. 2, auch bei *v. Doemming-Füßlein-Matz*, JöR NF 1/746 f.):

„(I) Über die Zulässigkeit und Fortdauer einer FE hat nur der Richter zu entscheiden. Bei jeder, nicht auf richterlicher Anordnung beruhenden FE ist unverzüglich eine richterliche Entscheidung herbeizuführen. Die Polizei darf aus eigener Machtvollkommenheit niemanden länger als bis zum Tage nach dem Ergreifen festhalten.

(II) Jeder wegen des Verdachtes einer strafbaren Handlung vorläufig Festgenommene ist spätestens am Tage nach der Festnahme dem Richter vorzuführen, der ihm die Gründe der Festnahme mitteilt, ihn zu vernehmen und ihm Gelegenheit zu Einwendungen zu geben hat. Der Richter hat unverzüglich entweder durch schriftlichen Haftbefehl seine Verhaftung anzuordnen oder ihn in Freiheit zu setzen.

(III) Von jeder richterlichen Entscheidung über die Anordnung und Fortdauer einer FE ist unverzüglich ein Angehöriger des Festgenommenen oder eine Person seines Vertrauens zu benachrichtigen."

[23] Mitgeteilt bei BVerfGE 10/302, 319. Ebenso *Hamann*, Anm. A 2 zu Art. 104 GG.

In dem vorgeschlagenen Art.3 (IV) fehlte nur der Satz 1 des späteren Art. 104 II GG. Der Art. 3 lautete (bei *v. Doemming-Füßlein-Matz*, JöR NF 1/63 und 746):

„(I) Die Freiheit der Person ist unverletzlich.

(II) Nur in den Fällen, die ein förmliches Gesetz bestimmt und nur unter Beachtung der darin vorgeschriebenen Formen darf jemand verfolgt, festgehalten, vorläufig festgenommen, in Haft gehalten oder sonst in seiner persönlichen Freiheit beschränkt werden.

(III) Jeder vorläufig Festgenommene ist spätestens am Tage nach dem Ergreifen dem Richter vorzuführen, der ihm die Gründe der Festnahme mitzuteilen, ihn zu vernehmen, ihm Gelegenheit zu Einwendungen zu geben und eine Person seines Vertauens von der Festnahme zu verständigen hat. Der Richter hat unverzüglich entweder durch schriftlichen Haftbefehl seine Verhaftung anzuordnen oder ihn in Freiheit zu setzen.

(IV) Bei jeder anderen, nicht auf richterlicher Anordnung beruhenden FE ist unverzüglich eine gerichtliche Entscheidung über die Fortdauer herbeizuführen. Die Polizei darf niemanden länger als bis zum Ende des Tages nach dem Ergreifen festhalten.

(V) Festgehaltene Personen dürfen weder körperlich noch seelisch mißhandelt werden."

3. Geschichtliche Entwicklung des polizeilichen Festnahmerechts und Vergleich mit Art. 104 III GG

Vor Schaffung des GG war das Festnahmerecht der Polizei stets derart ausgestaltet, daß die Polizei dann keine richterliche Entscheidung einzuholen oder das Tätigwerden einer anderen Behörde zu veranlassen brauchte, wenn sie den Festgenommenen in Kürze wieder entlassen wollte oder wenn noch nicht feststand, ob eine längere FE notwendig sein würde. So mußten nach § 3 des preußischen Gesetzes zum Schutz der persönlichen Freiheit von 1848[24] die in polizeiliche Verwahrung genommenen Personen spätestens binnen 24 Stunden in Freiheit gesetzt oder aber — also nur für den Fall einer längeren Verwahrung — „dem ordentlichen Verfahren überwiesen" werden. Entsprechendes galt unter Erweiterung der Frist auf den Lauf des folgenden Tages nach § 6 des gleichnamigen Gesetzes von 1850[24]. Das Gesetz von 1850[25] sah auch vor, daß jeder wegen Verdachts einer strafbaren Handlung vorläufig Festgenommene spätestens im Laufe des folgenden Tages freizulassen war oder daß das Erforderliche zu veranlassen war, um ihn dem Staatsanwalt vorzuführen[26]. Die StPO, welche die strafprozessuale Regelung des Gesetzes von 1850 in Preußen ablöste, ordnete in § 128 ohne Bestimmung einer Höchstfrist unverzügliche Vorführung des vorläufig Festgenommenen vor den Richter an und beließ der Polizei damit einen Spielraum, innerhalb dessen sie den Betroffenen — nach Personalienfeststellung, Überprüfung, Vernehmung, Protokollanfertigung usw. — wieder entlassen konnte, ohne den Richter einschalten zu müssen.

Diese vorkonstitutionelle Regelung ist allein sinnvoll. Die Polizei muß sowohl bei der Gefahrenabwehr als auch bei der Strafverfolgung schnell eingreifen und muß aufgrund des äußeren Erscheinungsbildes ihre Entscheidungen treffen; für längere und genauere Ermittlungen bleibt fast nie Zeit. Zudem sind gerade polizeiliche Maßnahmen oft nur von kurzer Dauer, weil ihr Zweck alsbald erreicht ist. Diesem Zwang zu schnellem Handeln und der Kurzlebigkeit vieler Maßnahmen entspricht nur eine solche Ausgestaltung des polizeilichen Festnahmerechts, die es der Polizei gestattet, innerhalb einer Höchstfrist zunächst selbst noch genauer zu prüfen, als es vor der Festnahme möglich war, ob der Betreffende für längere Zeit in Gewahrsam bleiben soll und

---

24 Fundstelle s. Fn. 19.

25 § 4 S. 2, 3.

26 Der seinerseits sofort freizulassen oder auf Erlaß eines richterlichen Haftbefehls anzutragen hatte. § 1 II 3 des Gesetzes von 1848 schrieb vor, daß bei jeder Verhaftung (d. h. einschließlich der Ergreifung auf frischer Tat, § 1 II 1) innerhalb 24 Stunden das Erforderliche zu veranlassen war, um den Verhafteten dem zuständigen Richter vorzuführen.

FEen, deren Kurzfristigkeit feststeht, in eigener Zuständigkeit durchzuführen, nicht aber eine Ausgestaltung, die dazu zwingt, bei jeder FE sogleich den Richter einzuschalten. Dem trägt für das Gebiet der Strafverfolgung die Regelung des Art. 104 III GG Rechnung, wonach ein Beschuldigter spätestens am Tage nach der vorläufigen Festnahme dem Richter vorzuführen ist. Da Art. 104 II 2 GG auch für FEen bei der Strafverfolgung gilt, darf die Polizei auch hier die Höchstfrist nicht „ausnutzen", wenn sie der Meinung ist, der Festgenommene müsse länger in Haft bleiben[27]; sie darf aber den Beschuldigten überprüfen und vernehmen und sich so über die Frage einer längeren FE klar werden[28]; ferner braucht sie bei FEen, deren Kurzfristigkeit feststeht (Festnahmen nach § 127 I StPO zur Feststellung der Persönlichkeit), den Richter nicht anzurufen.

Bei dieser Regelung, die den Beschuldigten zunächst für kürzere Zeit in die Macht der Polizei gibt, ist noch zu bedenken, daß der einer Staftat Beschuldigte sich stets des besonderen Schutzes der Bestimmungen über die persönliche Freiheit erfreute. Daher ist nicht anzunehmen, daß der Parlamentarische Rat den Beschuldigten mit der Regelung des Art. 104 III GG schlechter stellen wollte als den aus „nichtkriminellen" Gründen Festgenommenen, daß also Art. 104 II 2 und 3 GG keine strengeren Schutzvorschriften enthält als Art. 104 III GG[29]. Eine derartige Absicht des Grundgesetzgebers ist auch nicht aus der Bemerkung des Abgeordneten Zinn zu Abs. I des vorgeschlagenen

---

[27] s. o. S. 102 Fn. 12.

[28] *Dünnebier* in Löwe-Rosenberg, Erl. 3 b zu §§ 114 b, 114 c a.F. i.V.m. Erl. 2 d zu §§ 128, 129 StPO und ErgBd., Erl. 4 zu §§ 115, 115 a n.F. i.V.m. Erl. 4 zu §§ 128, 129 StPO; *Fuhrmann* bei Dalcke, Anm. 2 zu § 128 StPO; *Lobe-Alsberg*, Anm. I 3 zu § 128, I 3 a zu § 114 b a.F. StPO; *Müller* in KMR, Anm. 3 a zu § 128 StPO; Eb. *Schmidt*, Rdn. 7 zu § 114 b a.F., 4 und 10 a.E. zu § 128 StPO und ErgBd., Rdn. 7 zu § 115 n.F. StPO; *Schwarz-Kleinknecht*, Anm. 3 zu § 128 StPO.

[29] Art. 104 II 3 GG verlangt auch nicht — über Abs. III 1 hinausgehend, der nur Vorführung vor den Richter gebietet —, daß stets bis zum Ende des folgenden Tages bereits eine Entscheidung der nicht-polizeilichen Stelle vorliegen muß (wie insbesondere *Dürig* in Maunz-Dürig, Rdn. 42 sub 4 b zu Art. 104 GG meint). Die Entstehungsgeschichte zeigt, daß durch Abs. II 3 die Polizei nur gehindert werden sollte, einen Ergriffenen über den folgenden Tag hinaus im eigenen Machtbereich zu behalten; diesem Verbot wird genügt, wenn sie den Betroffenen bis zu der Zeitgrenze in den Machtbereich einer anderen Behörde oder eines Gerichts bringt (s. Ausführungen des Abgeordneten Zinn in der 8. Sitzung des Rechtspflegeausschusses: „Grundsatz muß sein, daß die Polizei niemanden länger in Haft behalten soll; dann soll sie die Person an die zuständige Behörde abgeben, meinetwegen einen Geisteskranken in eine Heilanstalt überführen oder einen Jugendlichen der Jugendwohlfahrt übergeben." — Mitgeteilt bei *Holtkotten*, BK, Erl. I zu Art. 104 GG, S. 4). Daher muß im Falle des Abs. II 3 eine Entscheidung der nicht-polizeilichen Stelle bis zum Ende des folgenden Tages nur vorliegen, wenn der Betroffene bei der Polizei verbleiben soll; in den übrigen Fällen bleibt Abs. II 2, 3 hinter Abs. III 1 zurück, weil er keine Vorführung vor den Richter verlangt.

Art. 136 a herauszulesen, es sei wichtig, daß die richterliche Entscheidung nicht binnen einer Frist, sondern unverzüglich einzuholen sei[30]. Da Zinn sich sehr für eine Beschränkung der öffentlichen Gewalt einsetzte[31], könnte diese Äußerung zwar den Eindruck erwecken, daß man die Einführung einer Pflicht zur unverzüglichen Herbeiführung der richterlichen Entscheidung für strenger als eine Höchstfrist hielt und daß man jedes auch noch so kurzfristige Festhalten ohne Einschaltung des Richters verhindern wollte. Die Bemerkung kann aber ebensogut nur auf die FEen bezogen werden, die sich über eine längere Zeit erstrecken; sie behielte auch dann als Hinweis auf den Umstand, daß die Polizei die Höchstfrist nicht „ausnutzen" darf, einen Sinn. Diese Bedeutung der Äußerung liegt um so näher, als man sich nicht nur eingehend mit solchen längeren FEen befaßt hatte — Einweisung Geisteskranker, Festhaltung Jugendlicher nach Fürsorgerecht, FEen zur Bekämpfung der Geschlechtskrankheiten[32] —, sondern als auch das Merkmal „unverzüglich" in § 128 StPO die Möglichkeit einer kurzfristigen Festhaltung ohne Einschaltung des Richters bot und der Abgeordnete Zinn in derselben Sitzung selbst auf die Rechtsprechung des RG zu § 128 StPO hingewiesen hatte[33].

4. Das Verfahren bei Herbeiführung und Erlaß einer richterlichen Entscheidung über eine kurzfristige Freiheitsentziehung

Zur Beantwortung der Frage, ob die Polizei verpflichtet ist, bei kurzfristigen FEen eine richterliche Entscheidung herbeizuführen, muß schließlich das Verfahren betrachtet werden, das bei Erlaß einer solchen Entscheidung einzuhalten wäre.

Soweit die Autoren, welche die Notwendigkeit einer richterlichen Entscheidung bejahen, überhaupt die Frage berühren, welches Verfahren einzuschlagen ist, finden sich Andeutungen, die darauf schließen lassen, daß die Verfasser der Meinung sind, der Festgenommene brauche nicht gehört, jedenfalls nicht dem Richter vorgeführt zu werden. So dürfte *Ule*[34] hiervon ausgehen, wenn er meint, bei einer ge-

---

[30] 8. Sitzung des Rechtspflegeausschusses, mitgeteilt bei *Holtkotten*, Erl. I zu Art. 104 GG, S. 4 f.; Wortlaut des Art. 136 a s. S. 105 Fn. 22.

[31] s. die bei *Holtkotten*, a.a.O., S. 4 mitgeteilten Äußerungen (gegen die Abgeordneten Dr. de Chapeaurouge und Dr. Laforet).

[32] Vgl. Bericht über die 7. und 8. Sitzung des Rechtspflegeausschusses bei *Holtkotten*, a.a.O., S. 2—4.

[33] s. *Holtkotten*, a.a.O., S. 4 („im Zusammenhang mit Art. 114 WRV entwickelte Rechtsprechung"); vgl. Darstellung dieser Rechtsprechung bei *Kaufmann*, S. 73—79.

[34] *Ule-Rasch*, Rdn. 29 zu §§ 15—17 PrPVG.

waltsamen Sistierung müsse die Polizei möglichst noch vor Beginn der Ermittlungen zur Feststellung der Identität eine richterliche Entscheidung herbeiführen; ebenso wohl *Dürig*[35], der bei der Erörterung des Art. 104 III GG darauf hinweist, daß dort eine Vorführung verlangt werde, während Abs. II nur eine richterliche Entscheidung fordere[36]. E. E. *Schneider*[37] meint, die Polizei habe bei der Herbeiführung der Entscheidung die ihr zur Verfügung stehenden Möglichkeiten auszunutzen, also Kraftfahrzeuge zu benutzen und bei der Übermittlung Boten und Melder einzuschalten. O. *Franz*[38] geht einen Schritt weiter als diese Andeutungen und stellt ausdrücklich klar, daß nach seiner Meinung die richterliche Entscheidung nicht nur schriftlich, sondern auch fernmündlich oder in anderer Weise eingeholt werden könne. Nach *Unruh*[39] reicht es aus, wenn die Polizei den Richter fernmündlich von der Verwahrung in Kenntnis setzt und es ihm überläßt, wann er tätig werden will[40].

Es erhebt sich die Frage, ob ein Verfahren dieser Art die Grundlage einer richterlichen Entscheidung im Sinne des Art. 104 II 2 GG bilden kann.

Die Begründung der Zuständigkeit des Richters in Art. 104 II 2 GG bedeutet nicht nur die Einschaltung eines sachlich und persönlich unabhängigen Amtswalters, sondern sie enthält notwendigerweise — und vom Grundgesetzgeber gewollt[41] — auch die Verweisung auf ein justizförmiges, mit den wesentlichen formellen Garantien ausgestattetes gerichtliches Verfahren[42]. Mit dem in diesem Absatz verwendeten Begriff der Entscheidung ist nicht nur ein Abwägen verschiedener Interessen und Standpunkte und eine Verantwortlichkeit des Richters für die betreffende Maßnahme verbunden, sondern es ist auch gleich-

---

[35] In Maunz-Dürig, Rdn. 42 sub b bb zu Art. 104 GG.

[36] In Rdn. 38 zu Art. 104 GG weist Dürig aber darauf hin, daß bei der Bemessung der Frist, die durch das Merkmal „unverzüglich" in Art. 104 II 2 GG gedeckt ist, z. B. die Schwierigkeiten und die Verzögerung des Transportes und das renitente Verhalten des Festgenommenen berücksichtigt werden müssen.

[37] Anm. 2 zu § 18 HessPolG 1954.

[38] NJW 1966/240.

[39] S. 20.

[40] Die Äußerung von *Baerensprung* (S. 91 f.), eine Vorführung sei nicht notwendig, vielmehr reiche es aus, wenn der Richter dem Festgenommenen Gelegenheit gebe, seinen Standpunkt mündlich oder schriftlich darzulegen, bezieht sich offenbar nur auf länger dauernde FEen.

[41] BVerfGE 9/89, 97.

[42] *Dürig* in Maunz-Dürig, Rdn. 19 sub bb und Rdn. 23 zu Art. 104 GG; *Hamann*, Anm. B 5 zu Art. 104 GG (bewußt justizförmige Gestaltung der Festnahme); *Schelling*, S. 107 (im Verfahren nach Art. 104 II GG müßten dieselben Rechtsgarantien wie in Verfahren nach Art. 19 IV GG gewahrt werden); vgl. auch BVerfGE 9/89, 97 (die Einschaltung des Richters — bei den vorläufigen Zwangsmaßnahmen nach der StPO — solle die Anwendung der Garantien des richterlichen Verfahrens gewährleisten).

sam mitgedacht, daß dem Richter in einem geordneten Verfahren die Grundlagen für seinen Spruch vermittelt werden[43].

a) Grundsatz des rechtlichen Gehörs; Vorführung vor den Richter

Zu den grundlegenden verfahrensrechtlichen Garantien gehört der in Art. 103 I GG enthaltene und deshalb für alle Arten der Rechtsprechung (Abschnitt IX des GG) geltende Grundsatz des rechtlichen Gehörs. Dieser Grundsatz gilt auch, wenn im Rahmen der freiwilligen Gerichtsbarkeit über die Zulässigkeit einer FE befunden wird[44]. Die Gewährung des rechtlichen (d. h. gerichtlichen) Gehörs soll einmal die richtige Entscheidung des Gerichts über einen Lebenssachverhalt ermöglichen und soll zum anderen verhindern, daß der einzelne — entgegen der Garantie der menschlichen Würde in Art. 1 I GG[45] — nur Objekt einer richterlichen Entscheidung wird; der Betroffene soll zu Worte kommen und so Einfluß auf das Verfahren nehmen können[46]. Daraus folgt, daß der Betroffene — im Verfahren nach Art. 104 II 2 GG also der Festgenommene — grundsätzlich *vor* der Entscheidung — hier über die Zulässigkeit der FE — vom Richter gehört werden muß[47]. Die Verfahrensgesetze, die hier in Betracht kommen (VwGO, FGG,

---

[43] *Dürig*, a.a.O., Rdn. 31 zu Art. 104 GG. Vgl. auch *Gerber*, DÖV 1952/390 (das Verfahren solle aus den Formen des allgemeinen Verwaltungsverfahrens herausgehoben und in eigene Bahnen gewiesen werden), 392 (der Richter habe vor seiner Entschließung Bedenken mit richterlicher Sorgfalt aufzunehmen und zu prüfen).

[44] Geltung des Art. 103 I GG in allen Bereichen der freiwilligen Gerichtsbarkeit ist heute ganz h. M.: BVerfGE 19/49, 51 (Verfahren nach § 1671 BGB — Bestimmung der elterlichen Gewalt nach Scheidung); schon die Grundsatzentscheidung BVerfGE 9/89, 95 hatte keine Einschränkung gemacht; BGHZ 35/1, 8; KG, NJW 1954/1410; BayObLG, NJW 1966/409; w. Nachw. bei H. *Keidel*, S. 68; *Baumann*, UntR, S. 336; *Baur*, § 19 III 1; *Dürig* in Maunz-Dürig, Rdn. 85 zu Art. 103 Abs. I GG, ferner (besonders für FE) Rdn. 42 sub 4 c i.V.m. Rdn. 31 zu Art. 104 GG; *Hamann*, Anm. B 2 zu Art. 103 GG; *Jansen*, Anm. 7 zu § 12 FGG; *Keidel*, Rdn. 70 zu § 12 FGG; H. *Keidel*, S. 4 ff., Zusammenfassung S. 25; 69 ff., Zusammenfassung S. 73; zum Verfahren bei FEen S. 16; *Lent-Habscheid*, § 20 II 2; *Pikart-Henn*, S. 78; *Saage*, Rdn. 4 zu § 5 FEG;

Einer Auseinandersetzung mit der Ansicht *Bettermanns* (Festschrift für Lent, 1957, S. 42), Art. 103 I GG gelte für die freiwillige Gerichtsbarkeit nicht, soweit keine Rechtsprechung (scil. im materiellen Sinne, a.a.O., S. 24) ausgeübt werde, bedarf es nicht, weil die Entscheidung nach Art. 104 II GG nach Bettermann nicht nur formell, sondern auch materiell ein Rechtsprechungsakt ist (a.a.O., S. 29 und GR III, 2/883, 884 f.).

Gegen die Geltung des Grundsatzes des rechtlichen Gehörs in der freiwilligen Gerichtsbarkeit heute noch *Reichard*, S. 66 und *Schlegelberger*, Anm. 19 zu § 12 FGG, die Art. 103 I GG übersehen.

[45] BVerfGE 9/89, 95; 7/275, 279.

[46] BVerfGE 9/89, 95, 96; 7/53, 57.

[47] BVerfGE 9/89, 96; 7/53, 57. *Bettermann*, GR III, 2/885 verkennt, daß nachträgliches Gehör nur in Ausnahmefällen genügt.

ZPO), sehen eine schriftliche oder eine mündliche Anhörung vor[48]. Eine schriftliche Anhörung scheidet im Falle einer kurzfristigen FE aus. Weder hat der Festgenommene Gelegenheit, Schriftsätze anzufertigen und dem Gericht einzureichen, noch reicht die Zeit dafür aus. Somit bleibt nur die Möglichkeit einer mündlichen Anhörung. Diese besteht nach der VwGO und der ZPO darin, daß der Betreffende bei Anwesenheit vor dem Richter Gelegenheit erhält, sich zu äußern. Eine Anhörung durch Fernsprecher ist nicht vorgesehen, auch nicht für Eilfälle. In den ersten Jahren nach Inkrafttreten des GG ist aber von Rechtsprechung und Literatur erarbeitet worden, daß dann, wenn eine besondere gesetzliche Regelung fehlt, bei FEen das FGG, welches dem Richter größere Freiheit bei der Gestaltung des Verfahrens läßt, angewandt werden kann, und zwar sowohl von den ordentlichen Gerichten wie von den Verwaltungsgerichten[49]. Im Verfahren nach dem FGG können Anträge und sonstige Erklärungen, soweit keine besondere Form vorgeschrieben ist, mündlich und auch durch Fernsprecher übermittelt werden[50]. Daher könnte eine ausreichende mündliche Anhörung vorliegen, wenn die Polizei dem Richter fernmündlich den Sachverhalt schilderte, der zur FE geführt hat, und der Festgenommene Gelegenheit erhielte, sich auf demselben Wege zu äußern.

Die Zulassung der Benutzung des Telefons für die Abgabe von Erklärungen bezieht sich jedoch auf andere Fälle. Es ist dabei an Erklärungen gedacht, die ohne zeitlichen und örtlichen Zusammenhang mit Äußerungen anderer Beteiligter abgegeben werden, sei es daß Stellung genommen wird zu Erklärungen eines anderen Beteiligten, die dem Gericht und dem Stellungnehmenden bereits vorliegen, sei es, daß andere Beteiligte sich noch nicht erklärt haben oder daß daran nicht angeknüpft wird. Ließe man fernmündliche Erklärungen in zeitlichem und örtlichem Zusammenhang mit den Äußerungen anderer Beteiligter zu — hier also Darstellungen der Polizei und des Festgenommenen über das Telefon der Dienststelle —, so liefe dies im Ergebnis auf eine mündliche Verhandlung durch Telefon hinaus. Hinzu kommt, daß die unter Benutzung des Fernsprechers abgegebenen Erklärungen vom Gericht in einer Niederschrift (Aktenvermerk) festgehalten werden müssen, wenn sie für das Verfahren Bedeutung er-

---

[48] Für die VwGO s. statt aller *Ule*, VwGbkt., Anm. II zu § 108 VwGO; für die ZPO *Baumbach-Lauterbach*, Grundz. 4 vor § 128 ZPO; für das FGG *Lent-Habscheid*, § 20 II 5 b, H. *Keidel*, S. 141—143, *Baur*, § 19 III 2 c.

[49] BVerwGE 1/229, 233; BGHZ 5/46, 51; VG Freiburg DVBl. 1951/313, 315; *Dernedde*, DVBl. 1951/316, 317; *Dürig* in Maunz-Dürig, Rdn. 31 zu Art. 104 GG; *Holtkotten*, BK, Erl. II C 3 e zu Art. 104 GG; *Wolff*, DÖV 1951/315; vgl. auch Württ.-Bad. VGH, DÖV 1953, 350; a. A. OVG Münster AS 8/178, 181; *Kaufmann*, S. 265.

[50] *Baur*, § 17 III 3 a; *Ehard*, Anm. 3 zu § 11 FGG; *Keidel*, Rdn. 11 zu § 11 FGG; *Lent-Habscheid*, § 19 III b; *Schlegelberger*, Rdn. 21 zu § 11 FGG.

langen sollen[51]. Daher eignet sich dieser Weg der Übermittlung nur für kürzere und vor allem präzis gefaßte Erklärungen. Bei der Schilderung des Sachverhalts, der zur Festnahme führte, dürfte eine solche knappe und klare Darstellung regelmäßig nur von der Polizei zu erwarten sein, von dem wohl stets erregten Festgenommenen dagegen nur in seltenen Fällen und wohl nur dann, wenn er den Ausführungen der Polizei ausnahmsweise zustimmt. Es ist auch nicht recht vorstellbar, wie der Richter aufgrund einander widersprechender Äußerungen am Telefon entscheiden sollte. Für die Beurteilung der Glaubwürdigkeit und Ausdrucksfähigkeit des Festgenommenen kommt es entscheidend auf den persönlichen Eindruck an. Dieser wird in vielen Fällen der polizeilichen Festnahme auch nötig sein, um Rückschlüsse auf das Vorliegen des Festnahmegrundes ziehen zu können[52]. So wird in der Literatur zur freiwilligen Gerichtsbarkeit die Anhörung in einer mündlichen Verhandlung (anstelle einer schriftlichen Anhörung) für erforderlich gehalten, wenn die Äußerungen verschiedener Personen sich widersprechen[53].

Die Richtigkeit der Ansicht, daß rechtliches Gehör jedenfalls bei streitigem Sachverhalt nicht ausreichend gewährt ist, wenn der Betroffene sich nach dem anderen Beteiligten am Telefon äußern darf, wird durch den Umstand bestätigt, daß eine solche Art der Anhörung bislang weder in der Rechtsprechung noch in der Literatur zum FGG behandelt worden ist.

Gegen die Zulässigkeit einer telefonischen Anhörung bei Art. 104 II 2 GG spricht ferner der Umstand, daß dieser Weg immer dann nicht gangbar wäre, wenn der Festgenommene aktiv oder passiv Widerstand leistet, stark erregt ist oder unter Alkoholeinfluß steht[54]; dies ist gerade bei der kurzfristigen polizeilichen FE häufig der Fall.

Der Grundgesetzgeber hat bei Art. 104 II 2 GG ein solches Verfahren auch nicht im Sinne gehabt. Dies folgt einmal daraus, daß der Wortlaut des FGG — des großzügigsten der zur Verfügung stehenden Verfahrensgesetze — diese Möglichkeit nicht ausdrücklich eröffnet und daß auch Rechtsprechung und Literatur sie nicht zur Verfügung stellen. Überdies dachte man bei Art. 104 II 2 GG noch nicht einmal daran, daß stets nach dem FGG verfahren werden könne, das erst nach Erlaß des GG von der Rechtsprechung herangezogen wurde, sondern ging davon

[51] *Ehard, Keidel, Lent-Habscheid, Schlegelberger,* jeweils a.a.O.

[52] Etwa bei Festnahme wegen Obdachlosigkeit — verwahrlostes Äußeres? — oder Bedrohung mit einer Gewalttat — körperliche Verfassung, Art der Reaktion auf Fragen?

[53] *Lent-Habscheid,* § 20 II 5 b und § 19 III 2. *Baur,* § 19 III 2 c will sogar meist der mündlichen Erörterung mit den Beteiligten den Vorzug geben.

[54] Nicht nur Volltrunkenheit, die auch eine Vorführung zwecks Anhörung ausschlösse.

aus, daß auch die Verwaltungsgerichte für die Entscheidung zuständig seien[55]; die damals für die Verwaltungsgerichtsbarkeit geltenden Verfahrensgesetze sahen aber ein Verfahren der genannten Art erst recht nicht vor[56]. Zum anderen bietet auch Art. 3 HChE, auf den Art. 104 und Art. 2 II 2 GG zurückgehen[57], keinen Anhaltspunkt für die Annahme, eine telefonische Anhörung sei ausreichend; vielmehr sah Absatz III dieser Bestimmung vor, daß jeder von der öffentlichen Gewalt Festgenommene auf Verlangen spätestens am Tage nach der Festnahme dem Richter *vorzuführen* war.

Mithin stellte es keine ausreichende Anhörung des Festgenommenen dar, wenn er vor der Entscheidung des Richters Gelegenheit erhielte, telefonisch zu der Darstellung und dem Antrag der Polizei Stellung zu nehmen. Als einzige praktisch in Betracht kommende Möglichkeit der Gewährung rechtlichen Gehörs bleibt bei der kurzfristigen FE somit nur die Vorführung vor den Richter. Auf dieser Erkenntnis beruht Abschn. VI 4 DA-BGS 1962, wonach eine sistierte oder in polizeiliche Verwahrung genommene Person spätestens bis zum Ende des folgenden Tages entlassen oder dem Richter vorgeführt werden muß. Der Bundesinnenminister greift hierbei noch auf § 128 StPO zurück, der nach seiner Meinung auf die polizeiliche Verwahrung entsprechend anzuwenden ist[58]. Die Begründung zum Entwurf des Änderungsgesetzes zum NWPOG[59] geht ebenfalls davon aus, daß eine richterliche Entscheidung nur durch Vorführung des Betroffenen vor den Richter herbeigeführt werden kann. Auch in der Literatur finden sich Äußerungen, in denen die Vorführung mit der Herbeiführung einer richterlichen Entscheidung gleichgesetzt wird, so bei *Kaufmann*[60], *Schmehl*[61] und *Schorn*[62, 63].

---

[55] Erklärung des Abgeordneten Laforet in der 1. Lesung des Hauptausschusses (25. Sitzung v. 9. 12. 1948), mitgeteilt bei *Holtkotten*, BK, Erl. I zu Art. 104 GG, S. 5.

[56] Britische Zone: MRVO Nr. 165 (in Kraft seit 15. 9. 1948, ABl. MilReg. 1948/799). US-Zone: Gesetze über die Verwaltungsgerichtsbarkeit; Bay v. 25. 9. 1946 (Bay BS I/147), Bre v. 5. 8. 1947 (GBl. S. 171), Hess v. 31. 10. 1946 (GVBl. S. 194).

[57] *v. Doemming-Füßlein-Matz*, JöR NF 1/745; Text des Art. 3 HChE auch dort, S. 63.

[58] Abschn. V 1 DA-BGS 1953; in der DA 1962 ist § 128 StPO ohne Begründung neben Art. 104 II 3 GG angeführt.

[59] s. o. S. 100 Fn. 46 (Einzelbegründung zu § 16 g Abs. II).

[60] S. 19.

[61] Die Justiz 1957/280, 282 li. Sp. (zu § 22 III 2 BWPolG).

[62] S. 168.

[63] Die Unterbringungsgesetze, die nur eine persönliche Anhörung vorsehen (z. B. § 5 I FEG, § 2 I HbgAusfG zu Art. 104 GG; vgl. im übrigen *Baumann*, UntR, S. 336, 337—345) können in diesem Zusammenhang nicht herangezogen werden, weil es bei der Unterbringung in besonderem Maße auf den persönlichen Eindruck ankommt.

Soweit die Landesverfassungen besondere Vorschriften über den Schutz der persönlichen Freiheit enthalten, ist auch darin stets eine Vorführung des Festgenommenen vor den Richter angeordnet (Bay Art. 102 II 1; Bln Art. 9 III; Bre Art. 5 IV 1; Hess Art. 19 II 1; RhPf. Art. 5 II 1; Saarland Art. 13 II 1); diese Anordnung der Vorführung gilt nicht nur bei vorläufigen Festnahmen wegen Verdachts einer strafbaren Handlung, sondern bei allen Festnahmen durch die öffentliche Gewalt[64], denn diese sollten sämtlich von den bald nach Beendigung der nationalsozialistischen Gewaltherrschaft erlassenen Schutzvorschriften erfaßt werden.

b) Bedenken gegen die Notwendigkeit einer Vorführung des Betroffenen vor den Richter

In Zusammenhang mit der Notwendigkeit, den Festgenommenen dem Richter vorzuführen, erhebt sich zunächst folgendes Bedenken gegen die Richtigkeit der Ansicht, daß auch bei einer kurzfristigen FE eine richterliche Entscheidung nötig ist.

Angesichts der besonderen Bedeutung der persönlichen Freiheit erschien dem Grundgesetzgeber der nachträgliche Rechtsschutz gegen Rechtsverletzungen durch die öffentliche Gewalt, den Art. 19 IV GG gewährt, nicht als ausreichend[65]. Er hat daher mit Art. 104 II und III einen präventiven Rechtsschutz geschaffen[66]. Der Richter wird vor der Durchführung einer FE eingeschaltet (Abs. II 1), um Rechtsverletzungen nach Möglichkeit von vornherein zu verhindern. Kann seine Entscheidung nach Abs. II 1 vor der Festnahme nicht ergehen, so ist sie nach Abs. II 2 unverzüglich nachzuholen. Die in Abs. II 2 genannte Entscheidung deckt sich daher nach Wesen und Wirkungen mit der Entscheidung nach Satz 1; auch sie hat präventiven Charakter und ist

---

[64] *Nawiasky-Leusser*, Erl. zu Art. 102 BayVerf. im HauptBd. und insbesondere im ErgBd. S. 111 a. E.; BayObLG, NJW 1961/270, 271, das Art. 102 II 1 BayVerf. auch auf die eilige vorläufige Unterbringung auf Anordnung der Polizei nach Art. 5 BayVerwahrungsG bezieht; *Spitta*, S. 45 zu Art. 5 III—V BreVerf. (1. Abs. — keine Beschränkung auf die Strafverfolgung —, 3. Abs. und Verweisung auf Art. 9 II, III BlnVerf., Art. 19 HessVerf., Art. 5 II RhPfVerf.); *Zinn-Stein*, Anm. 3 zu Art. 19 HessVerf.; *Süsterhenn-Schäfer*, Anm. 4 zu Art. 5 RhPfVerf.; OVG Koblenz AS 2/29, 34. — Auch Art. 3 HChE bezog sich auf jede FE durch die öffentliche Gewalt, s. seine Abs. II, III und Darstellender Teil des Berichts über den Verfassungskonvent auf Herrenchiemsee, S. 21 f.

[65] s. nur Bad.VGH, DÖV 1952/411, 412 = VwRspr. 5/144, 148; vgl. auch BVerfGE 10/302, 323.

[66] Württ.-Bad. VGH, DÖV 1952/411: *Baerensprung*, S. 65 f.; *Bettermann*, GR III, 2/879, 892, 893; *Dürig* in Maunz-Dürig, Rdn. 23 sub 1 a zu Art. 104 GG; *Hamann*, Anm. B 5 zu Art. 104 GG; E. *Kern*, GR II/70; *Schelling*, S. 45 f., 94 f., auch 110 f.; s. auch BVerfGE 10/302, 321 und 323.

nicht etwa mit der nachträglichen Entscheidung identisch, die Art. 19 IV GG vorsieht. Aus diesem Schutzzweck des Art. 104 II GG und dem Vergleich mit Art. 19 IV GG ergibt sich, daß die richterliche Entscheidung nach Art. 104 II 2 GG (wie auch die nach Satz 1) nur für die Zukunft wirkt, also nur die Zulässigkeit der *weiteren* FE bejaht oder verneint[67]. Mit dieser Entscheidung ist daher noch nichts über die Rechtmäßigkeit oder Rechtswidrigkeit der Ergreifung und Festhaltung bis zum Zeitpunkt der richterlichen Entscheidung gesagt. Dies entspricht dem Verhältnis von vorläufiger Festnahme und Haftbefehl (Art. 104 III GG, §§ 127, 128 StPO); auch der Haftrichter hat entgegen dem insoweit zweifelhaften Wortlaut des § 128 II StPO nur zu prüfen, ob im Zeitpunkt seiner Entscheidung die Voraussetzungen eines Haftbefehls vorliegen, nicht aber, ob die vorläufige Festnahme rechtmäßig war[68].

Mit diesen Feststellungen hat die streitige Frage nichts zu tun, ob der Richter bei seiner Entscheidung nach Art. 104 II (1 und 2) nur eine Anordnung der FE durch die Exekutive zu überprüfen und gegebenenfalls zu bestätigen hat oder ob er die FE selbst anordnen muß, ohne daß für einen VA überhaupt noch Raum bleibt („Überprüfungstheorie" — „Selbständigkeitstheorie"[69]).

---

[67] So von den in Fn. 66 Genannten besonders deutlich *Dürig*, a.a.O., Rdn. 35 zu Art. 104 GG; ferner LG Hamburg, MDR 1950/105. Davon geht auch *Kaufmann*, S. 309 aus, wenn er Art. 104 II GG dahin interpretiert, daß der richterliche Haftbefehl — der nur in die Zukunft gerichtet ist — grundsätzlich auch auf dem Gebiet der Präventivpolizei dominieren soll.

[68] Allg. M., *Dünnebier* in Löwe-Rosenberg (ErgBd.), Erl. 6 zu §§ 128, 129 StPO; *Lobe-Alsberg*, Anm. II zu § 128 StPO; *Müller* in KMR, Anm. 4 c zu § 128 StPO; Eb. *Schmidt* (ErgBd.), Rdn. 9 zu § 128 StPO; *Schwarz-Kleinknecht*, Anm. 5 zu § 128 StPO; vgl. auch *Schelling*, S. 94 f.

[69] Ausdrücke von *Schelling*, S. 30.

Überprüfungstheorie: OVG Münster, DÖV 1952/406, 408 (sub II und IV); AS 8/178, 181; VG Freiburg, DVBl. 1951/313, 314 f.; *Brösamle*, DÖV 1952/169; *Dernedde*, DVBl. 1951/316, 317; *Holtkotten*, BK, Erl. II C 3 a zu Art. 104 GG; *Storz*, DÖV 1954/330; neuestens *Baumann*, UntR, S. 378; wohl auch BGHZ 5/46, 49 und 55—57;

Selbständigkeitstheorie: Württ.-Bad.VGH, VwRspr. 5/330, 334, 336; Bad.-VGH, VwRspr. 5/144, 149 ff.; LG Hamburg, MDR 1950/105; VG Saarland, JBl. Saar 1967/68; *Bachof*, DÖV 1952/393, 395; DVBl. 1952/412, 413; *Bettermann*, Festschrift für Lent, 1957, 17 ff., 29; GR III, 2/883 f.; *Dürig* in Maunz-Dürig, Rdn. 25 zu Art. 104 GG; *Gerber*, DÖV 1952/387, 390 f.; E. *Kern*, DÖV 1954/112; GR II/70; ausführlich *Schelling*, S. 16 ff., insbesondere 38 ff., 55 ff., 102 f.

Unentschieden: BVerwGE 1/229, 233; 4/196, 199 f.; Württ.-Bad.VGH ES 3/157, 160.

Das BVerfG (E 10/302, 310) spricht davon, daß die richterliche Entscheidung — falls sie bei der Aufenthaltsbestimmung durch den Vormund erforderlich wäre — vorbehaltlich anderer gesetzlicher Regelung den Charakter einer „Genehmigung" im Sinne des Vormundschaftsrechts hätte, daß sie eine die Maßnahme des Vormunds billigende und ihr erst Wirksamkeit verleihende Anordnung wäre.

Die Ausführungen von *Dürig*[70] und *Schelling*[71] erwecken zwar den Eindruck, als sei nur die Selbständigkeitstheorie mit dem präventiven Charakter des Rechtsschutzes nach Art. 104 II GG vereinbar. Diese Autoren lassen aber außer acht, daß auch dann, wenn die Überprüfungstheorie zutreffen sollte, die Überprüfung nach Art. 104 II 2 GG sich wegen des Schutzzwecks des Abs. II nur auf die Zukunft zu erstrecken hätte und eine Prüfung der Rechtmäßigkeit der vorläufigen FE bis zur richterlichen Entscheidung nicht einschlösse. Freilich könnte die Gesetzgebung dem nach Art. 104 II GG zuständigen Richter aus Zweckmäßigkeitsgründen auch die Entscheidung über die Rechtmäßigkeit der vorläufigen FE — auf Antrag des Betroffenen — übertragen, falls er nicht ohnehin — etwa aufgrund der verwaltungsgerichtlichen Generalklausel des § 40 I 1 VwGO — dafür zuständig wäre; diese Zuweisung könnte aber auch stattfinden, wenn der Richter die FE selbst anzuordnen hätte, und ist für den Theorienstreit ohne Bedeutung[72]. Freilich können die Stimmen für die Selbständigkeitstheorie und vor allem die gesetzlichen Regelungen, die der Selbständigkeitstheorie folgen, als Bestätigung dafür gewertet werden, daß die nach Art. 104 II GG erforderliche Entscheidung nur für die Zukunft wirkt. Der Selbständigkeitstheorie folgen das FEG[73] und sämtliche Unterbringungsgesetze der Länder außer dem des Landes Baden-Württemberg[74]. Entgegen der Ansicht Dürigs[75] steht auch das HbgAusfG zu Art. 104 GG

---

[70] In Maunz-Dürig, Rdn. 35 zu Art. 104 GG.

[71] S. 94 f., 102 sub 3.

[72] Der Streit ist zugunsten der Selbständigkeitstheorie zu entscheiden. Da nur der Richter über die Zulässigkeit der FE zu entscheiden hat (Art. 104 II 1 GG), ist sein Spruch der allein maßgebliche Akt und die Vollstreckungsgrundlage. Abgesehen von den Ausnahmefällen, in denen die Verwaltung ohne vorgängige richterliche Entscheidung zur FE schreiten darf (Art. 104 II 2; dazu unten S. 132 ff.), ist die Exekutive daher zu einer den Betroffenen bindenden Anordnung der FE und damit zum Erlaß eines VA (s. BVerwGE 14/323, 325; Bad.VGH, VwRspr. 5/144, 149; *Schelling*, S. 55 ff., 61—71 m. w. Nachw.) gar nicht befugt.

Den Vertretern der Selbständigkeitstheorie ist allerdings insofern nicht zu folgen, als sie die richterliche Entscheidung als rechtsgestaltenden oder rechtsbegründenden Akt ansehen (insbesondere *Dürig*, a.a.O.; Bad. VGH, VwRspr. 5/144, 149; Württ.-Bad. VGH, VwRspr. 5/330, 334). Der Richter gestaltet die Rechtslage nicht um, sondern stellt fest, daß die Behörde nach geltendem Recht eine FE vornehmen darf und ermächtigt sie dazu; die FE wird gegen den Betroffenen angeordnet (ohne Befehl an die Verwaltung). Mit *Bettermann*, a.a.O., ist die Entscheidung daher als Verurteilung (Verurteilungsurteil) anzusehen. Wenn Bettermann sie auch als feststellende Entscheidung („Feststellungsurteil") bezeichnet, so dürfte dies nur ein Mißgriff bei der Wortwahl sein, weil *Bettermann* selbst betont, daß die Entscheidung Vollstreckungswirkung entfaltet, die einer (nur) feststellenden Entscheidung gerade fehlt (statt aller *Rosenberg*, § 85 I 1).

[73] § 3.

[74] BW § 3; Bay Art. 2 I; Bln § 1 I; Bre § 3; Hbg (sogleich im Text); Hess § 2 I; NdsSOG § 10 I, IV; NW § 3 I; RhPf § 3; SH § 2 I.

[75] In Maunz-Dürig, Rdn. 25, Fn. 1 zu Art. 104 GG.

auf dem Boden der Selbständigkeitstheorie (§ 2 I 2[76]). Von den Polizeigesetzen, die eine richterliche Entscheidung vorsehen, folgt das BlnPVG der Selbständigkeitstheorie (§ 15 III i. V. m. § 3 FEG). Falls das — subsidiäre — HbgAusfG auch bei FEen aufgrund des HbgSOG anwendbar sein sollte[77], gälte diese Feststellung auch für das hamburgische Recht. Das HessSOG gibt die Beschränkung der Wirkung der richterlichen Entscheidung auf die Zukunft dadurch zu erkennen, daß es diese Entscheidung entfallen läßt, sobald der Betroffene entlassen ist (§ 48 S. 3)[78].

Beachtet man den dargestellten Gegenstand der richterlichen Entscheidung nach Art. 104 II GG, so erhellt, daß die Entscheidung bei einer FE, die innerhalb der Frist des Art. 104 II 3 enden soll, desto mehr an Gegenstand und Umfang und damit an Bedeutung verliert, je später sie ergeht. Sinnvoll erschiene eine solche Entscheidung nur, wenn sie möglichst frühzeitig innerhalb der Frist des Art. 104 II 3 erginge.

Es wäre lebensfremd, wenn man annehmen wollte, daß die Vorführung zur Entscheidung in den meisten Fällen einer polizeilichen FE sogleich nach der Festnahme erfolgen könnte. Zwar müßte, wenn Art. 104 GG eine Vorführung auch bei kurzfristigen FEen verlangen sollte, ein richterlicher Bereitschaftsdienst eingerichtet werden, so daß auch nachts und an den Feiertagen ein Richter zu erreichen wäre. Der Polizei stehen aber zu wenig Beamte und — in Großstädten und auf dem Lande, wo ein Transport erforderlich ist — auch zu wenig Transportmittel zur Verfügung, um in Gewahrsam genommene, sistierte oder vorgeführte Personen alsbald vor den Richter zu bringen. Wollte man wegen der überragenden Bedeutung des Rechtsguts der persönlichen Freiheit gleichwohl die Konzentrierung aller Kräfte der Polizei auf die Fälle von FEen verlangen, so führte Art. 104 II GG zur Lahmlegung der übrigen Tätigkeit der Polizei, was nicht der Zweck der Vorschrift sein kann. Da auch ein von Revier zu Revier oder von Land-

---

[76] „Der Richter hat entweder seine Freilassung anzuordnen oder einen schriftlichen Unterbringungsbefehl zu erlassen ..." Der Gesetzgeber hat aber nicht erkannt, daß nach Art. 104 II 1 GG grundsätzlich eine vorgängige richterliche Entscheidung nötig ist und regelt nur die Ausnahmefälle des Art. 104 II 2 GG (sowie die vor Inkrafttreten des AusfG angeordneten FEen): „Die Behörden, welche eine FE aufgrund eines Gesetzes ... vornehmen oder eine solche vor dem Inkrafttreten dieses Gesetzes angeordnet haben, sind verpflichtet, die Entscheidung des Vormundschaftsgerichts unverzüglich herbeizuführen ...", § 1 II. Aus diesem Abs. II kann entgegen *Dürig* nicht entnommen werden, daß das Gesetz der Überprüfungstheorie folgt.

[77] Dazu unten S. 160.

[78] Dagegen folgen das BrePolG (§ 11 II 1) und — ausweislich des Ausschlusses der Anfechtungsklage in § 22 IV 4 — das BWPolG der Überprüfungstheorie. Offen § 176 IV SHLVwG.

posten zu Landposten fahrender Richter kaum denkbar und vom Grundgesetzgeber gemeint sein dürfte, kann das „unverzüglich" in Art. 104 II 2 GG nur eine solche Beschleunigung gebieten, wie dasselbe Merkmal in § 128 StPO. Es müssen also die Verzögerungen in Kauf genommen werden, die sich aus dem Ablauf des Dienstbetriebes, insbesondere aus der sachgemäßen Organisation des Gefangenentransportwesens ergeben[79]. Diese Organisation schließt nicht nur — von einzelnen Dringlichkeitsfällen abgesehen — die zweckfremde Benutzung der Streifenfahrzeuge und sonstigen Einsatzfahrzeuge der Polizei zum Gefangenentransport aus, sondern gestattet es auch nicht, daß der Gefangenentransportwagen sogleich nach Meldung einer FE zu der Dienststelle fährt. Da dieser Wagen zahlreiche Reviere und Posten zu bedienen hat, ist eine sachgemäße Organisation nur in der Weise möglich, daß die einzelnen Dienststellen grundsätzlich im Rahmen einer „Tour"[80] abgefahren werden. Dies bringt es mit sich, daß für die Reviere und Posten nur wenige Male am Tag die Möglichkeit besteht, Gefangene zum Sitz des Gerichts transportieren zu lassen.

Hinzu kommt, daß der Richter trotz Einrichtung eines Bereitschaftsdienstes oft nicht sogleich mit der Entgegennahme der Sachverhaltsschilderung der Polizei und der Anhörung des Betroffenen beginnen könnte, sondern z. B. durch andere Amtsgeschäfte (laufende Vernehmungen, Verhandlungstermine usw.) daran gehindert wäre. Nicht zuletzt aus diesem Grunde steht die strafprozeßrechtliche Literatur auf dem Standpunkt, daß ein nach § 127 StPO vorläufig Festgenommener oder ein aufgrund Haftbefehls Ergriffener dem Richter „vorgeführt" im Sinne des § 128 bzw. der §§ 115, 115 a n. F. (114 b, 114 c a. F.) StPO ist, wenn die Polizei ihn in den Machtbereich des Richters (insbesondere in das Gerichtsgefängnis) gebracht hat, so daß der Richter die Möglichkeit hat, über die Person des Gefangenen zu verfügen, d. h. ihn durch das Personal des Gerichts körperlich vor sich

---

[79] Die strafprozeßrechtliche Literatur spricht von sachlich gerechtfertigten Verzögerungen, *Dünnebier* in Löwe-Rosenberg (ErgBd.). Erl. 4 zu §§ 115. 115 a n.F., vorher Erl. 3 b zu §§ 114 b, 114 c a.F. StPO: Eb. *Schmidt* (ErgBd.), Rdn. 7 zu § 115 n.F., vorher Rdn. 7 zu § 114 b a.F. StPO: *Müller* in KMR. Anm. 1 c zu § 115 n.F. StPO; schon *Lobe-Alsberg*, Anm. I 3 a zu § 114 b a.F. StPO; s. auch *Dürig*, in Maunz-Dürig, Rdn. 38 zu Art. 104 GG (dort auch zutreffend gegen die Anwendung der Legaldefinition des § 121 BGB für „unverzüglich"), wobei Transportschwierigkeiten ausdrücklich als sachliche Gründe der Verzögerung anerkannt werden von Eb. *Schmidt*, *Lobe-Alsberg* und *Dürig*, jeweils a.a.O., ähnlich *Dünnebier*, a.a.O. (ErgBd.), Erl. 5 zu §§ 115, 115 a n.F. (vorher Erl. 3 c zu §§ 114 b, 114 c a.F.) StPO.

[80] Soweit die strafprozeßrechtliche Literatur das Abwarten eines Sammeltransports einschränkt (*Dünnebier* in Löwe-Rosenberg [ErgBd.], Erl. 5 zu §§ 115, 115 a n.F., vorher Erl. 3 c zu §§ 114 b, 114 c a.F. StPO; *Lobe-Alsberg*, Anm. I 3 a zu § 114 b a.F. StPO: Eb. *Schmidt* [ErgBd.], Rdn. 8 zu § 115 n.F., vorher Rdn. 8 zu § 114 b a.F. StPO), bezieht sich dies auf *Eisenbahn*-Sammeltransporte (Schubwesen), *Dünnebier*, a.a.O.

bringen zu lassen[81]. Überdies würden Vorführung und Anhörung häufig durch Trunkenheit oder Renitenz des Zwangsgestellten verzögert werden.

Daraus ergibt sich einmal, daß in sehr vielen Fällen kurzfristiger FE der Grund bereits weggefallen wäre, ehe der Richter (nach Vorführung) entscheiden könnte. Aber selbst dann, wenn die Vorführung noch gelänge, bevor der Grund für die FE entfällt, erschiene eine richterliche Entscheidung, die dann nur noch für kürzeste Zeit Bedeutung hätte, wenig sinnvoll. Auch wenn der Haftgrund bis kurz vor Ablauf der Höchstfrist des Art. 104 II 3 GG fortbestünde, die Vorführung also wie bei einem vorläufig Festgenommenen im Dienstbetrieb ohne Schwierigkeiten bewerkstelligt werden könnte, deckte die richterliche Entscheidung meist nur den kürzeren Teil der gesamten FE, so daß ihre Herbeiführung ebenfalls nicht sehr sinnreich erschiene.

Zudem könnte die Vorführung leicht zur Verlängerung der FE führen. Jede FE darf nur so lange dauern, wie sie erforderlich ist. Gegen diesen Grundsatz verstieße es, wenn der Betroffene nicht sogleich entlassen werden könnte, wenn die Voraussetzungen der FE während der Vorführung wegfallen, was insbesondere beim Polizeigewahrsam im eigentlichen Sinne möglich ist (z. B. durch Beruhigung dessen, der zur Verhütung einer Straftat in Gewahrsam genommen wurde). Man müßte daher die mit dem Transport beauftragten Beamten zur Anordnung der Entlassung, also zur Verfügung über den VA der festnehmenden Dienststelle für befugt halten. Besteht beim Polizeigewahrsam im engeren Sinne nur diese Ungereimtheit, so wäre es in den Fällen, in denen der Freiheitsentzug nur Mittel zur Erreichung eines anderen Zweckes ist, mit dem Schutzzweck des Art. 104 II GG unvereinbar, wenn man, statt sofort mit der Feststellung der Personalien, der erkennungsdienstlichen Behandlung, der Gegenüberstellung usw. zu beginnen, den Zwangsgestellten erst — etwa weil der Gefangenenwagen gerade seine Runde macht, sonst eine Transportmöglichkeit besteht oder der Weg zum nahegelegenen Gericht zu Fuß

---

[81] *Dünnebier*, a.a.O. (ErgBd.), Erl. 3 zu §§ 115, 115 a n.F. StPO mit dem Hinweis, daß der Vorführende nicht über die Zeit des Richters verfügen kann und bei größeren Gerichten in der Regel gar nicht die Möglichkeit hat, mit dem Gefangenen selbst zum Richter zu gehen; Eb. *Schmidt* (ErgBd.), Rdn. 5 zu § 115 n.F. StPO mit dem Bemerken, die Richtigkeit der Ansicht *Dürigs* (in Maunz-Dürig, Rdn. 42 sub 4 b bb und Fn. 1 zu Art. 104 GG), der Festgenommene müsse innerhalb der Frist des Art. 104 III GG dem Richter persönlich gegenübergestellt werden, sei schon aus Gründen der Praktikabilität zweifelhaft; der Richter werde oft nicht in der Lage sein, sich mit der Angelegenheit eines ihm persönlich Gegenübergestellten zu befassen; ferner *Lobe-Alsberg*, Anm. I 2 zu § 114 b a.F. StPO; *Müller* in KMR Anm. 1 b zu § 115 n.F. StPO. — Gegen die Auslegung der Strafprozessualisten *Dürig*, a.a.O.

zurückgelegt werden kann — dem Richter vorführen wollte. Erklärte der Richter die weitere FE für zulässig, so könnte erst nach Rückkehr zur Dienststelle mit der Durchführung der bezweckten Maßnahmen begonnen werden, die FE wäre also um die zur Vorführung benötigte Zeit verlängert worden. Aber auch dann, wenn der Richter die weitere FE für unzulässig erklärte, hätte der Zwangsgestellte meist wenig gewonnen. Denn in der Zeit, die mit der Vorführung verbracht worden wäre, hätte in vielen Fällen auch der Zweck der FE — Feststellung der Personalien, Abnahme der Fingerabdrücke usw. — erreicht werden können. Ein solches Vorgehen wäre nicht nur mit dem Schutzzweck des Art. 104 II GG unvereinbar, sondern stünde auch in Widerspruch zu der Auslegung, die § 128 StPO erfahren hat. Die Anordnung der unverzüglichen Vorführung in dieser Vorschrift verbietet es unter anderem nicht, den Ergriffenen zu vernehmen und seine Personalien zu überprüfen[82]. Durch diese Maßnahmen kann der Tatverdacht beseitigt, bzw. die Fluchtgefahr ausgeräumt werden, so daß eine weitere Festhaltung und damit eine Vorführung vor den Richter überflüssig wird. Wenn hier also innerhalb der Vorführungsfrist Maßnahmen zur Vermeidung der Vorführung getroffen werden dürfen, so wäre es nicht recht verständlich, warum dies bei FEen, die innerhalb dieser Frist enden sollen, anders sein sollte, insbesondere warum vor einer Befragung und Überprüfung der Angaben zur Person erst eine Vorführung vor den Richter stattfinden müßte.

Die angestellten Überlegungen gelten im Grundsatz auch für die Fälle, in denen die Polizei noch nicht weiß, ob die FE länger als bis zum Ende des folgenden Tages dauern muß.

Die Vorführung des Festgenommenen vor den Richter führte somit in den meisten Fällen kurzfristiger FE zu Ergebnissen, die mit dem Zweck des Art. 104 GG nicht in Einklang stünden und vom Grundgesetzgeber kaum gewollt sein dürften.

c) Nachholung des rechtlichen Gehörs

Nun verlangt Art. 103 I GG allerdings nicht ausnahmslos eine Gewährung des rechtlichen Gehörs *vor* der Entscheidung. Die Gerichte erlassen nicht nur Entscheidungen, in denen ein bestimmter Sachverhalt abschließend beurteilt wird, sondern sind auch dazu berufen, vorläufige Maßnahmen zur einstweiligen Regelung regelungsbedürftiger Zustände und zur Sicherung öffentlicher oder privater Rechte zu treffen[83]. Aus dem Bereich der ZPO sind hier Arreste (§§ 916 ff.) und

---

[82] s. o. S. 107 Fn. 28.
[83] BVerfGE 9/89, 96 f.

einstweilige Verfügungen (§§ 935 ff.), aus dem Verfahren der Verfassungs- und Verwaltungsgerichte die einstweiligen Anordnungen (§ 32 BVerfGG, § 123 VwGO) und aus der StPO der Haftbefehl (§§ 112 ff.), die einstweilige Unterbringung (§ 126 a) und die Anordnung der Beschlagnahme (§§ 94 ff.) und der Durchsuchung (§§ 102 ff.) zu nennen; ähnliches gilt im Bereich der freiwilligen Gerichtsbarkeit[84], obwohl sich dort eine allgemeine Regelung des Instituts der einstweiligen Anordnung nicht findet. Diese Maßnahmen sind oft sehr eilbedürftig oder können ihren Zweck nur erfüllen, wenn der Betroffene nicht vor ihrer Vollziehung gewarnt wird. Daher darf dann vom Grundsatz vorheriger Anhörung desjenigen, in dessen Rechte eingegriffen wird, abgewichen werden, wenn anders die Erreichung des Zweckes der Maßnahme gefährdet wäre[85].

Art. 103 I GG und der Rechtsstaatsgedanke gebieten aber, daß der Betroffene in diesem Falle nachträglich gegen die angeordneten Maßnahmen angehen kann, das rechtliche Gehör also in einem „Nachverfahren“ nachgeholt wird[86]. Nach diesem Prinzip sind auch das FEG und die meisten Unterbringungsgesetze der Länder aufgebaut. Sie lassen eine einstweilige Unterbringung durch das Gericht ohne Anhörung des Betroffenen zu, schreiben aber unverzügliche Nachholung des Gehörs vor[87]. Man könnte daran denken, diese Gedanken auch auf die kurzfristige polizeiliche FE anzuwenden, weil auch hier die richterliche Entscheidung wegen der Kürze der zur Verfügung stehenden Zeit besonders eilbedürftig ist.

Zwei Wege wären dabei ins Auge zu fassen. Einmal könnte die Polizei einen schriftlichen Antrag und eine schriftliche Darstellung des Sachverhalts dem Gericht durch einen Boten übermitteln. Der Richter hätte aufgrund dieser Darstellung schriftlich zu entscheiden und dem Boten die Entscheidung mitzugeben. Dies brächte für die Polizei eine zusätzliche Schreibarbeit mit sich, die sich bei mehreren Zwangsgestellten oder beim Zusammentreffen mit anderen Amtsgeschäften als erhebliche Belastung auswirkte. Für die Übermittlung müßten Polizeibeamte und meist wohl auch Einsatzfahrzeuge herangezogen werden. Diese Dienstkräfte und Fahrzeuge lägen auf dem Weg zum und vom Gericht und während des Wartens auf den Richter und dessen Entscheidung für den eigentlichen Dienstbetrieb brach. Die Ab-

---

84 *Keidel*, Rdn. 75 zu § 12, 25 ff. zu § 19 FGG; H. *Keidel*, S. 187 f.; *Lent-Habscheid*, § 20 II 4 b; BayObLGZ 1961/262, 264.

85 BVerfGE 9/89, 98.

86 BVerfGE 9/89, 98; *Dürig* in Maunz-Dürig, Rdn. 46 zu Art. 103 Abs. I GG; H. *Keidel*, S. 191; *Röhl*, NJW 1964/276; *v. Winterfeld*, NJW 1961/850 f.

87 FEG § 11 II 2; BW § 18 II 2; Bre § 18 IV 3; Hess § 9 II 2; NW § 15 IV 2; RhPf 21 IV 2; SH § 19 II. Texte der Unterbringungsgesetze bei *Baumann*, UntR, S. 607 ff.

stellung von Beamten wäre besonders bei schwach besetzten Dienststellen auf dem Lande oft überhaupt nicht möglich[88]. Dieser Weg, an den E. E. Schneider denkt[89], ist daher für die Praxis kaum gangbar.

Der zweite Weg bestünde darin, daß die Polizei dem Gericht telefonisch ihren Antrag und einen Festnahmebericht übermittelte, der Richter aufgrund dieses Berichtes entschiede und seine Entscheidung der Polizei ebenfalls telefonisch — entweder sogleich oder durch Rückruf — mitteilte. Nach der VwGO und der ZPO wäre ein solches Verfahren nicht möglich, weil diese Gesetze auch beim Eilverfahren für Antrag und Entscheidung Schriftform vorschreiben[90]. Das FGG ließe dagegen die telefonische Übermittlung eines Antrags und einer präzisen, für eine Niederschrift geeigneten Sachdarstellung zu[91]. Hinsichtlich der Bekanntmachung und damit des Erlasses einer gerichtlichen Verfügung[92] ordnet das FGG für die Fälle, in denen mit der Bekanntmachung der Lauf einer Frist beginnt, Zustellung nach den Vorschriften der ZPO an (§ 16 II 1 FGG), beschränkt sich aber für die Fälle, in denen keine Frist in Lauf gesetzt wird, auf die Anweisung, daß in den Akten Art, Ort und Tag der Bekanntmachung vermerkt werden sollen (§ 16 II 2 FGG). Aus der letzteren Bestimmung leitet die überwiegende Meinung[93] mit Recht die Zulässigkeit einer formlosen mündlichen Bekanntmachung her, falls keine Frist zu laufen beginnt, denn dieser Satz enthält keine Beschränkung auf bestimmte Formen und stellt überdies eine bloße Sollvorschrift dar. Man wird aus Gründen der Rechtssicherheit lediglich verlangen müssen, daß der Richter entweder die Verfügung vor der mündlichen Eröffnung schriftlich abfaßt oder daß er zumindestens hinterher einen Vermerk anfertigt[94]. Läßt man die formlose mündliche Eröffnung zu, so müßte auch die Bekanntgabe unter Benutzung des Telefons gestattet sein. Diese Art der münd-

---

88 Einzel- oder Gruppenposten!

89 s. o. S. 109.

90 ZPO §§ 920, 922, 936; VwGO § 123 III i.V.m. § 920 ZPO; trotz Nichtaufnahme des § 922 ZPO in den Katalog der entsprechend anwendbaren Bestimmungen ergeht auch die einstweilige Anordnung durch Urteil oder schriftlich abzufassenden Beschluß, s. *Ule*, VwGbkt., Anm. IV zu 123 VwGO.

91 s. o. S. 111.

92 Dazu, daß der Erlaß einer Verfügung mit ihrer Bekanntmachung nach § 16 FGG zusammenfällt, s. statt aller *Lent-Habscheid*, § 24 I 2.

93 RGZ 115/172, 176; OLG (Braunschweig) 4/348; BayObLGZ 1958/204, 207 und 1952/101, 105; *Baur*, § 22 B II 1; *Jansen*, Anm. 13 zu § 16 FGG; *Keidel*, Rdn. 17 vor §§ 8—18, 4, 28, 42 a. E. zu § 16 FGG; *Pikart-Henn*, S. 92; a. A. *Schlegelberger*, Rdn. 2, 40 zu § 16 FGG (arg. 16 III FGG — Recht auf Erhalt einer Abschrift — setze das FGG die schriftliche Abfassung einer Verfügung als selbstverständlich voraus).

94 BayObLGZ 1958/204, 207; *Keidel*, Rdn. 17 vor §§ 8—18, 4 zu § 16 FGG; *Pikart-Henn*, a.a.O.; s. auch *Baur*, a.a.O. — Zu den Bedenken gegen die Unterlassung einer schriftlichen Festlegung s. schon OLG (Braunschweig) 4/348 f.

lichen Bekanntmachung ist bislang noch nicht Gegenstand einer veröffentlichten Entscheidung gewesen und wird auch in der Literatur nicht erörtert.

Die Bekanntmachung muß, um die Wirksamkeit der Verfügung herbeizuführen, an denjenigen erfolgen, für den sie ihrem Inhalt nach bestimmt ist, § 16 I FGG, d. h. an denjenigen, auf dessen rechtliche Beziehungen die Verfügung unmittelbar einwirken will[95], dem sie bekannt sein muß, wenn sie ihren Zweck erfüllen soll[96]. Da die Zulassung einer (weiteren) FE die persönliche Freiheit des Festgenommenen unmittelbar berührt, ist Bekanntmachung an ihn nötig, daneben auch an die Polizei, die das Festhalterecht in Anspruch nimmt und die Verfügung des Richters kennen muß, um ihr Wirksamkeit zu verschaffen[97].

Es könnte somit wohl als ausreichende Bekanntmachung angesehen werden, wenn der Richter auf einen telefonischen Antrag und eine telefonische Sachverhaltsschilderung der Polizei hin über die Zulässigkeit der FE Beschluß faßte, diese Entscheidung — sei es nach schriftlicher Abfassung oder mit nachfolgendem Vermerk[98] — der Polizei telefonisch mitteilte[99] und die Polizei als Botin des Richters den Festgenommenen von der Verfügung in Kenntnis setzte.

Ein Verfahren wie das eben dargestellte schwebt O. *Franz*[100] und wohl auch *Dürig*[101] und *Ule*[101] vor. Es ist aber bislang noch von keinem Gesetzgeber vorgesehen worden. Das FEG und sämtliche Unterbringungsgesetze der Länder[102] sehen auch für Eil- und Notfälle keine telefonische, wie überhaupt keine mündliche Bekanntmachung vor; einige dieser Gesetze kennen als Erleichterung gegenüber der Regelung für Normalfälle (Zustellung des Beschlusses[103] oder Verkündung[104]) nur das Wirksamwerden des — somit notwendigerweise schriftlichen — Beschlusses mit der Übergabe an die Geschäftsstelle zur Bekanntmachung[105].

---

95 *Keidel*, Rdn. 12 zu § 16 FGG; *Lent-Habscheid*, § 25 III; *Schlegelberger*, Rdn. 25 zu § 16 FGG.

96 *Schlegelberger*, a.a.O.

97 *Bettermann*, GR III, 2/884 sieht nur den Betroffenen als Adressaten der richterlichen Verfügung an.

98 Bei einem Sistierten wüßte er allerdings noch nicht einmal den Namen!

99 Das gilt nicht nur für den Einzelrichter. sondern auch für die Kammer des Verwaltungsgerichts. Der Richter, der die telefonische Darstellung und den Antrag entgegennimmt, müßte den beiden anderen Richtern (§ 4 II 2 VwGO) berichten. Nach der Beschlußfassung hätte einer der Richter die Entscheidung der Polizei mitzuteilen.

100 NJW 1966/240 (s. o. S. 109).

101 s. o. S. 108 f.

102 Abgedruckt bei *Baumann*, UntR, S. 607 ff.

103 *Baumann*, a.a.O., S. 410.

104 § 8 BlnUntG.

105 BWUntG §§ 5 III 4, 18 III 2; BlnUntG § 14 II; BreUntG § 14 II.

Bei der Prüfung, ob eine richterliche Entscheidung ohne Anhörung des Betroffenen durch den Richter bei der kurzfristigen FE ausreicht, muß davon ausgegangen werden, daß jede richterliche Entscheidung, die ohne Gewährung rechtlichen Gehörs ergeht, ihrem Wesen nach nur vorläufig sein kann[106]. Die Gewährung des rechtlichen Gehörs muß von Amts wegen oder — was das BVerfG für ausreichend hält[107] — auf Antrag des Betroffenen nachgeholt werden.

Diesem Verhältnis der vorläufigen Entscheidung zum Nachverfahren entspricht auf dem Gebiet der Eingriffe in die persönliche Freiheit zunächst der Fall der FE, die auf eine gewisse Dauer gerichtet ist. Ordnet der Richter hier in einem Eil- und Notfall zunächst einmal aufgrund einseitigen Vortrags der Behörde eine FE an, so muß das rechtliche Gehör nachgeholt werden, sobald die Möglichkeit dazu besteht; der Betreffende kann sich mithin gegen die noch andauernde FE zur Wehr setzen und gegebenenfalls erreichen, daß sie aufgehoben, die provisorische, ohne rechtliches Gehör ergangene Entscheidung also korrigiert wird. Die kurzfristige FE unterscheidet sich hinsichtlich des Verhältnisses von provisorischer Entscheidung und Nachverfahren von dieser Fallgestaltung aber grundlegend. Bei der kurzfristigen FE ist der Betroffene bereits entlassen, wenn das rechtliche Gehör im Nachverfahren nachgeholt werden könnte. Zu dieser Zeit ist die Maßnahme, zu deren Anordnung der Betroffene gehört werden soll, bereits erledigt, ihre Aufhebung also gar nicht mehr möglich und damit der Zweck des Nachverfahrens, die Korrektur der provisorischen Anordnung zu ermöglichen[108], nicht mehr zu erreichen. Das Nachverfahren hätte somit nur noch Bedeutung als Gewährung nachträglichen Rechtsschutzes, etwa in Form einer Feststellung bei Wiederholungsgefahr oder als Voraussetzung für Ersatzansprüche. Hierfür eine Zuständigkeit des Gerichts zu begründen, ist aber nicht Sinn des Art. 104 II GG, weil bereits Art. 19 IV GG eingreift. Da das Nachverfahren innerhalb des präventiven Rechtsschutzes des Art. 104 II GG seinen Sinn verloren hätte, zeigt sich, daß bei der kurzfristigen FE die ohne rechtliches Gehör ergangene und deshalb ihrem Wesen nach provisorische Entscheidung des Richters für Art. 104 II GG die endgültige, nicht mehr korrigierbare Entscheidung des Richters darstellte. Die Frage spitzt sich also darauf zu, ob ein solcher wesensmäßig provisorischer, bei der kurzfristigen FE aber notwendigerweise endgültiger Richterspruch unter den Begriff der Entscheidung im Sinne des Art. 104 II 2 GG fällt.

---

[106] BVerfGE 9/89, 106.
[107] BVerfG a.a.O., S. 98, 106.
[108] BVerfGE 9/89, 98; H. *Keidel*, S. 196; *Schwarz-Kleinknecht*, Einl. 1 F f.

Dafür könnte die Überlegung sprechen, die kurze im Rahmen des Art. 104 II 3 GG zur Verfügung stehende Zeit lasse zumeist nur eine solche wesensmäßig vorläufige Entscheidung zu, so daß hier gar keine anders geartete Entscheidung gemeint sein könne; es liege insoweit ebenso wie beim Arrest und bei der einstweiligen Verfügung nach der ZPO und der einstweiligen Anordnung nach der VwGO und dem FGG. Bei einer solchen Überlegung übersähe man aber, daß Arrest, einstweilige Verfügung und einstweilige Anordnung für Lebenssachverhalte vorgesehen sind, in denen ohne das Eingreifen der Gerichte gar keine Maßnahmen zum Schutze der gefährdeten Rechtsgüter getroffen werden könnten[109]. Dagegen kann im Falle der FE die Polizei — wenn der Richter nicht vorher angerufen werden kann — die notwendige Maßnahme selbst treffen, während die nachfolgende Einschaltung des Richters nach Art. 104 II 2 GG Rechtsschutz gegen die weitere Durchführung der FE gewähren soll[110]. Folglich ist nicht wie bei den Eilmaßnahmen nach der ZPO, der VwGO und dem FGG die Schnelligkeit beim Erlaß der sichernden Anordnung entscheidend — mit der es sich verträgt, daß auch einmal zunächst ohne Anhörung des Betroffenen eine vorläufige Entscheidung getroffen wird —, sondern es kommt entscheidend auf den Rechtsschutzeffekt an. Daher kann bei der kurzfristigen polizeilichen FE von dem Umstand, daß innerhalb der verfügbaren Zeit zumeist nur eine provisorische Entscheidung getroffen werden könnte, nicht darauf geschlossen werden, daß eine solche Verfügung des Richters unter den Begriff der „Entscheidung" im Sinne des Art. 104 II 2 GG fällt, vielmehr hängt die Beantwortung dieser Frage in erster Linie davon ab, welchen Rechtsschutz der provisorische Richterspruch bietet. Sollte der Rechtsschutzeffekt fehlen oder un-

---

[109] Der Gläubiger darf sich nicht selbst des Vermögens oder der Person des Schuldners versichern; das Selbsthilferecht dient nur der Herbeiführung des Arrests (§§ 229 f. BGB). Er darf nicht selbst den bestehenden Zustand aufrechterhalten, um sein Recht zu sichern, sondern muß eine einstweilige Verfügung nach § 935 ZPO erwirken. Der Unterhaltsgläubiger darf sich seinen Unterhalt bis zur vollstreckbaren Entscheidung nicht selbst aus dem Vermögen des Schuldners verschaffen, vielmehr bedarf es einer einstweiligen Verfügung nach § 940 ZPO. Entsprechendes gilt für den Bereich der VwGO (§ 123). Drohende Unterschlagungen des Vormunds können nur durch dessen sofortige Suspendierung verhindert (s. *Lent-Habscheid,* § 20 II 4 b), Gefahren durch Mißbrauch des Sorgerechts nur durch sofortige Entziehung der Personensorge (§ 1666 I BGB) abgewendet werden.

[110] Dazu, daß die Entscheidung nach Art. 104 II 2 GG Rechtsschutzfunktion hat, s. nur BVerfGE 10/302, 322 f., 324, 325 („formale Schutznormen, verfassungsrechtlich gewährleisteter Rechtsschutz, gerichtlicher Schutz, Verfahrensschutz"); BVerwGE 1/229, 231 („besondere Rechtsschutzgarantie des Art. 104 GG"); BGHZ 5/46, 49; VG Freiburg, DVBl. 1951/313, 314; *Bachof,* DÖV 1952/394; *Bettermann,* GR III, 2/879; *Dürig* in Maunz-Dürig, Rdn. 25 zu Art. 104 GG.

bedeutend sein, so wäre zu schließen, daß eine richterliche Entscheidung in diesen Fällen nicht nötig ist[111].

Ein Richterspruch, der nur auf der Sachverhaltsschilderung eines Beteiligten — der Polizei — beruht, kann die Rechtsschutzfunktion der Entscheidung nach Art. 104 II 2 GG kaum ausreichend erfüllen[112]. Muß man der Behörde hinsichtlich der korrekten Darstellung des Sachverhalts vertrauen, so kann man auch gleich auf die zur Formalität degradierte richterliche Zustimmung verzichten und die FE ganz der Polizei überlassen. Auch die Überlegung, die genaue Beachtung der Festnahmevorschriften werde gefördert, wenn der Festnehmende schon im Zeitpunkt seines Einschreitens weiß, daß der Richter auf jeden Fall eingeschaltet wird[113], kann zugunsten der Qualifizierung der Zustimmung als Entscheidung im Sinne des Satzes 2 nicht ins Feld geführt werden, weil wegen der aus einseitigem Vortrag bestehenden Entscheidungsgrundlage der richterlichen Verfügung nach Abs. II 2 ein solcher Kontroll- und „Edukations"effekt nur von dem Nachverfahren zu erwarten wäre, das aber wegen seines repressiven Charakters aus dem Rahmen des Abs. II herausfällt.

Zu dem Begriff der „Entscheidung" gehört, daß der Richter in vollem Umfang die Verantwortung für die betreffende Maßnahme übernimmt[114]. Hat der Richter aufgrund der Darstellung des Sachverhalts durch nur einen Beteiligten eine Verfügung zu treffen, so kann er nur eine Entscheidung unter der Bedingung, daß der geschilderte Sachverhalt zutrifft, verantworten, mithin nur eine provisorische Entscheidung, die in einem Nachverfahren abgeändert werden kann. Erläßt er bei einer solchen Entscheidungsgrundlage eine nicht mehr korrigierbare Anordnung, so trägt, wenn man die genannte Bedingung berücksichtigt, genau betrachtet nicht der Richter, sondern die Behörde, die dem Richter die Fakten schildert, die Verantwortung für die richterliche Anordnung.

---

[111] Anders liegt es, wie hier eingefügt werden soll, dann, wenn die Frist des Art. 104 II 3 GG abzulaufen droht, die FE aber fortdauern soll. Da es an einer Befugnis der Polizei für eine längere Festhaltung fehlt, so daß der Betroffene entlassen werden müßte, wenn der Richter nicht vor Ablauf der Frist die (weitere) FE für zulässig erklärte, hat die richterliche Entscheidung hier, wie bei den Eilmaßnahmen nach den Prozeßgesetzen, selbst den Charakter einer Notmaßnahme; deshalb ist in diesen Fällen ein summarisches Verfahren für zulässig zu erachten.

[112] Bezeichnenderweise schreibt § 230 III BGB bei der Festnahme des fluchtverdächtigen Schuldners, die der polizeilichen Festnahme insoweit entspricht, als die Einschaltung des Richters (auch) dem Rechtsschutz gegen die Fortdauer der FE dient, vor, daß der Festgenommene dem Richter vorzuführen ist, so daß der persönliche Sicherheitsarrest hier nur nach Anhörung des Betroffenen angeordnet werden kann.

[113] So O. *Franz*, NJW 1966/240; ähnlich *Baerensprung*, S. 67 f.

[114] BVerfGE 10/302, 310; NJW 1968/243, 244 li. Sp.

Eine richterliche Verfügung, die — sei es schriftlich, sei es telefonisch — aufgrund eines Telefongesprächs oder einer von einem Boten übermittelten Sachverhaltsdarstellung der Polizei ergeht und bei der keine Möglichkeit bestünde, sie noch vor ihrer Erledigung durch Nachholung des rechtlichen Gehörs zu korrigieren, hätte mit dem herkömmlichen Bild einer auf sorgfältiger Sachverhaltsfeststellung und Abwägung der Standpunkte beruhenden richterlichen Entscheidung im Sinne des deutschen Prozeßrechts — auch des FGG — so wenig gemein, daß dem Parlamentarischen Rat nicht unterstellt werden kann, er hätte bei Art. 104 II 2 GG (auch) eine solche Verfügung ausreichen lassen wollen.

Auch diese Überlegungen zur summarischen Entscheidung gelten ebenso für FEen, von denen die Polizei noch nicht weiß, ob die Frist des Art. 104 II 3 GG überschritten werden muß. Dauert die FE tatsächlich länger als bis zum Ende des folgenden Tages, so stellte die summarische Verfügung zwar eine vorläufige und wohl meist noch nach nachträglicher Anhörung korrigierbare Entscheidung dar. Da wegen der Überschreitung der Frist des Art. 104 II 3 GG aber ohnehin eine richterliche Entscheidung herbeigeführt werden muß, läge der Vorteil einer richterlichen Verfügung zu einem Zeitpunkt, zu dem die Polizei selbst noch nicht die Dauer der FE absehen kann, nur darin, daß für die kurze Zeitspanne bis zu dem Zeitpunkt, zu dem die Polizei die Notwendigkeit der Fortdauer der FE erkennt, ein minimaler Rechtsschutz gewährt würde. Die Ansicht, die Polizei müsse den Richter schon anrufen, bevor feststeht, daß die FE länger als bis zum Ende des folgenden Tages dauern muß, führte auch deshalb zu einem untragbaren Ergebnis, weil die erste Verfügung des Richters alsbald — nämlich nachdem die Notwendigkeit der Fortdauer erkennbar ist — durch eine neue richterliche Entscheidung — sei es eine „endgültige" nach Vorführung (insbesondere Haftbefehl), sei es eine weitere summarische wegen drohenden Fristablaufs[115] — abgelöst werden müßte, der Richter also innerhalb der Frist des Art. 104 II 3 GG zweimal tätig werden müßte.

d) Folgerungen aus den verfahrensrechtlichen Möglichkeiten

Somit ergibt sich, daß eine auf summarischem — schriftlichem oder telefonischem — Verfahren beruhende richterliche Willenserklärung bei kurzfristigen FEen keine „Entscheidung" im Sinne des Art. 104 II 2 GG darstellt. Eine solche Entscheidung liegt bei einer kurzfristigen FE, bei der ein schriftliches Verfahren ausscheidet, nur vor, wenn der

---

[115] s. o. S. 126 Fn. 111.

Festgenommene vor dem Richter Gelegenheit zur Äußerung erhält. Da eine derartige Anhörung bei FEen, die in der Frist des Art. 104 II 3 GG enden, oder deren Fortdauer noch nicht feststeht, zumeist zu Ergebnissen führte, die mit Sinn und Zweck des Art. 104 II GG kaum zu vereinbaren sind, zeigt die Überprüfung der zur Verfügung stehenden Verfahrensmöglichkeiten, daß in allen Fällen kurzfristiger FE die Herbeiführung einer richterlichen Entscheidung von Art. 104 II 2 GG nicht geboten sein kann. Sie bestärkt damit das Ergebnis, das sich aus dem vom Parlamentarischen Rat verfolgten Ziel ergab, FEen *auf Dauer* ohne richterliche Mitwirkung zu verhindern.

5. Ergebnis

Nach alledem ist festzustellen, daß Art. 104 II 2 GG zwar auch im Rahmen des Abs. II 3 gilt, daß aber die Polizei keine richterliche Entscheidung herbeizuführen braucht, wenn sie den Betroffenen innerhalb der Frist des Art. 104 II 3 GG wieder entläßt und wenn (und so lange) sie sich noch nicht darüber im klaren ist, ob sie die FE über diese Frist hinaus andauern lassen will.

Diese Auslegung, bei der es sich im Grunde nur um eine vom Einzelfall losgelöste Interpretation des Begriffs „unverzüglich" in Art. 104 II 2 GG handelt, führt zwar dazu, daß der Polizei im Rahmen des Art. 104 II 3 GG ein selbständiges Festhalterecht zugestanden wird. Auch sie trägt aber dem Willen des Parlamentarischen Rates Rechnung, die Polizei durch Festsetzung einer Maximalfrist besonders zu beschränken[116], weil den anderen Verwaltungsbehörden, die eine FE ohne richterliche Entscheidung vornehmen, im Einzelfall im Rahmen des Begriffs „unverzüglich" ein weiterer Spielraum für die Herbeiführung der nachträglichen richterlichen Entscheidung oder die Abwicklung einer kürzeren FE in eigener Zuständigkeit zur Verfügung steht als der Polizei.

Daß der Parlamentarische Rat nicht die Absicht hatte, ein eigenes Festhalterecht der Polizei auch für kürzere Maßnahmen auf jeden Fall auszuschließen, zeigen die Äußerungen des Abgeordneten Zinn in der 8. Sitzung des Rechtspflegeausschusses. Wenn Zinn erklärte[117], der letzte Satz des Art. 136 a I (später Art. 104 II 3 GG) solle das Recht der Polizei, von dem allgemeinen Recht der Festnahme Gebrauch zu machen, zeitlich begrenzen, und es müsse Grundsatz sein, daß die Polizei niemanden länger in Haft behalten soll, sowie, es sei hier an

---

[116] s. o. S. 40 und 101.

[117] Mitgeteilt bei Holtkotten, BK, Erl. I zu Art. 104 GG, S. 4 (s. o. S. 101 Fn. 5).

den Fall gedacht, daß die Sicherheitspolizei einen Mann über eine normale Frist hinaus in polizeilichem Gewahrsam halte, so läuft dies auf die Anerkennung einer Befugnis der Polizei hinaus, Personen für „kürzere" Zeit bzw. innerhalb einer „normalen Frist" kraft eigenen Rechts festzuhalten. Die Benachteiligung der Polizei durch Festsetzung einer Maximalfrist in Art. 104 II 3 GG für die Herbeiführung einer richterlichen Entscheidung bezieht sich also nur auf Fälle, in denen die FE länger andauern soll. Diese Einschränkung verkennen *Dürig*[118] und *Ule*[119], wenn sie zur Begründung der Gegenmeinung[120] allgemein geltend machen, Art. 104 II 3 GG beschränke die Polizei zusätzlich, verleihe ihr aber keine besonderen Machtbefugnisse.

Baerensprung[121] meint, bei Anerkennung eines selbständigen Festhalterechts der Polizei wäre Art. 104 II 2 GG überflüssig, denn die Notwendigkeit richterlicher Mitwirkung bei einer FE, die 48 Stunden überschreite, ergebe sich bereits aus Satz 3. Diese Meinung beruht auf der mit Entstehungsgeschichte und Aufbau des Abs. II nicht zu vereinbarenden Gleichsetzung aller übrigen Verwaltungsbehörden mit der Polizei und der daraus resultierenden Anwendung des Satzes 3 auf sämtliche FEen durch die Exekutive[122]. Erkennt man dagegen, daß Satz 3 einen engeren Anwendungsbereich als Satz 2 haben muß, so erweist sich dieser Einwand als unbegründet.

C. Rechtslage in Hessen und Schleswig-Holstein sowie in Berlin, Bremen, Rheinland-Pfalz und dem Saarland

I. Das Polizeirecht in Hessen und Schleswig-Holstein sieht die Herbeiführung einer richterlichen Entscheidung auch bei kurzfristigen FEen vor[1], weil die Gesetzgeber eine solche Regelung für von Art. 104 II GG geboten hielten[2]. Das Verhältnis dieser Vorschriften zu Art. 104 II GG wird von Art. 31 GG bestimmt, nach dem Bundesrecht Landesrecht bricht. Landesrecht wird nur insoweit „gebrochen", als es dem

---

118 In Maunz-Dürig, Rdn. 41 sub d aa zu Art. 104 GG.

119 *Ule-Rasch*, Rdn. 76 zu §§ 15—17 PrPVG.

120 s. o. S. 98.

121 S. 67.

122 *Baerensprung*, S. 60—62. — Die Tendenz der Gesetzgebung geht heute zu einer solchen Gleichschaltung in der Höchstfrist, vgl. z. B. § 13 I FEG. — Vgl. o. S. 100 f., 101 Fn. 5 a. E.

1 HessSOG §§ 46 S. 2 2. Hs., 48, 49; SHLVwG §§ 176 IV, 180 IV (s. o. S. 98 f.).

2 Begründung zum E-HessSOG, HessLT, V. WP, Abt. I Drucks. Nr. 815 S. 38 („§ 48 ... trägt Art. 104 II GG Rechnung. Die Entscheidung ist unverzüglich herbeizuführen, auch dann, wenn vorausgesehen werden kann, daß die Verwahrung innerhalb der in § 49 I vorgesehenen Frist endet"); s. SHLVwG § 176 IV („Eine nach Art. 104 II GG notwendige richterliche Entscheidung ist unverzüglich herbeizuführen").

Bundesrecht widerspricht[3] — oder, wie sich wohl aus Art. 142 GG ergibt, mit ihm übereinstimmt[4] —. Ob ein Widerspruch vorliegt, ergibt sich aus der Tragweite des Bundesrechts[5]. Art. 104 II GG dient ausschließlich dem Schutz der Gewaltunterworfenen; er bezweckt nicht, auch der öffentlichen Gewalt die aufgeführten Fristen und Ausnahmen vom Erfordernis der richterlichen Entscheidung zu garantieren. Die Vorschrift ist folglich als bundesverfassungsrechtliche Mindestgarantie aufzufassen. Daher liegt ein Widerspruch zu Art. 104 II GG nur vor, wenn eine landesrechtliche Vorschrift zum Nachteil des Festgenommenen abweicht, nicht aber, wenn sie eine für den Betroffenen günstigere Regelung enthält. Zu diesem Ergebnis führt auch die Überlegung, daß Art. 104 GG wegen seines Zusammenhangs mit Art. 2 II 2 und 3 GG zu den Grundrechtsvorschriften des Grundgesetzes gehört[6] und daß diese Grundrechtsbestimmungen einen Mindeststandard darstellen, der vom Landesrecht — also nicht nur vom Landesverfassungsrecht — angehoben werden kann[7]. Die genannten hessischen und schleswig-holsteinischen Vorschriften sind mithin für den Bereich des Landespolizeirechts gültig.

In Schleswig-Holstein kann den praktischen Schwierigkeiten bei der Herbeiführung einer richterlichen Entscheidung über die Zulässigkeit einer kurzfristigen FE Rechnung getragen werden. Mangels strengerer landesrechtlicher Vorschriften wird eine — freilich wenig sinnvolle — summarische Entscheidung der genannten Art für ausreichend erachtet werden müssen, mag sie schriftlich oder telefonisch vorab mit schriftlicher Bestätigung ergehen[8]. Nach Art. 19 II 1 (1. Hs.) der hessischen Verfassung vom 1. 12. 1946[9] ist jeder Festgenommene binnen 24 Stunden dem Richter zuzuführen. Diese Bestimmung bezieht sich auch auf

---

[3] *Bernhardt*, BK (Zweitbearbeitung), Rdn. 23 (auch 36) zu Art. 31 GG; *Giese-Schunck*, Anm. II 1 zu Art. 31 GG; *Hamann*, Anm. B 2 zu Art. 31 GG; *v. Mangoldt*, Anm. 1 und 2 zu Art. 31 GG; *Maunz* in Maunz-Dürig, Rdn. 13 zu Art. 31 GG; *Anschütz*, Anm. 3 b, d zu Art. 13 WRV.

[4] Str.; Streitstand bei *Bernhardt*, a.a.O., Rdn. 35 und *Maunz*, a.a.O., Rdn. 14.

[5] s. *Anschütz*, Anm. 3 c zu Art. 13 WRV; *Bernhardt*, a.a.O., Rdn. 23, 36; *Maunz*, a.a.O.

[6] Dazu sogleich im Text.

[7] Abgeordnete Laforet und Schmid im Hauptausschuß des Parlamentarischen Rates (6. Sitzung v. 19. 11. 1948, Verhandlungen des Hauptausschusses, S. 75 f.); beschränkt auf das Landes*verfassungs*recht (wohl nur wegen des Zusammenhangs der Erörterungen mit Art. 142 GG): OVG Koblenz AS 2/29, 34; *Dürig* in Maunz-Dürig, Rdn. 42 sub d zu Art. 104 GG; *Hamann*, Anm. 4 zu Art. 142 GG; *Holtkotten*, Erl. II 2 a, 4 zu Art. 142 GG; E. *Kern*, GR II/54 (sub C); *v. Mangoldt*, Anm. 2 zu Art. 142 GG m. zahlreichen Nachw.; *Maunz*, § 13 II 4 b und § 29 II 4; *Süsterhenn-Schäfer*, Anm. 2 zu Art. 5 RhPfVerf.; *Zinn-Stein*, Vorbem. VII 4 vor Art. 1 HessVerf. — Zur Wirksamkeit weitergehender Landes*grund*rechte auch BVerfGE 1/264 (Leitsatz 6), 280 f.

[8] s. o. S. 121—123.

[9] GVBl. S. 229.

Festnahmen aufgrund Polizeirechts[10]. Für ihr Verhältnis zu Art. 104 II GG gilt ebenfalls Art. 31 GG. Wie die §§ 46 S. 2, 2. Hs., 48, 49 HessSOG ist daher auch Art. 19 II HessVerf. als die gegenüber Art. 104 II GG günstigere Regelung für die polizeiliche FE nach Landesrecht in Kraft geblieben. Entgegen der h. M.[11] ergibt sich dies jedoch nicht aus Art. 142 GG. Zwar gilt Art. 142 GG auch für solche Grundrechte der Landesverfassungen, die sich im GG nicht im I. Abschnitt finden[12], und damit auch für das Verhältnis des Art. 19 II HessVerf. zu Art. 104 GG, weil dieser durch die nur aus redaktionellen Gründen vorgenommene räumliche Trennung von Art. 2 II GG seinen Grundrechtscharakter nicht verloren hat[13]. Art. 142 GG greift aber nur ein, wenn der Fall des Art. 31 GG vorliegt[14], das Landes(grund)recht also dem Bundes(grund)-recht widerspricht oder — insoweit zweifelhaft — mit ihm übereinstimmt und daher ohne den Art. 142 GG aufgehoben wäre. An einem solchen Widerspruch zu Art. 104 II GG fehlt es aber hier gerade[15]. In Hessen kann daher eine schriftliche oder telefonische Entscheidung ohne Anhörung des Festgenommenen nur innerhalb der 24-Stunden-Frist des Art. 19 II HessVerf. genügen, solange sachliche Gründe einer Vorführung entgegenstehen (Transportwesen, Trunkenheit, Renitenz, bei der Sistierung wohl auch Aussicht, die Personalien in derselben Zeit feststellen zu können, die mit der Vorführung verbracht werden müßte). Soll der Betroffene im Rahmen des Art. 104 II 3 GG (= § 49 I HessSOG) festgehalten werden, so muß er dem Richter vorgeführt werden.

II. In Rheinland-Pfalz ist die Frist, in der die Polizei eine Person ohne richterliche Entscheidung festhalten darf, gegenüber Art. 104 II 3 GG auf 24 Stunden verkürzt; überdies muß der Betreffende dem Richter vorgeführt werden (Art. 5 II 1 RhPfVerf.)[16]. Die Verfassungen von Bayern, Berlin, Bremen und dem Saarland stimmen zwar in der Frist mit Art. 104 II 3 GG überein, ordnen aber ebenfalls die Vor-

---

[10] *Zinn-Stein*, Anm. 3 zu Art. 19 HessVerf. (s. o. S. 114).

[11] s. Fn. 7.

[12] So jetzt auch BVerfG, NJW 1967/1955 m. w. Nachw.; BayObLGZ 1956/425, 431; *Dürig* in Maunz-Dürig, Rdn. 42 sub d zu Art. 104 GG.

[13] *Dürig* in Maunz-Dürig, Rdn. 1 sub 2 zu Art. 104 GG; *Holtkotten*, BK, Erl. II A 1 zu Art. 104 GG; BVerwGE 1/229, 231; 4/196, 197; BayObLGZ 1956/425, 431; s. auch BVerfGE 10/302, 322; 14/174, 186. Entstehungsgeschichtlich *v. Doemming-Füßlein-Matz*, JöR NF 1/745 f.

[14] „Ungeachtet der Vorschrift des Art. 31 ..."

[15] *Nawiasky-Leusser* (ErgBd.), Erl. zu Art. 102 (S. 111 a.E.) gehen ohne Begründung von der Weitergeltung der Vorführungsbestimmung des Art. 102 II 1 BayVerf. aus.

[16] Dazu, daß die Vorschrift auch präventiv-polizeiliche FEen erfaßt, s. o. S. 114. Zur Weitergeltung s. die vorstehenden Ausführungen zu Art. 19 HessVerf.

führung des Festgenommenen an[17]. Daher reicht in diesen Ländern eine auf anderem Wege erlangte richterliche Entscheidung auch in Dringlichkeitsfällen (drohender Fristablauf) nicht aus.

8. Kapitel

Die Freiheit soll dem Betroffenen erst entzogen werden

I. Notwendigkeit einer vorgängigen richterlichen Entscheidung

Umfaßte Art. 104 II GG nur die Sätze 2 und 3 — wie noch Abs. IV des vom Unterausschuß des Grundsatzausschusses entworfenen Art. 3[1] — so könnte man daran zweifeln, ob grundsätzlich *vor* jeder FE der Richter zu entscheiden hätte. Der Rechtspflegeausschuß hat jedoch diesen beiden Sätzen den Satz 1 hinzugefügt („Über die Zulässigkeit und Fortdauer einer FE hat nur der Richter zu entscheiden")[2] und damit das maßgebende Prinzip vorgängiger richterlicher Entscheidung aufgestellt[3]. Damit erhielten die Sätze 2 und 3 den Charakter von Ausnahmen von Satz 1. Diese Ausnahmen haben zwar im wesentlichen verfahrensrechtliche Bedeutung; aus einem Vergleich zwischen dem Satz 1 und den Ausnahmebestimmungen ist aber auch eine grundsätzliche materielle Voraussetzung einer jeden FE ohne vorgängige richterliche Entscheidung zu entnehmen[4]: Aus der Bestimmung des Satzes 2, die nach Satz 1 grundsätzlich vor der FE einzuholende richterliche Entscheidung unverzüglich herbeizuführen, d. h. nachzuholen, ergibt sich, daß eine FE ohne vorgängige richterliche Entscheidung nur vorgenommen werden darf, wenn eine solche vorherige Entscheidung nicht möglich ist und daher dem Gebot des Satzes 1 nicht entsprochen werden kann. Die Ausnahmetatbestände der Sätze 2 und 3 beziehen sich daher nur auf Fälle, in denen die FE keinen Aufschub duldet, also nur auf Notfälle. Dieser zwingende, auch von BVerfG und BVerwG gezogene Schluß[5] aus dem Aufbau des Abs. II führt dazu, daß die Polizei auch zu einer kurzfristigen FE nach Polizeirecht von sich aus nur schreiten darf, wenn der Richter nicht mehr rechtzeitig entscheiden kann.

---

[17] Bayern Art. 102 II 1; Berlin Art. 9 III; Bremen Art. 5 IV 1; Saarland Art. 13 II 1; vgl. o. S. 114.

[1] Text o. S. 105 Fn. 23.

[2] Vorschlag des Abgeordneten Dr. Strauß in der 7. Sitzung des Rechtspflegeausschusses v. 6. 12. 1948 (*v. Doemming-Füßlein-Matz*, JöR NF 1/746 f.).

[3] BVerfGE 10/302, 321; allg. M., vgl. nur *Dürig* in Maunz-Dürig, Rdn. 23 und *Holtkotten*, BK, Erl. II C 3 a je zu Art. 104 GG.

[4] *Dürig*, a.a.O., Rdn. 34 zu Art. 104 GG.

[5] BVerfGE 10/302, 309 u. 323; BVerwGE 4/196, 199.

II. Auswirkungen auf die Polizeigesetze

1. Freiheitsentziehung aus eigenem Entschluß der Polizei

Diesem Grundsatz entsprechen die Polizeigesetze der Länder hinsichtlich des Gewahrsams im Ergebnis insofern, als die Ingewahrsamnahme nur bei einer schon eingetretenen Störung und einer unmittelbar bevorstehenden Gefahr zulässig ist. Da eine Gefahr nur dann unmittelbar bevorsteht, wenn sie zeitlich so nahe liegt, daß ihre sofortige Verwirklichung gewiß erscheint[6], sind diese Voraussetzungen sogar noch strenger, als Art. 104 II GG es gebietet. Das BrePolG 1960, dessen Gesetzgeber als einziger Polizeigesetzgeber den Einfluß des Art. 104 II GG auf das materielle Recht des Polizeigewahrsams erkannt hat[7], bestimmt überdies in vorbildlicher Weise, daß über die den Gewahrsam anordnende polizeiliche Verfügung vor ihrem Vollzug eine richterliche Entscheidung herbeizuführen ist und daß die Polizei nur bei Gefahr im Verzug eine Person ohne vorherige richterliche Entscheidung in Gewahrsam nehmen darf (§ 11 II 1, 2)[8]. Unbedenklich sind auch die besonderen Bestimmungen der Landesgesetze über die Sistierung und die Festhaltung oder Mitnahme zur Durchsuchung, weil in diesen Fällen eine vorgängige richterliche Entscheidung ebenfalls nicht herbeigeführt werden kann. Dagegen werden die dem § 15 I a PrPVG entsprechenden Vorschriften und die Schutzhaft-Bestimmungen in Baden-Württemberg, Bremen und Schleswig-Holstein, die keine unmittelbar bevorstehende Gefahr verlangen[9], durch Art. 104 II GG dahin modifiziert, daß die Unmöglichkeit, eine vorgängige richterliche Entscheidung zu erlangen, als Voraussetzung für eine Ingewahrsamnahme hinzutritt. Dasselbe gilt für § 2 BGSG[10].

Bedenken bestehen gegen die Regelung der Vorführung in den Polizeigesetzen. Duldet eine Vorführung keinen Aufschub und darf sie daher nach Polizeirecht sogleich zwangsweise durchgesetzt werden, so liegt ein Dringlichkeitsfall vor, der eine Abweichung von Art. 104 II 1 GG gestattet. Steht dagegen, wie im Normalfall, noch so viel Zeit zur Verfügung, um den Betreffenden für einen bestimmten Tag vor-

---

6 Vgl. *Ule-Rasch*, Rdn. 114 zu §§ 15—17 PrPVG.

7 Nicht so bei der Vorführung. Dazu sogleich im Text.

8 Die Beschränkung dieser Bestimmungen auf Fälle, in denen der Gewahrsam eine FE darstellt, ist durch § 11 I b bedingt; dort wird auch der Fall, daß der Betreffende um Ingewahrsamnahme nachsucht, als Gewahrsam behandelt.

9 s. o. S. 52.

10 Falls eine Gesetzesänderung dem Zitiergebot des Art. 19 I 2 GG Rechnung trüge (s. o. S. 82 ff., 87). Die DA-BGS 1962 schränkt in Abschn. VI 3 b die Ingewahrsamnahme von Störern bereits entsprechend § 15 I b PrPVG ein.

zuladen, so kann auch noch — entweder im Anschluß an die Nichtbefolgung der Ladung oder bei Eilbedürftigkeit schon parallel zur Ladung — vor einer Vorführung eine richterliche Entscheidung herbeigeführt werden; diese Herbeiführung ist daher von Art. 104 II 1 GG auch geboten.

Entgegen der ausdrücklichen Regelung in Bayern (Art. 15 I PAG), Bremen (§ 10 II PolG) und Rheinland-Pfalz (§ 4 III PVG) ist die Polizei also insbesondere in den Fällen nicht zur Vorführung ohne richterliche Entscheidung berechtigt, in denen jemand einer Vorladung keine Folge leistet. Eine Ausnahme besteht nur dann, wenn sich nach Nichtbefolgung der Vorladung aufgrund neuer Tatsachen die Notwendigkeit ergibt, den Betreffenden in so kurzer Zeit vorzuführen, daß vorher keine richterliche Entscheidung mehr erlangt werden kann.

Obwohl es weithin anerkannt ist, daß von der vorgängigen richterlichen Entscheidung nur in Notfällen abgesehen werden kann[11], ist dieser Grundsatz bislang nur von *Ule*[12] — mit denselben Ergebnissen wie vorstehend — auf die polizeiliche Vorführung angewandt worden[13]. Kein einziges Polizeigesetz entspricht bisher dieser verfassungsrechtlichen Lage[14], sogar das bei der Regelung des Gewahrsams vorbildliche BrePolG nicht. Allein der Gesetzgeber des HessVwVG vom 4. Juli 1966[15] — das HessSOG kennt keine Vorführung[16] — hat das Gebot des Art. 104 II GG beachtet, indem er die Anordnung der Vorführung eines Pflichtigen, der aufgrund gesetzlicher Vorschrift vor einer Behörde oder einer anderen Stelle zu erscheinen hat, die Vorladung aber nicht befolgt hat, dem Verwaltungsgericht übertrug, das auf Antrag der Vollstreckungsbehörde und nach Anhörung des Pflichtigen zu entscheiden hat (§ 79 I)[17]. Der schleswig-holsteinische Gesetzgeber ist bei der Regelung des Verwaltungszwangsverfahrens zwar ebenfalls davon

---

[11] *Dürig* in Maunz-Dürig, Rdn. 34 zu Art. 104 GG; *Hamann*, Anm. B 7 zu Art. 104 GG; E. *Kern*, GR II/70 sub V, 71 sub c, 72 sub 2 („bei Gefahr im Verzug"); *Saage*, Rdn. 1 zu § 13 FEG; *Schelling*, S. 48, 49, 50, 72; *Schmidt-Bleibtreu/Klein*, Rdn. 9 zu Art. 104 GG; *Ule-Rasch*, Rdn. 76 zu §§ 15—17 PrPVG und vor allem BVerfGE 10/302, 309 und 323 („vorgängige, notfalls unverzüglich nachzuholende richterliche Entscheidung") und BVerwGE 4/196, 199 („Fälle, die keinen Aufschub leiden").

[12] *Ule-Rasch*, Rdn. 76 zu § 15—17 PrPVG.

[13] Das BVerwG erkennt in JR 1958/153, 154 noch nicht einmal, daß die zwangsweise Vorführung zur Röntgenuntersuchung eine FE i. S. des Art. 104 II GG darstellt (s. o. S. 30).

[14] Auch der Modellentwurf (§ 16) kennt bei der Vorführung keine vorgängige richterliche Entscheidung.

[15] GVBl. I/151.

[16] s. o. S. 63.

[17] Der hessische Gesetzgeber hat ferner erkannt, daß Art. 104 II GG die vorgängige richterliche Entscheidung auch bei kurzfristigen FEen verlangt, denn nach § 79 II HessVwVG darf der Vorgeführte längstens bis zum Ende des folgenden Tages festgehalten werden.

ausgegangen, daß bei einer Vorführung eine richterliche Entscheidung erforderlich ist; er hat aber die Tragweite des Art. 104 II 1 GG und den Ausnahmecharakter der Sätze 2 und 3 dieser Vorschrift verkannt, als er, statt vorgängige richterliche Entscheidung anzuordnen, bestimmte, eine „nach Art. 104 II GG notwendige richterliche Entscheidung" sei unverzüglich herbeizuführen (§ 213 III i. V. m. § 176 IV LVwG). Dabei ist übersehen, daß Art. 104 II GG, dem hier Genüge getan werden sollte, nur Fälle betrifft, in denen die Exekutive jemanden — zulässigerweise — ohne richterliche Entscheidung festgenommen hat und daß es bei der Regelung des Normalfalls der Vorführung gerade um die Frage geht, unter welchen Voraussetzungen eine solche FE ohne vorgängige richterliche Entscheidung stattfinden darf.

2. Freiheitsentziehung auf Ersuchen

Die Beschränkung der verwaltungsbehördlichen FE auf Notfälle ist auch für die Vorführung oder Ingewahrsamnahme auf Ersuchen anderer Verwaltungsbehörden bedeutsam[18]. Es reicht nicht aus, daß eine andere Verwaltungsbehörde die Polizei um Durchführung einer Vorführung oder Ingewahrsamnahme ersucht, vielmehr muß auch hier — von Dringlichkeitsfällen abgesehen — eine vorgängige richterliche Entscheidung eingeholt werden, und zwar von der ersuchenden Behörde, weil sie für die Rechtmäßigkeit des durchzusetzenden VA verantwortlich ist, während die Polizei nur die Verantwortung für die Art und Weise der Durchführung trifft. Die Polizei darf daher einem Ersuchen um Vorführung oder Ingewahrsamnahme nur entsprechen, wenn die ersuchende Behörde eine richterliche Entscheidung beifügt, in der die Vorführung oder Ingewahrsamnahme für zulässig erklärt wird.

Während bei der FE aus eigenem Recht und aufgrund eigener Entschließung der vorführenden Behörde wenigstens ein nicht-polizeiliches Gesetz und eine Stimme in der Literatur die von Art. 104 II GG gebotene vorgängige richterliche Entscheidung verlangen, ist dieses verfassungsrechtliche Gebot bei der FE auf Ersuchen bislang überhaupt noch nicht beachtet worden. Selbst der hessische Gesetzgeber hat es bei Abfassung des HessSOG 1964 — wie schon beim HessPolG 1954 (§ 3 II) — für ausreichend gehalten, Schriftlichkeit des Ersuchens und Angabe des tatsächlichen und rechtlichen Grundes anzuordnen (§ 47 II 1). Dabei wird gerade an dem Erfordernis der Schriftlichkeit deutlich, daß hier nicht an Eilfälle gedacht ist, so daß eine vorgängige Ent-

---

18 Vgl. o. S. 69, 57.

scheidung ohne weiteres herbeigeführt werden könnte. Dasselbe gilt für Art. 19 I BayPAG und die Ersuchen der Ordnungsbehörden nach §§ 176 III 2 und 178, 179, 180 jeweils II 2 SHLVwG. *Ule*, der als bisher einziger Autor bei Gewahrsam und Vorführung aus eigenem Recht und aufgrund eigenen Entschlusses der Polizei zum richtigen Ergebnis kommt, meldet gegen die Regelung des § 47 II HessSOG keinerlei Bedenken an[19]. Erst recht enthalten die Erläuterungen zu § 47 II HessSOG und § 3 II HessPolG 1954 in den Kommentaren von *Bernet-Groß* und
E. E. *Schneider* keine Andeutung über die vorgängige richterliche
E. E. *Schneider* keine Andeutung über die vorgängige richterliche Entscheidung[20]. Dabei drängte sich die Prüfung dieser Frage geradezu auf, weil der hessische Gesetzgeber bemüht war, dem Art. 104 II GG zu entsprechen, hierbei aber — wie später der schleswig-holsteinische Gesetzgeber bei § 213 III LVwG — den falschen Weg beschritten und von der Polizei die unverzügliche Herbeiführung einer amtsrichterlichen Entscheidung über die Zulässigkeit der auf Ersuchen vorgenommenen Verwahrung verlangt hat (§ 48 i. V. m. § 47 II HessSOG, § 18 i. V. m. § 3 II HessPolG 1954).

III. Unvereinbarkeit einer anderen Auslegung mit Wortlaut und Aufbau des Art. 104 II GG

Aus dem Schutzzweck des Art. 104 II GG, der Entstehungsgeschichte der Vorschrift und dem historischen Hintergrund ergibt sich zwar mit großer Wahrscheinlichkeit, daß der Parlamentarische Rat bei Abfassung des Art. 104 II die aufgezeigten Folgen für die kurzfristige polizeiliche FE ebensowenig gewollt hat wie die Herbeiführung einer richterlichen Entscheidung bei einer schon begonnenen kurzfristigen FE. Während aber bei dieser eine Einschränkung des Satzes 2 mit dem Wortlaut vereinbar und daher möglich ist[21], gestatten der Wortlaut des Abs. II und der Zusammenhang seiner Sätze, insbesondere der Sätze 1 und 2, es nicht, dem Willen des Grundgesetzgebers bei der noch nicht begonnenen kurzfristigen FE Rechnung zu tragen und diese FE vom Erfordernis der vorgängigen richterlichen Entscheidung freizustellen.

IV. Art der richterlichen Entscheidung

Da der ganze Absatz II des Art. 104 GG demselben Zweck dient, also vorbeugenden Rechtsschutz gewährt, entsprechen die in Satz 1 und

---

[19] Rdn. 140 zu §§ 15—17 PrPVG.

[20] Ebensowenig die Begründungen zum HessSOG (Hess.LT, V. WP, Drucks. Abt. I Nr. 815 S. 37) und zum HessPolG 1954 (II. WP, Drucks. Abt. I Nr. 964 S. 2128).

[21] s. 7. Kapitel, insbesondere S. 103.

2 genannten richterlichen Entscheidungen einander nach Art und Wirkungen[22]. Deshalb können die oben[23] entwickelten Gedanken zur Art der in Satz 2 geforderten richterlichen Entscheidung auch auf Satz 1 angewandt werden. Demnach setzt die „Entscheidung“ grundsätzlich eine vorherige Anhörung des Betroffenen voraus. Eine vorläufige Entscheidung ohne rechtliches Gehör ist zwar bei länger dauernden FEen ausreichend, bei denen die Anhörung noch während der Haft nachgeholt werden kann. Dagegen fällt eine provisorische, nur auf dem Vortrag der Polizei beruhende Verfügung des Richters nicht unter den Begriff der Entscheidung, wenn sie sich auf eine kurzfristige FE bezieht, das rechtliche Gehör also vor Beendigung der Maßnahme nicht mehr nachgeholt werden könnte. Dementsprechend ist auch nach § 79 I HessVwVG der Pflichtige vor Anordnung der Vorführung zu hören. Dies hat Bedeutung für alle die Eilfälle, in denen es der Polizei zwar noch möglich ist, den Richter zu erreichen und ihm den Sachverhalt zu schildern, der zur FE führen soll, der Richter den Betroffenen aber nicht mehr rechtzeitig anhören könnte. Die Polizei braucht sich daher in diesen Fällen nicht an den Richter zu wenden. Die zweite Fallgestaltung, bei der ohne vorheriges Gehör des Betroffenen entschieden wird, die bewußte Unterlassung der Anhörung zur Wahrung des Überraschungseffekts, scheidet bei der Vorführung aus eigenem Entschluß der Polizei und auf Ersuchen ohnehin aus. Der Vorzuführende muß geladen und auf die Möglichkeit der Vorführung hingewiesen werden. Daher kann die gerichtliche Anhörung keinen Überraschungseffekt mehr zerstören. Der Vereitelung der Vorführung ist dadurch vorgebeugt, daß in der richterlichen Entscheidung kein Zeitpunkt für die Vorführung festgesetzt wird.

9. Kapitel

Der Betroffene ist bereits entlassen

In der Studie von *Kaufmann*[1] wird die Meinung vertreten, die Polizei habe auch dann nach Art. 104 II 2 GG eine richterliche Entscheidung über die Zulässigkeit der FE herbeizuführen, wenn der Betroffene innerhalb der Frist des Satzes 3 bereits wieder entlassen wurde. Diese Ansicht wird neuerdings wieder von O. *Franz*[2] und

---

[22] *Dürig* in Maunz-Dürig, Rdn. 35 zu Art. 104 GG; s. o. S. 114.
[23] S. 110, 120—128.
[1] S. 264, 309. Anders freilich S. 20 (s. o. S. 98 Fn. 25).
[2] NJW 1966/240.

Baumann[3] geteilt. Auch der BayVGH hält in einer Entscheidung von 1954[4] die nachträgliche Herbeiführung einer richterlichen Entscheidung für eine Voraussetzung der Rechtmäßigkeit der FE.

Hierbei wird jedoch übersehen, daß Art. 104 II GG nicht den Grundsatz des Art. 19 IV GG für das Gebiet der FE wiederholen, sondern über Art. 19 IV hinaus Rechtsschutz gegen drohende Rechtsverletzungen gewähren will und daß dementsprechend die Entscheidung nach Art. 104 II 1 und 2 GG nur für die Zukunft wirkt[5]. Der Sinn des Satzes 2 insbesondere besteht darin, das Schicksal des Festgenommenen alsbald unter richterliche Kontrolle zu stellen, wenn schon aus dringenden sachlichen Gründen dem Gebot der vorgängigen Entscheidnug des Richters nicht entsprochen werden konnte. Eine solche schnelle Kontrolle ist zum Schutze der persönlichen Freiheit aber nur dann erforderlich, wenn die öffentliche Gewalt den Betroffenen noch in Haft hält[6]; der Entlassene ist nicht mehr in dem Umfang schutzbedürftig wie der Festgehaltene. Eine Entscheidung nach der Entlassung diente nicht mehr dem Schutz der Bewegungsfreiheit, sondern nur noch der Prüfung der Rechtmäßigkeit eines erledigten VA. Da die Sache nach der Entlassung nicht mehr eilig ist, besteht zudem kein Bedürfnis mehr für eine unverzügliche Entscheidung des Richters. Eine von Amts wegen herbeigeführte nachträgliche Entscheidung hätte in den meisten Fällen kurzfristiger FE wegen fehlenden Interesses der Beteiligten auch keinen rechten Sinn[7]. Der Zwangsgestellte, der ernstliche Bedenken gegen die Rechtmäßigkeit der FE hat, kann und wird von sich aus eine richterliche Entscheidung herbeiführen (Art. 19 IV GG).

Gegenüber diesen Überlegungen verfängt weder das Argument von O. *Franz*[8], der Festnehmende solle stets mit einer richterlichen Überprüfung seiner Maßnahme rechnen müssen, noch der Hinweis bei *Kaufmann*[9] und dem BayVGH[10] auf die Formulierung „über die *Zulässigkeit* einer FE“ in Art. 104 II 1 und „bei *jeder* FE“ in Satz 2. Einem Mißbrauch der Befugnisse zur kurzfristigen FE ist dadurch ausreichend vorgebeugt, daß die Behörde von Anfang an mit der Anrufung des Gerichts durch den Zwangsgestellten nach der Entlassung rechnen muß[11]. Daß mit dem Wortlaut des Abs. II sogar Ausnahmen von der Verpflichtung zur unverzüglichen Herbeiführung einer richterlichen

---

3 Festschrift für Eb. Schmidt, S. 538.
4 DVBl. 1954/810, 811.
5 s. o. S. 131.
6 So auch *Baerensprung*, S. 65.
7 Ebenso *Schelling*, S. 46.
8 a.a.O.
9 S. 264.
10 a.a.O.
11 Ebenso *Baerensprung*, S. 65.

Entscheidung bei noch andauernden kurzfristigen FEen zu vereinbaren sind, wurde bereits erwähnt[12]; dies gilt erst recht für schon beendete kurzfristige FEen.

Somit braucht die Polizei nach Beendigung einer kurzfristigen FE keine richterliche Entscheidung mehr herbeizuführen[13]. Dem entspricht auch die Regelung in § 48 S. 3 des sonst so strengen HessSOG (§ 18 S. 3 HessPolG 1954).

Zweiter Unterabschnitt

Strafprozeßordnung

10. Kapitel

Auswirkungen der gewonnenen Ergebnisse auf die Freiheitsentziehungen nach der StPO

Für die vorläufige Festnahme (§ 127 StPO) gelten Art. 104 III GG und § 128 StPO. Daß die Polizei danach zwar die Höchstfrist („spätestens am Tage nach der Festnahme") nicht „ausnutzen", wohl aber den Festgenommenen vernehmen und überprüfen und sich so über die Notwendigkeit einer längeren FE Klarheit verschaffen darf, wurde bereits erwähnt[1]. Wie Art. 104 II GG ist auch Art. 104 III 1 GG — und mit ihm der angepaßte § 128 I 1 StPO — als Mindestgarantie für den Betroffenen aufzufassen[2]. Daher sind Art. 19 II 1 HessVerf. und Art. 5 II 1 RhPfVerf., die die Vorführungsfrist auf 24 Stunden verkürzen, auch im Bereich dieser Vorschriften in Kraft geblieben[3].

---

[12] 7. Kapitel, insbesondere S. 103.

[13] *Baerensprung*, S. 64 f.; *Bernet-Groß*, Anm. 4 zu § 48 HessSOG; *Saage*, Rdn. 10 zu § 13 FEG; *Schelling*, S. 45 f.; E. E. *Schneider*, Anm. 3 zu § 18 HessPolG 1954.

Gegen die Notwendigkeit einer nachträglichen Entscheidung wohl auch BVerfGE 10/302, 330, wo eine Zurückverweisung an das Amtsgericht abgelehnt wird, weil der Beschwerdeführer entlassen worden sei, so daß die richterliche Entscheidung nicht mehr nachgeholt werden könne.

[1] s. o. S. 102, 107.

[2] Vgl. o. S. 130.

[3] OVG Koblenz AS 2/29, 34; *Dürig* in Maunz-Dürig, Rdn. 42 sub d zu Art. 104 GG; folgend jetzt *Baumann*, Festschrift für Eb. Schmidt, S. 534 und Eb. *Schmidt* (ErgBd.), Rdn. 6 zu § 128 StPO. — *Dürig* weist darauf hin, daß dies in den Kommentaren zur StPO — ebenso übrigens in denen zum GG — übersehen wird.

Da sich Art. 104 III GG nur auf die vorläufige Festnahme bezieht[4], gilt für die FEen nach §§ 164, 81 a, 81 b (bei § 81 b also nicht nur für die polizeirechtliche Alternative) sowie für die Mitnahme zur Durchsuchung und die Zeugensistierung[5] der Abs. II des Art. 104 GG[6]. Bei der FE nach §§ 164 und 81 a (II), bei der Durchsuchung (§ 105 I) und bei der Zeugensistierung ist die Polizei dem Gebot des Art. 104 II GG entsprechend auf Fälle beschränkt, in denen der Richter nicht vorher entscheiden kann. Der § 81 b ist durch Art. 104 II GG dahin abgeändert, daß die Polizei ohne vorgängige richterliche Entscheidung nur noch in „Notfällen" (also insbesondere wenn Name und Wohnung des Betreffenden nicht feststehen) zur FE schreiten darf. Dies ist in der Praxis bisher noch nicht erkannt worden.

Für das Erfordernis einer nachträglichen richterlichen Entscheidung gilt das in Kapitel 7 und 9 Gesagte entsprechend. Bei § 81 b wird eine Überschreitung der Frist der Art. 104 II 3 GG bzw. 19 II 1 HessVerf. und 5 II 1 RhPfVerf. nur unter ganz außergewöhnlichen Umständen in Frage kommen, etwa dann, wenn in unruhigen Zeiten nicht alsbald nach der Ergreifung mit den Maßnahmen begonnen werden kann.

---

[4] s. *Dürig*, a.a.O., Rdn. 42 sub a zu Art. 104 GG; s. auch *Holtkotten*, BK, Erl. II C 5 a zu Art. 104 GG („als Organ der Strafrechtspflege [vgl. § 127 StPO]"); unscharf *Hamann*, Anm. B 9 zu Art. 104 GG („die strafrechtliche Ermittlungstätigkeit"). Vgl. o. S. 102.

[5] RGSt 13/426, 430 f.

[6] Art. 104 II 2, 3 und III sind leges speciales sowohl zu Art. 104 II 1 als auch untereinander, *Dürig*, a.a.O., Rdn. 36 zu Art. 104 GG.

Zweiter Abschnitt

Bestimmung des zur Entscheidung nach Art. 104 GG berufenen Gerichts

11. Kapitel

Polizeigesetze ohne Regelung der gerichtlichen Zuständigkeit

I. Das Problem und die Versuche zu seiner Lösung

Art. 104 II GG spricht nur vom „Richter“ und von „richterlicher Entscheidung“, nicht aber, wie Art. 14 III 4, 19 IV 2 und 34 S. 3, vom ordentlichen Richter oder von einer der in Art. 96 I GG aufgezählten Gerichtsbarkeiten. Die von dieser Verfassungsbestimmung offengelassene Frage nach dem „richtigen“ Richter[1] hat in den ersten Jahren nach Erlaß des GG Rechtsprechung und Wissenschaft stark beschäftigt, besonders im Zusammenhang mit der Unterbringung Geisteskranker. Inzwischen sind zahlreiche gesetzliche Regelungen ergangen, insbesondere das FEG, die Unterbringungsgesetze der Länder und zahlreiche Vorschriften über die Ersatzzwangshaft und Erzwingungshaft. Auch die Polizeigesetze der Länder Baden-Württemberg, Berlin, Bremen, Hessen und Schleswig-Holstein enthalten eine Zuweisung an einen bestimmten Richter[2]. Hamburg kennt eine subsidiäre Zuweisung für alle FEen aufgrund Landesrechts, also auch aufgrund des HbgSOG[3]. Nach dem Wortlaut des BWPolG und des SHLVwG erstreckt sich die Zuweisung nur auf die (nach Art. 104 II 2 GG) nachzuholende richterliche Entscheidung, nicht auf die vorgängige[4]. Dasselbe gilt für das

---

[1] *Bettermann*, GR III, 2/889.

[2] BWPolG § 22 IV; BlnPVG § 15 III i.V.m. § 3 FEG; BrePolG § 11 IV; HessSOG § 48; SHLVwG § 176 IV.

[3] AusfG zu Art. 104 GG, § 1 I.

[4] Bedeutsam in BW und SH für die Schutzhaft (s. o. S. 52 und S. 133 zur Modifizierung durch Art. 104 II GG), in SH ferner für die Vorführung zur erkennungsdienstlichen Behandlung (§ 178 LVwG — s. o. S. 64).

Zur Frage der Erstreckung der Zuweisung auf die vorgängige Entscheidung s. unten S. 162 f.

HbgAusfG, das nur auf die Fälle des Art. 104 II 2 GG zugeschnitten ist[5] und für das HessSOG, das keine Vorführung kennt[6].

Die Begründung einer richterlichen Zuständigkeit fehlt dagegen im PrPVG (Nordrhein-Westfalen, Saarland), im BayPAG und im RhPfPVG. Da die letztgenannten Gesetze keine Möglichkeit einer FE über das Ende des folgenden Tages hinaus bieten[7] und bei kürzeren FEen in Notfällen nach Art. 104 II GG keine richterliche Entscheidung erforderlich ist[8] hat die Frage nach der richterlichen Zuständigkeit nur für die Vorführung und in Nordrhein-Westfalen und dem Saarland für die Schutzhaft Bedeutung[9], in Rheinland-Pfalz noch für die Sistierung und die Ingewahrsamnahme zwischen der 24-Stunden-Vorführungsfrist des Art. 5 II 1 RhPfVerf. und der dem Art. 104 II 3 GG entsprechenden Frist des § 7 S. 2 RhPfPVG[10].

Nach *Ule*[11] bezieht sich die in § 12 NdsSOG enthaltene Verweisung auf das FGG und die Regelung der örtlichen Zuständigkeit der Gerichte auch auf § 9 SOG (Ingewahrsamnahme) und nicht nur auf die Vorschriften über die Unterbringung (§§ 10, 11). Selbst wenn das zuträfe, wäre diese Zuweisung für § 9 bedeutungslos, weil diese Vorschrift keinen über die Frist des Art. 104 II 3 GG hinausgehenden Gewahrsam zuläßt (§ 9 II). Eine Erstreckung auf die richterliche Entscheidung über die Zulässigkeit einer Vorführung scheidet gleichfalls aus, weil das NdsSOG keine Vorführung kennt (§ 4 I 1).

Die Frage nach dem „richtigen" Richter dürfte ferner für präventivpolizeiliche FEen durch den BGS offen sein. Vorausgesetzt, daß eine Gesetzesänderung dem Art. 19 I 2 GG Rechnung trüge, böte § 2 BGSG eine Grundlage für länger als bis zum Ende des folgenden Tages dauernde FEen[12] und auch für Vorführungen, etwa zwecks Verhütung strafbarer Handlungen, die in den Zuständigkeitsbereich des BGS fallen. Zwar gilt das FEG nach seinem § 1 für das gerichtliche Ver-

---

[5] s. § 1 I, II und den offensichtlich an § 128 StPO angelehnten § 2 I. Vgl. o. S. 117 Fn. 76.

[6] § 11 BrePolG, der nur eine Zuweisung der vorgängigen Entscheidung zu enthalten scheint (Abs. IV 1 — „für die Entscheidung nach Abs. II 1...", Abs. IV 2 2. Hs.) ist lediglich unklar gefaßt. Die Zuweisung in Abs. IV soll sich offenbar auch auf die in Abs. II 3 2. Hs. erwähnte nachzuholende Entscheidung beziehen; es kann dem Gesetzgeber nicht unterstellt werden, daß er zur Entscheidung nach Art. 104 GG über FEen aufgrund des § 11 I BrePolG verschiedene, vom Zeitpunkt der Entscheidung abhängende gerichtliche Zuständigkeiten begründen wollte.

[7] Abgesehen von der Unterbringung Geisteskranker (Saarland), s. o. S. 73.

[8] s. 7. Kapitel, insbesondere S. 128 f.

[9] Modifizierung des § 15 I a PVG durch Art. 104 II GG, s. Fn. 4.

[10] s. o. S. 131.

[11] *Ule-Rasch*, Rdn. 146 zu §§ 15—17 PrPVG; a. A. *Müller-Heidelberg/Clauss*, Anm. 1 zu § 12 NdsSOG.

[12] s. o. S. 76.

fahren bei allen FEen, die aufgrund Bundesrechts angeordnet werden, und nach diesem Wortlaut eigentlich auch für FEen aufgrund des § 2 BGSG[13]. Aus der Begriffsbestimmung der FE in § 2 I FEG („Unterbringung ...") ergibt sich jedoch, daß es sich beim FEG um ein reines Unterbringungsgesetz handelt, das auf länger dauernde FEen zugeschnitten ist[14] und sich auf FEen nach allgemeinem Polizeirecht — abgesehen von Fällen, in denen eine Unterbringung mangels sondergesetzlicher Regelung auf das Polizeigesetz gestützt werden muß[15] — auch dann nicht bezieht, wenn die FE länger als bis zum Ende des folgenden Tages dauert, denn auch diese FEen sind im Verhältnis zu Unterbringungen kurzlebige Maßnahmen. Der Schluß, daß das FEG solche kürzeren FEen nach Bundespolizeirecht nicht erfaßt, wird bestätigt durch die folgenden Bestimmungen, insbesondere die §§ 4 und 11. § 4 I begründet die örtliche Zuständigkeit des Amtsgerichts des gewöhnlichen Aufenthaltsortes und erklärt das Amtsgericht, in dessen Bezirk das Bedürfnis für die FE entsteht, nur dann für örtlich zuständig, wenn der Betreffende keinen gewöhnlichen Aufenthaltsort im Geltungsbereich des FEG hat. Noch weniger als diese Regelung ist für freiheitsentziehende Maßnahmen aufgrund allgemeinen Polizeirechts die Bestimmung des § 4 II brauchbar, nach der das Gericht, in dessen Bezirk das Bedürfnis für eine eilige Anordnung entsteht, diese Anordnung zwar erlassen darf, aber zugleich dem Gericht Mitteilung zu machen hat, das nach § 4 I zuständig ist und auf das die Zuständigkeit für den konkreten Fall mit Eingang der Mitteilung übergeht. Schließlich macht § 11 I die Beschränkung des FEG auf Unterbringungsfälle von längerer Dauer deutlich, wenn er die Anordnung einer einstweiligen FE durch das Gericht nur unter der Voraussetzung zuläßt, daß ein „Antrag auf FE", d. h. auf (endgültige) Unterbringung gestellt ist.

Für die richterliche Entscheidung nach Art. 104 II GG kommen von den in Art. 96 I GG genannten Gerichten nur die ordentlichen und die (allgemeinen) Verwaltungsgerichte in Betracht. Die Gesetzgebung hat bei der Zuweisung an eine dieser beiden Gerichtsbarkeiten verschiedene Wege eingeschlagen. Das FEG und die Unterbringungsgesetze der Länder weisen die Entscheidung durchweg den ordentlichen Gerichten zu und erklären die Amtsgerichte für zuständig, die im Verfahren der freiwilligen Gerichtsbarkeit zu entscheiden haben[16]. Ebenso gehen die Polizeigesetze von Baden-Württemberg, Berlin, Bremen,

---

[13] *Wacke*, in Drews-Wacke, S. 180 bejaht die Geltung des FEG im Rahmen des § 2 BGSG.

[14] Zum Anwendungsbereich des FEG s. o. S. 29.

[15] s. o. S. 73 Fn. 124.

[16] FEG § 3; BW §§ 3 II, 11 I; Bay Art. 2; Bln § 3; Bre §§ 3, 6; HbgAusfG §§ 1, 3; Hess §§ 2, 4; NdsSOG §§ 10 I, 12; NW §§ 3, 5; RhPf §§ 3, 6; SH §§ 2 I, 3.

Hessen und Schleswig-Holstein vor[17]. Das HbgAusfG zu Art. 104 GG erklärt das Vormundschaftsgericht für (subsidiär) zuständig[18]. Die Vorschriften über den Verwaltungszwang sehen für die Festsetzung der Ersatzzwangshaft und Erzwingungshaft die Zuständigkeit der Amtsgerichte — entweder im Verfahren der freiwilligen Gerichtsbarkeit[19] oder nach der ZPO[20] — oder der Verwaltungsgerichte[21] vor. Die Anordnung der Vorführung eines Pflichtigen obliegt nach § 79 I HessVwVG dem Verwaltungsgericht.

Auch die Rechtsprechung und die Literatur bieten ein uneinheitliches Bild. Nachdem die Meinung des OLG Schleswig[22], das dem Art. 104 GG vor Erlaß der in Abs. II 4 erwähnten Ausführungsgesetzgebung jede Wirksamkeit absprach und die im Ergebnis damit übereinstimmende Ansicht des VGH Freiburg[23], der zwar eine unmittelbare Wirksamkeit des Art. 104 GG bejahte, sich aber außerstande sah, dieser Vorschrift ohne Ausführungsgesetz Genüge zu tun, auf einhellige Ablehnung gestoßen waren, entschied sich der BGH anläßlich der Unterbringung einer Geisteskranken[24] und einer an einer ansteckenden Krankheit leidenden Person[25] mangels einer anderen gesetzlichen Regelung für die ausschließliche Zuständigkeit der ordentlichen Gerichte im Verfahren nach dem FGG. Der BGH begründet die Eröffnung des ordentlichen Rechtswegs mit der entsprechenden Anwendung des Art. 19 IV GG[26] — der Zusatz in der ersten Entscheidung[27], es handele sich wegen des Fürsorgecharakters der Unterbringung um Entscheidungen, die ihrer Natur und ihrem Wesen nach dem Aufgabenbereich der ordentlichen Gerichte nicht fremd seien, wird im zweiten Fall nicht mehr herangezogen[28] — und seine Antwort auf die Anschlußfrage nach der Verfahrensart mit der Geeignetheit des FGG und der Erwägung, eine Verweisung in das Verfahren der freiwilligen Gerichtsbarkeit brauche nicht ausdrücklich in einem Gesetz ausgesprochen zu werden, sondern könne sich aus Sinn und Zweck gesetzlicher Vorschriften ergeben[29]. Der Meinung des BGH haben sich

---

17 s. o. S. 141 Fn. 2.

18 Vgl. o. S. 141 Fn. 3.

19 NdsSOG § 38 II, IV, § 12; RhPfPVG §§ 60 II, 61; RhPfVwVG § 67 I, II.

20 RAO § 202 II i.d.F. v. 11. 7. 1953 (BGBl. I/551).

21 VwVG § 16 I, das auch als BlnVwVG gilt (§ 16 II BlnVwVerfG); BayVwZVG Art. 33 I; BreVwVerfG § 20 I; HbgVwVG § 25 I; NWVwVG § 65 I; SHLVwG § 206 III.

22 SHAnz. 1951/23.

23 DVBl. 1950/602.

24 BGHZ 5/46 ff.

25 BGHZ 15/61 ff.

26 BGHZ 5/46, 48 f.; 15/61, 62 und 63.

27 BGHZ 5/46, 49 und 50.

28 BGHZ 15/61, 63.

29 BGHZ 5/46, 50 f.

zahlreiche Oberlandesgerichte angeschlossen[30], ebenso E. *Kern*[31]. Auch *Wolff*[32] hält nach Art. 104 II GG die ordentlichen Gerichte im Verfahren der freiwilligen Gerichtsbarkeit für zuständig.

Demgegenüber hielt das OVG Münster[33] vor Erlaß des NWUntG von 1956 unter Betonung des polizeirechtlichen Charakters der Unterbringung in Nordrhein-Westfalen den Verwaltungsrechtsweg nach § 22 I MRVO Nr. 165 („andere Streitigkeiten des öffentlichen Rechts") und Art. 74 I NWVerf. 1950 (nach dem der Betroffene gegen Anordnungen, Verfügungen und Unterlassungen der Verwaltungsbehörden die Entscheidung der Verwaltungsgerichte anrufen kann) für gegeben. Für den Fall der Haft zur Erzwingung einer öffentlich-rechtlichen Herausgabepflicht hat auch der Württ.-Bad. VGH eine ausschließliche Zuständigkeit der Verwaltungsgerichte angenommen[34]. *Baur*[35] folgt dem OVG Münster in der Annahme einer Streitigkeit des öffentlichen Rechts bei der Unterbringung. *Bachof* hält nach der Natur der Sache bei der Unterbringung den Verwaltungsweg für gegeben, weil den Verwaltungsgerichten bereits die Entscheidung über die Anfechtung freiheitsentziehender VAe obliege[36]. *Brösamle*[37] entscheidet sich ebenfalls für den Verwaltungsrechtsweg, weil nach seiner Meinung das Verfahren nach Art. 104 II GG die Überprüfung von VAen zum Gegenstand hat und Art. 19 IV GG den Verwaltungsgerichten insofern den Vorrang einräumt. Bei polizeirechtlichen FEen hält auch *Bettermann*[38] den Verwaltungsrechtsweg für gegeben. In neuerer Zeit entscheiden sich *Klinger*[39], *Redeker-v. Oertzen*[40] und *Schunck-De Clerck*[41] bei der Anordnung von FEen für den Verwaltungsrechtsweg (Streitigkeit des öffentlichen Rechts), falls eine besondere gesetzliche Regelung fehlt,

---

30 BayObLGZ 1954/167, 168 f.; OLG Celle, NdsRPfl. 1954/47 f.; OLG Frankfurt a. M., NJW 1954/1264; OLG Hamm, NJW 1953/798; OLG Oldenburg, NdsRPfl. 1954/153; OLG Schleswig, SHAnz. 1955/163.

31 GR II/72 f. und 93 f.

32 DÖV 1951/315; anders für die Anordnung der Erzwingungshaft VR III § 160 II d 2 (Zuständigkeit des Verwaltungsgerichts, falls die Anordnung nicht dem Amtsgericht zugewiesen ist).

33 DÖV 1952/406 und 408; AS 8/178; 9/258.

34 ESVGH 3/157, 159 (Zwangshaft zwecks Herausgabe des Führerscheins).

35 § 2 A I.

36 DVBl. 1952/412. Für die Übergangszeit hielt *Bachof* auch die ordentlichen Gerichte für zuständig. Dazu sogleich im Text.

37 DÖV 1952/169. Ebenso *Dernedde*, DVBl. 1951/316, 317, der seine Ansicht in DVBl. 1952/410, 411 aufgegeben hat.

38 GR III, 2/889 f. Ebenso für die Zwangshaft, a.a.O., S. 891.

39 Anm. B II 2 zu § 40 VwGO (S. 142 i.V.m. S. 140 „... Entscheidung über gewisse öffentlich-rechtliche Streitigkeiten ..."; S. 142 Fn. 24).

40 Rdn. 36 i.V.m. Rdn. 25 (erster Satz) zu § 40 VwGO (S. 107, 104 — auch für die Ersatzzwangshaft).

41 Erl. 4 b, 11 i. V. m. Erl. 4 b (erster Satz) zu § 40 VwGO (S. 169, 166).

ebenso *Ule* für den Fall des Polizeigewahrsams[42] und für Sistierung, Vorführung, Durchsuchung und Untersuchung[43, 44].

In den ersten Jahren nach Inkrafttreten des GG wurde überwiegend die Meinung vertreten, bei Fehlen einer besonderen gesetzlichen Regelung seien sowohl die ordentlichen als auch die Verwaltungsgerichte für die Entscheidung nach Art. 104 II GG zuständig[45]. Maßgebend für dieses Ergebnis war die Überlegung, den mit Art. 104 GG bezweckten Rechtsschutz nicht durch negative Kompetenzkonflikte wirkungslos werden zu lassen[46]. Dabei war man sich bewußt, daß diese Eröffnung zweier Rechtswege nur ein Provisorium bis zum Inkraftreten der Ausführungsgesetze darstellen konnte[47], zumal es den Verwaltungsgerichten an geeigneten Verfahrensvorschriften fehlte, so daß auf eine Anlehnung an das FGG zurückgegriffen werden mußte[48].

II. Eigene Lösung

Zur Lösung des Problems ist zunächst klarzustellen, daß die Frage nach dem richtigen Richter nicht allgemein für Art. 104 II GG beantwortet werden kann, sondern daß es auf das materielle Recht ankommt, das die FE rechtfertigen soll[1]. Für die Polizeigesetze ist also zu fragen, welcher Richter über FEen aufgrund Polizeirechts zu entscheiden hat.

---

[42] Ule-Rasch, Rdn. 120 a.E. zu §§ 15—17 PrPVG.

[43] a.a.O., Rdn. 110 i.V.m. Rdn. 120 a.E. zu §§ 15—17 PrPVG.

[44] Für die Unterbringung hat die Kontroverse infolge des Erlasses des FEG und der UntGe der Länder heute nur noch im Saarland Bedeutung; vgl. die Verfügungen des saarländischen Innenministers bei *Baumann*, UntR, S. 745—751.

[45] BVerwGE 1/229, 231 f.; Bad. VGH, DÖV 1952/411, 412 = VwRspr. 5/144, 148; Württ.-Bad. VGH, DÖV 1952/409, 410 = VwRspr. 5/331, 335; ESVGH 1/53, 57; BayVGH, DVBl. 1954/810; VG Freiburg, DVBl. 1951/ 313, 315 f.; *Baerensprung*, S. 71—73; *Bachof*, DVBl. 1952/413; DÖV 1952/394; *Holtkotten*, BK, Erl. II C 3 c zu Art. 104 GG; *v. Mangoldt*, Anm. 5 zu Art. 104 GG; ebenso schon der Abgeordnete Dr. Laforet in der 25. Sitzung des Hauptausschusses v. 9. 12. 1948, mitgeteilt bei *Holtkotten*, a.a.O., Erl. I (S. 5) zu Art. 104 GG. In neuerer Zeit wird diese Ansicht noch vertreten vom VG Saarland, JBl. Saar 1967/68; *Dürig* in Maunz-Dürig, Rdn. 30 zu Art. 104 GG; *Koehler*, Anm. XI 2 f, bb a.E. zu § 40 VwGO; *Stich*, Staatsbürger und Staatsgewalt II/413 f.

[46] s. insbesondere die grundlegende Entscheidung VG Freiburg, DVBl. 1951/313, 315.

[47] Württ.-Bad. VGH, DÖV 1952/409, 410 (= VwRspr. 5/331, 335) und 411; *Bachof*, a.a.O.; *Baerensprung*, S. 88.

[48] s. nur BVerwGE 1/229, 232 f.; VG Freiburg, a.a.O.

[1] *Bettermann*, GR III, 2/889 f.; *Ule-Rasch*, Rdn. 120 zu §§ 15—17 PrPVG.

1. Rechtsweg zu den ordentlichen Gerichten

Der ordentliche Rechtsweg könnte nach § 13 GVG, durch Zuweisung an die ordentlichen Gerichte im Verfahren der freiwilligen Gerichtsbarkeit (§ 1 FGG)[2] oder nach Art. 19 IV GG, der sich hier auf dem Gebiet des präventiven Rechtsschutzes nur analog anwenden ließe (mit der Anschlußfrage nach der Verfahrensart — streitiges Verfahren oder freiwillige Gerichtsbarkeit —), eröffnet sein.

a) § 13 GVG

Die ordentliche streitige Gerichtsbarkeit (§ 13 GVG) scheidet schon deshalb aus, weil es sich bei Entscheidungen über FEen aufgrund Polizeirechts nicht um „bürgerliche" Angelegenheiten handelt.

b) FGG

Nach § 1 FGG reicht die Qualifizierung einer Materie als Angelegenheit der freiwilligen Gerichtsbarkeit noch nicht aus, um die Anwendbarkeit des FGG zu begründen. Weitere Voraussetzung hierfür ist vielmehr eine Übertragung an die Gerichte durch Gesetz. An einer solchen gesetzlichen Zuweisung fehlt es hier gerade, so daß auf die — schwierige — Begriffsbestimmung der Angelegenheiten der freiwilligen Gerichtsbarkeit[3], insbesondere auf die Frage der Beschränkung auf bürgerlich-rechtliche Materien[4], nicht eingegangen zu werden braucht. Die Annahme des BGH, die Entscheidung nach Art. 104 II GG sei den Gerichten der freiwilligen Gerichtsbarkeit durch das GG zugewiesen[5], betrifft die Frage nach der Verfahrensart im Anschluß an die Bejahung des ordentlichen Rechtswegs nach Art. 19 IV GG.

---

[2] Nachdem der BGH anerkannt hat, daß die freiwillige Gerichtsbarkeit zur ordentlichen Gerichtsbarkeit gehört und innerhalb dieser nur ein besonderes Verfahren darstellt (BGHZ 40/1, 4 f., 6), ist die Abgrenzung der freiwilligen Gerichtsbarkeit von der streitigen Zivilgerichtsbarkeit heute keine Frage des Rechtswegs mehr (so noch BGHZ 10/155, 162; 19/185, 194 m. w. Nachw.).

[3] s. nur *Baur*, § 1; *Keidel*, Rdn. 1 zu § 1 FGG; *Lent-Habscheid*, § 4.

[4] So etwa OVG Münster AS 8/178, 181; Württ.-Bad. VGH, ESVGH 1/53, 57 f.; *Schlegelberger*, Rdn. 7 zu § 1 FGG (aber unter Zulassung der entsprechenden Anwendung des FGG); anders BGHZ 5/46, 51. — Zur Anwendbarkeit des § 13 GVG s. einerseits *Baur*, § 2 A I, andererseits *Bettermann*, Festschrift für Lent, 1967, S. 18.

[5] s. o. S. 144 zu Fn. 29.

c) *Art. 19 IV GG*

Der Rechtsgedanke des Art. 19 IV 2 GG, auf dem Gebiet des repressiven Rechtsschutzes durch Eröffnung eines subsidiären Rechtswegs Lücken im System der Rechtswege zu schließen, läßt sich auch auf das Gebiet des präventiven Rechtsschutzes nach Art. 104 II GG übertragen. Daher kann mit dem BGH[6] die Möglichkeit bejaht werden, aus der entsprechenden Anwendung des Art. 19 IV 2 GG die Zulässigkeit des ordentlichen Rechtswegs für die Entscheidung über die Zulässigkeit von FEen herzuleiten. Voraussetzung für die entsprechende Anwendung des Art. 19 IV 2 GG bleibt aber, daß kein anderer Rechtsweg offensteht. Da für die polizeirechtlichen FEen der Verwaltungsrechtsweg in Betracht kommt, kann die Frage, ob Art. 19 IV 2 GG (analog) den Rechtsweg zu den ordentlichen Gerichten eröffnet — mit der Anschlußfrage nach der Verfahrensart — erst nach Prüfung des § 40 I 1 VwGO beantwortet werden. Der BGH hat die verwaltungsgerichtliche GK weder in seiner ersten Entscheidung erörtert, in der er den Fürsorgecharakter der Unterbringung betont[7], noch in der zweiten Entscheidung, die auf die Hervorhebung des polizeilichen Charakters der Unterbringung durch das OVG Münster eingeht. Hier beschränkt sich der BGH auf die Bemerkung, es gebe weder eine Bestimmung, nach der die Verwaltungsgerichte „auch über den Rahmen der positiven gesetzlichen Bestimmungen hinaus" zuständig seien, wenn ein Eingriff polizeilichen Charakter habe, noch eine Vorschrift, welche die Zuständigkeit der ordentlichen Gerichte in diesem Falle ausschließe[8].

2. Verwaltungsrechtsweg; Begriff der „Streitigkeit" des öffentlichen Rechts

Die Entscheidung über die Zulässigkeit einer FE nach Polizeirecht bezieht sich auf eine öffentlich-rechtliche Angelegenheit nichtverfassungsrechtlicher Art. Fraglich ist jedoch, ob ihr eine „Streitigkeit" im Sinne des § 40 I 1 VwGO zugrunde liegt.

a) *Bisherige Äußerungen*

Der Württ.-Bad. VGH bejaht diese Frage für die Anstaltsunterbringung ohne Begründung[9]. Im Falle der Erzwingungshaft, in dem

---

[6] s. o. S. 144 zu Fn. 26.
[7] BGHZ 5/46 ff. (vgl. o. S. 144).
[8] BGHZ 15/61, 63.
[9] VwRspr. 5/331, 335 (s. o. S. 146 Fn. 45).

der VGH wohl ebenfalls zur Annahme einer öffentlich-rechtlichen Streitigkeit neigt, weist er darauf hin, daß es sich um die Anordnung eines Zwangsmittels zur Durchsetzung einer öffentlich-rechtlichen Verpflichtung handelt[10]. *Ule* meint ohne weitere Begründung, das Verfahren nach Art. 104 II GG stelle im Falle des Polizeigewahrsams „im Grund" eine öffentlich-rechtliche Streitigkeit dar[11]. Auch *Baur, Klinger, Redeker-v. Oertzen* und *Schunck-De Clerck*[12] geben keine Begründung für ihre Ansicht, die Entscheidung über die Zulässigkeit einer FE betreffe eine öffentlich-rechtliche Streitigkeit. *Bettermann*[13] bezeichnet die Entscheidung nach Art. 104 GG als solche auf dem Gebiet des öffentlichen Rechts, hält aus diesem Grunde primär die Verwaltungsgerichte für zuständig und bezeichnet bei FEen, für die polizeiliche Gesichtspunkte maßgebend sind, die Zuständigkeit des Verwaltungsrichters als die natürlich gegebene. Da er feststellt, die in Art. 104 II GG begründete Gerichtsbarkeit rechne nicht zwangsläufig zur streitigen Gerichtsbarkeit, vielmehr sei der Gesetzgeber frei, ob er das Verfahren als streitiges oder nicht streitiges gestalte[14], und weil nach den damals geltenden Verwaltungsgerichtsgesetzen die Verwaltungsgerichte außer über Anfechtungssachen nur über andere Streitigkeiten des öffentlichen Rechts zu entscheiden hatten[15], scheint auch Bettermann bei Fehlen einer Sonderregelung eine Streitigkeit anzunehmen.

Allein das OVG Münster[16] begründet die Ansicht, das Verfahren nach Art. 104 stelle eine Streitigkeit des öffentlichen Rechts im Sinne des § 22 I MRVO Nr. 165 dar. Es meint, eine solche Streitigkeit sei immer dann gegeben, wenn ein Eingriff in die Rechte eines Bürgers durch die öffentliche Gewalt einen Streit über die Rechtmäßigkeit des Eingriffs hervorrufe, der richterlicher Entscheidung bedürfe; der Gegensatz, der sich aus dem behördlichen Eingriff in die Rechtssphäre des Betroffenen ergebe, reiche aus, um den Begriff der Streitigkeit zu erfüllen; im Falle der FE bedürfe es nicht erst eines Antrages des Betroffenen, um eine Streitigkeit zu begründen, vielmehr trete die Pflicht der Behörde, eine richterliche Entscheidung zu erwirken, an die Stelle dieses Antrages.

---

[10] ESVGH 3/157, 159.
[11] Ule-Rasch, Rdn. 120 a. E. zu §§ 15—17 PrPVG.
[12] s. o. S. 145 Fn. 39, 40 und 41.
[13] GR III, 2/889 f.
[14] GR III, 2/884.
[15] § 22 I MRVO Nr. 165; § 22 I süddt. VGG; § 15 I RhPfVGG; § 19 I BlnVGG.
[16] DÖV 1952/406, 407.

b) Erweiterung des Begriffs der „Streitigkeit" gegenüber Streit im Wortsinne

Der Begriff der Streitigkeit deckt sich mit dem des Rechtsstreits. Beide setzen einen Streit zwischen den Beteiligten voraus, und zwar einen Streit um geltend gemachtes und bestrittenes Recht[17].

Streit im Wortsinne liegt vor, wenn der Beklagte/Antragsgegner den Anträgen des Klägers/Antragstellers ausdrücklich oder durch konkludentes Verhalten entgegentritt. Dies wird bei der FE oft der Fall sein, wenn der Betroffene — wie von Art. 104 II und 103 I GG geboten — entweder vor der FE oder bei einer FE in einem Notfall, die die Frist des Art. 104 II 3 GG überschreiten soll, nach der Festnahme vom Gericht vor dessen Entscheidung gehört wird. An einer Streitigkeit (= an einem Rechtsstreit) könnte es dagegen fehlen, wenn der Vorzuführende oder Festgenommene zwar mit der FE nicht einverstanden ist, sich aber zu den Anträgen der Behörde nicht äußert. Ein Rechtsstreit setzt jedoch nicht stets einen Streit im Sinne des Sichwendens gegen die Anträge des Gegners voraus. Aus dem Bereich des Zivilprozesses sind hier besonders die Fälle zu nennen, in denen der Beklagte den Anspruch sofort anerkennt (§ 93 ZPO) oder Versäumnisurteil gegen sich ergehen läßt (§ 331 ZPO). Es ist anerkannt, daß diese prozessualen Lagen nichts am Vorliegen eines Rechtsstreits ändern[18]. Ähnlich liegt es bei den Gestaltungsklagen. Besteht in den Fällen des Anerkenntnisses und des Versäumnisurteils wenigstens noch ein Interessengegensatz zwischen den Beteiligten, so müssen die Parteien bei den Gestaltungsklagen oft sogar dann das Gericht anrufen, wenn sie beide dieselbe Rechtsfolge erstreben (etwa Scheidung der Ehe), die sie allein nicht herbeiführen können[19]. Gleichwohl haben die Gestaltungsklagen heute einen festen Platz im Bild des Zivilprozesses und werden zu den Rechtsstreitigkeiten gezählt, wenn auch Klarheit darüber herrscht, daß sie — weil bei ihnen die bestehende Rechtslage nicht festgestellt und durchgesetzt, sondern umgestaltet wird — eigentlich aus dem Rahmen des Zivilprozesses herausfallen[20].

---

[17] *Triepel*, S. 15; *Friesenhahn*, Festschrift für Thoma, S. 36.

[18] s. nur *Rosenberg*, § 1 (1) II 2; *Lent-Habscheid*, § 5 II 1.

[19] Beispiele für Gestaltungsklagen bei *Baumbach-Lauterbach*, Grundz. 2 C vor § 253 ZPO; *Lent-Jauernig*, § 34 III A; *Rosenberg*, § 87 II; *Stein-Jonas-Schönke-Pohle*, Vorbem. II 3 vor § 253 ZPO. — In einigen Fällen der Gestaltungsklage kann der gewünschte Erfolg auf anderem Weg durch Zusammenwirken der Parteien erreicht werden, etwa die Auflösung einer offenen Handelsgesellschaft (§ 131 Nr. 2, 6 HGB) oder einer ehelichen Gütergemeinschaft (*Palandt-Lauterbach*, Anm. 1 zu § 1447 BGB).

[20] *Lent-Jauernig*, § 34 III; ferner *Baumbach-Lauterbach*, Grundzüge 2 C vor § 253 ZPO; *Stein-Jonas-Schönke-Pohle*, Anm. II 3 vor § 253 ZPO.

Diese Erweiterung des Inhalts der Begriffe „Streitigkeit" und „Rechtsstreit" über den Wortsinn des Begriffes „Streit" hinaus, muß auch für den Verwaltungsprozeß gelten. Die Gestaltungsklage ist auch dem Verwaltungsprozeß bekannt. § 40 des Regierungsentwurfs der VwGO, der die verschiedenen Klagearten aufzählte, nannte an erster Stelle die Gestaltungsklagen[21]. Beispiele solcher Klagen bilden die Anfechtungsklage, bei der allerdings regelmäßig Streit herrschen wird, und die Klage auf Aufhebung oder auf Feststellung der Nichtigkeit von Beschlüssen körperschaftlicher Organe[22]. Die Abweichungen vom Zivilprozeß, die sich beim Verwaltungsprozeß aus der Geltung des Untersuchungsgrundsatzes ergeben — etwa Unmöglichkeit eines Versäumnisurteils — berühren die grundsätzliche Frage nicht, ob eine Streitigkeit auch vorliegt, wenn kein Streit im Wortsinne zwischen den Prozeßbeteiligten herrscht.

Die Identität der Begriffe „Rechtsstreit" und „Streitigkeit" im Zivilprozeß und im Verwaltungsprozeß ergibt sich auch aus dem Umstand, daß man mit § 40 I 1 VwGO („Streitigkeiten") das Gegenstück zu § 13 GVG („Rechtsstreitigkeiten") schaffen wollte[23], die Übereinstimmung dieser Begriffe also zugrunde gelegt hat. Dem entspricht es, daß die verwaltungsprozeßrechtliche Literatur sich um die Klärung des Begriffs „Streitigkeit" bisher überhaupt nicht bemüht hat, sondern diesen Begriff als feststehend voraussetzt[24].

Daher scheitert die Annahme einer „Streitigkeit" nicht daran, daß der Vorzuführende oder Festgenommene sich nicht ausdrücklich oder stillschweigend gegen die Anträge der Polizei wendet. Im Ergebnis ist deshalb dem OVG Münster[25] beizutreten, wenn es für den Begriff der Streitigkeit des öffentlichen Rechts den Gegensatz zwischen dem von einem Eingriff der öffentlichen Gewalt in seine Rechtssphäre betroffenen Bürger und der öffentlichen Gewalt genügen läßt. Wie die

---

[21] BT, 3. WP, Drucks. Nr. 55 („Rechtsschutz kann mit Gestaltungs-, Feststellungs- und Leistungsklagen begehrt werden"). Der Rechtsausschuß des BT hat die Vorschrift gestrichen, weil er befürchtete, daß sie die Rechtsentwicklung hinsichtlich der Klagearten einengen könnte (BT, 3. WP. Drucks. Nr. 1094 S. 5). Sachlich hat sich dadurch nichts geändert (*Ule*, VwGbkt., S. 9).

[22] Sog. Kommunalverfassungsstreitigkeiten. vgl. *Schunck-De Clerck*, Erl. 2 a cc, dd zu § 40 VwGO; *Ule*, VerwaltungsprozeßR, § 32 II 5 jeweils m. Nachw. — Es ist ferner an die Herabsetzung einer in einem öffentlich-rechtlichen Vertrag vereinbarten Vertragsstrafe analog § 343 BGB zu denken, *Wolff*, VR III, § 172 I a.

[23] E-VwGO. BT, 3. WP, Drucks. Nr. 55 S. 30 (Begründung zu § 38).

[24] Vgl. die Kommentare zu § 40 VwGO (*Eyermann-Fröhler*. Rdn. 1. 7; *Klinger*, Anm. B I 1; *Redeker-v. Oertzen*, Rdn. 5; *Schunck-De Clerck*. Erl. 1; *Ule*, VwGbkt., Anm. II). Lediglich *Koehler*, Anm. VIII zu § 40 beschäftigt sich mit dem Begriff der „Rechtsstreitigkeit", unter dem er den Prozeß als dynamisches Ganzes versteht.

[25] DÖV 1952/406, 407 f.

vorstehenden Ausführungen gezeigt haben, braucht man, um zu diesem Ergebnis zu gelangen, noch nicht einmal den unzutreffenden Ausgangspunkt des OVG Münster zugrunde zu legen, bei der richterlichen Entscheidung nach Art. 104 II GG handele es sich um die Überprüfung eines VA[26]. Eine Streitigkeit liegt nicht nur dann vor, wenn die öffentliche Gewalt bereits in die Rechte des Bürgers eingegriffen hat und Streit über die Rechtmäßigkeit des Eingriffs entsteht — so OVG Münster[27] —, sondern auch dann, wenn der Richter über einen erst vorzunehmenden oder aufrechtzuerhaltenden[28] Eingriff zu entscheiden hat, wie dies bei Art. 104 II GG nach richtiger Auffassung[29] der Fall ist.

c) Allgemeine Abgrenzung zwischen streitiger und freiwilliger Gerichtsbarkeit

Die Rechtsordnung gibt der Polizei, also dem Staat, in bestimmten Fällen das Recht, einer Person die Freiheit zu entziehen. Entgegen dem Grundsatz des deutschen öffentlichen Rechts, daß die Verwaltung zur Ausübung und Durchsetzung ihrer Rechte gegen die ihrer Gewalt Unterworfenen keines gerichtlichen Titels bedarf, sondern sich den Titel selbst durch Erlaß eines VA beschafft[30], muß die Verwaltung im Falle einer FE (regelmäßig) vor ihrem Tätigwerden den Richter anrufen und sich, wie ein Kläger auf dem Gebiet des Privatrechts, ihr Recht titulieren lassen. Das Verfahren nach Art. 104 II GG dient mithin der Feststellung und Durchsetzung des Rechts des Staates gegen den Betroffenen auf Duldung der FE[31]. Es gehört daher auch nach der einzig brauchbaren allgemeinen Abgrenzung zwischen streitiger und freiwilliger Gerichtsbarkeit, die in der Unterscheidung besteht, ob der Antragsteller ein eigenes Recht geltend macht und zur Entscheidung des Richters stellt oder ob er nur die Pflicht des Richters anruft, zum Zwecke der Rechtsfürsorge tätig zu werden[32], zur streitigen Gerichtsbarkeit. Dies wird besonders deutlich, wenn man erkennt, daß die Entscheidung nach Art. 104 II GG verurteilender Art ist[33], gilt aber auch vom Standpunkt der h. M. unter den Vertretern der „Selbständigkeitstheorie" aus, wonach es sich um einen rechtsgestalten-

---

[26] s. o. S. 115 Fn. 69.

[27] a.a.O.

[28] Entscheidung nach Art. 104 II 2 GG wirkt nur für die Zukunft! (s. o. S. 114 f.).

[29] s. o. S. 116 Fn. 72.

[30] s. nur *Bettermann*, GR III, 2/879 f.

[31] *Bettermann*, a.a.O., S. 883 f.

[32] *Baur*, § 2 B II 1 c. Dort (§ 2 B II) auch Einzelheiten zu den sonstigen Versuchen, die streitige und die freiwillige Gerichtsbarkeit voneinander abzugrenzen.

[33] s. o. S. 116 Fn. 72.

den Richterakt handelt[33]; denn auch den Gestaltungsklagen liegt nach überwiegender und zutreffender Ansicht ein Recht gegenüber dem Gegner auf Rechtsgestaltung zugrunde und nicht nur ein gegen den Staat gerichtetes Begehren[34]. *Schellings* Erwägung[35], der sachliche Gegensatz zwischen Behörde und Betroffenem könne nicht zur Erfüllung des Begriffs der Streitigkeit ausreichen, weil fast alle belastenden VAe gegen den Willen des Adressaten ergingen, ohne daß ein Streit vorliege, geht also fehl. Abgesehen davon, daß von einem Rechtsstreit und von einer rechtlichen Streitigkeit[36] nur die Rede sein kann, wenn ein Gericht mit der Sache befaßt ist, übersieht Schelling, daß es sich beim Erlaß eines belastenden VA nur deshalb nicht um eine Streitigkeit handelt, weil die Behörde ihr Recht nicht einzuklagen braucht. Der Fall der FE stellt wegen Art. 104 II 1 GG aber gerade eine Ausnahme von diesem Grundsatz dar.

d) Mangelnde Dispositionsbefugnis über die Vorschriften des Art. 104 II GG

Da die Schutzvorschriften des Art. 104 II GG unverzichtbar sind, kann die Polizei ohne den Richter — von den Notfällen abgesehen — selbst im Zusammenwirken mit dem Bürger keine rechtmäßige FE durchführen[37]. Man könnte daher mit *Schelling*[38] meinen, es fehle aus diesem Grunde an einem Geltendmachen und einem Bestreiten[39] des staatlichen Rechts auf Duldung der FE, weil es für Art. 104 GG ohne Bedeutung sei, ob die Polizei das staatliche Recht auf Duldung gegenüber dem Betroffenen geltend mache und ob es bestritten werde oder nicht. Aus dem zu den Eigenarten der Gestaltungsklage und zu ihrer Zugehörigkeit zum Zivil- und Verwaltungsprozeß Gesagten folgt jedoch, daß der Begriff der Streitigkeit entgegen der Ansicht Schellings nicht auf Fälle beschränkt werden kann, in denen es um einen Erfolg geht, den die Parteien auch ohne Mitwirkung des Richters herbeiführen können. Der Hinweis Schellings[40] auf den Strafprozeß ist nicht beweiskräftig, weil es dort nur deshalb an einem

[34] *Baumbach-Lauterbach,* Grundz. 2 C vor § 253 ZPO; *Lent-Habscheid,* § 4 III 1; *Lent-Jauernig,* § 34 III; *Rosenberg,* § 87 I 2; a. A. *Stein-Jonas-Schönke-Pohle,* Anm. II vor § 253 ZPO.

[35] S. 117.

[36] Wenn dieser Begriff in einer Vorschrift über den Rechtsweg (§ 40 I 1 VwGO) enthalten ist.

[37] Soweit im Verhalten des Bürgers keine freiwillige Aufgabe der Bewegungsfreiheit liegt.

[38] S. 116.

[39] s. Definition o. S. 150 zu Fn. 17.

[40] S. 115 f.

Rechtsstreit fehlt, weil die Staatsanwaltschaft — anders als die Verwaltungsbehörde, die den Antrag auf Zulässigerklärung der FE stellt — keine Parteistellung hat[41].

Die Gerichte und Autoren, die im Falle des Art. 104 II GG das Vorliegen einer öffentlich-rechtlichen Streitigkeit verneinen bzw. eine nicht-streitige Angelegenheit annehmen[42], legen die verwaltungsgerichtliche GK daher zu eng aus, zumeist wohl deshalb, weil sie in der Vorstellung verhaftet sind, eine Streitigkeit setze stets einen Streit im Wortsinne zwischen den Beteiligten voraus.

e) Die Auffassung des BVerwG zur Streitigkeit des öffentlichen Rechts

Die Auffassung des BVerwG[43], der Entscheidung nach Art. 104 II GG über die Zulässigkeit einer Unterbringung liege jedenfalls im Bereich der süddeutschen Verwaltungsgerichtsgesetze keine Streitigkeit des öffentlichen Rechts zugrunde, weil § 22 VGG den Begriff der öffentlich-rechtlichen Streitsachen auf Parteistreitigkeiten beschränke, gibt keinen Anlaß, das hier gewonnene Ergebnis zu korrigieren. Den Verwaltungsprozeßgesetzen der Länder lag — wie insbesondere *Menger* nachgewiesen hat[44] — die auf Otto *Mayer*[45] zurückgehende Unterscheidung von „nachträglichen" und „ursprünglichen" Verwaltungsstreitsachen zugrunde, sieht man einmal von der (süddeutschen) Sondererscheinung der Normenkontrolle ab. Die nachträglichen Verwaltungsstreitsachen — das sind die Anfechtungssachen im weiteren Sinne, also einschließlich der Vornahmeklage — zeichnen sich dadurch aus, daß Bürger und Staat sich als Rechtsträger verschiedener Stufen gegenübertreten; der Verwaltungsprozeß folgt einer potentiell verbindlichen Entscheidung der Verwaltung. Bei den ursprünglichen Verwaltungsstreitsachen sind Bürger und Staat gleichgeordnet; eine potentiell verbindliche Vorentscheidung der Verwaltung fehlt[46]. So definiert § 85 I 2 südd. VGG die (prozessuale) Gleichordnung bei Parteistreitigkeiten dahin, daß weder die Geltendmachung noch die Ablehnung des Anspruchs durch einen der beiden Rechtsträger eine verbindliche Entscheidung über den Anspruch enthält. Das BVerwG verkennt die

---

[41] *Menger*, S. 40—42.

[42] Bad. VGH, VwRspr. 5/144, 148; OLG Celle, NdsRPfl. 1954/47; VG Saarland, JBl. Saar 1967/68; *Dernedde*, DVBl. 1952/410, 411; *Dürig* in Maunz-Dürig, Rdn. 25 zu Art. 104 GG; *Holtkotten*, BK, Anm. II C 3 e zu Art. 104 GG; *Schelling*, S. 117; *Wolff*, DÖV 1951/315.

[43] BVerwGE 1/229, 232.

[44] Insbesondere S. 137, 217 ff., 220.

[45] S. 180 (vgl. *Menger*, S. 137 Fn. 1).

[46] s. nur *Rehmert*, DÖV 1958/253; *Menger*, S. 137, 220.

grundlegende Unterscheidung zwischen nachträglichen und ursprünglichen Verwaltungsstreitsachen und die daraus folgende Identität zwischen „sonstigen (anderen[47]) Streitigkeiten des öffentlichen Rechts“ und „Parteistreitigkeiten“; es hält die Parteistreitigkeit für den engeren Begriff[48]. Dadurch ist auch der weitere Irrtum bedingt, das Verfahren nach Art. 104 II GG über die Zulässigkeit einer Unterbringung stelle keine Parteistreitigkeit im Sinne des § 22 I süddt. VGG dar. Betrachtet man den grundsätzlichen Unterschied zwischen nachträglichen und ursprünglichen Verwaltungsstreitsachen (= Parteistreitigkeiten), so zeigt sich, daß das Verfahren über die Zulässigkeit einer FE einen Musterfall einer ursprünglichen Verwaltungsstreitsache (= Parteistreitigkeit) darstellt, weil der Verwaltung wegen der Bestimmung des Art. 104 II 1 GG das Recht fehlt, potentiell verbindlich über eine FE zu entscheiden, vielmehr eine den Bürger bindende Entscheidung nur vom Richter getroffen werden kann[49]. Nur auf diese Gleichordnung von Verwaltung und Bürger im konkreten Fall der FE kommt es an, also nicht darauf, daß auf dem Gebiet des Polizeirechts ansonsten ein Verhältnis der Über- und Unterordnung besteht[50]. Daß im Falle der FE die Behörde in die Rolle des Antragstellers gegenüber dem Bürger gedrängt ist, darf über den Charakter des Verfahrens als einer ursprünglichen Verwaltungsstreitsache nicht hinwegtäuschen[51].

Die Entscheidung des BVerwG kann nicht nur für die damalige Rechtslage nicht gebilligt werden, vielmehr sind ihr auch keine Bedenken gegen die Einordnung des Verfahrens nach Art. 104 II GG als öffentlich-rechtliche Streitigkeit im Sinne des § 40 I 1 VwGO zu entnehmen. In der Begründung zu § 38 des Regierungsentwurfs der VwGO (dem späteren § 40 I VwGO) ist ausgeführt[52], mit der Eröffnung des Verwaltungsrechtswegs für alle öffentlich-rechtlichen Streitigkeiten werde nicht nur dem Art. 19 IV GG Rechnung getragen, indem jeder, der durch Maßnahmen der öffentlichen Gewalt in seinen Rechten verletzt werde, die Verwaltungsgerichte anrufen könne, sondern der Verwaltungsrechtsweg werde darüber hinaus für alle Streitigkeiten

---

[47] § 22 I MRVO Nr. 165; § 22 I süddt. VGG; § 15 I RhPfVGG; § 19 I BlnVGG.

[48] Wie BVerwGE 1/229, 232 auch 1/147, 148 f.; 4/215, 217; vgl. *Rehmert*, a.a.O., S. 253 Fn. 23.

[49] Lediglich im Falle der Klage wegen einer in einem Notfall (Art. 104 II 2, 3 GG) von der Verwaltung angeordneten FE liegt eine nachträgliche Verwaltungsstreitsache vor, die aber — wie oben S. 114 f., 124 gezeigt — mit dem Rechtsschutz nach Art. 104 II 2 GG nichts zu tun hat.

[50] *Eyermann-Fröhler*, Rdn. 8 zu § 40 VwGO; *Menger*, S. 220 f.; *Rehmert*, DÖV 1958/253 f.; s. auch die Definition in § 85 I 1 süddt. VGG: „Gleichgeordnet in einer Streitsache (!) sind ...“

[51] Dies übersieht VG Freiburg, DVBl. 1951/313, 316.

[52] BT, 3. WP, Drucks. Nr. 55 S. 30.

des öffentlichen Rechts schlechthin freigegeben, gleichgültig, ob eine Maßnahme der öffentlichen Gewalt vorliege oder nicht, also auch für die sogenannten Parteistreitigkeiten. Daran zeigt sich, daß der Gesetzgeber sich in der Sache die Unterscheidung von nachträglichen und ursprünglichen Verwaltungsstreitsachen — in denen noch keine (potentiell verbindliche) Maßnahme der öffentlichen Gewalt vorliegt — zu eigen gemacht hat[53], freilich unter Aufgabe des (süddeutschen) Ausdrucks „Parteistreitigkeiten“[54].

f) Bedenken gegen die Annahme einer öffentlich-rechtlichen Streitigkeit und Ergebnis

Gleichwohl ergeben sich Bedenken gegen die Unterordnung des Verfahrens nach Art. 104 II GG unter den Begriff der Streitigkeit in § 40 I 1 VwGO. Schon lange vor Erlaß der VwGO bestand in Rechtsprechung und Schrifttum Einigkeit darüber, daß die Vorschriften des kontradiktorischen — zivilprozessualen oder verwaltungsprozessualen — Verfahrens für das Verfahren bei FEen ungeeignet sind. Selbst die Verfechter der Zuständigkeit der Verwaltungsgerichte ließen daher einen Rückgriff auf das FGG zu. Nirgends ist die Ansicht vertreten worden, die Exekutive müsse die richterliche Entscheidung durch Erhebung einer Klage herbeiführen. Die VwGO enthält jedoch nur Vorschriften über die Behandlung von Klagen, sieht man einmal von der Bestimmung über einstweilige Anordnungen (§ 123) und einigen Vorschriften über Beschlüsse innerhalb des durch Klage eingeleiteten Verfahrens (z. B. §§ 121, 146[55]) ab. Der bereits erwähnte § 40 des Regierungsentwurfs[56] sah denn auch nur einen Rechtsschutz durch Gestaltungs-, Feststellungs- und Leistungsklagen vor. Daran zeigt sich, daß der Gesetzgeber der VwGO an ein Verfahren, das durch Antrag einer Behörde vor deren (weiteren) Eingriff in die Rechte des Bürgers eingeleitet und mit größtmöglicher Beschleunigung durchgeführt wird, nicht gedacht hat. Dies ist auch insofern verständlich, als man mit § 40 I 1 VwGO einmal dem Art. 19 IV GG Rechnung tragen[57], also repressiven Rechtsschutz gewähren wollte[58], für den die Klage der normale Weg ist, und zum anderen das Gegenstück zu § 13 GVG schaffen wollte[57], der durch die ZPO ergänzt wird, die in erster Linie

---

[53] *Eyermann-Fröhler*, Rdn. 6 zu § 40 VwGO; *Wolff*, VR III, § 171 I.

[54] Vgl. *Ule*, VwGbkt., Anm. III a. E. zu § 40 VwGO.

[55] Aufzählung der möglichen Beschlüsse bei *Ule*, VwGbkt., Anm. II zu § 122 VwGO, VerwaltungsprozeßR, § 64 I 1 a.

[56] s. S. 151 Fn. 21.

[57] Begründung zum E-VwGO, BT, 3. WP, Drucks. Nr. 55 S. 30 (zu § 38).

[58] Schriftlicher Bericht des Rechtsausschusses des BT, 3. WP, Drucks. Nr. 1094 S. 2: „Sie (scil. die Verwaltungsgerichte) üben nachträgliche Rechtskontrolle ...“

Klagen behandelt; so enthält denn § 173 VwGO auch nur eine — subsidiäre — Verweisung auf das GVG und die ZPO, nicht aber auf das FGG. Man könnte hieraus schließen, daß der Gesetzgeber der VwGO das Verfahren nach Art. 104 II GG von den öffentlich-rechtlichen Streitigkeiten im Sinne des § 40 I 1 VwGO ausnehmen wollte, indem er kein passendes Verfahren zur Verfügung stellte. Dieser Schluß liegt um so näher, als in § 179 VwGO, der die §§ 23 bis 30 EGGVG eingefügt hat, ein Beschlußverfahren mit entsprechender Anwendung des FGG vorgesehen ist (§§ 25 I, 29 II EGGVG).

Bei einer solchen Schlußfolgerung übersähe man aber, daß nach deutschem Rechtssystem die Zulässigkeit des Rechtswegs nicht von den Rechtsschutzformen abhängt, die das betreffende Prozeßgesetz zur Verfügung stellt, sondern daß umgekehrt das Gerichtsverfassungsrecht die Zulässigkeit des Rechtswegs ohne Rücksicht auf die Ausgestaltung der Verfahrensordnung bestimmt (§§ 13 GVG, 40 I VwGO, 51 SGG, 33 FGO); enthält die Verfahrensordnung keine geeignete Rechtsschutzform, so hat der Richter — da er den Rechtsschutz deswegen nicht versagen darf — geeignete Verfahrensbestimmungen analog anzuwenden oder, wenn auch dies nicht möglich ist, sein Verfahren frei zu gestalten[59]. Es ist daher nicht zulässig, die Vorschrift, die den Rechtsweg eröffnet, mit Rücksicht auf die Verfahrensbestimmungen einschränkend auszulegen.

Allerdings eröffnen die §§ 23 ff. EGGVG[60], die Bundesrechtsanwaltsordnung (BRAO)[61] und das Gesetz gegen Wettbewerbsbeschränkungen (KartellG)[62] nicht schlechthin den Rechtsweg zu den ordentlichen Gerichten bzw. den anwaltlichen Berufsgerichten, sondern stellen jeweils nur bestimmte Rechtsschutzformen zur Verfügung. Dasselbe galt für das OWiG 1952. Das erweckt den Anschein, als sei die Zulässigkeit des Rechtswegs von bestimmten Rechtsschutzformen abhängig, als folge der Rechtsweg der Rechtsschutzform. Wäre dem so, dann führte dieser Aufbau zu einer sachwidrigen Zweispurigkeit des Rechtswegs, weil für die nicht vorgesehenen Rechtsschutzformen — insbesondere die Feststellungs-, aber auch die Leistungsklage — nach § 40 I 1 VwGO der Rechtsweg zu den Verwaltungsgerichten offenstünde. Diese Regelungen können eine Ausklammerung des Verfahrens nach Art. 104 II GG aus § 40 I 1 VwGO nicht rechtfertigen. Einmal haben der BGH[63],

---

59 *Menger*, S. 76; vgl. auch Begründung zum E-VwGO (s. Fn. 57) S. 26.

60 i. d. F. des § 179 VwGO.

61 v. 1. 8. 1959 (BGBl. I/565).

62 v. 27. 7. 1957 i. d. F. v. 3. 1. 1966 (BGBl. I/37).

63 BGHZ 34/244, 248 f.

das BVerwG[64] und das VG Freiburg[65] den Wortlaut der BRAO, des OWiG 1952 und der §§ 23 ff. EGGVG bereits dahin korrigiert, daß diese Gesetze den Rechtsweg zu den anwaltlichen Berufsgerichten und den ordentlichen Gerichten schlechthin eröffnen bzw. eröffneten, wobei aus den jeweiligen Regelungen der Wille des Gesetzgebers hergeleitet wurde, eine bestimmte Rechtsmaterie in ihrer Gesamtheit anderen Gerichten als den allgemeinen Verwaltungsgerichten zuzuweisen[66]. Für das KartellG ist die Sachwidrigkeit der Regelung gleichfalls anerkannt[67]. Zum anderen trennt die VwGO klar die Zulässigkeit des Verwaltungsrechtswegs von den Klagearten, ist also richtig aufgebaut. Es geht nicht an, von den vereinzelten und verfehlten Regelungen der genannten Gesetze Schlüsse für einen Einbruch in das zutreffende System der VwGO zu ziehen.

Mit der Bejahung der Voraussetzungen des § 40 I 1 VwGO steht zugleich fest, daß eine Zuweisung der Entscheidung nach Art. 104 II GG über die Zulässigkeit polizeirechtlicher FEen an die ordentlichen Gerichte aus Art. 19 IV 2 GG (analog) nicht hergeleitet werden kann[68].

Mit dem Verwaltungsrechtsweg ist der Rechtsweg zu den Gerichten gegeben, die wegen ihres Arbeitsgebiets besser für die Beurteilung polizeirechtlicher Fragen geeignet sind als die ordentlichen Gerichte. Freilich sind sie infolge ihrer geringeren Zahl nicht so leicht und schnell zu erreichen wie die Amtsgerichte. Die sich daraus ergebenden Schwierigkeiten werden allerdings durch die hier gegebene Auslegung des Art. 104 II GG hinsichtlich der nachzuholenden richterlichen Entscheidung gemildert[69]. Für die Frage, ob ein Notfall vorliegt, in dem die Polizei ohne vorgängige richterliche Entscheidung zur FE schreiten darf[70], ist die Zulässigkeit des Verwaltungsrechtswegs insofern von Bedeutung, als ein Notfall bereits dann angenommen werden muß, wenn das Verwaltungsgericht nicht mehr rechtzeitig entscheiden kann, ohne daß es darauf ankommt, ob der ortsnähere Amtsrichter dazu noch in der Lage ist.

---

64 NJW 1963/72.

65 DVBl. 1965/575 mit zustimmender Anm. *Finkelnburg*. Zustimmend auch *Schunck-De Clerck*, Erl. 7 b bb zu § 40 VwGO.

66 BVerwG, a.a.O., S. 72 re. Sp.; BGH, a.a.O., S. 148 f., der ferner darauf abstellt (S. 249 f.), daß Art. 19 IV GG auch einen in seiner Ausgestaltung unvollständig gebliebenen Rechtsweg erweitert; VG Freiburg, a.a.O. — Kritisch zum Ergebnis des BGH *Naumann*, Staatsbürger und Staatsgewalt II/370.

67 *v. Köhler*, NJW 1961/2093 ff., insbesondere 2095; *Naumann*, a.a.O., S. 370 u. 379.

68 s. o. S. 148.

69 7. Kapitel, insbesondere S. 128.

70 s. 8. Kapitel, insbesondere S. 132; besonders wichtig für die Vorführung, s. o. S. 133 f.

3. Rückgriff auf das FGG für das Verfahren der Verwaltungsgerichte

Ist somit für das Verfahren nach Art. 104 II GG der Rechtsweg zu den Verwaltungsgerichten eröffnet, wenn die Zulässigkeit einer auf Polizeirecht gestützten FE zu beurteilen ist, so erhebt sich die Anschlußfrage, welcher Verfahrensvorschriften sich die Verwaltungsgerichte zu bedienen haben. Bevor das Verfahren frei gestaltet wird, ist zu prüfen, ob Verfahrensvorschriften anderer Gesetze entsprechend angewendet werden können[71]. Hier bieten sich die allgemeinen Vorschriften des FGG an, von denen anerkannt ist, daß sie von allen allgemeinen Verfahrensbestimmungen am besten für die Entscheidung über die Zulässigkeit einer FE geeignet sind. Danach kann das Verwaltungsgericht in der Hauptsache durch Beschluß entscheiden. Der Möglichkeit, das Verfahren freier zu gestalten als nach der VwGO, kommt besondere Bedeutung in den Fällen zu, in denen die Frist des Art. 104 II 3 GG abzulaufen droht, die FE aber fortdauern soll[72]. Die Anwendung des Untersuchungsgrundsatzes ist bereits in dem eigenen Prozeßgesetz der Verwaltungsgerichte vorgesehen (§ 86 I VwGO), so daß ein Rückgriff auf das FGG sich erübrigt. Die Mitwirkung der ehrenamtlichen Verwaltungsrichter dürfte nach § 4 III 2 VwGO entbehrlich sein.

In dem Rückgriff auf das FGG liegt kein Widerspruch zu der Feststellung, es handle sich um eine öffentlich-rechtliche Streitigkeit. Die Anwendung dieses Gesetzes auf Streitfälle ist nichts Außergewöhnliches. Die Gesetzgebung hat den Gerichten der freiwilligen Gerichtsbarkeit zahlreiche privat- und öffentlich-rechtliche Angelegenheiten zugewiesen, in denen sich die Beteiligten in ähnlicher Weise wie die Parteien eines Zivil- oder Verwaltungsprozesses gegenüberstehen und bei denen es weniger um Fürsorge als um Durchsetzung von Rechten geht[73].

---

[71] *Menger*, S. 76.

[72] s. o. S. 126 Fn. 111. — Hier gestattet das FGG sogar die Benutzung des Fernsprechers für die Übermittlung des Antrags der Polizei und (wohl) auch für die Bekanntmachung der Entscheidung des Gerichts; vgl. o. S. 121—123.

[73] Sog. echte Streitsachen oder privatrechtliche und öffentlich-rechtliche Streitsachen, vgl. Lent-Habscheid, §§ 7 und 8. Beispiele bilden die Vertragshilfe nach dem Gesetz über die richterliche Vertragshilfe v. 26. 3. 1952 (BGBl. I/198), die Wohnungseigentumssachen (§ 43 WohnungseigentumsG v. 15. 3. 1951, BGBl. I/175), die Hausratsverteilung und Wohnungszuweisung nach der 6. DVO zum EheG v. 21. 10. 1944 (RGBl. I/256), die Anfechtung von „Justizverwaltungsakten" (§§ 23 ff. EGGVG) und von VAen nach § 111 BundesnotarO v. 24. 2. 1961 (BGBl. I/98) und nach §§ 11, 16, 35, 21, 223 BRAO (s. S. 157 Fn. 61).

4. Schlußfolgerung für das hamburgische Recht

Die Zulässigkeit des Verwaltungsrechtswegs hat für Hamburg zur Folge, daß das AusfG zu Art. 104 GG mit der Anordnung der Zuständigkeit des Vormundschaftsgerichts entgegen der Annahme in der Begründung zum Entwurf des HbgSOG[74] nicht für FEen aufgrund des HbgSOG gilt, denn nach § 1 I AusfG entscheidet das Vormundschaftsgericht nur, wenn kein anderes Gericht zuständig ist.

5. Schlußfolgerung für Freiheitsentziehungen auf Ersuchen

Der richterlichen Entscheidung über die Zulässigkeit von Vorführungen nach § 18 I GeschlKrG und § 44 II WehrpflichtG[75] liegen nach dem Vorstehenden öffentlich-rechtliche Streitigkeiten zugrunde, so daß die ersuchende Behörde sich (vor dem Ersuchen) ebenfalls an das Verwaltungsgericht wenden muß.

12. Kapitel

Polizeigesetze mit Zuweisung an den ordentlichen Richter der freiwilligen Gerichtsbarkeit

I. Vereinbarkeit mit der VwGO

Soweit die Polizeigesetze der Länder die Entscheidung über die Zulässigkeit von FEen den ordentlichen Gerichten übertragen haben[1], sind sie durch § 40 I 2 VwGO gedeckt, der es der Landesgesetzgebung gestattet, öffentlich-rechtliche Streitigkeiten auf dem Gebiete des Landesrechts anderen Gerichten als den allgemeinen Verwaltungsgerichten zuzuweisen. Ein Zwang zur Wiederholung bestehender und nach § 40 I 2 VwGO zulässiger Zuweisungen kann kaum im Sinne dieser Vorschrift liegen; daher läßt sich aus dem Wortlaut („zugewiesen werden") nicht folgern, daß Vorschriften, in denen öffentlichrechtliche Streitigkeiten einer anderen Gerichtsbarkeit zugewiesen

---

[74] Mitteilung des Senats an die Bürgerschaft Nr.75 v. 11. Mai 1965, S. 198 (Einzelbegründung zu § 13 sub 5), vgl. o. S. 96 und 141 zu Fn. 3.

[75] s. o. S. 69.

[1] s. o. S. 141 Fn. 2.

sind, nach § 195 II VwGO außer Kraft getreten sind[2]. Überdies haben von den hier interessierenden Ländern Baden-Württemberg, Berlin, Bremen und Hessen in ihren Ausführungsgesetzen zur VwGO festgestellt, daß die alten Zuweisungen fortbestehen[3].

II. Vereinbarkeit mit den Landesverfassungen

Die Verfassungen der Länder Baden-Württemberg, Berlin und Bremen enthalten Zuweisungen öffentlich-rechtlicher Streitigkeiten an die Verwaltungsgerichte[4]. Dabei eröffnet Baden-Württemberg den Verwaltungsrechtsweg nur, soweit kein anderer Rechtsweg gegeben ist, Bremen eröffnet den Rechtsweg zu den ordentlichen Gerichten *oder* den Verwaltungsgerichten. Der Übertragung der Entscheidung über die Zulässigkeit polizeilicher FEen an den Richter der freiwilligen Gerichtsbarkeit stehen daher in diesen Ländern keine verfassungsrechtlichen Hindernisse entgegen, wobei offenbleiben kann, ob die betreffenden Verfassungsvorschriften über ihren Wortlaut hinaus neben dem repressiven Rechtsschutz auch den präventiven erfassen. Art. 71 BlnVerf. enthält dagegen keine derartige Einschränkung. Der Abs. II der Bestimmung — nach dem der Betroffene gegen Anordnungen und Verfügungen der Verwaltungsbehörde die Entscheidung der Verwaltungsgerichte anrufen kann, was insbesondere dann gilt, wenn ein ihm zustehendes Recht verletzt ist oder wenn er mit einer ihm nicht obliegenden Pflicht belastet wird — zeigt, daß der Verfassungsgesetzgeber nur an den repressiven Rechtsschutz (entsprechend Art. 19 IV GG) gedacht hat, was auch mit dem geschichtlichen Bild der Verwaltungsgerichtsbarkeit übereinstimmt. Es ist aber anzunehmen, daß der Verfassungsgesetzgeber — hätte er daran gedacht — diese Zuweisung an die allgemeinen Verwaltungsgerichte auf Fälle ausgedehnt hätte, in denen die Verwaltung von sich aus eine richterliche Entscheidung herbeiführen muß, denn die Fragen, über die das Gericht zu befinden hat, gehören in beiden Fallgestaltungen demselben Rechtsgebiet an. Schon deshalb erscheint es zulässig, Art. 71 BlnVerf. auch auf den präventiven Rechtsschutz auf verwaltungsrechtlichem Gebiet zu beziehen[5]. Hinzu kommt, daß Art. 71 im Gegen-

---

2 *Baumbach-Lauterbach*, Anm. 2 A zu § 13 GVG; *Koehler*, Anm. X zu § 40 VwGO; *Ule*, VwGbkt., Anm. IV 1 zu § 40 VwGO. a. A. *Eyermann-Fröhler*, Rdn. 90 zu § 40 VwGO; *Klinger*, Anm. B II 1 zu § 40 VwGO; W. *Schäfer*, DVBl. 1960/837.

3 BW § 15 I; Bln § 8 II 1; Bre Art. 6; Hess § 15 Ziff. 1 (Texte der AusfGe bei *Koehler*, ErgBd.).

4 BWVerf. Art. 67; BlnVerf. Art. 71; BreVerf. Art. 141.

5 Im Ergebnis ebenso für Art. 74 II NWVerf. OVG Münster AS 9/258, 260 f. unter Berufung auf den Sinn der Vorschrift. a. A. OLG Hamm, NJW 1953/798 aufgrund reiner Wortinterpretation. Wie hier im Ergebnis auch Württ.-Bad. VGH ES 1/53, 57.

satz zu den Bestimmungen der meisten anderen Landesverfassungen[6] in Abs. I festlegt, die Verwaltungsgerichtsbarkeit diene dem Schutz gegen widerrechtliche Maßnahmen der Verwaltung. Dieser Satz legt es nahe, Art. 71 BlnVerf. ebenso wie Art. 93 BayVerf.[7] und Art. 115 der Verfassung des Saarlandes[8] als eine allgemeine Eröffnung des Verwaltungsrechtswegs aufzufassen, in deren Sinn eine Beschränkung auf bestimmte Rechtsschutzformen nicht liegt[9]. Daher sind in Berlin die Verwaltungsgerichte von Verfassungs wegen für die Entscheidungen nach Art. 104 II GG auf polizeirechtlichem Gebiet kompetent, so daß die Verweisung an das Amtsgericht nach § 15 III BlnPVG i. V. m. §§ 3, 13 FEG unwirksam ist.

III. Erstreckung der Zuweisung auf die vorgängige richterliche Entscheidung

Die Zuweisung an den Amtsrichter im Verfahren der freiwilligen Gerichtsbarkeit umfaßt nach dem Wortlaut der Polizeigesetze in Baden-Württemberg und Schleswig-Holstein nur die nachzuholende Entscheidung (Art. 104 II 2 GG)[10], nicht aber die vorgängige (Art. 104 II 1 GG), weil die Gesetzgeber die Tragweite des Satzes 1 des Art. 104 II GG verkannt haben[11]. Die Fragen, die der Richter bei der nachzuholenden Entscheidung über die Zulässigkeit einer FE nach Polizeirecht zu prüfen hat, entsprechen denen, die bei der vorgängigen Entscheidung geprüft werden müssen. Schon diese Identität legt die Annahme nahe, daß die Gesetzgeber, wenn sie Art. 104 II GG richtig ausgelegt hätten, die Zuweisung an den Amtsrichter auf die vorgängige Entscheidung erstreckt hätten. Hinzu kommt, daß die Entscheidung vor einer FE zwar nicht so eilbedürftig ist wie die unverzüglich nachzuholende Entscheidung, daß aber die längere Zeit, die für die Erlangung einer vorgängigen Entscheidung des Verwaltungsgerichts benötigt wird, den Spielraum für die eigene Tätigkeit der Verwaltung erweiterte[12]. Da die Einschaltung des ortsnahen Amtsrichters bei der nachträglichen Entscheidung nicht zuletzt dazu dient,

---

6 s. Fn. 4; ferner HbgVerf. Art. 61; Vorläufige NdsVerf. Art. 41; NWVerf. Art. 74 I; RhPfVerf. Art. 124 I.

7 „Verwaltungsrechtliche Streitigkeiten entscheiden die Verwaltungsgerichte."

8 „Verwaltungsrechtliche Streitigkeiten entscheiden die nach dem Gesetz bestellten Verwaltungsgerichte."

9 s. o. S. 157 f.

10 s. o. S. 141.

11 Für § 47 II HessSOG (Gewahrsam auf Ersuchen) stellt sich die Frage nach der Erstreckung der Zuweisung in § 48 auf die vorgängige Entscheidung im Rahmen dieser Arbeit nicht, weil die Entscheidung von der ersuchenden Behörde herbeigeführt werden muß (vgl. S. 135), die Zuständigkeit sich also nach der Rechtsgrundlage für die Anordnung der FE durch diese Behörde richtet.

12 s. o. S. 158.

die FE möglichst bald der Herrschaft der dritten Gewalt zu unterstellen, also den Handlungsbereich der Verwaltung einzuengen, ist anzunehmen, daß die Gesetzgeber, falls sie die Notwendigkeit einer vorgängigen Entscheidung erkannt hätten, auch hierfür den Amtsrichter für zuständig erklärt hätten. Der so ermittelte Wille der Gesetzgeber, alle Entscheidungen nach Art. 104 II GG den ordentlichen Gerichten zu übertragen, reicht aus, um die Voraussetzung der ausdrücklichen Zuweisung einer öffentlich-rechtlichen Streitigkeit an ein anderes Gericht in § 40 I (1 und 2) VwGO zu erfüllen[13].

13. Kapitel

Regelung der richterlichen Zuständigkeit in der StPO

Für die Fälle des § 127 StPO ist die richterliche Zuständigkeit in § 128 I 1 StPO festgelegt.

Bei § 81 a StPO ist für den Fall, daß die Frist des Art. 104 II 3 GG bzw. der Art. 19 II 1 HessVerf. und 5 II 1 RhPfVerf.[1] überschritten werden muß, der Richter zuständig, dem § 81 a II StPO an erster Stelle die Anordnung der Maßnahmen überträgt, mithin im Ermittlungsverfahren ebenfalls der Amtsrichter des Bezirks, in dem der Betroffene festgehalten wird[2]. Auch bei der Zeugensistierung (§ 163 I StPO) und im Falle des § 81 b 1. Alt. StPO wird man die richterliche Zuständigkeit wie bei § 81 a StPO bestimmen müssen.

Dasselbe gilt für die Festhaltung der Störer von Amtshandlungen nach § 164 StPO über die Frist der Art. 19 II 1 HessVerf. und 5 II 1 RhPfVerf. hinaus. Außerhalb von Hessen und Rheinland-Pfalz ist die richterliche Zuständigkeit nach Art. 104 II GG für § 164 StPO nicht

[13] s. die o. S. 157 Fn. 63 und S. 158 Fn. 64 angeführten Entscheidungen des BGH und des BVerwG, in denen aus der Gesamtheit der Vorschriften der BRAO und des OWiG der Wille des Gesetzgebers hergeleitet wird, trotz der Beschränkung der Zuweisung auf eine bestimmte Rechtsschutzform einen anderen Rechtsweg als den Verwaltungsrechtsweg für sämtliche Streitigkeiten auf einem bestimmten Rechtsgebiet — also auch bei Verwendung der übersehenen Rechtsschutzformen — zu eröffnen. — *Ule* (in Ule-Rasch, Rdn. 82 zu §§ 15—17 PrPVG) will die Vorschriften über die richterliche Zuständigkeit beim Polizeigewahrsam ohne weitere Begründung zumindest entsprechend auf die Vorführung anwenden; ebenso Rdn. 110 (für Sistierung, Vorführung, Durchsuchung und Untersuchung).

[1] s. o. S. 130, 131.

[2] s. §§ 98 II 3, 162 StPO. Ist bereits die Voruntersuchung oder das Hauptverfahren eröffnet, so ist der Untersuchungsrichter oder das erkennende Gericht zuständig. Vgl. Eb. *Schmidt* (ErgBd.), Rdn. 24 zu § 81 a StPO (mit Einzelheiten) und *Schwarz-Kleinknecht*, Anm. 7 zu § 81 a, 2 zu § 98 StPO.

von Interesse, weil die Befugnis zur Festnahme nur in Notfällen gegeben[3] und entsprechend Art. 104 II 3 GG begrenzt ist.

Entsprechendes hätte auch für die Personendurchsuchung (§ 105 I StPO) zu gelten, bei der aber eine Überschreitung der genannten Fristen nicht in Betracht kommt, so daß die Frage nach der richterlichen Zuständigkeit für Entscheidungen nach Art. 104 II GG keine Bedeutung hat.

In allen diesen Fällen liegen öffentlich-rechtliche Streitigkeiten nichtverfassungsrechtlicher Art vor, die nach § 13 GVG den ordentlichen Gerichten (Strafgerichten) zugewiesen sind (§ 40 I 1 VwGO). Im Falle der polizeirechtlichen zweiten Alternative des § 81 b StPO liegt der richterlichen Entscheidung eine verwaltungsrechtliche Streitigkeit zugrunde, so daß das Verwaltungsgericht angegangen werden muß (§ 40 I 1 VwGO)[4].

Dritter Teil

Vereinbarkeit der im Ersten Teil angeführten Vorschriften mit der Menschenrechtskonvention

Erster Abschnitt

Allgemeines; Darstellung und Kritik der bisherigen Lösungsvorschläge anhand des § 15 PrPVG

14. Kapitel

Allgemeines

Das deutsche ZustimmungsG vom 7. 8. 1952[1] zu der am 4. 11. 1950 in Rom unterzeichneten Konvention zum Schutze der Menschenrechte und Grundfreiheiten (Menschenrechtskonvention, MRK) — die in Art. 5 die persönliche Freiheit garantiert[2] — enthält nach allgemeiner Meinung einen für die Gerichte und Behörden der Bundesrepublik Deutschland verbindlichen Rechtsanwendungsbefehl[3]. Die Bestimmunden MRK sind daher seit dem 3. 9. 1953, dem Tage des völkerrechtlichen Inkrafttretens der Konvention[4], zu beachten.

Meinungsverschiedenheiten bestehen darüber, ob das ZustimmungsG den völkerrechtlichen Vertrag in Bundesrecht transformiert hat oder

---

[1] BGBl. II/685, berichtigt S. 953.

[2] Die nach der Schlußformel der MRK maßgebenden englischen und französischen Texte und die amtliche dt. Übersetzung (s. Fn. 1) sind im Anhang wiedergegeben.

[3] Die MRK gilt auch im Lande Berlin. Das ZustimmungsG verfügt in Art. III die Geltung der MRK im gesamten Geltungsbereich des GG und damit auch in Berlin (Art. 23 S. 1, 127, 144 II GG; BVerfGE 7/1 ff., 7 ff.). Die BRD hat demgemäß bei Hinterlegung der Ratifikationsurkunde die Erklärung abgegeben, daß „der Geltungsbereich der Konvention sich auch auf Berlin erstreckt" (*Partsch*, ZaöRV 17/101). Das 3. (Berliner) Gesetz über die Anwendung von Bundesgesetzen über internationale Abkommen der Bundesrepublik Deutschland v. 24. 9. 1953 (GVBl. S. 1163) erklärt das ZustimmungsG v. 7. 8. 1952 (mit Wirkung v. 23. 8. 1952, dem Tage seines Inkrafttretens) für in Berlin anwendbar (Art. II Nr. 4).

[4] Bekanntmachung der BReg. v. 15. 12. 1953 (BGBl. 1954 II/14).

ob es nur seinen Vollzug als Völkerrechtsnorm befiehlt, ohne seine Rechtsqualität zu ändern, und über die damit zusammenhängende Frage des Ranges der Konvention innerhalb der deutschen Rechtsordnung. Die überwiegende Meinung[5] nimmt an, daß die Konvention — dem ZustimmungsG (Art. 59 II GG) entsprechend — mit dem Rang eines einfachen Bundesgesetzes gilt. Andere Stimmen erkennen ihr oder einzelnen ihrer Bestimmungen Verfassungsrang zu und geben hierfür verschiedene Begründungen[6]. Da die MRK nach beiden Ansichten jedenfalls mit dem Range eines einfachen Bundesgesetzes anwendbares Recht geworden ist, geht sie allen Polizeigesetzen der Länder nach Art. 31 GG vor. Von dem in dieser Arbeit behandelten und nach den bisherigen Ausführungen als Grundlage für FEen in Betracht kommenden Bundesrecht wird die StPO vom 1. 2. 1877/12. 9. 1950 vom ZustimmungsG zur MRK als dem späteren Gesetz derogiert. Durch die Neubekanntmachung der StPO vom 17. 9. 1965[7] aufgrund des Art. 17 StrafprozeßänderungsG 1964 sind diejenigen Vorschriften der StPO, die unverändert fortgelten, nicht zu späteren Gesetzen gegenüber dem ZustimmungsG geworden[8]. Die neuen Absätze III und IV des § 112 StPO werden vorerst außer Betracht gelassen — schon weil sie für den ersten Zugriff der Polizei nur geringe Bedeutung haben —, ebenso das GeschlKrG[9], das WehrpflichtG[10] und das neue OWiG[11]. Daher bleibt die Frage nach dem Rang der MRK in der deutschen Rechtsordnung hier unentschieden.

---

[5] Etwa *Drews-Wacke*, S. 131; *Dürig* in Maunz-Dürig, Rdn. 59 zu Art. 1 Abs. II GG; *Geck*, DVBl. 1956/525; *Golsong*, JöR N. F. 10/131 und Rechtsschutzsystem, S. 9—11 (m. w. Nachw.); *Herzog*, AöR 86/237; *Hodler*, Diss. S. 66; *Partsch*, GR I, 1/283; *Schönke-Schröder*, Rdn. 2 zu § 2 StGB; *Schwarz-Kleinknecht*, Anm. 1 vor Art. 1 MRK; Werner *Weber*, GR II/337; *v. Weber*, MDR 1955/388; OVG Münster, NJW 1956/1374; BayVerfGH, NJW 1961/1619; KG, NJW 1961/2209, 2211; OLG Bremen, NJW 1960/1265, 1266; wohl auch BVerfGE 4/110, 111 f. und NJW 1960/1243 f., wonach eine Verfassungsbeschwerde nicht auf die MRK gestützt werden kann; unentschieden: BVerfGE 6/389, 440 f.; BGH, NJW 1966/726, 727 und 1021, 1023; BVerwG, DVBl. 1962/490; Zusammenstellung bei *Dronsch*, S. 44—48, 58—61.

[6] a) Art. 25 GG: Meinungsstand bei *Dronsch*, a.a.O.; s. nur *Appell*, S. 9 f.; *Guradze*, Stand, S. 174—176 und NJW 1960/1243 sowie Konvention, Einleitung § 5 III—V (S. 13 ff.); *Pfeifer*, Festschrift für Hugelmann I/413; *Pieck*, S. 6 ff., 9; *Schorn*, S. 37—40, 44, 47;

b) Verfassungsrang wegen Konkretisierung der in Art. 1 II GG genannten Menschenrechte: *Echterhölter*, JZ 1955/689—692; *Baumann*, Festschrift für Eb. Schmidt, S. 529 f.

[7] BGBl. I/1374.

[8] s. BVerfGE 14/174, 182—185 sowie Rechtsausschuß des BT, 4. WP, Drucks. Nr. 1020 S. 39 (Art. 15 a des E-StrafprozeßänderungsG) und schriftlicher Bericht des Abgeordneten Dr. Kanka zur Drucks Nr. 1020 S. 7.

[9] s. o. S. 69.

[10] s. o. S. 69.

[11] s. o. S. 60, 94.

Wenn im folgenden von der MRK einerseits und staatlichem oder innerstaatlichem Recht andererseits gesprochen wird, so geschieht dies nur zur Vereinfachung und bedeutet keine Stellungnahme zur Frage der Rechtsqualität der Konvention[12]. Diese Rechtsqualität braucht hier ebenfalls nicht näher untersucht zu werden, weil es für die Frage der Modifizierung des Verwaltungs- und Strafprozeßrechts durch Bestimmungen der MRK unerheblich ist, ob die Konvention Bundesrecht darstellt oder Völkerrecht, das im Range von Bundesrecht gilt.

15. Kapitel

Darstellung der bisherigen Lösungsvorschläge anhand des § 15 PrPVG

I. Vorbemerkung

In einem Teil der polizeirechtlichen Literatur wird die MRK bei der Erörterung der FE gänzlich übersehen. Dies trifft nicht nur auf kürzere Darstellungen zu[1], sondern auch auf die neue bayerische Kommentarliteratur *(Berner, König, Samper)*, das Werk von *Ule-Rasch* (1965) und den 3. Band des „Verwaltungsrechts" von H. J. *Wolff* (1966). Bei der Beratung der Polizeigesetze der Länder hat Art. 5 MRK, soweit ersichtlich, bisher nur in Hessen Beachtung gefunden[2].

Soweit der Einfluß des Art. 5 MRK auf das deutsche Polizeirecht erörtert wird, kann es als allgemeine Meinung bezeichnet werden, daß auch die kurzfristige FE in den Anwendungsbereich der Vorschrift fällt, die betreffenden Rechtsgrundlagen also von einem der Eingriffsvorbehalte des Art. 5 I gedeckt sein müssen[3]. Diese Ansicht wird ausdrücklich für den Polizeigewahrsam im eigentlichen Sinne vertreten[4] Zur Sistierung liegt bislang nur eine Stellungnahme vor[5]. Eine Erörterung der Vorführungen nach § 17 PrPVG und der entsprechenden Vorschriften fehlt bisher; da Vorführungen nach §§ 81 a und b StPO[6],

---

[12] Dazu *Partsch*, Gr I, 1/281 f.

[1] Etwa *Gobrecht, Müller-Heidelberg/Clauss, Scheer-Trubel, Schiedmair.*

[2] Begründung zum E-HessPolG 1954, Hess LT, II. WP, Drucks. Abt. I Nr. 964 S. 2130 (zu § 17).

[3] Auch O. *Franz*, NJW 1966/240 f. ist im Ergebnis dieser Ansicht.

[4] Dazu im folgenden.

[5] *Herzog*, Diss. S. 181.

[6] *Herzog*, AöR 86/218 und Diss. S. 180 (auch für Vorführungen nicht erschienener Zeugen nach §§ 51 I 2 StPO, 380 II ZPO und zu Entmündigender nach § 654 I 2 ZPO); *Guradze*, Konvention, Erl. 12 zu Art. 5 MRK; *Schwarz-Kleinknecht*, Anm. 1 B zu Art. 5 MRK; *Appell*, S. 81 f. für Vorführungen nach § 81 c IV StPO zur Untersuchung und nach § 134 StPO zur richterlichen Vernehmung.

Vorführungen von Krankheitsverdächtigen usw.[7] als von Art. 5 MRK erfaßt angesehen werden, muß gleiches vom Standpunkt dieser Autoren für Vorführungen nach den Polizeigesetzen gelten. Die Mitnahme und Festhaltung zur Durchsuchung wird durchweg übergangen.

II. § 15 I b PrPVG

1. Soweit § 15 I b PrPVG FEen zur Unterbindung oder Verhinderung mit Strafe bedrohter Handlungen gestattet, ist er nach h. M.[8] durch Art. 5 I c MRK[9] gedeckt, wonach Festnahme und Haft u. a. dann zulässig sind (Fall 2), wenn begründeter Anlaß zu der Annahme besteht, daß es notwendig ist, den Betroffenen an der Begehung einer mit Strafe bedrohten Handlung[10] zu hindern.

2. Von dieser Stelle in lit. c wird auch angenommen, sie decke FEen zur Unterbindung und Verhinderung von Ordnungswidrigkeiten[11].

3. *Herzog*[12] versucht zudem, die Festnahme zwecks Verhinderung oder Unterbindung nicht mit Strafe bedrohter verfassungsfeindlicher Handlungen[13] mit Art. 17 MRK zu rechtfertigen[14].

4. Soweit § 15 I b PrPVG darüber hinaus eine FE zur Beseitigung einer Störung oder zur Abwehr einer Gefahr für die öffentliche Sicherheit oder Ordnung gestattet, geht die wohl h. M. dahin, die Vorschrift sei durch Art. 5 I b 2. Alt. gedeckt, wonach die Festnahme und Haft zur Erzwingung der Erfüllung einer durch das Gesetz vorgeschriebenen

---

7 *Herzog*, AöR 86/230; *Partsch*, GR I, 1/368 f., 363.

8 *Appell*, S. 112; *Drews-Wacke*, S. 176; *Herzog*, AöR 86/225 und Diss. S. 182; *Hodler*, NJW 1953/532 und Diss. S. 86 f.; *Partsch*, GR I, 1/363; E. E. *Schneider*, Anm. 1 und 3 zu § 17 HessPolG 1954; *Zwingenberger*, S. 213. Vgl. dagegen Hans *Huber*, *Schorn*, *Schwarz-Kleinknecht*, BGH — III. Zivilsenat — unten S. 196 f. und *Guradze*, unten S. 197 Fn. 53.

9 Die einzelnen Eingriffsvorbehalte sind Bestandteile des 2. Satzes des Art. 5 I. Um die Lesbarkeit zu fördern, wird hier die Angabe des Satzes weggelassen (also „Art. 5 I c“ statt „Art. 5 I 2 c“ zitiert).

10 Die amtliche dt. Übersetzung (BGBl. 1952 II/685 ff.) spricht von „strafbarer Handlung“. Dazu, daß nach Sinn und Zweck der lit. c die objektivrechtswidrige Verwirklichung eines Deliktstatbestands ausreicht, s. nur *Herzog*, AöR 86/222 und *Schorn*, S. 152.

11 *Herzog*, BayVBl. 1959/45 und AöR 86/221 f.; a. A. *Guradze*, Konvention, Erl. 18 zu Art. 5 MRK; *Schorn*, S. 152. Sonst nicht erörtert.

12 BayVBl 1959/45 f.; selbst zweifelnd AöR 86/204 f.

13 Art. 18 Nr. 1 und 2 BayPAG. Ebenso § 6 II RhPfPVG. In den übrigen Ländern (außer Hess) § 15 I b PrPVG und die entsprechenden Bestimmungen, s. o. S. 56.

14 Art. 17 lautet in der amtlichen Übersetzung: „Keine Bestimmung dieser Konvention darf dahin ausgelegt werden, daß sie für einen Staat, eine Gruppe oder eine Person das Recht begründet, eine Tätigkeit auszuüben oder eine Handlung zu begehen, die auf die Abschaffung der in der vorliegenden Konvention festgelegten Rechte und Freiheiten oder auf weitergehende Beschränkungen dieser Rechte und Freiheiten als in der Konvention vorgesehen, hinzielt.“

Verpflichtung[15] gestattet ist. Im Anschluß an *Hodler*[16] nimmt man an, die Pflicht, sich polizeigemäß zu verhalten und seine Sachen in einem polizeimäßigen Zustand zu halten, sei eine solche gesetzliche Verpflichtung, die es rechtfertige, zur FE zu schreiten[17].

Dagegen hält *Echterhölter*[18] die Pflicht, sich polizeigemäß zu verhalten, für zu unbestimmt. *Herzog*[19] leitet aus Wortlaut, systematischer Stellung und Zweck der lit. b 2. Alt. eine Beschränkung auf Pflichten her, die in Zusammenhang mit der Tätigkeit der Rechtspflege stehen. Auch *Partsch*[20] lehnt die Subsumtion der Polizeipflicht unter lit. b 2. Alt. aus der systematischen Stellung der lit. b und dem Zweck der Konvention heraus ab; er gelangt zur Unwirksamkeit des § 15 I b PrPVG, soweit nicht der Betroffene gleichzeitig eine strafbare Handlung begangen oder unternommen hat oder die Buchstaben d und e des Art. 5 I MRK eingreifen[21]. *Henkel*[22] erklärt die ganze Regelung des § 15 PrPVG ohne Begründung kurzerhand für unvereinbar mit der MRK.

Mit der Begründung, dem Nichtstörer obliege keine derart durchsetzbare Verpflichtung, „schränkt" die h. M. den § 15 I b PrPVG dahin „ein", daß es seit Inkrafttreten der MRK keine Ingewahrsamnahme eines Nichtstörers im Wege des polizeilichen Notstands (§ 21 PrPVG) mehr gebe[23]. Hierbei wird jedoch der wichtigste Unterschied zwischen den beiden Fällen des § 15 I PrPVG übersehen: lit. b unterscheidet sich gerade dadurch von lit. a, daß nur im Falle der lit. a (Schutzhaft) ein Nichtstörer in Gewahrsam genommen werden darf[24]. Sonst wäre lit. a neben lit. b überflüssig. Auf dem Gebiet der FE ist § 15 I PrPVG — mit der Beschränkung der Inanspruchnahme des Nichtstörers auf

---

15 "in order to secure the fulfilment of any obligation prescribed by law"/ "en vue de garantir l'exécution d'une obligation prescrite par la loi."

16 NJW 1953/532 und Diss S. 86.

17 *Appell*, S. 112; *Drews-Wacke*, S. 176; *Dürig* in Maunz-Dürig, Rdn. 63 sub b, bb zu Art. 1 Abs. II GG, der wohl auch die Verhinderung strafbarer Handlungen mit Art. 5 I b 2. Alt. belegen will; *Guradze*, Konvention, Erl. 13 IV zu Art. 5 MRK; *Schorn*, S. 139; *Zwingenberger*, S. 217 f.

18 JZ 1956/144 Fn. 46.

19 AöR 86/218 f. und 207 f.

20 GR I, 1/361.

21 a.a.O., S. 363.

22 S. 323 Fn. 31.

23 *Appell*, S. 112; *Drews-Wacke*, S. 176 2. Abs. a. E.; *Dürig*, a.a.O.; *Guradze*, a.a.O.; *Hodler*, NJW 1953/532 und Diss. S. 86; E. E. *Schneider*, Anm. 1 zu § 17 HessPolG; *Schorn*, S. 139; auch *Echterhölter*, JZ 1956/144 sub VI.

24 *Ule-Rasch*, Rdn. 111 zu §§ 15—17 PrPVG. Art. 18 BayPAG („durch diese Person", „dieser Person") und § 47 I Nr. 2 HessSOG („um ihn ... zu hindern") enthalten also keine Einschränkung gegenüber § 15 I b PrPVG und den entsprechenden Vorschriften.

Dies übersieht auch *Partsch*, GR I, 1/363. Unrichtig auch *Jescheck*, NJW 1954/785, der die Verwahrung des Nichtstörers nach den Grundsätzen des übergesetzlichen Notstands zulassen will.

die Schutzhaft — nicht nur lex specialis zu § 14 I, sondern auch zu § 21; somit ist § 15 I b PrPVG auch ohne die MRK bereits auf die Festnahme des Störers beschränkt.

5. Die Vereinbarkeit der Sistierung mit § 5 MRK ist bislang nur von *Herzog*[25] erörtert worden. Die übrigen Autoren einschlägiger Arbeiten übergehen nicht nur die besonderen Vorschriften über die Sistierung, sondern erwähnen diese Erscheinungsform der FE auch nicht bei ihren Ausführungen zu Art. 5 I b 2. Alt. MRK, soweit § 15 I b PrPVG (bzw. die entsprechenden Bestimmungen) die Rechtsgrundlagen für die Sistierung darstellen[26]. Herzog mißt die Sistierungsvorschrift des Art. 14 BayPAG und die entsprechenden Bestimmungen an Art. 5 I b 2. Alt. MRK. Da er hierzu eine Auslegung befürwortet, die lit. b auf Verpflichtungen in Zusammenhang mit der Tätigkeit und dem Fortgang der Rechtspflege beschränkt[27], hält er nur die Sistierung zur Sicherung eines genügend glaubhaft gemachten Rechtsanspruchs eines zur Selbsthilfe Berechtigten (Art. 14 I Nr. 4 BayPAG) für zulässig, denn es bestehe, so meint Herzog, eine unter Art. 5 I b MRK fallende Pflicht, sich dem Gericht zu stellen, während die Pflicht, sich auszuweisen, nicht von lit. b erfaßt werde.

16. Kapitel

Kritik der bisherigen Lösungsvorschläge zu § 15 I b PrPVG; Rechtsprechung der Straßburger Instanzen[1]

Die Überprüfung der bisherigen Lösungen soll wegen der besseren Übersichtlichkeit an dieser Stelle auf den Fall der FE zur Bekämpfung „sonstiger" Gefahren für die öffentliche Sicherheit oder Ordnung beschränkt werden. Die schwierige Frage, ob § 15 I b PrPVG insoweit gedeckt ist, als er FEen zur Verhinderung mit Strafe bedrohter Handlungen gestattet, wird später gesondert abgehandelt[2].

---

[25] Diss. S. 181.

[26] *Appell*, S. 109—112; *Dürig*, a.a.O., Rdn. 63 zu Art. 1 Abs. II GG; *Guradze*, Stand, S. 194 f. und jetzt Konvention, Erl. 13 zu Art. 5 MRK; *Hodler*, NJW 1953/531 f. und Diss. S. 79—88; *Partsch*, GR I, 1/359 ff.; *Schorn*, S. 138 ff.; *Zwingenberger*, S. 211—218. — *Hodler* (NJW 1953/532 li. Sp. und Diss. S. 86 f.) und *Zwingenberger* (S. 213 zu Fn. 4, 217) bezeichnen die polizeiliche Ingewahrsamnahme irrtümlich als Sistierung. — Auch *Herzog* übergeht die Sistierung in seinen späteren Arbeiten (BayVBl. 1959/44 ff. und AöR 86/194 ff.).

[27] s. o. S. 169 zu Fn. 19.

[1] Europäische Kommission und Europäischer Gerichtshof für Menschenrechte.

[2] s. 19. Kapitel, unten S. 189.

Für die h. M., wonach die Festnahme eines Störers der öffentlichen Sicherheit oder Ordnung eine FE zur Erzwingung der Erfüllung einer durch das Gesetz vorgeschriebenen Verpflichtung i. S. des Art. 5 I b 2. Alt. MRK darstellt, spricht der Wortlaut dieser Bestimmung insofern, als er keine Beschränkung hinsichtlich der Art solcher gesetzlichen Verpflichtungen enthält. Der englische Text verstärkt diesen Eindruck noch durch den Gebrauch des Wortes „any“[3], das „jede“ (Verpflichtung) bedeutet und damit weiter ist als der französische Text, der nur von „l'exécution *d'une* obligation prescrite par la loi“ spricht und nicht von „toute“ (obligation), was dem englischen „any“ entspräche[4].

Gegen diese weite Auslegung der 2. Alt. der lit. b bestehen jedoch Bedenken unter zwei Gesichtspunkten: Es fragt sich einmal, ob diese Stelle nicht trotz des weiten Wortlautes nur gegenständlich — nämlich auf den Zusammenhang mit der Rechtspflege — beschränkte Verpflichtungen betrifft, und zum anderen, ob nicht nur genau umschriebene Pflichten erfaßt werden, während allgemein gehaltene, wie die, die öffentliche Sicherheit oder Ordnung nicht zu stören, hier nicht gemeint sind.

I. Gegenständliche Beschränkung des Art. 5 I b 2. Alt. MRK

1. Aufbau des Art. 5 I MRK

Art. 5 I MRK ist so aufgebaut, daß lit. a (gerichtliche Verurteilung) und die erste Alternative der lit. b (Ungehorsam gegen einen gerichtlichen Beschluß) Eingriffsbefugnisse der rechtsprechenden Gewalt bzw. zugunsten der rechtsprechenden Gewalt decken, während in den lit. c—f Eingriffsvorbehalte zugunsten der Strafverfolgungs- und Ordnungsbehörden folgen[5]. Die Stellung der lit. b 2. Alt. innerhalb dieses Katalogs legt die Annahme nahe, daß hier nur Verpflichtungen gemeint sind, die in Zusammenhang mit der Tätigkeit der Rechtspflege stehen, nicht aber Pflichten, die mit der Aufrechterhaltung der öffentlichen Sicherheit oder Ordnung zusammenhängen[6].

2. Funktion des Art. 5 I b 2. Alt. als Ergänzung der 1. Alt.

Die Fassung der 1. Alternative der lit. b deutet darauf hin, daß dieser Eingriffsvorbehalt nur Fälle decken soll, in denen die FE

---

[3] “the fulfilment of *any* obligation prescribed by law.”

[4] Vgl. den korrekten Gebrauch von „any“ und „tout“ in Art. 4 III a—d MRK.

[5] *Herzog*, AöR 86/218 f. — Daß lit. c (wohl) auch die Befugnisse des Haftrichters deckt, ist in diesem Zusammenhang unerheblich.

[6] So *Herzog*, a.a.O. und Diss. S. 174 f.

als Strafe oder strafähnliche Sanktion gedacht ist (Ungehorsamsstrafen)[7]. Hierfür spricht einmal die Verwendung der Worte „for" und „pour"[8] („wegen" — nämlich Nichtbefolgung des Gerichtsbeschlusses —) in den maßgebenden Fassungen[9]. Hinzu kommt, daß sowohl das englische „for non-compliance with" als auch das französische „pour insoumission à" auch, wenn nicht gar in erster Linie mit „Zuwiderhandlung gegen" oder „Ungehorsam gegen" zu übersetzen sind[10]. Geht man hiervon aus[11], so bedurfte die 1. Alternative der lit. b einer Ergänzung, damit diejenigen Vorschriften des staatlichen Rechts fortbestehen konnten, in denen die FE als Beugemaßnahme ausgestaltet ist[12, 13]. Diese Funktion der 2. Alternative als Ergänzung der ersten spricht ebenfalls für eine Beschränkung auf einen Zusammenhang mit der Rechtspflege.

3. Gesetzessystematik

Ließe lit. b 2. Alt. die FE zur Erzwingung *jeder* gesetzlichen Pflicht zu, so handelte es sich um einen Vorbehalt zugunsten der staatlichen Gesetzgebung in Form einer GK. Eine solche GK hätte nach herkömmlicher Gesetzestechnik entweder an den Anfang oder an das Ende des Katalogs in Art. 5 I gehört[14]. An die MRK, bei deren Formulierung die Vertreter von 13 Staaten mitgewirkt haben[15], können zwar nicht die gleichen gesetzestechnischen Anforderungen gestellt werden wie an ein innerstaatliches Gesetz. Die Einfügung einer GK als zweite Alternative eines Eingriffsvorbehalts inmitten einer Aufzählung von sechs Vorbehalten, die jeweils sachlich zusammenhängende Fälle enthalten, wäre aber so überraschend, daß einer solchen Auslegung nicht das Wort geredet werden kann.

---

[7] z. B. § 178 GVG; §§ 51 I 1 StPO und 380 ZPO; §§ 70 I StPO und 390 I ZPO. Ließe man vom Gericht verhängte Ungehorsamsstrafen unter lit. a fallen (*Herzog*, AöR 86/217; *Partsch*, GR I, 1/359), so läge die Bedeutung der lit. b 1. Alt. nur darin, daß hier der Richter nicht selbst den Haftbeschluß zu erlassen brauchte.

[8] *Herzog*, AöR 86/216 f.

[9] Zur Sprachenfrage *Partsch*, GR I, 1/318 f.; *Pieck*, S. 26 f.

[10] Für „non-compliance" jeweils unter diesem Stichwort: *Herbst* (sub C), *Kniepkamp*, *Muret-Sanders-Springer;* für „insoumission": *Piccard-Thilo-Steiner*, *Sachs-Villatte*, *Schreiber*, *Weinhold*.

[11] So *Herzog*, a.a.O.

[12] Insbesondere Beugehaft, etwa §§ 70 II StPO, 390 II ZPO.

[13] So *Herzog*, AöR 86/219.

[14] So richtig *Herzog*, AöR 86/208.

[15] Belgien, Dänemark, Frankreich, Griechenland, Irland, Island, Italien, Luxemburg, Niederlande, Norwegen, Schweden, Türkei und Vereinigtes Königreich.

4. Entbehrlichkeit der übrigen Eingriffsvorbehalte

Handelte es sich bei der zweiten Alternative der lit. b um einen allgemeinen Gesetzesvorbehalt, so wären alle Eingriffsvorbehalte des Absatzes I überflüssig, weil auch ihnen gesetzliche Verpflichtungen zugrunde liegen[16].

5. Zweck und Entstehungsgeschichte des Art. 5 I MRK („Enumerationsmethode" — „Definitionsmethode")

Eine solche Auslegung stünde in Widerspruch zum Zweck des Art. 5 I MRK, der innerstaatlichen Gesetzgebung vorzuschreiben, unter welchen Voraussetzungen Eingriffe in die Freiheit der Person zugelassen werden dürfen. Sie verbietet sich auch wegen der Entstehungsgeschichte des Art. 5. Wie schon bei den Beratungen der Menschenrechtskommission der Vereinten Nationen herrschte auch bei der Schaffung der MRK Streit darüber, ob die zu garantierenden Rechte wie in der Allgemeinen Erklärung der Menschenrechte durch die Vollversammlung der UN vom 10. 12. 1948[17] nur aufgezählt („Enumerationsmethode") oder ob sie durch Festlegung der Eingriffsvorbehalte näher bestimmt („definiert") werden sollten („Definitionsmethode"). Befürworter der Definitionsmethode waren hauptsächlich die Juristen des Common-Law-Rechtskreises[18], die anders als die Vertreter des kontinental-europäischen Civil-Law-Rechtskreises ohne Präjudizien mit einer aus einem bloßen Willkürverbot bestehenden Grundrechtseinschränkung und einem allgemeinen Gesetzesvorbehalt

---

[16] *Herzog*, AöR 86/208 und Diss. S. 174.

[17] UN Yearbook for 1948/466; dt. Übersetzung bei *Weiß*, S. 43.

[18] Der Vorschlag, durch den Art. 9 I u. II des Covenant-Entwurfs 1949 der UN-Menschenrechtskommission („1. No one shall be subjected to arbitrary arrest or detention. 2. No one shall be deprived of his liberty except on such grounds and in accordance with such procedure as established by law." Weiter entsprechend Abs. II—V des Art. 5 MRK) ersetzt werden sollte und auf den die Fassung des Art. 5 MRK letztlich zurückgeht (*Partsch*, GR I, 1/354; Präsident [der Menschenrechtskommission] Waldock in der mündl. Verhandlung vor dem GH im Fall Lawless, mitgeteilt in Affaire Lawless [Fond], S. 50), stammte freilich nicht nur von den Vertretern des Vereinigten Königreichs und Australiens, sondern auch von denen des Libanon, Dänemarks und Frankreichs (abgedruckt in UN Yearbook for 1949/339 f. [Art. 9 des Covenant-Entwurfs daselbst S. 333] = UN Document E/1371 [E/CN. 4/350] v. 23. 6. 1949 [Report of the fifth session of the Commission on Human Rights] S. 31 f. und 19).

bei der Rechtsanwendung nicht viel hätten anfangen können[19]. Der Entwurf der Beratenden Versammlung des Europarates[20], der die Grundlage für die späteren Arbeiten bildete, folgte der Enumerationsmethode und enthielt in Art. 6 einen allgemeinen Gesetzesvorbehalt zugunsten der Rechte und Freiheiten anderer und der öffentlichen Moral, Ordnung und Sicherheit[21]. Wenn die MRK in Art. 5 schließlich der Definitionsmethode folgt, so beruht dies auf einem Zugeständnis der Civil-Law-Juristen an die Vertreter des Common-Law-Rechtskreises und bedeutet eine klare Absage an den Gedanken des allgemeinen Gesetzesvorbehalts des Art. 6 des Entwurfs der Beratenden Versammlung[22]. Daher kann weder von den Kontinentaleuropäern noch von den Common-Law-Anhängern angenommen werden, sie hätten bei lit. b 2. Alt. einer Klausel zustimmen wollen, die — weil sie überhaupt keine Einschränkungen enthält — noch weiter als der Vorbehalt des genannten Art. 6 ginge und mit deren Hilfe die sich aus der kasuistischen Regelung der sechs Buchstaben ergebenden Beschränkungen umgangen werden könnten.

Zudem neigen die Vorbehalte der Art. 8—12 MRK, bei deren Formulierung die Common-Law-Juristen sich nicht hatten durchsetzen können, wie die Konventionsverfasser vorgingen, wenn sie allgemeinere Eingriffsermächtigungen schaffen wollten[23].

6. Schlußfolgerung

Diese Überlegungen zeigen, daß die gesetzliche Verpflichtung, die öffentliche Sicherheit und Ordnung nicht zu stören, schon wegen der gegenständlichen Beschränkung der lit. b 2. Alt. nicht von diesem Vorbehalt gedeckt sein kann.

---

[19] *Robertson*, BYIL 1950/151; *Solf*, BAnz. 1952 Nr. 89 v. 9. 5., S. 7 sub III, IV; *Hodler*, Diss. S. 43 f.; *Partsch*, Hess.Hochschulwochen 1953/239 und ZaöRV 15/647 f., 649 f.

Anders nur die USA, die in der Menschenrechtskommission der UN für die ihrer Verfassungsrechtslage entsprechenden Enumerationsmethode eintraten, *Partsch*, ZaöRV 15/647; GR I, 1/354 und Hess.Hochschulwochen, a.a.O.

[20] Bei *Weiß*, S. 40.

[21] Der erste vom Ministerkomitee des ER eingesetzte Ausschuß (sog. *Sachverständigenausschuß)* konnte in der Frage „Enumeration oder Definition" keine Einigung erzielen und legte zwei Alternativentwürfe vor. Der endgültigen Fassung der MRK liegt der Entwurf des zweiten Ausschusses (sog. *Ausschuß der Höheren Beamten)* zugrunde. Vgl. *Hodler*, Diss. S. 15—17; ausführlich zur Entstehungsgeschichte *Partsch*, ZaöRV 15/361 ff., zu dieser Frage S. 647—49.

[22] Dazu *Partsch*, GR I, 1/354, wonach sich im Ausschuß der Höheren Beamten die Auffassung durchgesetzt hat, eine GK wie im Covenant-Entwurf der UN (s. Fn. 18) lasse dem nationalen Gesetzgeber zu große Freiheit.

[23] *Herzog*, AöR 86/208 und (zu den einzelnen Artikeln) Diss. S. 196 f., 229, 242, 246, 258.

II. Beschränkung des Art. 5 I b 2. Alt. MRK auf genau umschriebene gesetzliche Verpflichtungen

1. Der Fall Lawless

In Zusammenhang mit der Frage, ob von lit. b 2. Alt. nur genau umschriebene Verpflichtungen erfaßt werden, sind der Bericht der Europäischen Kommission für Menschenrechte (Kommission) und die Entscheidung (in der Hauptsache) des Europäischen Gerichtshofs für Menschenrechte (Gerichtshof, GH) im Verfahren über die Beschwerde des irischen Terroristen *Lawless* gegen die Republik Irland von Bedeutung[24].

Lawless, von dem man annahm, er gehöre der illegalen Irish Republican Army an, die Gewaltakte verübt, um der britischen Gebietshoheit in Nordirland ein Ende zu setzen, wurde von der irischen Polizei am 11. 7. 1957 gemäß der Offences against the State Act, 1939, festgenommen und dann vom irischen Justizminister mit Verfügung vom 12. 7. 1957 unter Anwendung der Offences against the State (Amendment) Act, 1940, in ein Internierungslager eingewiesen, wo er bis zum 11. 12. 1957 verblieb. Einem Richter wurde L. nicht vorgeführt, weil das Gesetz von 1940 dies nicht vorsieht[25]. Die hier interessierende Stelle des Gesetzes von 1940 (section 4 Abs. I) lautet[26]:

> "Whenever a Minister of State is of opinion that any particular person is engaged in activities which, in his opinion, are prejudicial to the preservation of public peace and order or to the securitiy of the State, such Minister may by warrant under his hand and sealed with his official seal order the arrest and detention of such person under this section."

Im Verfahren vor der Kommission über die Anträge des Lawless[27] berief sich die irische Regierung zur Frage der Vereinbarkeit der Inhafthaltung nach dem Gesetz von 1940 in erster Linie auf Art. 5 I b 2. Alt. MRK. Sie machte geltend, man habe Lawless in Haft gehalten,

---

[24] Beschwerde Nr. 332/57; Entscheidung der Kommission vom 30. 8. 1958 über die Zulässigkeit (Art. 27 MRK), Ann. II/308 ff.; Bericht der Kommission vom 19. 12. 1959 (Art. 31 MRK), CEDH Série B 1960—61 S. 9—184 (*Lawless-Bericht, Bericht*); Entscheidung des GH in der Hauptsache vom 1. 7. 1961, CEDH Série A 1960—61 S. 27 ff. = Ann. IV/438 ff. (*Affaire Lawless [Fond]*) — maßgebender französischer Text auch ZaöRV 21/727 ff.

[25] Zum Tatbestand: Affaire Lawless (Fond), S. 30 ff., insbesondere 37 ff.

[26] Text in Affaire Lawless (Fond), S. 34.

[27] L. hatte zunächst Freilassung, Schadensersatz und Prozeßkostenerstattung erbeten, später Schadensersatz und Kostenerstattung, s. Entscheidung der Kommission, Ann. II/308, 314 f., auch im Bericht, S. 35 ff., 38 f.

um ihn daran zu hindern, weiterhin seine Loyalitätspflicht[28] zu verletzen und Leib und Leben anderer zu gefährden[29].

Die Kommission hat in ihrem Bericht[30] jedoch die Ansicht vertreten, Art. 5 I b 2. Alt. betreffe nur die Erzwingung genau bestimmter vom Gesetz auferlegter Verpflichtungen, nicht aber FEen zur Verhinderung von Verstößen gegen den öffentlichen Frieden und die öffentliche Ordnung oder die Sicherheit des Staates[31, 32]. Zur Begründung beruft sich die Kommission[33] auf die gewöhnliche Bedeutung („la signification normale"/„the natural meaning") der Worte „en vue de garantir l'exécution d'une obligation" und „in order to secure the fulfilment of any obligation", sowie auf den Umstand, daß die Festnahme und Haft wegen Verdachts oder zur Verhinderung einer mit Strafe bedrohten Handlung in der folgenden lit. c geregelt ist. Sie meint ferner, die von der irischen Regierung vorgenommene Auslegung der lit. b führe zur Untergrabung des in Art. 5 MRK gewährleisteten Rechts und lege damit der lit. b eine Wirkung bei, welche die Unterzeichner der Konvention nicht gewollt haben könnten.

Im Verfahren vor dem GH[34] hatte die irische Regierung ihre Argumentation mit Art. 5 I b 2. Alt. MRK fallengelassen[35]. Hieran war der GH nicht gebunden und hätte gleichwohl die Festhaltung als durch lit b 2. Alt. gedeckt erklären können. Er hat jedoch — obwohl nach seiner Auffassung auch die anderen Vorbehalte des Art. 5 I MRK die Festhaltung nach dem Gesetz von 1940 nicht deckten — nur ausgeführt, Art. 5 I b 2. Alt. sei im vorliegenden Fall ohne Bedeutung,

---

28 Art. 9 II der irischen Verfassung v. 1. 7. 1937 (*Mayer-Tasch*, S. 197) verpflichtet jeden Bürger zur Loyalität gegenüber dem Staat.

29 Entscheidung der Kommission v. 30. 8. 1958, Ann. II/308, 334 f.; Bericht, S. 59.
Der Vortrag war nach Ansicht der Kommission (Bericht, S. 64) dahin zusammenzufassen, daß die Haft einer Person, die in Verdacht steht, Handlungen zu begehen, welche für die Aufrechterhaltung des öffentlichen Friedens und der öffentlichen Ordnung oder für die Sicherheit des Staates nachteilig sind, eine FE zur Erzwingung einer gesetzlichen Verpflichtung sei.

30 a.a.O., S. 64.

31 „De l'avis de la Commission, toutefois, les mots ‚en vue de garantir l'exécution d'une obligation prescrite par la loi', qui figurent à l'alinéa (b), visent une arrestation ou une détention destinées, non pas à empêcher la commission d'infractions contre la paix et l'ordre publics ou la sûreté de l'État, mais à garantir l'exécution d'obligations précises imposées par la loi."

32 Die Kommission hielt die Festhaltung ohne Vorführung vor einen Richter für nicht von Art. 5 I MRK gedeckt (Bericht, S. 63), verneinte aber eine Verletzung der Konvention, weil sie die Voraussetzungen des Notstandsartikels (Art. 15) der MRK als erfüllt ansah (Bericht, S. 72 ff., 74; 81 sub 89; 113 f. sub 105).

33 Bericht, S. 64.

34 Dem die Kommission den Fall wegen der besonderen Bedeutung der Rechtsfragen vorgelegt hatte.

35 Affaire Lawless (Fond), S. 48.

weil Lawless nicht wegen Zuwiderhandlung gegen einen Gerichtsbeschluß oder zur Erfüllung einer durch das Gesetz auferlegten Verpflichtung festgehalten worden sei[36]. Damit ist der GH im Ergebnis der Auffassung der Kommission zu Art. 5 I b 2. Alt. gefolgt[37].

2. Stellungnahme

a) Der Kommission ist insbesondere insofern zuzustimmen, als sie sich auf die gewöhnliche Bedeutung der in lit. b 2. Alt. verwendeten Worte beruft. Es ist für den unbefangenen Leser in der Tat überraschend, die FE eines Ordnungsstörers unter die „Erzwingungshaft" der lit. b subsumiert zu sehen.

b) Für die Richtigkeit der Auslegung der lit. b 2. Alt. durch die Kommission spricht auch ein Vergleich mit den Gesetzesvorbehalten der Art. 8—11 (jeweils II) MRK. In diesen Vorschriften stellt die Konvention die von ihr gewährleisteten Rechte unter anderem unter den Vorbehalt der „public safety"/„sûreté publique" (öffentliche Sicherheit; Art. 8—11) und der „prevention of disorder"/„defense de l'ordre" (Bekämpfung der Unordnung; Art. 8, 10, 11) bzw. der „protection of public order"/„protection de l'ordre" (Schutz der öffentlichen Ordnung; Art. 9) sowie der „national security"/„sécurité nationale" (äußere Sicherheit; Art. 8, 10, 11[38])[39]. Wenn demgegenüber in Art. 5 I zu der

[36] „... les règles énoncées à l'article 5, paragraphe 1er litt. (b) et à l'article 6 n'entrent pas en ligne de compte dans le présent débat, la prémière en raison du fait que G. R. Lawless n'avait pas été détenue ‚pour insoumission à une ordonnance rendue par un Tribunal' ou ‚en vue de garantir l'exécution d'une obligation prescrite par la loi', ..." (Affaire Lawless, [Fond], S. 51; die — nicht maßgebliche [S. 63 des Urteils] — englische Übersetzung des Urteils enthält hier eine Lücke; es heißt nur "... because G. R. Lawless was not detained ‚for non-compliance with the ... order of a court' ...").

[37] Der GH verneinte gleichwohl eine Verletzung der MRK, weil er, wie die Kommission, die Voraussetzungen des Art. 15 MRK für erfüllt ansah (a.a.O., S. 62).

Die Formulierung des GH, die Haft nach dem Gesetz von 1940 finde keine Rechtsgrundlage („fondement juridique) in den Art. 5 und 6 MRK (Tenor S. 62 sub ii) ist unscharf, weil Art. 5 und 6 keine selbständige Grundlage für eine FE abgeben können. Diese Rechtsgrundlage kann nur in einem innerstaatlichen Gesetz enthalten sein (vgl. die Worte „lawful" und „regulier" in den Vorbehalten des Art. 5 I — dazu statt aller *Herzog,* AöR 86/210 f. —), dessen Vereinbarkeit mit Art. 5 die Straßburger Instanzen zu prüfen haben (s. auch Hans *Huber,* ZaöRV 21/663).

Im folgenden wird diese unscharfe Ausdrucksweise gleichwohl gelegentlich gebraucht, um die Lesbarkeit zu fördern. Wird die (Un)Zulässigkeit einer FE nach einer lit. des Art. 5 I festgestellt, so ist damit die (Un)Vereinbarkeit des innerstaatlichen Gesetzes mit Art. 5 gemeint.

[38] Die amtliche dt. Übersetzung spricht bei Art. 8 und 10 von „nationaler Sicherheit". Zu den Ungenauigkeiten dieser Übersetzung s. *Partsch,* GR I, 1/437, 438 Fn. 687.

[39] Auch in Art. 6 I 2 findet sich ein Vorbehalt zugunsten der öffentlichen Ordnung und der nationalen Sicherheit („public order or national security"/ „ordre public ou ... sécurité nationale").

Methode der Aufzählung von Einzelvorbehalten übergegangen wird, so läßt dies nur den Schluß zu, daß die öffentliche Sicherheit und Ordnung keine Schranke des Rechts der persönlichen Freiheit bilden sollte.

c) Zu dieser Schlußfolgerung zwingt auch der Umstand, daß die Vorbehalte der lit. c 2. Fall und lit. d—f ersatzlos gestrichen werden könnten, wenn lit. b 2. Alt. einen Gesetzesvorbehalt zugunsten der öffentlichen Sicherheit und Ordnung enthielte. Dies klingt auch an, wenn die Kommission darauf hinweist, daß die FE zur Verhinderung einer mit Strafe bedrohten Handlung in der folgenden lit. c behandelt wird[40].

Zwar sind auch die Vorbehalte der Art. 8—11 für kontinental-europäische Begriffe schlecht gefaßt und enthalten Wiederholungen. So ist insbesondere die Verhinderung mit Strafe bedrohter Handlungen („prevention of crime" in Art. 8, 10, 11/„prévention des infractions pénales" in Art. 8 bzw. „prévention du crime" in Art. 10, 11) nach kontinental-europäischen, besonders nach deutschen und französischen Rechtsvorstellungen bereits im Schutz der öffentlichen Sicherheit enthalten. Entsprechendes gilt zumindestens teilweise für den Schutz der Rechte und Freiheiten anderer[41] und den Schutz der Gesundheit (Art. 8—11)[42]. Angesichts des gänzlich anderen Aufbaus („Definitionsmethode") und der viel genaueren Fassung des Art. 5 I, die eine Abstimmung der einzelnen Vorbehalte nahelegt, kann der Schluß auf überflüssige Wiederholungen in dieser Bestimmung nicht mit dem Hinweis auf die Mängel der Art. 8—11 widerlegt werden. Zudem finden die Wiederholungen in Art. 8—11 entgegen der Ansicht Herzogs[43] eine gewisse Erklärung in dem englischen System der Ermächtigungen an die Exekutive, das etwa neben dem Begriff der „prevention of crime" die Begriffe der „prevention of nuisances" und der „good rule of government" kennt[44]; dieses System einander überschneidender Begriffe hat aber bei der Abfassung des Art. 5 I keine Rolle gespielt.

---

[40] Bericht, S. 64. — Freilich wird noch zu prüfen sein (unten S. 189 ff.), ob lit. c 2. Fall nicht nur bestimmte Tatbestände der Verbrechensverhütung (Wiederholungsgefahr, längere Haft) betrifft, so daß der Einwand der überflüssigen Wiederholung möglicherweise auf diese Fälle begrenzt ist.

[41] *Herzog*, Diss. S. 196.

[42] Auch der Schutz der Moral dürfte nach diesen Rechtsvorstellungen neben der Bekämpfung der Unordnung (Art. 8—11) keine selbständige Bedeutung haben.

[43] Diss. S. 196 f. (es handle sich um Beispiele für den Begriff der öffentlichen Sicherheit und Ordnung).

[44] *Hatschek*, Engl. StaatsR II/547 f.; *Kaufmann*, S. 228; *Beyer*, S. 126, 147 f. (der aber die Tragweite dieser Ermächtigungen verkennt, s. unten S. 234 Fn. 71).

d) Die Richtigkeit der Auslegung der Kommission folgt schließlich zwingend aus der bereits bei der Frage der gegenständlichen Beschränkung dargestellten Entscheidung für die kasuistische Definitionsmethode[45], deren Schutzeffekt bei Befolgung der h. M. rückgängig gemacht würde, was dem Willen der Konventionsverfasser nicht entsprechen kann. Es ist noch anzumerken, daß nicht nur England, sondern auch Frankreich den Begriff der public order schon bei den Arbeiten der UN-Menschenrechtskommission als Grundrechtsschranke für zu weit hielten[46]. Auch deshalb muß geschlossen werden, daß dieser Begriff nicht an versteckter Stelle in den Katalog der Einzelvorbehalte des Art. 5 I wieder Eingang finden sollte.

Diese Gedanken dürften auch der Ansicht der Kommission zugrunde liegen, eine Subsumtion der öffentlichen Sicherheit und Ordnung unter lit. b 2. Alt. untergrabe das in Art. 5 garantierte Recht[47]. Anderenfalls wäre diese Argumentation unzutreffend, denn man müßte folgerichtig annehmen, die Rechte der Art. 8—11 und erst recht des Art. 12[48] seien wegen ihrer Vorbehalte bereits untergraben.

Da Art. 5 I b 2. Alt. somit nur gesetzlich genau umschriebene Verpflichtungen erfaßt, ist die h. M. zur Subsumtion der Polizeipflicht unter diese Vorschrift auch aus diesem Grunde abzulehnen[49].

III. Freiheitsentziehung bei verfassungsfeindlichen Handlungen

Herzog[50] meint, die besonderen Ermächtigungen für einen Gewahrsam zur Verhinderung verfassungsfeindlicher Handlungen — und dasselbe müßte in den Ländern ohne Sonderregelung insoweit für § 15 I b PrPVG und die entsprechenden Vorschriften gelten — seien von Art. 17 MRK jedenfalls insoweit gedeckt, als die Handlungen sich gegen die Grundprinzipien des Bundes- und Landesverfassungsrechts (s. § 88 II StGB) und gegen gewisse elementare Grundrechte richten.

Herzogs Rückgriff auf Art. 17 MRK, der darauf hinausläuft, dem Freiheitsfeind die Berufung auf die MRK schlechthin zu versagen

---

45 s. o. S. 173 f.

46 UN Document E/1681, E/CN. 4/507 v. 29. 5. 1950 (Report of the 6th session of the Commission on Human Rights) S. 24, 25 = UN Yearbook for 1950/467, 469.

47 Bericht, S. 64.

48 „... nach den nationalen Gesetzen"!

49 *Guradze*, Konvention, Erl. 13 IV zu Art. 5 MRK meint mit Rücksicht auf den Bericht der Kommission, derjenige, der bereits gestört hat, habe (im Gegensatz zum potentiellen Störer) auch eine „besondere" Verpflichtung verletzt. Guradze übersieht die im Text abgehandelten Gesichtspunkte.

50 BayVBl. 1959/45 f.; vgl. o. S. 168 sub 3.

und der insoweit der KPD-Entscheidung der Kommission entspricht[51], ist im Falle des Art. 5 MRK nicht zulässig, weil Art. 5 ein bloßes Abwehrrecht gegenüber dem Staat enthält, das als solches kaum zum Kampf gegen die Freiheit mißbraucht werden kann[52]. Auf diese Rechtsnatur abstellend, hat der GH im Falle Lawless denn auch den Einwand der irischen Regierung zurückgewiesen, die Beschwerde des Lawless über die angebliche Verletzung des Art. 5 MRK sei schon wegen Art. 17 MRK unbegründet[53]. Der GH ist mit der Kommission[54] der Ansicht, Art. 17 solle verhindern, daß jemand aus der MRK ein Recht zur Vornahme von Handlungen herleitet, die auf die Vernichtung der in der MRK gewährleisteten Rechte hinzielen; die Vorschrift schließe aber niemanden von den grundlegenden Individualrechten der Art. 5 und 6 MRK aus[55].

Greift Art. 17 somit nicht ein, so kommt nur eine Deckung nach Art. 5 I b 2. Alt. in Frage. Nach der hier vertretenen Auffassung steht bereits der fehlende Zusammenhang mit der Tätigkeit der Rechtspflege entgegen. Selbst wenn man von diesem Erfordernis absähe, wäre die verfassungsfeindliche Handlung als Unterfall der öffentlichen Sicherheit und Ordnung kaum bestimmt genug i. S. der Lawless-Entscheidungen, was sich schon daran zeigt, daß der GH die lit. b 2. Alt. unter dem Gesichtspunkt einer Verpflichtung, Handlungen zu unterlassen, die gegen die verfassungsmäßige Ordnung gerichtet sind, überhaupt nicht geprüft hat, obwohl die irische Regierung geltend gemacht hatte, die Tätigkeit des Lawless habe zu den in Art. 17 MRK genannten Verhaltensweisen gehört und obwohl es nicht fernlag, aus der Loyalitätspflicht des Art. 9 II der irischen Verfassung eine Verpflichtung herzuleiten, verfassungsfeindliche Tätigkeiten zu unterlassen.

IV. Schlußfolgerungen

Vom Standpunkt der allgemeinen Meinung aus, nach der auch die kurzfristige FE unter Art. 5 MRK fällt, ergibt sich mithin:

1. Der Gewahrsam zur Verhinderung oder Unterbindung mit Strafe bedrohter Handlungen oder von Ordnungswidrigkeiten wäre weiterhin

---

51 Ann. I/222, 225 („Considérant qu'il résulte de tout ce qui précède que la requête du Parti communiste d'Allemagne ne peut s'appuyer sur aucune disposition de la Convention, et notamment sur les articles 9, 10 et 11 de celle-ci.").

52 Vgl. o. S. 84.

53 Affaire Lawless (Fond), S. 45 f. — *Herzog* sind später selbst Bedenken gekommen, s. AöR 86/205, wo er auf den nur abwehrenden Charakter hinweist.

54 Bericht, S. 180.

55 Affaire Lawless (Fond), a.a.O.

zulässig (Art. 5 I c 2. Fall MRK)[56]. Zur Beseitigung einer „sonstigen" Störung oder zur Abwehr einer „sonstigen" Gefahr für die öffentliche Sicherheit oder Ordnung dürfte niemand mehr in Gewahrsam genommen werden. Der Gewahrsam zur Verhinderung einer verfassungsfeindlichen Handlung wäre auch insoweit unzulässig, als er keinen Unterfall von § 15 I b PrPVG darstellt.

2. Eine Sistierung[57] wäre im Bereich des § 15 I b PrPVG (§ 9 I b NdsSOG) und der allgemein gehaltenen Bestimmungen in Baden-Württemberg, Bremen, Hamburg, Hessen und Schleswig-Holstein unzulässig. Von der ohnehin zu engen und bereits oben[58] noch reduzierten Regelung in Bayern und Rheinland-Pfalz wäre der Fall der Ermittlung einer verfassungsfeindlichen Handlung[59] zu streichen; bei der Sistierung Geschlechtskranker nach Art. 14 I Nr. 3 BayPAG würde die lit. b 2. Alt. nach der hier vertretenen Ansicht nicht weiterhelfen, weil es an einer Verbindung zur Rechtspflege fehlt. Lediglich die Sistierung zur Ermittlung einer Ordnungswidrigkeit (Art. 14 I Nr. 1 BayPAG bzw. Anwendungsfall der allgemein gehaltenen Bestimmungen) wäre bis zum 30. 9. 1968 zulässig geblieben (lit. c)[60].

Die Vorschriften, die eine Sistierung zur Sicherung eines privatrechtlichen Anspruchs gestatten[61], bedürfen ebenfalls einer Deckung durch Art. 5 I MRK, denn die Polizei wird hier nicht nur als „Werkzeug" des zur Selbsthilfe Berechtigten tätig[62], sondern schreitet zur Aufrechterhaltung der öffentlichen Sicherheit oder Ordnung ein, die durch das Versagen möglicher staatlicher Hilfe gefährdet wären[63]. Da die allenfalls einschlagende lit. b (2. Alt.) eine gesetzliche Verpflichtung voraussetzt, könnte die Nebenpflicht des Schuldners, seine Personalien anzugeben, nur erzwungen werden, wenn der Hauptverpflichtung ein gesetzliches Schuldverhältnis zugrunde läge. Aber auch dann bestünden noch Bedenken. Einmal deckt lit. b 2. Alt. nur Verpflichtungen, die gegenüber den Rechtspflegeorganen aufgrund der Prozeßgesetze bestehen[64], nicht aber zivilrechtliche Verpflichtungen gegenüber anderen Privatpersonen, auch wenn ihre Erfüllung für die Verfolgung von Ansprüchen vor den Gerichten notwendig ist.

---

56 Überprüfung dieser Ansicht unten S. 189 ff.
57 Rechtsgrundlagen s. o. S. 58 ff.
58 S. 88 ff., 93.
59 BayPAG Art. 14 I Nr. 2, PhPfPVG § 5 I a.
60 s. o. S. 60 Fn. 52 und 94. — Aber Überprüfung des Anwendungsbereichs der lit. c unten S. 189 ff.
61 s. o. S. 59.
62 Dessen Eingriffe in die persönliche Freiheit einer anderen Privatperson nicht von der MRK erfaßt werden dürften, s. *Partsch*, GR I, 1/297—301 m. w. Nachw., insbesondere S. 298 Fn. 211.
63 s. nur *Drews-Wacke*, S. 106.
64 Vgl. o. S. 171 f.

Zum anderen dürfte lit. b 2. Alt. voraussetzen, daß das Bestehen der zu erzwingenden Verpflichtung vor der FE von der zuständigen Behörde geprüft wird, während die Polizei hier allein aufgrund der Angaben des angeblich Berechtigten einschreitet.

3. Vorführungen aufgrund der Polizeigesetze dürften nur noch zur Verhinderung strafbarer Handlungen (§ 17 PrPVG usw.[65]) stattfinden, womit wohl auch die Vorführung zur erkennungsdienstlichen Behandlung in Bremen und Rheinland-Pfalz[66] gedeckt wäre.

4. Eine Festhaltung oder Mitnahme zur Durchsuchung wäre zumeist unzulässig, weil die Voraussetzungen in § 15 I b PrPVG enthalten sind oder ihm entsprechen[67].

17. Kapitel

Bisherige Lösungsvorschläge zu § 15 I a PrPVG (Schutzhaft)

Schon die bisher aufgezeigten Ergebnisse erscheinen befremdlich, wenn man bedenkt, daß es sich dabei um Auswirkungen einer Konvention handeln soll, die sich mit Menschenrechten und Grundfreiheiten befaßt, also mit Rechten, die für eine menschenwürdige Existenz grundlegend und schlechthin unentbehrlich sind. Die sich daraus ergebenden Zweifel an der Richtigkeit der allgemeinen Meinung, *jede* staatliche FE werde von Art. 5 MRK erfaßt, verstärken sich noch mit der Feststellung, daß auch die Schutzhaft unter keinen der Eingriffsvorbehalte des Art. 5 I MRK fällt.

Henkel[1], *Hodler*[2] und E. E. *Schneider*[3] folgern aus der fehlenden Deckung der Schutzhaft durch Art. 5 I, daß die Festnahme gegen den Willen des Betroffenen zu dessen eigenem Schutz nunmehr unzulässig ist. Die überwiegende Meinung[4] behilft sich mit einem Vergleich der

---

65 s. o. S. 62.
66 s. o. S. 63.
67 s. o. S. 70.
1 S. 323 Fn. 31.
2 NJW 1953/532; Diss. S. 85.
3 Anm. 6 zu § 17 HessPolG 1954.
4 *Appell*, S. 111; *Drews-Wacke*, S. 176; *Dürig* in Maunz-Dürig, Rdn. 63 sub b, aa zu Art. 1 Abs. II GG; *Echterhölter*, JZ 1956/144; *Schorn*, S. 138 f.; jetzt auch *Guradze*, Konvention, Erl. 7 zu Art. 5 MRK, der in Stand, S. 194, noch die zuerst genannte Meinung vertrat, dabei aber offensichtlich die unechte „Schutzhaft" der nationalsozialistischen Zeit im Sinn hatte; im Ergebnis auch *Jescheck*, NJW 1954/785 (dazu sogleich im Text).

Rechtsgüter Leib und Leben einerseits und persönliche Freiheit andererseits und hält eine Festnahme zum Schutz der höherwertigen Rechtsgüter Leib und Leben weiterhin für statthaft. *Herzog*[5] verwirft die allgemeine Abwägung von Leib und Leben gegen die persönliche Freiheit, weil die MRK in Art. 2 I 1 die Staaten nur zum Schutze des Lebens besonders verpflichtet, und läßt eine FE nur zur Rettung des Lebens zu. Da er aber selbst einräumt, daß in der Prognose schwer zu entscheiden ist, ob nur der körperlichen Unversehrheit oder auch dem Leben Gefahr droht[6], kommt er praktisch zum selben Ergebnis wie die herrschende Meinung[7].

Partsch, der früher die Schutzhaft allgemein für unzulässig hielt[8], verlangt jetzt als Grundlage ein Gesetz, das genau bezeichnet, welche konkreten Gefährdungslagen diese Maßnahme zum Schutze höherwertiger Rechtsgüter rechtfertigen[9]. Er hält § 15 I a PrPVG und die entsprechenden Ländergesetze für nicht ausreichend, weil — wie er meint — diese Bestimmungen keine derartige Güterabwägung verlangten[10]. Die Formulierungen der neueren Polizeigesetze erscheinen ihm dagegen unbedenklich[11]. Hierbei klammert Partsch die Festnahme des Selbstmordwilligen noch aus, weil nur ein Recht, aber keine Pflicht zu leben besteht; Partsch will die Ingewahrsamnahme allenfalls zwecks Untersuchung auf den Geisteszustand zulassen und erachtet dies als durch die lit. e des Art. 5 I MRK gedeckt[12], die sich aber auf derartige Fälle gar nicht bezieht[13].

Appell[14] zieht ebenfalls Art. 5 I e heran und hält die Schutzhaft durch diese Stelle für gedeckt, wenn der Betroffene Geisteskranker, Alkoholiker oder Rauschgiftsüchtiger ist. Nach *Zwingenberger*[15] ist die Schutzhaft nur noch bei Versuch der Selbsttötung oder Selbstverstümmelung möglich.

---

5 AöR 86/206 (zu Fn. 55); BayVBl. 1959/46.

6 BayVBl., a.a.O.

7 Den Versuch, die Schutzhaft dann, wenn die Gefahr dem Betreffenden von sich selbst droht, aus Art. 5 I e mit Hilfe einer weiten Auslegung des Begriffs des Geisteskranken herzuleiten (Diss. S. 184 f.), hat Herzog inzwischen selbst aufgegeben (AöR 86/194 ff.).

8 Hess.Hochschulwochen 1953/246.

9 GR I, 1/362.

10 Die Notwendigkeit der Güterabwägung ergibt sich bereits aus dem Grundsatz der Verhältnismäßigkeit (§ 14 I PrPVG „notwendig“, §§ 15 I, 41 I PrPVG „erforderlich“), s. o. S. 52.

11 GR I, 1/363 (für BWPolG § 22 I Nr. 2 a, b; BayPAG Art. 17; BrePolG § 11 I b; HessPolG § 17 lit. a [jetzt HessSOG § 47 I Nr. 1], RhPfPVG § 6 I).

12 a.a.O.

13 s. unten S. 210—212.

14 S. 111 f.

15 S. 216 f.

Jescheck schließlich will die Zulässigkeit der Schutzhaft mit den Grundsätzen des übergesetzlichen Notstands begründen[16], ist hierbei aber durchweg auf Ablehnung gestoßen; zu Recht, denn der übergesetzliche Notstand ist ein strafrechtlicher Begriff, der nicht zur Ergänzung des Katalogs von Eingriffsvorbehalten bei einem Grundrecht herangezogen werden kann[17].

Diese Übersicht zeigt, daß die Zulässigkeit der Schutzhaft unter der Herrschaft der MRK zweifelhaft ist und daß diese Art der FE nur dadurch gerechtfertigt werden kann, daß man auf Konstruktionen zurückgreift, die außerhalb des Art. 5 MRK liegen.

---

16 NJW 1954/785.

17 *Dürig* in Maunz-Dürig, Rdn. 63 Fn. 1 zu Art. 1 Abs. II GG; ebenso *Schorn*, S. 139.

Zweiter Abschnitt

Eigene Lösung

Erster Unterabschnitt

Fragestellung; Feststellung weiterer Lücken des Art. 5 MRK im Bereich der kurzfristigen Freiheitsentziehung durch die Exekutive

18. Kapitel

Fragestellung, Wortinterpretation, Entscheidungen der Straßburger Instanzen

I. Fragestellung

Macht man sich von dem Gedanken an den Mißbrauch der Schutzhaft in der nationalsozialistischen Zeit frei und bedenkt man, daß zumindest die Schutzhaft in dem engen vom deutschen Polizeirecht gezogenen Rahmen zulässig sein muß und daß die Sistierung eine unentbehrliche und eine der häufigsten polizeilichen Maßnahmen darstellt, so drängt sich die Frage nach der Richtigkeit der allgemeinen Meinung auf, nach der jede Art staatlicher FE von Art. 5 MRK erfaßt wird. Der Zugang zur richtigen Beurteilung der polizeilichen FE im Rahmen des Art. 5 MRK ist dadurch zu gewinnen, daß man fragt, ob eine kurzfristige Festhaltung überhaupt unter den Begriff der FE i. S. des Art. 5 I MRK fällt. Dies ist bislang versäumt worden[1].

Oben[2] wurde festgestellt, daß die Dauer der Maßnahme kein geeignetes Kriterium zur Abgrenzung der FE i. S. des Art. 104 GG von Erscheinungen mit minderer Rechtsbeeinträchtigung sein kann, weil Art. 104 II 3 in Zusammenhang mit den vorhergehenden Sätzen des

---

[1] Auch von O. *Franz* (NJW 1966/241), der als einziger das Problem anschneidet (Franz verweist auf *Hodler* [NJW 1953/531], der wie die übrigen Vertreter der allg. M. einfach davon ausgeht, daß auch eine kurzfristige FE unter Art. 5 MRK fällt).

[2] S. 36 ff., insbesondere S. 40.

Art. 104 II zu erkennen gibt, daß der Grundgesetzgeber auch Festhaltungen, die diesen Zeitraum nicht überschreiten, als FEen ansieht und innerhalb des Zeitraumes „bis zum Ende des Tages nach dem Ergreifen" keine Zeit festgesetzt werden kann, welche die Grenze zwischen FB und FE bildet. Bei Art. 5 MRK scheint es ebenso zu liegen. Wenn in Abs. III angeordnet wird, jede nach Abs. I lit. c „festgenommene oder in Haft gehaltene" Person sei unverzüglich vorzuführen, dann ist damit zum Ausdruck gebracht, daß auch die Zeit der Festhaltung bis zur Vorführung als FE i. S. des Art. 5 angesehen wird. Auch hier läßt sich kein Zeitpunkt innerhalb der durch das „unverzüglich" umrissenen Frist festlegen, der die Grenze zwischen FB und FE bilden könnte.

Zwischen Art. 104 GG und Art. 5 MRK besteht jedoch ein grundlegender Unterschied. Art. 104 GG spricht nur von FE (und FB), ohne die Voraussetzungen festzulegen, unter denen die Gesetzgebung einen Eingriff in die Freiheit der Person zulassen darf. Seine Bestimmungen über die FE müssen daher auf alle Tatbestände angewandt werden, die nach der abstrakten Abgrenzung von FE und FB als FE anzusehen sind. Demgegenüber bietet Art. 5 MRK wegen der in ihm enthaltenen Eingriffsvorbehalte die Möglichkeit, den Begriff der FE i. S. dieses Artikels näher abzugrenzen. Bestimmte Arten von FEen könnten nämlich aus diesem Begriff ausgeklammert werden, wenn sich zeigte, daß derartige Tatbestände in den Eingriffsvorbehalten überhaupt nicht berücksichtigt sind und die weitere Auslegung nach den hier zulässigen Auslegungsmethoden ergäbe, daß sie gleichwohl — weiterhin — zulässig sein sollten.

Als Abgrenzungskriterium könnte freilich wegen des eben angeführten Wortlauts des Abs. III i. V. m. Abs. I lit. c auch hier die Dauer der Maßnahme allein nicht dienen. Betrachtet man die bisher erörterten, auf der Grundlage der allgemeinen Meinung nicht von Art. 5 gedeckten Fälle, so fällt auf, daß sie sich nicht nur durch die verhältnismäßig kurze Zeit der Festhaltung auszeichnen, sondern auch dadurch, daß die festnehmende Behörde von vornherein den Willen hat, den Betroffenen nur für eine solche verhältnismäßig kurze Zeit in (eigenem) Gewahrsam zu behalten. Die Behörde zielt also in allen diesen Fällen mit ihrer Maßnahme nicht auf eine gewisse Dauer der FE ab, die Festnahme stellt mithin nicht die Einleitung einer längeren FE dar. Nur diese Zielrichtung kann als Kriterium zur Ausklammerung von FEen i. S. des Art. 104 GG aus dem Begriff der FE i. S. des Art. 5 MRK in Betracht kommen. Die Abgrenzung des Begriffs der FE i. S. des Art. 5 könnte also nur dadurch gewonnen werden, daß man fragt: Ist die Festnahme von vornherein nur auf eine kurze Zeit im Gewahrsam der Exekutive beschränkt oder ist sie als Einleitung einer FE von einer gewissen Dauer gedacht?

Nachdem bereits festgestellt wurde, daß die schon erörterten Fälle sich durch diese Zielrichtung auszeichnen, soll im folgenden untersucht werden, ob und welche Lücken Art. 5 im Bereich der kurzfristigen FE durch die Exekutive noch aufweist und ob in den möglicherweise nicht gedeckten Fällen ebenfalls ein Wille der Behörde fehlt, den Festgenommenen für eine gewisse Dauer in eigenem Gewahrsam zu halten oder in den Gewahrsam einer anderen Behörde (insbesondere eines Gerichts) zu bringen. Im Anschluß daran[3] wird geprüft, ob die Auslegung des Art. 5 nach den für die Interpretation der MRK zulässigen Maßstäben es gestattet, solche Festnahmen, die nur auf eine kürzere Zeit hinzielen, aus dem Begriff der FE i. S. des Art. 5 auszuklammern.

II. Wortinterpretation

Aus den in den maßgebenden Texten verwendeten Worten „arrest" und „detention"/„arrestation" und „détention" sowie den entsprechenden Verben sind keine Gesichtspunkte für die Lösung der hier untersuchten Frage zu gewinnen. Arrest/arrestation bezeichnet sowohl den Festnahmeakt[4] als auch den Zustand der Haft[5], detention/détention meint zunächst den Zustand der Haft[6], kann aber auch „Festnahme" bedeuten[7]. Da hier arrest/arrestation *neben* detention/détention verwendet ist, sind die Begriffe in der amtlichen Übersetzung richtig mit „Festnahme" — einer bis dahin in Freiheit befindlichen Person — und „Haft" — einer bereits in Gewahrsam befindlichen Person — wiedergegeben[8]. Daher könnte zwar gefolgert werden, daß in lit. d und e, in denen nur von detention/détention die Rede ist, die Vorschriften, die eine Festnahme gestatten, nicht erfaßt sind[9]. Weitere

---

[3] S. 218 ff.

[4] Für „arrest" jeweils unter diesem Stichwort: *Erdsiek-Dietl, Kniepkamp, Muret-Sanders-Springer* (sub 2); für „arrestation": *Doucet, Piccard-Thilo-Steiner, Quemner-Neumann, Wicher* (sub 1).

[5] Für „arrest": die in Fn. 4 Angeführten und *Herbst;* für „arrestation": die in Fn. 4 Angeführten (*Wicher* sub 2) außer *Doucet.*

[6] Für „detention": *Erdsiek-Dietl, Herbst, Kniepkamp, Muret-Sanders-Springer* (sub 2); für „détention": *Doucet, Piccard-Thilo-Steiner, Schreiber, Quemner-Neumann, Wicher* (sub 3).

[7] Für „detention": *Muret-Sanders-Springer* (sub 1); für „détention": *Wicher* (sub 3 c, „Inhaftnahme"); s. auch Art. 5 I a MRK, wo die detention/détention auch die Festnahme zum Strafantritt deckt.

[8] Wobei man — entsprechend dem Sprachgebrauch in England und Frankreich, der mit dem deutschen übereinstimmt — unter „Festnahme" auch die Festhaltung bis zu dem Zeitpunkt verstehen muß, an dem eine „endgültige" Haft (etwa Untersuchungshaft) — durch die festnehmende oder eine andere Behörde — angeordnet wird.

[9] s. unten S. 210, 214.

Schlüsse sind aber nicht möglich, weil sowohl arrest/arrestation als auch detention/détention hinsichtlich der Dauer der FE sowie der Zwecke und Ziele, die mit ihr verfolgt werden, neutral sind. Insbesondere besagen die Begriffe arrest und arrestation — abgesehen davon, daß sie eine Maßnahme mit provisorischem Charakter und damit meist kürzerer Dauer als bei der detention/détention bezeichnen — nichts darüber, ob die Festnahme als Vorstufe zu einer längeren FE gedacht ist oder ob der Festgenommene alsbald wieder entlassen werden soll (etwa nach Personalienfeststellung, Vernehmung, Gegenüberstellung usw.)[10]. Auch detention/détention besagt nichts über die Dauer bzw. die beabsichtigte Dauer der FE. Ein Beispiel dafür, daß mit diesen Begriffen nicht stets ein längerer Freiheitsentzug verbunden ist, bietet die erwähnte irische Offences against the State Act, 1939, s. 30 III: "Whenever a person is arrested under this section, he may be ... detained ... for a period of twenty-four hours ...[11]."

III. Entscheidungen der Straßburger Instanzen

Entscheidungen des GH und der Kommission über FEen, die von vornherein nur auf eine kurze Zeit gerichtet sind, liegen bislang nicht vor. Insbesondere hat sich die Kommission noch nicht mit FEen befaßt, die innerhalb des Tages nach dem Ergreifen ihr Ende fanden.

Auch der Lawless-Fall ist insofern unergiebig. Zwar wurde Lawless am 11. 7. 1957 vorerst nach der Offences against the State Act, 1939, festgenommen und festgehalten, dessen section 30 (I und III) arrest und detention eines Verdächtigen für zunächst zweimal 24 Stunden zuläßt, nach deren Ablauf der Betreffende angeklagt oder entlassen werden muß (Abs. IV a.a.O.)[12]. Lawless hatte in seiner Beschwerde jedoch nur Verletzung der MRK durch die Festhaltung aufgrund der

---

[10] In England ist der „arrest (without warrant)" die einzige Form der FE durch die Polizei und deckt z. B. auch die Mitnahme zur Personalienfeststellung (dazu S. 237); s. auch die ganz allgemeine Definition bei *Jowitt*, Stichwort „Arrest" S. 152: "To arrest a person is to restrain him of his liberty by some lawful authority."

Für Frankreich s. Art. 126 I CPP von 1958: „Tout inculpé arrêté (!) en vertu d'un mandat d'amener (= Vorführungsbefehl, Art. 122 III a.a.O.) ..." und Bericht der französischen Regierung, UN Yearbook, Suppl.Vol. 1/94, 95 li. Sp.: „Such an arrest (scil. Vollstreckung eines Vorführungsbefehls) ...". *Doucet* (Bd. II) übersetzt „Sistierung" mit „arrestation"; vgl. auch *Wicher*, Stichwort „arrestation/arrestation provisoire" sub b.

[11] Text in Affaire Lawless (Fond), S. 32 f. Dazu die französische Übersetzung des GH (a.a.O.): „Toute personne arrêtée en application du présent article peut être conduite à un poste ..., pour y être détenue pendant 24 heures ...".

[12] Text in Affaire Lawless (Fond), S. 32 f.

Offences against the State (Amendment) Act, 1940, gerügt[13] — die noch vor Ablauf der zweiten 24-Stunden-Frist angeordnet worden war[14] — und dementsprechend Schadensersatz erst vom 12. 7. 1957 an (dem Tage der Internierungsverfügung des Justizministers) verlangt[15]. Dementsprechend hat die Kommission in ihrem Bericht auch nur die Vereinbarkeit der Haft nach dem Gesetz von 1940 mit Art. 5 I MRK geprüft und verneint[16]. Das Verfahren vor dem GH war von Anfang an auf den Zeitraum vom 13. 7.—11. 12. 1957 beschränkt[17].

In einer Entscheidung vom 6. 10. 1966[18] hat die Kommission sich mit einer viertägigen (strafprozessualen) Haft befaßt und sie an Art. 5 gemessen; aus den Ausführungen geht nicht hervor, ob diese Festhaltung in eine längere (Untersuchungs- oder Straf-)Haft übergegangen ist[19].

19. Kapitel

Feststellung weiterer Lücken

I. Überprüfung der herrschenden Meinung zu Art. 5 I c 2. Fall MRK (Hinderungshaft)

Deckte lit. c 2. Fall tatsächlich die kurzfristige polizeiliche Verwahrung zur Verhinderung mit Strafe bedrohter Handlungen, wie die h. M.[1] annimmt, so läge die Schlußfolgerung nahe, daß Art. 5 I sich auch auf sonstige FEen ohne Dauerelement bezieht. Diese h. M. ist noch nicht auf ihre Richtigkeit überprüft worden.

Zwei Fragen stellen sich nach Lektüre der lit. c und des mit ihr zusammenhängenden Abs. III des Art. 5:

---

13 Entscheidung der Kommission v. 30. 8. 1958, Ann. II/308, 314 (auch im Bericht, S. 35, 38).

14 Wie Fn. 13, Ann. II/312 = Bericht, S. 37; Affaire Lawless (Fond), S. 39.

15 Hilfsweise v. 13. 7. 1957, 6 Uhr (Abtransport von der Polizeistation) bzw. 8 Uhr (Ankunft im Internierungslager) (wie Fn. 13, Ann. II/315 f. = Bericht S. 38 f.).

16 a.a.O., S. 63 sub 64. — Der Umstand, daß in den Materialien des Verfahrens vor der Kommission Ausführungen über die Festhaltung nach dem Gesetz von 1939 und sogar über den zweistündigen Transport des L. zu finden sind (etwa Ann. II/319 f. = Bericht S. 40 f.), ist für den Umfang der Beschlußfassung ohne Bedeutung.

17 Affaire Lawless (Fond), S. 44 sub 2, Tenor S. 62 sub ii.

18 Rec. 21/69.

19 Zu dieser Entscheidung unten S. 217.

1 s. o. S. 168 Fn. 8.

1. Betrifft die ganze lit. c nur Fälle, in denen bereits eine mit Strafe bedrohte Handlung[2] begangen wurde?

2. Erfaßt lit. c — mit oder ohne eine solche Beschränkung — nur Fälle, in denen die Festnahme nach dem Willen des Festnehmenden zu einer längeren Haft führen soll — sei es, daß der Festgenommene in die alleinige Gewalt des Richters gegeben wird, sei es, daß er im Gewahrsam der Exekutive[3] (mit richterlicher Entscheidung über die Haftfortdauer[4]) bleibt —, nicht aber Fälle, in denen die FE nach dem Willen des Festnehmenden von vornherein auf eine kürzere Frist — im Gewahrsam der Exekutive — beschränkt ist?

1. Erfordernis eines bereits mit Strafe bedrohten Verhaltens

a) Der erste und der letzte der in lit. c aufgeführten Fälle (hinreichender Verdacht, daß der Betroffene eine mit Strafe bedrohte Handlung begangen hat bzw. begründeter Anlaß zu der Annahme, es sei notwendig, den Betroffenen an der Flucht nach Begehung einer mit Strafe bedrohten Handlung zu hindern) betreffen nur das Gebiet der Strafverfolgung. Die Einbettung des 2. Falles (begründeter Anlaß zu der Annahme, es sei notwendig, den Betroffenen an der Begehung einer mit Strafe bedrohten Handlung zu hindern) in diese beiden Fälle deutet darauf hin, daß auch der 2. Fall nur eine strafprozessuale Festnahme und Haft zum Gegenstand hat[5]. Hätte der 2. Fall nach dem Willen der Konventionsverfasser schon aus dem strafprozessualen Rahmen der lit. c herausfallen und (auch) Fälle erfassen sollen, in denen noch keine mit Strafe bedrohte Handlung (einschließlich des strafbaren Versuchs) vorliegt, so hätte er nach herkömmlicher Gesetzestechnik zumindest an den Anfang oder an das Ende der lit. c gehört[6]. Stattdessen verknüpft die Konvention den 2. Fall dadurch noch besonders eng mit dem dritten, daß sie den Satzteil „or when it is reasonably considered necessary to prevent his . . .“/„ou qu'il y a des motifs raisonnables de croire à la nécessité de l'empêcher de . . .“ als gemeinsame Einleitung für beide Fälle verwendet.

b) Die Annahme, auch der 2. Fall betreffe nur Festnahmen zum Zwecke der Strafverfolgung, wird durch den Umstand verstärkt, daß

---

2 Im weitesten Sinne, also einschließlich des mit Strafe bedrohten Versuchs.

3 Etwa Internierungslager.

4 Wegen Art. 5 I c 1. Hs., III MRK.

5 Das Argument aus der systematischen Stellung gilt hier noch mehr als bei der 2. Alt. der lit. b (s. o. S. 171).

6 s. o. S. 172 zu lit. b 2. Alt.

in anderen Mitgliedsstaaten des Europarates — etwa in Dänemark[7], Frankreich[8], Norwegen[9], Schweden[10] — die Gefahr der Begehung neuer Straftaten vor rechtskräftiger Verurteilung einen „normalen“ Haftgrund bildet[11], anders als in Deutschland, wo dieser Haftgrund von 1877 bis 1935 und von 1950 bis 1965 ganz fehlte und seitdem auf bestimmte wenige Delikte beschränkt ist (§ 112 III n. F. StPO).

Abgesehen von diesem an sich präventiv-polizeilichen Haftgrund der Wiederholungsgefahr oder der Gefahr der Ausführung der begonnenen Tat vor Verurteilung ist auch die — ebenfalls eigentlich präventiv-polizeiliche — Festnahme zur Verhinderung strafbarer Handlungen, die dann nicht in eine (längerdauernde) Untersuchungshaft übergeht, z. T. in strafprozessualer Weise ausgestaltet. Hier ist insbesondere auf das englische Recht hinzuweisen[12, 13], das eine FE durch die Polizei fast nur in Verbindung mit der Strafverfolgung zuläßt. In den einzelnen Gesetzen wird im Anschluß an Strafvorschriften oder an Strafvorschriften und andere Bestimmungen, oft gefahrenabwehrenden Charakters, festgelegt, wann die Polizei (meist „the constable“) den „offender“ ohne richterlichen Befehl (“warrant“) festnehmen darf. Da eine besondere präventiv-polizeiliche Festnahme daneben nicht vor-

---

[7] RechtspflegeG (Lov om rettens pleje [Retsplejelov] v. 11. 4. 1916 (*Karnov*, Bd. II/1665), § 780 II b (englische Übersetzung in UN Yearbook, Suppl. Vol. 1/76).

[8] Der französische Richter kann die Untersuchungshaft durch mandat de dépôt, Art. 122 IV, 135 CPP (nach einem Vorführungsbefehl — mandat d'amener, Art. 122 III CPP) verhängen, wenn er dies zur Erreichung des Verfahrensziels für notwendig erachtet, wobei die Wiederholungsgefahr als Grund für die Anordnung der Untersuchungshaft anerkannt ist (*Schaffer*, S. 90 m. Nachw.). Ein mandat d'arrêt darf dagegen nur bei Flucht oder Wohnsitz außerhalb Frankreichs erlassen werden, Art. 131 CPP.

[9] StPO (Lov om Rettergangsmaaden i Straffesager [Straffeproceslov] v. 1. 7. 1887 Nr. 5 (Norges Lover, S. 190), § 228 I Nr. 4 (englische Übersetzung bei *Bratholm*, S. 70 f. und in UN Yearbook, Suppl. Vol. 1/175).

[10] VerfahrensG (Rättegångsbalk) v. 18. 7. 1942 (Sveriges Rikes Lag S. 999), 24: 1, 1 a. E. (= Kapitel 24, § 1, Abs. 1); Übersetzung bei *Simson*, Das Zivil- und StrafprozeßG, S. 26 ff.

[11] Ebenso in Österreich, StPO v. 23. 5. 1873 i. d. F. v. 20. 4. 1960 (BGBl. Nr. 98), § 175 I Nr. 4.
In England entscheidet der Richter ohnehin nach seinem Ermessen, ob er einem Antrag auf Erlaß eines Haftbefehls stattgeben will (*Wimmer*, S. 32; *Inhulsen*, S. 16). Bei allen nicht im summarischen Verfahren abzuurteilenden Taten (indictable offences) darf der Beschuldigte nur gegen Sicherheit (bail) freigelassen werden (*Reynold*, DRiZ 1962/76).

[12] Unter „England“ wird im folgenden das Vereinigte Königreich von Großbritannien und Nordirland verstanden. Die Rechtslage in Schottland unterscheidet sich auf den hier behandelten Gebieten nicht wesentlich von derjenigen in England und Wales, die der Darstellung zugrunde gelegt wird.

[13] Das Festnahmerecht der Republik Irland entspricht im wesentlichen dem des Vereinigten Königreichs, so daß hierauf nicht besonders eingegangen zu werden braucht. Diejenigen der im folgenden zu nennenden Gesetze, die bis 1922 (Irish Free State Act) erlassen wurden, gelten größtenteils auch noch in Irland. Vgl. *Kelly*, S. 59—63; *Sandes*, S. 42—49.

gesehen ist — abgesehen von der Schutzhaft, auf die in anderem Zusammenhang noch zurückzukommen sein wird[14] —, muß die vorläufige Festnahme („arrest without warrant") auch der Verbrechensverhütung dienen[15]. Dieses Ziel zeigt sich an der Fassung zahlreicher Festnahmebefugnisse des Common Law und des Statute Law. So ist nach Common Law eine Festnahme etwa bei bevorstehender felony[16] oder bevorstehendem gewaltsamen misdemeanour[16] zulässig[17]. Der (auch) präventiv-polizeiliche Charakter einer solchen Festnahme wird noch dadurch hervorgehoben, daß im Falle von Körperverletzungen die Festnahme erfolgen *muß*, wenn mit weiteren Tätlichkeiten zu rechnen ist[18]. Auch gegenüber Personen, die polizeiliche Amtshandlungen stören, *muß* von dem Festnahmerecht nach Common Law Gebrauch gemacht werden[19]. Das Statute Law läßt z. B. die Festnahme von Personen zu, die dem Polizeibeamten oder dem sonstigen Festnahmeberechtigten verdächtig erscheinen, eine nach dem betreffenden Gesetz strafbare Handlung (begangen zu haben oder) begehen zu wollen („being about to commit"): so die Malicious Damage Act, 1861[20], die Larcency Act, 1861[21], die Larcency Act, 1916[22] und die Offences against the Person Act, 1861[23]. In London, wo stets weiterreichende Befug-

---

[14] s. unten S. 235.

[15] *Markus Meyer*, S. 168.

[16] Das englische Recht unterteilt die Straftaten in treason — was etwa den deutschen Begriffen Hoch- und Landesverrat entspricht —, felonies und misdemeanours. Ursprünglich bezeichnete felony eine schwerere Straftat (etwa schweres Verbrechen; s. *Herbst*, Stichwort „felony") als misdemeanour (etwa weniger schweres Verbrechen und Vergehen sowie Übertretung i. S. des deutschen Rechts; s. *Herbst* und *Kniepkamp*, jeweils Stichwort „misdemeanour"). Diese Unterscheidung trifft heute nicht mehr zu, weil viele misdemeanours schwerer als viele felonies bestraft werden (*James*, S. 185 f.). Gleichwohl muß bei einer Festnahme genau beachtet werden, ob eine felony oder eine misdemeanour in Betracht kommt, weil das Festnahmerecht (power of arrest) im Falle der felony weiter geht.

[17] Halsbury's Laws, Vol. 10/343, 345; Bericht der englischen Regierung v. 16. 1. 1957, UN Yearbook, Suppl. Vol. 1/236 (re. Sp. sub 1). Die Darstellung von *Mackenzie-Street*, GR I, 2/836 ist zu summarisch.

[18] *Beyer*, S. 134; *Jowitt*, Stichwort „Arrest", S. 153.

[19] *Beyer*, a.a.O.

Die Störung solcher Amtshandlungen ist in zahlreichen Gesetzen unter Strafe gestellt; s. nur Town Police Clauses Act, 1847 (10 & 11 Vict. c. 89), s. 29 (H. St. Vol. 24/517, 530) (gewalttätiges oder unanständiges Benehmen auf der Polizeistation); Offences against the Person Act, 1861 (24 & 25 Vict. c. 100), s. 38 (H. St. Vol. 5/786, 801) (bewußtes Behindern eines peace officers), sowie zahlreiche Bestimmungen, die Angriffe und Widersetzlichkeit gegen die Polizei unter Strafe stellen, z. B. Offences against the Person Act, 1861 (a.a.O.); Prevention of Crimes Act, 1871 (34 & 35 Vict. c. 112), s. 12 (H. St. Vol. 5/865); Municipal Corporations Act, 1882 (45 & 46 Vict. c. 50), s. 195 (H. St. Vol. 14/114, 141).

[20] 24 & 25 Vict. c. 97, s. 57 (H. St. Vol. 5/750, 774).

[21] 24 & 25 Vict. c. 96, s. 104 (H. St. Vol. 5/727).

[22] 6 & 7 Geo. 5 c. 50, s. 41 (III) (H. St. Vol. 5/1011).

[23] 24 & 25 Vict. c. 100, s. 66 (H. St. Vol. 5/786, 814).

nisse bestehen, ist sogar der Verdacht, jemand, der müßiggeht oder sich liederlich oder unordentlich benimmt, wolle *irgendeine* felony, eine misdemeanour oder einen breach of the peace[24] begehen, Festnahmegrund (Metropolitan Police Act, 1839[25]), ebenso der Verdacht, eine solche Person habe irgendeine böse Absicht („any evil designs", Metropolitan Police Act, 1829[26]). Darf die Polizei nach den Umständen annehmen, eine Person trage auf einem öffentlichen Platz eine Angriffswaffe („offensive weapon") bei sich, so gestattet die Prevention of Crime Act, 1953[27], die Festnahme in typisch polizeirechtlicher Weise u. a., wenn dies erforderlich erscheint, um den Gebrauch der Waffe zu verhindern. Präventiv-polizeilichen Einschlag hat auch das in der Public Order Act, 1936[28], vorgesehene Festnahmerecht gegenüber Personen, die in Übertretung der Verbote nach sections 1, 4 und 5 in der Öffentlichkeit zum Zeichen ihrer Zugehörigkeit zu einer politischen Organisation eine Uniform tragen, in einer öffentlichen Versammlung eine „offensive weapon" mit sich führen oder dort drohende oder beleidigende Worte gebrauchen, welche einen Friedensbruch verursachen sollen oder können. Ebenso liegt es etwa mit dem Festnahmerecht gegenüber betrunkenen Kraftfahrern nach der Road Traffic Act, 1930[29], und gegenüber solchen Personen, die durch ihre Fahrweise Leib und Leben anderer gefährden oder eine gemeine Gefahr herbeiführen[30]. Der Zweck der Gefahrenabwehr tritt besonders deutlich bei der Festnahmebefugnis nach den Konzessionsgesetzen von 1872 und 1902 hervor. Die Licensing Act, 1872[31], gestattet die Festnahme Trunkener, die sich in der Öffentlichkeit liederlich oder unordentlich benehmen, die auf öffentlicher Straße einen Wagen, Vieh oder eine Maschine führen oder die eine geladene Waffe in Besitz haben; nach der Licensing Act, 1902[32], kann ein Betrunkener festgenommen werden, der ein Kind unter sieben Jahren bei sich hat[33].

---

[24] D. h. Gewalttätigkeit (Regierungsbericht, UN Yearbook, Suppl. Vol. 1/236 re. Sp. sub 1 a).

[25] 2 & 3 Vict. c. 47, s. 64 (H. St. Vol. 18/31, 37).

[26] 10 Geo. 4 c. 44, s. 7 (H. St. Vol. 18/13, 16).

[27] 1 & 2 Eliz. 2 c. 14, s. 1 (III) (H. St. Vol. 33/34).

[28] 1 Edw. 8 & 1 Geo. 6 c. 6, s. 7 (III) (H. St. Vol. 5/1088).

[29] 20 & 21 Geo. 5 c. 43, s. 15 (I und IV) (H. St. Vol. 24/569).

[30] Public Health Act, 1925 (15 & 16 Geo. 5 c. 71), s. 74 (II) (H. St. Vol. 19/237, 262).

[31] 35 & 36 Vict. c. 94, s. 12 (H. St. Vol. 13/157).

[32] 2 Edw. 7 c. 28, s. 2 (H. St. Vol. 13/191).

[33] s. ferner die Canals (Offences) Act, 1840 (3 & 4 Vict. c. 50), s. 9 (H. St. Vol. 18/50) (Recht der Polizei, jederzeit Wasserfahrzeuge zu betreten und alle Maßnahmen einschließlich der Festnahme zu ergreifen, die notwendig sind, um nach Ansicht der Polizei bevorstehende felonies oder sonstige offences zu verhindern); die Unlawful Drilling Act, 1819 (60 Geo. 3 & 1 Geo. 4 c. 1), s. 2 (H. St. Vol. 5/623) (Festnahme von Teilnehmern strafbarer militärischer Ausbildungsveranstaltungen); Festnahme von Personen, die dem Beamten be-

Da das englische Recht bei der Abfassung des Art. 5 MRK von großem Einfluß gewesen ist — was sich in einem Vergleich von Darstellungen des englischen Rechts der Freiheitsentziehung mit den in Art. 5 I MRK vorgesehenen Fällen zeigt[34] —, muß angenommen werden, daß auch die Festnahme nach den (beispielsweise) angeführten englischen Vorschriften, die nach kontinental-europäischen Begriffen der Verhinderung von Straftaten dient, von Art. 5 I c 2. Fall gedeckt werden sollte. Dieser Schluß ist insbesondere deshalb geboten, weil das englische Recht auch diese Festnahme mit präventivem Einschlag durchweg strafprozessual (als „criminal cases") ausgestaltet: Die Polizei darf — der Verknüpfung der Festnahmebefugnisse mit dem Strafrecht entsprechend — jeden arrest without warrant nur zum Zwecke der Vorführung vor einen Friedensrichter oder einen sonstigen „magistrate" vornehmen[35], so daß die Voraussetzung „zum Zwecke der Vorführung vor die zuständige Gerichtsbehörde" in lit. c stets erfüllt ist. Diese Ausgestaltung als criminal cases[36] verbietet es aber zugleich, aus der englischen Regelung zu folgern, daß in lit. c 2. Fall jede Festnahme zur Verhinderung strafbarer Handlungen gemeint ist, ohne Rücksicht darauf, ob bereits ein strafbares Verhalten vorliegt oder nicht. Vielmehr spricht gerade dieses englische System dafür, die ganze lit. c auf Fälle zu beschränken, in denen bereits eine mit Strafe bedrohte Handlung vorliegt.

Der Umstand, daß auch auf dem Kontinent die Festnahme zur Unterbringung (Verhinderung der Fortsetzung) von Straftaten teilweise — systemwidrig — als strafprozessuale Befugnis ausgestaltet ist — etwa in Norwegen[37] — spricht ebenfalls für die Absicht der Konventionsverfasser, derartige Tatbestände mit Art. 5 I c 2. Fall zu erfassen. Er bestärkt aber, da in diesen Fällen bereits ein strafbares Verhalten

reits als zu einer Kategorie verdächtiger Personen gehörend bekannt sind und die mit der Absicht herumlungern, eine felony zu begehen, nach der Vagrancy Act, 1824 (5 Geo. 4 c. 83), s. 4 6 (H. St. Vol. 18/202) i. d. F. der Prevention of Crimes Act, 1871 (34 & 35 Vict. c. 112), s. 15 und der Penal Servitude Act, 1891 (54 & 55 Vict. c. 69), s. 7 (H. St. Vol. 18/642) (dazu Regierungsbericht, UN Yearbook, Suppl. Vol. 1/237 li. Sp. sub b).

[34] So wirken etwa der Regierungsbericht v. 16. 1. 1957, UN Yearbook, Suppl. Vol. 1/235 ff. und die Darstellung bei *James*, S. 167 wie eine Aufzählung der lit. des Art. 5 I MRK nebst Kommentierung. Vgl. auch *Loewenstein*, Bd. II/270.

[35] Halsbury's Laws, Vol. 10/353; Regierungsbericht, a.a.O., S. 237 re. Sp.; *Jowitt*, Stichwort „Arrest" S. 153; s. ferner die o. a. Gesetze (S. 192—193), die durchweg eine Vorführungspflicht begründen.

[36] Die stets mit Verurteilung oder Freispruch enden, sei es nach sofortiger Verhandlung, nach Untersuchungshaft oder nach Freilassung mit oder ohne Sicherheit („bail").

[37] StPO v. 1887 (s. o. S. 191 Fn. 9), § 229 Nr. 1, wonach die vorläufige Festnahme zulässig ist, wenn der Täter auf frischer Tat betroffen wird und von seiner strafbaren Verhaltensweise nicht abläßt (englischer Text in UN Yearbook, Suppl. Vol. 1/175). Ebenso z. B. Österreich, VerwaltungsstrafG 1950, BGBl. Nr. 172, Anlage 3, § 35 lit. c.

vorliegt, zugleich die Schlußfolgerung, daß nur derartige bereits strafrechtlich relevante Tatbestände von lit. c 2. Fall gedeckt werden sollten.

c) Die Tatsache, daß lit. c die Festnahme oder Haft ausnahmslos nur zum Zwecke der Vorführung vor die zuständige Gerichtsbehörde zuläßt, deutet ebenfalls darauf hin, daß der gesamte Eingriffsvorbehalt sich nur auf Fälle bezieht, in denen bereits eine mit Strafe bedrohte Handlung begangen wurde. Dies besonders deshalb, weil der deutsche Grundsatz der unverzüglichen Einschaltung des Richters in allen — also auch den nicht strafprozessualen — Fällen von FE (Art. 104 II 1 GG) keineswegs dem Rechtszustand in den anderen Mitgliedstaaten des Europarates entspricht[38]. Aber selbst nach dem insoweit besonders strengen deutschen Recht ist in den meisten — nämlich den bis zum Ablauf des folgenden Tages beendeten — Fällen der FE zur Verhinderung strafbarer Handlungen eine Vorführung nicht nötig[39], so daß es an dem in lit. c 1. Hs. aufgeführten Zweck fehlt[40].

d) Vor allem aber spricht Art. 5 III 1 MRK[41] für eine Beschränkung der ganzen lit. c des Abs. I auf Fälle, in denen bereits ein strafbares Verhalten vorliegt. Absatz III 1 statuiert nicht nur die Vorführungspflicht der festnehmenden Behörde, sondern gibt dem unter den Voraussetzungen des Abs. I lit. c Festgenommenen auch das Recht, in angemessener Zeit vor Gericht gestellt oder aber aus der Haft entlassen zu werden[42]. Bei der hier genannten gerichtlichen Entscheidung (trial/jugement) handelt es sich nicht etwa um die Entscheidung über die Haftfortdauer nach der in Abs. III 1 1. Hs. behandelten Vorführung. Da die Vorführung „unverzüglich" (promptly/aussitôt) zu geschehen

---

38 Ähnlich ist die Rechtslage nur in England, wo der Verwaltungszwang dem Richter anvertraut ist (s. unten S. 235).

39 s. 7. Kapitel, insbesondere S. 128.

40 Freilich hätte, falls sich ergäbe, daß lit. c alle Fälle der Verhinderung strafbarer Handlungen betrifft, die MRK zur Folge, daß der Zweck der Vorführung als weiteres Erfordernis für die Rechtmäßigkeit der FE hinzuträte (vgl. Lawless-Bericht der Kommission S. 65, wo die irische Rechtslage dem Art. 5 MRK gegenüber für unerheblich erklärt wird). Dies setzte jedoch voraus, daß andere Umstände dazu zwingen, lit. c. 2. Fall auf Fälle der rein polizeilichen Haft zur Verhinderung strafbarer Handlungen anzuwenden.

41 Die amtliche dt. Übersetzung zerlegt Abs. III 1 der maßgebenden Fassungen in 2 Sätze; dabei beginnt der zweite Satz mit „er" statt mit „sie", so daß es scheint, als habe der Richter den Anspruch, abgeurteilt zu werden.

In dieser Arbeit wird nach der Einteilung des Abs. III in den maßgebenden Fassungen zitiert. Dabei wird der Teil des Satzes 1, der sich mit der Vorführung befaßt (bis „judicial power"/„fonctions judiciaires" = Satz 1 der dt. Übersetzung) als Halbsatz 1 bezeichnet und der Teil, der vom Recht auf gerichtliche Entscheidung und Haftentlassung handelt (= Satz 2 der dt. Übersetzung), als Halbsatz 2.

42 "and shall be entitled to trial within a reasonable time or to release pending trial" / "et a le droit d'être jugée dans un délai raisonnable, ou libérée pendant la procédure".

hat und im Anschluß an die Statuierung dieser Verpflichtung der Behörde das Recht auf Haftentlassung „während des Verfahrens" (pending trial/pendant la procédure) gewährt wird, so ist damit klargestellt, daß es sich nicht beide Male um dieselbe Entscheidung — über die Haftfortdauer — handelt, sondern daß hier zwei gerichtliche Entscheidungen gemeint sind: die Haftentscheidung und die Entscheidung in dem anschließenden Straf(Haupt-)Verfahren. Das wird noch dadurch verdeutlicht, daß die englische Fassung in Abs. III 1 1. Hs. wie in Abs. I lit. c von „to bring before (a judge or other officer...)" und im Gegensatz dazu in Abs. III 1 2. Hs. von der Berechtigung „to trial" spricht und daß der französische Text in Abs. I lit. c die Worte „conduit devant..." und dementsprechend in Abs. III 1 1. Hs. „traduit devant..." verwendet und im Gegensatz dazu in Abs. III 1 2. Hs. von „être jugé" spricht. Zudem setzt die MRK in Art. 6 I selbst fest, daß die Entscheidung im Hauptverfahren nur von einem Richter gefällt werden darf, so daß sich die Zulassung des gesetzlich zur Ausübung richterlicher Funktionen ermächtigten Beamten in Art. 5 III 1 1. Hs.[43] nur auf die Haftentscheidung beziehen kann.

Zu dieser Klarstellung besteht Anlaß, weil der GH im Lawless-Urteil die beiden in Art. 5 III behandelten Gerichtsentscheidungen nicht genügend auseinander gehalten hat[44] und weil *Herzog*[45] und *Guradze*[46] die in lit. c 1. Hs. genannte Vorführung für die Vorführung zur Aburteilung halten.

Ein Anspruch auf strafgerichtliche Verhandlung und Entscheidung (to trial/d'être jugé), der somit in Abs. III 1 2. Hs. enthalten ist, kann aber nur jemandem zustehen, der bereits straffällig geworden ist und deshalb vor ein Strafgericht gestellt werden kann.

e) So leiten denn auch *Schwarz-Kleinknecht*[47] aus dem Zusammenhang „insbesondere aus (Abs.) III" her, daß in lit. c 2. Fall an den Straftäter gedacht ist, bei dem konkrete Gefahr der Fortsetzung desselben oder anderen strafbaren Verhaltens besteht (§ 112 III n. F. StPO). *Schorn*[48] bezieht den 2. Fall der lit. c ebenfalls nur auf den Haftgrund der Wiederholungsgefahr (Gefahr der Begehung eines gleichartigen

---

43 "officer authorized by law to exercise judicial power" / "magistrat habilité par la loi à exercer des fonctions judiciaires."

44 Affaire Lawless (Fond), S. 52.

45 AöR 86/223.

46 Konvention, Erl. 16 zu Art. 5 MRK. Unrichtig auch a.a.O., Erl. 30, wo Guradze den ganzen Abs. III des Art. 5 auf das Verfahren bezieht, das zur Aburteilung führt.

47 Anm. 1 C zu Art. 5 MRK.

48 S. 153. Die Bemerkung, der Haftgrund der Wiederholungsgefahr sei auch vom GH im Falle Lawless anerkannt worden, ist allerdings unzutreffend. Schorn beruft sich dabei auch noch auf das Urteil v. 14. 11. 1960, das nur Verfahrensfragen behandelt.

Delikts vor Aburteilung). Hans *Huber*[49] geht als selbstverständlich davon aus, daß die Verhaftung im 2. Fall der lit. c bezwecke, den Verhafteten an der Begehung einer neuen (!) strafbaren Handlung zu hindern. Der Gedanke, lit. c 2. Fall setze eine mit Strafe bedrohte Handlung voraus, klingt auch bei *Partsch* an, wenn er ausführt, von der Ermächtigung zur präventiv-polizeilichen Verwahrung könne u. a. weiterhin Gebrauch gemacht werden, wenn der Betreffende „durch die Störung gleichzeitig eine strafbare Handlung begangen oder unternommen hat (lit. c)“[50]. Dem entspricht es, wenn Partsch denjenigen, dessen Beziehungen zur Tat die lit. c — „vorsichtig“ — bezeichnet, den „vermutlichen Täter“ nennt und diese Formulierung auch auf den 2. Fall der lit. c bezieht[51]. Der Bundesgerichtshof[52] führt aus, lit. c enthalte die Voraussetzungen für die Verhängung einer gerichtlichen Untersuchungshaft und bezieht daher diesen Vorbehalt ebenfalls nur auf das Strafverfahren. Schließlich spricht auch die amtliche deutsche Übersetzung für eine Beschränkung der lit. c auf Personen, die bereits straffällig geworden sind, wenn darin das Recht „to trial“/„d'être jugé“ in Abs. III 1 2. Hs. mit „Anspruch auf Aburteilung“ wiedergegeben ist[53].

f) Die Vertreter der h. M.[54] könnten gegenüber einer Beschränkung der lit. c auf verfolgungsrechtliche Fälle geltend machen, der 2. Fall der lit. c enthielte dann nur eine überflüssige Wiederholung, weil der 1. Fall die Festnahme unter der einzigen Voraussetzung des hinreichenden Tatverdachts decke und somit auch die Präventivhaft bei Wiederholungsgefahr, die Festnahme zur Verhinderung der Fortsetzung der Tat und die Festnahme mit präventiv-polizeilichem Einschlag in den angeführten Fällen des englischen Rechts erfasse. Dieselbe Situation ergibt sich beim 3. Fall der lit. c. Auch die Aufnahme des Tatbestands der Fluchtgefahr erscheint im Hinblick auf den 1. Fall überflüssig.

Herzog[55] will diesen Widerspruch wie folgt lösen: Er bezieht den Satzteil „oder begründeter Anlaß zu der Annahme besteht, daß es notwendig ist, ... zu (ver)hindern“, also die Fälle 2 und 3 der lit. c nicht

---

49 ZaöRV 21/662 f.
50 GR I, 1/363.
51 a.a.O., S. 364 f.
52 NJW 1966/924, 926 li. Sp. (III. Zivilsenat).
53 *Guradze*, Stand, S. 194 f. bezieht die lit. c und die Abs. II und III des Art. 5 nur auf den Strafprozeß. Folgerichtig stellt er vom Rechtszustand des Jahres 1954 her fest, die in lit. c 2. Fall vorgesehene Verhaftung vor der Tat sei dem dt. Recht unbekannt (S. 194). Ebenso jetzt Konvention, Erl. 15 zu Art. 5 MRK; etwas anders a.a.O., Erl. 20.
54 s. o. S. 168 Fn. 8.
55 AöR 86/220 f.

auf den „sofern"-Satz, sondern läßt ihn unmittelbar an den „wenn"-Satz anschließen, liest also: „wenn er rechtmäßig festgenommen worden ist oder in Haft gehalten wird (zu ergänzen: wenn) begründeter Anlaß ... besteht ... zu (ver)hindern." Damit hat er den „Zweck seiner Vorführung vor die zuständige Gerichtsbehörde" ausgeklammert und meint nun, in den Fällen 2 und 3 sei die Vorführung nicht wie im Falle 1 der *Zweck* der Festnahme, sondern nur ihre — sich aus Abs. III ergebende — *Folge*; Zweck der Festnahme sei vielmehr die Verhinderung der Straftat oder der Flucht[56]. Da auch Herzog anerkennen muß, daß Abs. III 1 1. Hs. bei allen FEen nach lit. c eine Vorführung zur Haftentscheidung vorschreibt[57], muß er, um seine These halten zu können, die Vorführungspflicht der lit. c 1. Hs. beziehe sich nicht auf den 2. Fall der lit. c, annehmen, Vorführung i. S. der lit. c 1. Hs. sei die Vorführung zur Verhandlung und Aburteilung, nicht aber die Vorführung zur Haftentscheidung (Abs. III 1 1. Hs.)[58].

Die gesamte Konstruktion Herzogs ist nicht haltbar: Herzog gerät schon deshalb in unüberwindliche Schwierigkeiten, weil er nur den 2. Fall der lit. c von Abs. III 1 2. Hs. ausklammern, diese Vorschrift aber auf die gesamte „verfolgungsrechtliche Fallgruppe" (d. h. Fälle 1 und 3 der lit. c) beziehen will. Dies ist mit seiner grammatischen Konstruktion nicht vereinbar, die höchstens eine Ausklammerung des 2. *und* 3. Falles zuließe, mit dem unmöglichen Ergebnis, daß dem wegen Tatverdachts und Fluchtgefahr Inhaftierten (lit. c 3. Fall) kein Anspruch auf ein gerichtliches Verfahren in angemessener Frist zustünde. Außerdem liegt in der Annahme, die Vorführung sei einmal Zweck und einmal nur Folge der Festnahme, kein entscheidender Unterschied, der es gerechtfertigt oder gar notwendig gemacht hätte, neben dem 1. Fall noch die Fälle 2 und 3 in die lit. c aufzunehmen[59].

Den grundlegenden Fehler begeht Herzog aber, indem er nicht erkennt, daß die in lit. c 1. Hs. erwähnte Vorführung mit der in Abs. III 1 1. Hs. behandelten identisch ist. Abs. III bildet zusammen mit Abs. I lit. c ein Ganzes[60]. Zweck dieser Regelung ist offenbar, die Haft möglichst bald unter richterliche Kontrolle zu bringen. Indem Herzog die Vorführung in lit. c 1. Hs. auf die Verhandlung in der Hauptsache bezieht, geht er stillschweigend davon aus, auch Abs. III 1 2. Hs. statuiere eine Verpflichtung zur Vorführung, obwohl dieser Satzteil nur das Recht auf richterliche Entscheidung in angemessener Frist begrün-

---

[56] Noch anders konstruiert Herzog in BayVBl. 1959/46, wo er den englischen „when"-Satz in lit. c unmittelbar an den Satzteil vor lit. a anschließt.

[57] AöR 86/220 Fn. 99.

[58] a.a.O., S. 223.

[59] Herzogs Überbewertung des Zwecks beruht auf seiner zu weiten Auslegung des Art. 18 MRK (a.a.O., S. 220 Fn. 99, S. 221).

[60] GH in Affaire Lawless (Fond), S. 52.

det, aber nichts über die verfahrensrechtliche Frage der Anwesenheit des Angeklagten sagt; mit Recht, denn die prozessualen Garantien werden in Art. 6 MRK behandelt. Erkennt man die Identität der Vorführung in Abs. I lit. c und in Abs. III 1 1. Hs., so wird klar, daß die grammatikalische Argumentation Herzogs höchstens zu einem Ausschluß der Vorführung *zur Haftentscheidung* im 2. Fall (und dann notwendigerweise auch im 3. Fall) der lit. c führen könnte. Herzog will dies angesichts des Abs. III 1 1. Hs. selbst nicht annehmen. Eine solche Auslegung wäre in der Tat nicht möglich. Zwar könnte die englische Fassung der lit. c für die Begrenzung der Vorführungspflicht nach lit. c 1. Hs. auf den 1. Fall sprechen, weil der mit „when" beginnende Satzteil dadurch den Eindruck einer Selbständigkeit gegenüber den vorhergehenden Teilen erweckt, als er von der Form des Gerundiums („of bringing him") abweicht. Jedoch bezieht sich nach der hier klareren französischen Fassung der Satzteil „en vue d'être conduit devant l'autorité judiciaire compétente" eindeutig auf alle nachfolgenden Fälle[61].

Damit ist der Versuch Herzogs gescheitert, eine eigenständige Bedeutung des 2. Falles der lit. c gegenüber dem 1. Fall zu begründen. Zugleich ist nachgewiesen, daß es nicht möglich ist, durch Begrenzung der Vorführung zur Haftentscheidung auf den 1. Fall der lit. c eine eigenständige Bedeutung des 2. Falles zu konstruieren. Demnach wäre bei Beschränkung der ganzen lit. c auf Fälle, in denen bereits ein strafbares Verhalten vorliegt, der 2. Fall angesichts des 1. Falles tatsächlich überflüssig. Wie schon angedeutet[62], ist aber auch der 3. Fall der lit. c — der zweifellos strafverfolgungsrechtlichen Charakter hat, so daß eine Eigenständigkeit noch viel weniger angenommen werden könnte als beim 2. Fall — bereits im 1. Fall enthalten und damit überflüssig. Mithin ergibt sich, daß die ganze lit. c mangelhaft gefaßt ist. Daher kann dann, wenn die Auslegung die Überflüssigkeit eines Falles ergibt, hiervon nicht auf die Unrichtigkeit dieser Auslegung geschlossen werden.

2. Festnahme zur Einleitung einer längeren Freiheitsentziehung

a) Zunächst sprechen der Umstand, daß lit. c die FE ausschließlich zum Zwecke der Vorführung des Betroffenen vor die zuständige Gerichtsbehörde zuläßt, sowie die in Abs. III 1 1. Hs. als Verdeutlichung

---

[61] Bericht der Kommission, mitgeteilt in Affaire Lawless (Fond), S. 47, 50. Nach GH, a.a.O., S. 51 sub 14 ist dies „évident".

[62] S. 197 sub f.

und Ergänzung aufgenommene Vorführungspflicht dafür, daß lit. c nur Maßnahmen deckt, die auf eine längere FE — im Gewahrsam der Exekutive oder der Gerichte — hinzielen[63].

b) Abs. III 1 2. Hs. geht bei der Festlegung des Rechts auf eine gerichtliche Entscheidung in angemessener Frist bzw. auf Haftentlassung während des Verfahrens davon aus, daß die Festnahme nach lit. c zu einer längeren FE führt.

Dieser Satzteil zeigt, daß man bei Abfassung des Abs. III — und folglich auch der lit. c des Abs. I — an die Untersuchungshaft oder eine ähnlich bezeichnete längere FE während des gerichtlichen Verfahrens — in erster Linie offenbar des Strafverfahrens — dachte.

c) Man könnte nun, statt von den angeführten Formulierungen auf eine Ausklammerung der auf kurze Dauer gerichteten FEen aus dem Anwendungsbereich der lit. c zu schließen, meinen, daß sowohl kurzfristige als auch langfristige FEen unter lit. c und Abs. III fallen und daß die Bestimmungen über die Vorführung zur Haftentscheidung und über die baldige Entscheidung in der Hauptsache sich nur auf Fälle beziehen, in denen der Betroffene tatsächlich längere Zeit in Haft gehalten wird oder nach dem Willen der festnehmenden Behörde[64] gehalten werden soll.

Dieser Ansicht kann nicht entgegengehalten werden, daß Abs. III 1 1. Hs. die Vorführung ohne Einschränkung anordnet und keine „Entlassungsklausel" wie § 128 I 1 StPO enthält[65]. In eine Bestimmung wie Abs. III 1 1. Hs. muß — selbstverständlich — die Ausnahme hineingelesen werden, daß der Festgenommene dann nicht vorgeführt zu werden braucht, wenn er entlassen werden kann, weil die Voraussetzungen für die FE nicht mehr vorliegen; so fehlt auch in Art. 104 III 1 GG eine solche „Entlassungsklausel".

Die Tatsache, daß lit. c 1. Hs. bestimmt, eine Festnahme nach diesem Vorbehalt dürfe nur zum Zwecke der Vorführung vor die zuständige Gerichtsbehörde vorgenommen werden und daß die Vorschrift — worauf Kommission und GH mit Nachdruck hingewiesen haben[66] — keine Ausnahme von diesem Grundsatz kennt, zwingt jedoch zu dem Schluß, lit. c beziehe sich nicht auf Fälle, in denen der Betroffene nach

[63] Zur Überflüssigkeit einer Vorführung bei einer nur auf einen kürzeren Zeitraum gerichteten FE und zur Gefahr der Benachteiligung des Festgenommen s. o. 7. Kapitel (S. 114 ff., 119 f.).

[64] Da über die Fortdauer der Haft nach Abs. III 1 1. Hs. der Richter entscheidet.

[65] „Der Festgenommene ist, sofern er nicht wieder in Freiheit gesetzt wird, ... vorzuführen." Entsprechend § 177 II der österreichischen StPO.

[66] Affaire Lawless (Fond), S. 47 (für die Kommission), S. 50 (Ansicht des GH).

kurzer Zeit ohne Vorführung wieder entlassen werden soll, sondern nur auf Sachverhalte, in denen die Festnahme nach dem Willen des Festnehmenden die Einleitung einer längeren FE darstellt. Zwar schließt auch dieser Wortlaut der lit. c es selbstverständlich nicht aus, jemanden ohne Vorführung vor einen Richter zu entlassen, wenn sich noch vor dieser Vorführung ergibt, daß die FE nicht mehr anzudauern braucht. Hierbei kann es sich aber wegen der Fassung des 1. Hs. der lit. c nur um solche Fallgestaltungen handeln, bei denen zur Zeit der Festnahme der Wille des Festnehmenden besteht, den Festgenommenen vorzuführen und bei denen die Möglichkeit, die FE aufzuheben, sich erst aufgrund neuer, im Zeitpunkt der Festnahme noch nicht bekannter oder doch nicht feststehender Tatsachen ergibt[67]. Die Fassung des 1. Hs. der lit. c gestattet es jedoch nicht, darüber hinaus auch solche Festnahmen unter lit. c zu subsumieren, in denen es von vornherein an einem Vorführungswillen des Festnehmenden fehlt.

Deshalb wird etwa eine Festnahme, die von Anfang an nur auf die Feststellung der Personalien abzielt, nicht von lit. c gedeckt. Dies wird indirekt von *Herzog* bestätigt, der seine Ansicht, lit. c 3. Fall (Fluchtverdacht) erfasse auch die Festnahme zur Personalienfeststellung, noch besonders begründet[68]. Herzog muß nämlich hierbei auf seine These zurückgreifen, der Halbsatz „zum Zwecke seiner Vorführung vor die zuständige Gerichtsbehörde" in lit. c beziehe sich nicht auf den (2. und) 3. Fall der lit. c[69], so daß die Absicht des Festnehmenden genüge, die Flucht zu verhindern. Diese Ansicht Herzogs ist jedoch unrichtig[70].

Bei der Festnahme nach deutschem Polizeirecht zur Verhinderung einer unmittelbar bevorstehenden strafbaren Handlung besteht der Wille, den Festgenommenen vorzuführen, erst von dem Zeitpunkt an, in dem sich die Notwendigkeit einer Festhaltung über die Frist des Art. 104 II 3 GG bzw. der Art. 19 II 1 HessVerf. und 5 II 1 RhPfVerf.[71] hinaus ergibt[72], abgesehen von den überaus seltenen Fällen, in denen von vornherein feststeht, daß die FE — bei entsprechender Rechtsgrundlage[73] — diese Frist überschreiten wird. Die Hinderungshaft nach deutschem Polizeirecht wird daher auch dann, wenn man

---

67 Vorschriften, die eine Einschaltung des Staatsanwalts vorsehen (z. B. Belgien und Luxemburg, Art. 106 CPP v. 1808), schließen das Bestehen der von lit. c 1. Hs. verlangten Vorführungsabsicht nicht aus. Da der StA nur Zwischenglied innerhalb der Exekutive ist, liegt es rechtlich genauso, als ob der Streifenbeamte einen von ihm Festgenommenen zunächst dem Vorgesetzten auf der Wache vorführt, ehe der Richter mit dem Fall befaßt wird.

68 AöR 86/224 sub b.

69 a.a.O., S. 220 f. und o. S. 197 f.

70 s. o. S. 198 f.

71 s. o. S. 130 f.

72 Zur Notwendigkeit der Vorführung s. o. S. 110—114.

73 In BW, Bln, Bre und Hbg, s. o. S. 73 f.

lit. c 2. Fall auf Sachverhalte anwenden wollte, in denen noch kein strafbares Verhalten vorliegt, regelmäßig nicht von diesem Eingriffsvorbehalt gedeckt.

d) Die „vorsichtige Bezeichnung der Beziehungen des Betroffenen zur Tat“[74], die lit. c nicht nur im 1. Fall (hinreichender Verdacht der Täterschaft[75]), sondern auch in den Fällen 2 und 3 verwendet („begründeter Anlaß zu der Annahme ..., daß es notwendig ist, den Betreffenden an der Begehung einer strafbaren Handlung oder an der Flucht nach Begehung einer solchen zu [ver]hindern“[76]), ist ein weiterer Grund zu der Annahme, daß jedenfalls die Polizeihaft zur Verhinderung einer unmittelbar bevorstehenden Straftat in lit. c 2. Fall nicht gemeint ist. Diese vorsichtige Bezeichnung in lit. c 2. Fall deutet darauf hin, daß hier nur eine präventive FE einer Person gemeint ist, von der man annimmt („croire“!), sie werde in absehbarer Zeit irgendeine (weitere) — vielleicht der Gattung nach erwartete — Straftat begehen. Dementsprechend umschreibt der GH die in lit. c 2. Fall gemeinten Fälle mit den Worten „toute personne soupçonnée d'avoir l'intention de commettre une infraction pourrait être arrêtée et détenue ...“[77]. Für eine Ermächtigung einer Behörde zur Verhinderung einer bestimmten unmittelbar bevorstehenden Straftat und — was noch viel vordergründiger ist — zur Unterbindung einer laufenden Straftat ist eine Formulierung, wie sie lit. c 2. Fall enthält, mindestens sehr ungewöhnlich. Zumindest bei der Unterbindung laufender Straftaten ist der Sachverhalt so klar, daß eine deutlichere Umschreibung der Beziehung des Täters zur Tat gebraucht wird. Ein Beispiel bietet neben dem deutschen Recht (§ 15 I b PrPVG gegen § 112 III n. F. StPO) etwa die norwegische StPO, die in § 228 I Nr. 4 den Haftgrund der Wiederholungs- oder Ausführungsgefahr mit den Worten umschreibt[78]: “If there is special cause to fear that he will repeat the punishable offence or accomplish a punishable offence which he has attempted or threatened

---

[74] *Partsch*, GR I, 1/374 („des vermutlichen Täters zur Tat“).

[75] “reasonable suspicion of having committed an offence” / “lorsqu'il y a des raisons plausibles de soupçonner qu'il a commis une infraction.”

[76] “when it is reasonably considered necessary to prevent his committing a crime or ...” / “qu'il y a des motifs raisonnables de croire à la nécessité de l'empêcher de commettre une infraction ou ...”

[77] “anyone suspected of harbouring an intent to commit an offence ...” (Affaire Lawless [Fond], S. 52). Daselbst S. 47 Darstellung der Ansicht der Kommission: “... que le paragraphe Ier litt. (c) n'autorise l'arrestation ou la détention d'une personne soupçonnée de se livrer à des infractions pénales que lorsqu'elle a lieu ...“ / „... of a person on suspicion of being engaged in criminal activities ...”

[78] Englischer Text in UN Yearbook, Suppl. Vol. 1/175 (vgl. o. S. 191 Fn. 9). Entsprechend umschreibt § 780 des dänischen RechtspflegeG (s. o. S. 191 Fn. 7) den Haftgrund der Wiederholungsgefahr: “if there is special reason to fear (!) that he will repeat or continue his criminal activity if he were released.”

to do" und demgegenüber bei der Festnahme zur Verhinderung der Fortsetzung einer laufenden Straftat die Worte gebraucht: "if he is found in the very act and does not desist from the punishable activity" (§ 229 I Nr. 1).

Hiergegen kann auch nicht eingewandt werden, lit. c decke doch wohl — unabhängig von ihrer sonstigen Tragweite — jedenfalls die Festnahme bei Betreffen auf frischer Tat. Die lit. c bezieht sich — das kann hier schon aufgrund der bisherigen Erörterungen und insbesondere wegen des Zusammenhangs mit Abs. III festgestellt werden — jedenfalls in erster Linie auf die Untersuchungshaft und die Festnahme zu ihrer Einleitung. Innerhalb der Festnahme- und Haftbestimmungen der Strafprozeßgesetze stellt das Betreffen auf frischer Tat aber nur einen Unterfall dar; daher ist es verständlich, wenn dieser Unterfall in lit. c nicht besonders erwähnt wird, sondern wenn man es bei der vorsichtigen Bezeichnung des Verhältnisses des Betroffenen zur Tat, dem Tatverdacht, gleichsam als Oberbegriff für alle Festnahme- und Haftvoraussetzungen der Strafprozeßgesetze beließ. Die Verhinderung einer bevorstehenden Straftat hat dagegen — von der systemwidrigen Regelung der Untersuchungshaft wegen Wiederholungs- oder Ausführungsgefahr abgesehen — keinen festen Platz in den Festnahme- und Haftvorschriften der Strafprozeßordnungen[79]. Es läßt sich deshalb nicht sagen, daß auch der Fall der Verhinderung einer unmittelbar bevorstehenden Straftat in dem Oberbegriff „Tatverdacht" der Strafprozeßordnungen mit enthalten ist. Daher kann aus der Nichterwähnung des — strafprozessualen — Unterfalls des Betreffens auf frischer Tat in lit. c kein Schluß dahin gezogen werden, auch die Haft zur Verhinderung einer unmittelbar bevorstehenden aber noch nicht begonnenen Straftat müsse trotz der „vorsichtigen" Bezeichnung der Beziehungen des Betroffenen zur Tat in der ganzen lit. c von diesem Eingriffsvorbehalt gedeckt sein.

3. Standpunkt der Straßburger Instanzen

Die bisherigen Überlegungen ergeben, daß lit. c nur Festnahmen deckt, die als Einleitung einer längeren FE gedacht sind und die vorgenommen werden, nachdem bereits eine mit Strafe bedrohte Handlung begangen worden ist. Abschließend soll geprüft werden, welchen Standpunkt GH und Kommission zu diesen Fragen eingenommen haben und ob sich aus diesen Ausführungen neue Gesichtspunkte für die Tragweite der lit. c ergeben.

---

[79] Ausnahme England, s. o. S. 191 f.

Im Falle Lawless lag noch kein strafbares Verhalten des Beschwerdeführers vor[80]. Der GH stellt ausdrücklich fest, gegen Lawless sei kein Strafverfahren eingeleitet worden[81]. Er prüft dann aber — wie schon die Kommission[82] — ob lit. c 2. Fall die Regelung der Offences against the State (Amendment) Act, 1940, deckt[83]. Damit haben GH und Kommission zu erkennen gegeben, daß sie Art. 5 I c 2. Fall auch in Fällen für anwendbar halten, in denen noch keine mit Strafe bedrohte Handlung vorliegt. Eine Begründung hierfür fehlt bei beiden Instanzen, die sich im Grunde darauf beschränken, die Ansicht der irischen Regierung zu widerlegen, die Vorführungsklausel in lit. c 1. Hs. beziehe sich nicht auf den 2. Fall der lit. c und Abs. III 1 1. Hs. sei auf diesen Fall nicht anwendbar, weil noch keine strafbare Handlung vorliege und die bloße Absicht nicht zu einer strafgerichtlichen Aburteilung führen könne. Geht man davon aus, daß lit. c 2. Fall auch eingreift, wenn noch kein strafbares Verhalten vorliegt, so ist — da es sich im Lawless-Fall um eine langfristige FE handelte, auf die Art. 5 MRK auf jeden Fall Anwendung findet — diese Ansicht der irischen Regierung angesichts des insoweit klaren Wortlauts der lit. c und des Abs. III 1 in der Tat unrichtig. Dies war aber kein Grund, die Prüfung der Vorfrage zu unterlassen, ob lit. c 2. Fall schon deshalb ausschied, weil es an einer Straftat fehlte.

Der GH — auf dessen Entscheidung die folgenden Ausführungen beschränkt werden, weil sie im wesentlichen die Argumentation der Kommission wiederholt und vertieft — hat bei lit. c 2. Fall jedoch nur Fälle längerer Präventivhaft im Sinn. Dies ergibt sich daraus, daß er seine Argumentation mit dem Wortlaut der lit. c und des Abs. III 1 mit dem Hinweis unterstützt, jeder, von dem man meine, er habe die Absicht, eine mit Strafe bedrohte Handlung zu begehen, könnte — wenn man keine Verpflichtung zur Vorführung annehmen wollte — allein aufgrund einer Entscheidung der Verwaltung für eine unbegrenzte Zeit („pour une période illimitée") festgehalten werden; eine solche Auslegung führe wegen der darin enthaltenen Möglichkeit der Willkür zu Ergebnissen, die den Grundprinzipien der Konvention zuwiderliefen[84]. Daher kann dieses Urteil zur Unterstützung der Argu-

---

[80] Eine frühere Verurteilung wegen Besitzes verdächtiger Papiere (s. Affaire Lawless [Fond], S. 38) diente nicht zur Begründung einer Wiederholungsgefahr, sondern war nur ein weiterer Anhaltspunkt für die Annahme, L. wolle Taten begehen, die dem öffentlichen Frieden, der öffentlichen Ordnung oder der Sicherheit des Staates abträglich seien.

[81] "... Lawless n'avait pas fait l'objet d'une accusation en matière pénale" / "... there was no criminal charge against him" (a.a.O., S. 51).

[82] Bericht, S. 64—66.

[83] Affaire Lawless (Fond), S. 51—53.

[84] Affaire Lawless (Fond), S. 52.

mente für einen Ausschluß der FEen, die von Anfang an nur auf eine kurze Zeit gerichtet sind, aus der lit. c herangezogen werden.

Die Berufung auf die Möglichkeit einer langen FE aufgrund ausschließlich verwaltungsbehördlicher Anordnung und der damit verbundenen Möglichkeit der Willkür kann nicht als (versteckte) Begründung für die Anwendung der lit. c 2. Fall auch auf Sachverhalte ohne Straftat angesehen werden. Der GH hat nur die Frage gestellt und beantwortet, ob die von der Vorführung handelnden Stellen lit. c 1. Hs. und Abs. III 1 sich auch auf den 2. Fall der lit. c beziehen oder nicht. Nur im Rahmen dieser Frage kann der genannte Hinweis auf die verwaltungsbehördliche Anordnung als alleinige Grundlage einer längeren FE als Argument eine Bedeutung haben. Eine solche Bedeutung fehlt ihm dagegen im Rahmen der (vorrangigen) Frage, ob Fälle, in denen noch keine Straftat begangen wurde, überhaupt von lit. c erfaßt werden. Denn hier müßte man — wenn man eine Erstreckung der lit. c auf solche Fälle nicht bejaht — annehmen, die Präventivhaft sei gänzlich unzulässig.

Um beurteilen zu können, welches Gewicht der — stillschweigenden — Einbeziehung von strafrechtlich noch nicht relevanten Fällen in lit. c 2. Fall durch den GH beizumessen ist, muß noch ein Blick auf die übrigen Ausführungen des Urteils zu lit. c und zu Abs. III geworfen werden.

Bereits die zur Unterstützung der Wortinterpretation herangezogene Argumentation mit der Gefahr der Willkür, die bei nur verwaltungsbehördlichen Entscheidungen bestehe, erscheint bedenklich. Die MRK läßt in Art. 5 I b, d, e und f die FE lediglich aufgrund verwaltungsbehördlicher Entscheidung zu[85], darunter die sich über Jahre und Jahrzehnte erstreckende Unterbringung (lit. e). Die Betroffenen sind in allen diesen Fällen nach Ansicht der Konventionsverfasser dadurch ausreichend geschützt, daß sie das Recht haben, eine gerichtliche Überprüfung der Rechtmäßigkeit der Haft zu beantragen (Art. 5 IV). Eine vom Antrag unabhängige gerichtliche Entscheidung über die Haft — und anschließend in der Hauptsache (lit. a) — ist nur in lit. c i. V. m. Abs. III vorgesehen[86, 87]. Mit diesem Abs. IV des Art. 5 setzt sich der

---

85 Bei lit. b 1. Alt. ist die gesetzliche Pflicht wenigstens schon durch Gerichtsbeschluß konkretisiert.

86 Hier entscheidet der Richter auch über die Zweckmäßigkeit der Haft, und zwar nicht nur bei der Aburteilung (Abs. III 1 2. Hs. = Abs. I lit. a, so ungenau *Partsch*, GR I, 1/362 oben), sondern auch bei Erlaß oder Versagung des Haftbefehls (Abs. III 1 1. Hs.).

87 Eine Stelle im Bericht erweckt den Anschein, als beziehe die Kommission den Abs. III nicht nur auf lit. c, sondern auch auf lit. b: "Les alineéas 1 (b) et 1 (c) de l'article 5 stipulent clairement et catégoriquement que, en vertu de la Convention, un État ne peut arrêter et détenir une personne pour

GH überhaupt nicht auseinander, obwohl er ihn eigentlich kaum übersehen haben dürfte, weil Lawless im Wege des Habeas-Corpus-Verfahrens[88] sowohl beim High Court als auch beim Supreme Court seine Haftentlassung beantragt hatte[89]. Wahrscheinlich schwang hier im Unterbewußtsein der Richter die Ansicht der Kommission mit, innerstaatliche Rechtsmittel in Irland seien keine „effective remedies" i. S. der Rechtsprechung zu Art. 26 MRK, weil die irischen Gerichte sich außerstande sahen, die MRK anzuwenden[90]. Diese irische Rechtslage galt aber in gleicher Weise für Abs. I lit. c und Abs. III des Art. 5.

Die übrigen Ausführungen des GH zu lit. c und zu Abs. III sind ebenfalls nicht überzeugend. Über die (zutreffende) Feststellung hinaus, weder lit. c. 1. Hs. noch Abs. III enthielten Einschränkungen für bestimmte Fälle der lit. c, liest der GH aus lit. c i. V. m. Abs. III die Verpflichtung heraus, jede nach lit. c festgenommene Person einem Richter vorzuführen, sei es zur Prüfung der Haftfrage, sei es zum Erlaß einer Entscheidung in der Hauptsache[91]. Der GH unterscheidet demnach nicht sauber — wie die Konvention es in Abs. III 1 1. Hs. und 2. Hs. tut — zwischen der Vorführung zur Haftentscheidung und dem Recht auf baldige Entscheidung in der Hauptsache. So gelangt er dazu, ebenso wie *Herzog*[92] auch in Abs. III 1 2. Hs. eine Verpflichtung zur Vorführung hinzulesen, obwohl dieser Satzteil nur das Recht auf gerichtliche Entscheidung in angemessener Frist begründet, aber nichts über die prozessuale Frage der Anwesenheit des Inhaftierten sagt[93].

---

ces motifs qu'à la condition que celle-ci soit aussitôt traduite devant un juge et qu'elle ait le droit d'être jugée dans un délai raisonnable ou libérée pendant la procédure" (S. 65).

Partsch (GR I, 1/361) hält dies für rechtspolitisch wünschenswert und dem Geist der Konvention entsprechend, welche die administrative FE möglichst einzuschränken suche. Die Erstreckung des Abs. III auch auf lit. b ist aber mit dem klaren Wortlaut des Abs. III und der lit. b und c nicht zu vereinbaren. Hierauf weist auch Partsch hin (a.a.O.). Da die Kommission selbst dem Wortlaut eine entscheidende Bedeutung beimißt (Bericht, S. 64, 66), sie ferner die lit. b bereits auf S. 64 des Berichts abgehandelt hat und sich von S. 64 2. Abs. an nur noch mit lit. c und Abs. III befaßt und weil sie schließlich nicht einmal den Versuch einer Begründung macht, kann es sich bei der angeführten Stelle nur um einen Druckfehler handeln. Statt „Abs. I lit. b und c" muß es heißen „Abs. I lit. c und Abs. III".

88 Art. 40 der irischen Verfassung (Fundstelle oben S. 176 Fn. 28).

89 Entscheidung der Kommission v. 30. 8. 1958, Ann. II/308, 313, 317 f. = Bericht, S. 37 f., 39 f.

90 Kommission a.a.O. zur Entscheidung des High Court. Die Entscheidung des Supreme Court — The State (O'Laighleis) v. O'Sullivan and the Minister for Justice — v. 3. 12. 1957 ist abgedruckt in Ann. II/608 (hier besonders S. 618 ff., 622 ff.).

91 "soit en vue de l'examen du problème de la privation de liberté, soit en vue d'un jugement sur le fond" (Affaire Lawless [Fond], S. 52).

92 s. o. S. 198 f.

93 Mit den verfahrensrechtlichen Garantien befaßt sich Art. 6 MRK (vgl. oben S. 199).

Diese zwischen der Haftentscheidung und der Entscheidung in der Hauptsache alternierende Auslegung erweckt den Eindruck, als halte der GH das Recht auf Entscheidung in der Hauptsache in angemessener Frist für verbraucht durch die Vorführung zur Haftentscheidung. Dieses Ergebnis, das wohl auch dem GH nicht unterstellt werden kann, zeigt, daß die Gleichstellung der Vorführung zur Haftentscheidung mit dem Recht auf Hauptentscheidung allenfalls für solche Fälle richtig sein könnte, in denen das Hauptverfahren sogleich nach der Festnahme durchgeführt wird, so daß gar keine getrennte Haftentscheidung vorab ergeht[94]. Selbst wenn man mit dem GH lit. c 2. Fall auch auf strafrechtlich noch nicht relevante Fälle bezieht, kann man sich über die Unterscheidung, welche die Konvention in Abs. III 1 getroffen hat, nicht hinwegsetzen, sondern muß — anstelle der Unterscheidung von Haftbefehl und Strafurteil, die Abs. III 1 ganz offensichtlich in erster Linie meint — trennen zwischen der Vorführung zur Anordnung der Haft bis zur Entscheidung über die „endgültige" Präventivhaft (etwa Internierung) und dieser Entscheidung selbst[95].

Derselbe Fehler der mangelnden Unterscheidung von (Vorführung zur) Haftentscheidung und (Recht auf baldige) Hauptentscheidung zeigt sich auch an einer anderen Stelle des Urteils, wo der GH die Haft des Lawless als nicht von Art. 5 MRK gedeckt ansieht, weil sie nicht zu dem Zwecke bewirkt worden war, Lawless vor die zuständige Gerichtsbehörde zu bringen und weil Lawless während seiner Haft auch tatsächlich nicht innerhalb einer angemessenen Frist vor den Richter gebracht worden war[96]. Der zweite Teil dieser Formulierung erweckt den Anschein, als nähme der GH an, das Fehlen des Willens zur Vorführung (lit. c 1. Hs.) und die versäumte Vorführung nach Abs. III 1 1. Hs. — sowie die daraus folgende Fehlerhaftigkeit der FE — könnten dadurch geheilt werden, daß die Entscheidung in der Hauptsache in angemessener Frist — wie es Abs. III 1 2. Hs. vorschreibt — ergeht. Das kann schon deshalb nicht zutreffen, weil die Anordnung einer „endgültigen" FE (insbesondere die Verurteilung zu Strafe) nichts darüber besagt, ob auch die Voraussetzungen für eine vor-

---

[94] Etwa sofortige Aburteilung im beschleunigten Verfahren nach §§ 212 ff. StPO oder — weit häufiger — im summarischen Verfahren durch die englischen Polizeigerichte.

[95] Wobei selbstverständlich auch hier die Entscheidung über die Internierung sogleich nach der Festnahme ergehen kann.

[96] Die englische Übersetzung gebraucht beim zweiten Teil der angeführten Stelle sogar die Formulierung "... he was not in fact brought before a judge *for trial* 'within a reasonable time'". Aber auch die maßgebliche französische Fassung ("... il n'a effectivement pas été traduit devant un juge 'dans un délai raisonnable'") läßt wegen der Zitierung der Worte des Abs. III 1 2. Hs. keinen Zweifel, daß hier die Hauptentscheidung gemeint ist.

läufige FE bis zur Hauptentscheidung vorgelegen haben. Vor allem aber würden die beiden in Abs. III 1 enthaltenen Rechte entgegen dem klaren Wortlaut der Bestimmung auf eines reduziert.

Da die Ausführungen des GH zu lit. c und zu Abs. III somit nicht einwandfrei sind, gibt die stillschweigende Erstreckung des 2. Falles der lit. c durch den GH auf Sachverhalte ohne Straftat keine Veranlassung, sich über die angeführten Argumente[97] hinwegzusetzen und den Anwendungsbereich der lit. c auf solche Fälle auszudehnen.

Dagegen bietet die Entstehungsgeschichte des Art. 5, soweit sie durch den Lawless-Prozeß bekanntgeworden ist[98], insofern einen gewissen Anhaltspunkt für die Annahme, daß der 2. Fall der lit. c möglicherweise auf derartige Fälle ausgedehnt werden sollte, als der Ausschuß der Höheren Beamten in Zusammenhang mit den Gefahren einer FE zur Verbrechensverhütung ausführte, diese Möglichkeit der FE solle nicht zur Einführung eines Polizeistaates führen, es könne aber unter gewissen Umständen notwendig sein, eine Person festzunehmen, um sie an der Begehung einer Straftat zu hindern, auch wenn die Tatsachen, die die Absicht der Tatbegehung zeigten, selbst noch keinen strafbaren Verstoß darstellten[99]. Abgesehen davon, daß bei der Bewertung dieser herausgegriffenen Stelle Vorsicht geboten ist, weil die Verhandlungsprotokolle und die Berichte der beiden Ausschüsse[100] sowie die Beratungsunterlagen und Stellungnahmen der Minister nicht zugänglich sind, muß demgegenüber auf den der Fassung des Art. 5 MRK zugrunde liegenden Gegenentwurf zu Art. 9 UN-Covenant 1949 hingewiesen werden, in dessen Abs. IV (jetzt III) sowohl die Verpflichtung zur Vorführung als auch das Recht „to trial" auf Personen beschränkt war „arrested or detained on the charge (!) of having committed a crime or of preparing to commit a crime"[101]; nach dieser Formulierung wollte man mit lit. c 2. Fall nur Sachverhalte erfassen, in denen die Vorbereitung der Straftat bereits selbst strafbar ist. Auf jeden Fall könnte man mit einer weiten Auslegung oder gar einer entsprechenden Anwendung des 2. Falles der lit. c nur Sachverhalte erfassen, die der strafprozessualen Untersuchungshaft ähneln. Es müßte sich also um eine (vorläufige) Haft während eines Verfahrens über eine „endgültige" Präventivhaft (Internierung) handeln[102], also nur um eine FE, die auf längere Dauer gerichtet ist.

---

97 s. o. S. 190—199.
98 Vortrag der irischen Regierung, mitgeteilt in Affaire Lawless (Fond), S. 48—50.
99 Bericht an das Ministerkomitee, Doc. CM/WP 4 (50) 19, S. 14, auszugsweise abgedruckt in Affaire Lawless (Fond), S. 49.
100 s. o. S. 174 Fn. 21.
101 Fundstelle o. S. 173 Fn. 18.
102 Soweit das staatliche Recht derartige Maßnahmen zuläßt.

4. Hinderungshaft und Art. 5 I b 2. Alt. MRK

Die kurzfristige Ingewahrsamnahme nach § 15 I b PrPVG könnte deshalb nur von lit. b 2. Alt. gedeckt sein. Um diesen Eingriffsvorbehalt anwenden zu können, müßte man argumentieren, der Gesetzgeber verpflichte mit der Aufstellung von Straftatbeständen zugleich die Gesetzesunterworfenen, es zu unterlassen, diese Tatbestände zu verwirklichen. Eine solche Verpflichtung müßte wohl als ausreichend bestimmt i. S. der Lawless-Entscheidungen angesehen werden, weil sie an einzelne gesetzliche Tatbestände anknüpfte. Indessen fehlte es an dem Zusammenhang dieser Verpflichtung mit der Tätigkeit der Rechtspflege, der nach der hier vertretenen Auffassung erforderlich ist[103]. Aber auch die Gegenmeinung könnte lit. b 2. Alt. nicht anwenden. Die Konvention führt in lit. c die Verhinderung strafbarer Handlungen ausdrücklich auf. Obwohl diese Bestimmung nur bestimmte Fälle der Verbrechensverhütung betrifft, verbietet ihre Aufnahme in den Katalog des Abs. I doch aus gesetzessystematischen Gründen die Annahme, daß die von ihr nicht erfaßten Fälle der Präventivhaft — kurzfristiger Gewahrsam, Festnahme noch nicht straffälliger Personen — durch lit. b 2. Alt. gedeckt werden sollten[104]. Dies um so mehr, als die Subsumierung einer Verpflichtung, Straftaten zu unterlassen, unter den Begriff der Erzwingungshaft nicht dem üblichen Sprachgebrauch entspricht, dem bei der Auslegung der MRK eine große Bedeutung zukommt[105], weil die Konvention sich nach Möglichkeit einer einfachen an die Tatsachenwelt angelehnten Sprache bedient[106].

5. Ergebnis

Somit ergibt sich vom Standpunkt der allgemeinen Meinung aus, daß auch der wichtigste Fall des Polizeigewahrsams — zur Verhinderung von Straftaten (und Ordnungswidrigkeiten) — keine Stütze in der MRK findet, einerlei, ob § 15 I b PrPVG (und die entsprechenden Bestimmungen) oder die engeren Vorschriften in Bayern, Hessen und Rheinland-Pfalz die Rechtsgrundlage bilden.

---

[103] s. o. S. 171 f.

[104] Das klingt auch bei der Kommission an, wenn sie die Haft zur Verhinderung von Verstößen gegen den öffentlichen Frieden und die öffentliche Ordnung oder die Sicherheit des Staates aus lit. b 2. Alt. u. a. mit der Begründung ausklammert, die FE zur Verhinderung strafbarer Handlungen sei in lit. c behandelt (Bericht, S. 64).

[105] s. GH in Affaire Lawless (Fond), S. 52 und Bericht der Kommission, S. 64.

[106] Dazu *Herzog*, BayVBl. 1959/45 mit Beispielen, ferner AöR 86/198 Fn. 13 und S. 222.

II. Überprüfung der übrigen Eingriffsvorbehalte des Art. 5 I MRK zugunsten der Exekutive

1. Art. 5 I e

Die lit. e, nach der die Haft solcher Personen gestattet ist, die eine ansteckende Krankheit übertragen können[1] oder die geisteskrank, Alkoholiker, rauschgiftsüchtig oder Landstreicher sind, betrifft nach ihrem Wortlaut nur Fälle, in denen die Betroffenen bereits in eine Anstalt, ein Arbeitshaus usw. eingewiesen sind, nicht aber kurzfristige Festnahmen.

Partsch meint, lit. e decke die Befugnis der Polizei- und Ordnungsbehörden, aufgrund der polizeilichen GK vorläufig zu verhaften, um eine gerichtliche Entscheidung über die endgültige Einweisung herbeizuführen[2]. Er macht ferner von seinem aus dem Lawless-Bericht gewonnenen Grundsatz, von der Ermächtigung des § 15 I b PrPVG (usw.) könne kein Gebrauch mehr gemacht werden[3], u. a. eine Ausnahme „in den einzelnen Verwahrlosungsfällen (lit. e)"[4]. *Herzog*[5] hält eine zeitweilige FE, die mit einer zwangsweisen Untersuchung zur Feststellung der Träger ansteckender Krankheiten verbunden ist, für durch lit. e gedeckt. Nach *Appell*[6] ist die Haft zum Schutze von Leib oder Leben des Betroffenen nach § 15 I a PrPVG wegen lit. e weiterhin zulässig, wenn es sich um einen Geisteskranken, Alkoholiker oder Rauschgiftsüchtigen handelt.

Gegen eine derartige Ausdehnung des Anwendungsbereichs der lit. e bestehen Bedenken. Es fällt auf, daß lit. e — insoweit übereinstimmend mit lit. a und lit. d — anders als lit. b, c und f nur die Haft (detention/détention), nicht aber auch die Festnahme (arrest/arrestation) zuläßt. Zwar könnte aus der Verwendung der Worte arrest/arrestation und detention/détention allein noch nicht auf einen Ausschluß oder Einschluß der kurzfristigen FE geschlossen werden[7]. Da aber in drei anderen Vorbehalten desselben Absatzes die Worte arrest/arrestation zu der Haft hinzugesetzt sind, insbesondere in lit. c, die die vorläufige Festnahme nach den Strafprozeßgesetzen decken soll, legt die Weg-

---

[1] Zur Ungenauigkeit der amtlichen dt. Übersetzung („weil er eine Gefahrenquelle für die Ausbreitung ansteckender Krankheiten bildet") *Herzog*, AöR 86/229 Fn. 116.
[2] GR I, 1/368 f.
[3] a.a.O., S. 362, 363 f.
[4] a.a.O., S. 362.
[5] AöR 86/230.
[6] S. 111 f.
[7] s. o. S. 187 f.

lassung der Festnahme in lit. e die Schlußfolgerung nahe, daß hier nur an die Zurückhaltung von Personen (in Anstalten usw.) gedacht ist, nicht aber an das Ergreifen zum Zwecke der Untersuchung und der Durchführung eines Einweisungsverfahrens und schon gar nicht an eine kurzfristige Festnahme zur Abwehr einer unmittelbar bevorstehenden, dem Geisteskranken, Süchtigen usw. drohenden oder von ihm ausgehenden Gefahr (§ 15 I PrPVG). Außerdem müssen die ansteckende Krankheit, die Geisteskrankheit und die Alkohol- oder Rauschgiftsucht nach dem Wortlaut der lit. e bereits feststehen[8]. Dieses Abstellen auf das Festliegen des Grundes der FE zeigt zusammen mit dem Fehlen der „Festnahme", daß man bei Fassung der lit. e nur an Fälle dachte, in denen eine Einweisung bereits verfügt ist und der Betroffene aufgrund dieser Verfügung festgehalten wird.

Die Richtigkeit dieser Auslegung wird indirekt von Herzog bestätigt, der — anders als Appell und Partsch — eine Begründung gibt. Herzog begründet seine Ansicht, lit. e decke auch die Fälle der FE zwecks Untersuchung, „zumindest bei ernstem Verdacht einer ansteckenden Krankheit" damit, daß er auf lit. c zurückgreift und ausführt, man werde diese Vorschrift, die Festnahmen schon (!) bei begründetem Verdacht einer strafbaren Handlung zulasse, nicht als Ausnahmebestimmung ansehen dürfen[9]. Mit diesem Rückgriff gibt Herzog zu, daß lit. e Festnahmen zur Untersuchung, also zum Zwecke der Ermittlung von Krankheitsträgern nicht deckt. Im übrigen kann man den Verdacht einer Straftat, also eines besonders starken Bruchs des Rechtsfriedens, kaum als Minus gegenüber dem Verdacht einer ansteckenden Krankheit, Geisteskrankheit usw. ansehen und von der Zulässigkeit der strafprozessualen Festnahme auf die der gesundheitspolizeilichen Festnahme schließen. Zudem will Herzog selbst nur den 1. Fall der lit. e (Verdacht einer ansteckenden Krankheit) erfassen[10], so daß für die restlichen Fallgruppen kein Recht zur Festnahme zwecks Untersuchung begründet werden könnte, obwohl eine derartige Befugnis gerade bei Verdacht einer Geisteskrankheit unentbehrlich ist; eine solche Differenzierung erscheint unverständlich.

---

[8] „... d'une personne susceptible de propager..., d'un aliéné, d'un alcoolique" etc. / „... of persons of unsound mind, alcoholics...", nicht so klar „for the prevention of infectious diseases".

[9] AöR 86/230, ähnlich Diss. S. 184.

[10] AöR a.a.O. In Diss. S. 184 wollte *Herzog* dagegen noch die Festnahme und zwangsweise Untersuchung zur Ermittlung sämtlicher in lit. e behandelter Gefahrenquellen zulassen.

Somit ergibt sich, daß lit. e kurzfristige FEen zur Feststellung der Unterbringungs- oder Absonderungsvoraussetzungen nicht deckt[11] und erst recht keine auf die in lit. e genannten Personenkreise beschränkte Anwendung des § 15 I PrPVG (usw.) zuläßt. Der Vorbehalt könnte allenfalls solche Festnahmen erfassen, die nach dem Willen der festnehmenden Behörde die Einleitung einer sich unmittelbar anschließenden Anstaltsunterbringung oder -absonderung (detention/détention) darstellt, weil die Voraussetzungen für eine entsprechende Einweisungsverfügung vorliegen; aber schon eine solche Erweiterung erscheint fragwürdig, weil die lit. e keine „Festnahme" vorsieht[12]. Sollte sich nicht noch eine andere Lösungsmöglichkeit ergeben, so müßte man freilich daran denken, die Festnahmen zur Untersuchung und als Einleitung einer sich unmittelbar anschließenden Unterbringung im Wege erweiternder Auslegung mit Hilfe des Schlusses a maiore ad minus (von der Zulässigkeit der Unterbringung auf die der Festnahme zur Untersuchung oder zur Durchführung des Einweisungsverfahrens) unter lit. e zu subsumieren oder lit. e auf diese Fälle entsprechend anzuwenden[13].

2. Art. 5 I d

Wenn lit. d in ihrer 1. Alternative die Haft eines Minderjährigen zuläßt, die zum Zwecke überwachter Erziehung angeordnet ist[14], so bezieht sich dies nur auf FEen von längerer Dauer[15]. Eine von vornherein auf wenige Stunden oder Tage begrenzte Festhaltung

[11] Auch *Pfeifer*, Festschrift für Hugelmann, S. 430 f. behandelt für das österreichische Recht zu lit. e nur die Absonderung und Einweisung in ein Krankenhaus nach dem EpidemieG 1950 sowie die Unterbringung nach der EntmündigungsO 1916 und dem ArbeitshausG 1951.

Guradze, Konvention, Erl. 25, 26 zu Art. 5 MRK erörtert ebenfalls nur Unterbringung und einstweilige Unterbringung.

[12] Demnach ist weder § 18 I GeschlKrG (Vorführung zur Untersuchung, s. o. S. 69), noch § 19 dieses Gesetzes (Überstellung zur Untersuchung, s. o. S. 69) von lit. e gedeckt.

[13] Abgesehen von dem hier erörterten Problem der kurzfristigen FE muß trotz des Wortlauts der lit. e auch eine längere, Wochen oder Monate dauernde vorläufige Einweisung, insbesondere bei Verdacht der Geisteskrankheit zulässig sein. In der BRD greift wegen Art. 104 II GG (wohl) Art. 5 I a MRK ein (vgl. unten S. 258). In den Mitgliedstaaten, die eine vorläufige Einweisung durch Verwaltungsbehörden kennen, wird man wohl mit extensiver Auslegung der lit. e oder mit Analogie helfen müssen (vgl. *Appell*, S. 81; *Guradze*, Stand, S. 195 und jetzt Konvention, Erl. 26 I zu Art. 5 MRK).

[14] „the detention of a minor by lawful order for the purpose of educational supervision ..." / „la détention régulière d'un mineur, décidée pour son éducation surveillée ...".

[15] Fürsorgeerziehung, in Deutschland §§ 64 ff. JWG (*Guradze*, Konvention, Erl. 23 zu Art. 5 MRK und Stand, S. 163; *Herzog*, AöR 86/229; *Partsch*, GR I, 1/368); wohl auch freiheitsentziehende Maßnahmen nach § 1666 I BGB (*Guradze*, Konvention, a.a.O.; *Herzog*, a.a.O.).

wird im normalen Sprachgebrauch selbst dann nicht als überwachte Erziehung bezeichnet, wenn sie erzieherischen Zwecken dienen soll. Eine kurzfristige FE könnte deshalb nur im 2. Fall der lit. d zugelassen sein, wo die Haft eines Minderjährigen zwecks Vorführung vor die zuständige Behörde behandelt wird[16].

Partsch macht von seinem Grundsatz, von der Ermächtigung des § 15 I b PrPVG (usw.) dürfe kein Gebrauch gemacht werden, auch insoweit eine Ausnahme, als er die kurzfristige polizeiliche Verwahrung „bei Minderjährigen (lit. d)“[17] bzw. dann, wenn der Betreffende „minderjähriger Halbstarker“[18] ist, weiterhin für zulässig hält. Abgesehen davon, daß § 15 PrPVG überhaupt nicht von einer Vorführung handelt, läßt diese Ansicht den Zusammenhang der 2. Alt. der lit. d mit der ersten ebenso außer acht wie den erkennbaren Zweck der lit. d, den Kampf gegen die Verwahrlosung der Jugend zu ermöglichen. Beide Gesichtspunkte ergeben, daß es sich bei den in der 2. Alt. zugelassenen Vorführungen nicht um solche vor irgendwelche Behörden, sondern nur um Vorführungen vor eine Behörde handeln kann, die für Jugendsachen zuständig ist, und daß nur solche Minderjährigen gemeint sind, die von der 1. Alt. betroffen werden, also Gegenstand einer Entscheidung über die überwachte Erziehung werden können[19]. Die Entstehungsgeschichte bestätigt dies. In dem für die endgültige Fassung des Art. 5 grundlegenden Gegenentwurf der Delegierten Australiens, Englands, Frankreichs und des Libanon zu Art. 9 Draft Covenant 1949[20] fehlte die Vorführungsklausel. Die späteren Buchstaben d und e des Art. 5 I waren in einer lit. d zusammengefaßt: “the lawful detention of persons of unsound mind or of minors, by lawful order, for the purpose of educational surveillance.” Dementsprechend war die 2. Alt. der jetzigen lit. d in den Entwürfen der Sachverständigen und der Höheren Beamten[21] auch nicht enthalten. Erst die Minister fügten im August 1950 die 2. Alt. in die lit. d ein, nachdem eine Delegation dies vorgeschlagen hatte, weil Kinder gelegentlich nicht deshalb vor Gerichte gebracht würden, weil sie eine Straftat begangen hätten (d. h. Vorführung nach lit. c), sondern zum Zwecke ihrer Herausnahme aus einer schädlichen Umgebung[22]. Die Konventionsverfasser dachten also bei der 2. Alt. nur an Vorführungen gefährdeter Minderjähriger vor Jugendbehörden,

---

[16] „or his lawful detention for the purpose of bringing him before the competent legal authority“ / „ou de sa détention régulière, afin de le traduire devant l’autorité compétente.“

[17] GR I, 1/362.

[18] a.a.O., S. 363.

[19] So auch *Herzog*, AöR 86/229 und Diss. S. 176 und folgend *Schorn*, S. 156.

[20] s. o. S. 173 Fn. 18.

[21] s. o. S. 174 Fn. 21.

[22] *Weil*, S. 46.

und zwar an Vorführungen mit dem Ziel der Anordnung längerer FEen, denn nur solche Maßnahmen können innerhalb des Artikels über die persönliche Freiheit unter der Entfernung aus einer schädlichen Umgebung verstanden werden.

Selbst wenn man die 2. Alt. der lit. d trotz der Weglassung der „Festnahme" neben der „Haft" nicht nur auf Minderjährige beziehen wollte, die sich bereits in Gewahrsam befinden, sondern auch auf Ergreifungen, so könnte es sich wegen des Zweckes, die Anordnung der überwachten Erziehung herbeizuführen, nur um Fälle handeln, in denen die Festnahme jedenfalls nach dem Willen der festnehmenden und vorführenden Behörde die Einleitung einer längeren FE darstellt, nicht aber um Festnahmen zur Ermittlung der Voraussetzungen für eine eventuell später anzuordnende Einweisung. Es liegt hier also im Ergebnis ebenso wie bei lit. c — die nur Fälle deckt, in denen nach Meinung der festnehmenden Behörde die Haft vom Richter[23] angeordnet wird[24] — und wie bei lit. e[25]. Daher ist Partsch insoweit zuzustimmen, als er — an anderer Stelle — ausführt, die Verwaltungsbehörden dürften Minderjährige vorläufig verhaften, um eine gerichtliche Entscheidung über die endgültige Einweisung herbeizuführen[26]. Partschs Ansicht über die Deckung des § 15 I b PrPVG für den Fall der kurzfristigen Festnahme eines störenden Minderjährigen ist dagegen unzutreffend.

3. Art. 5 I f

Die 2. Alt. der lit. f, welche die Festnahme oder Haft einer Person zuläßt, gegen die ein Ausweisungs- oder Auslieferungsverfahren schwebt[27], dient der Sicherung der Durchführung dieses Verfahrens und entspricht insoweit etwa der Untersuchungshaft. Ebenso wie bei dieser sind hier nur Festhaltungen von einiger Dauer angesprochen (Abschiebungshaft[28], Auslieferungshaft[29]). Hingegen könnte die 1. Alt.

---

[23] Oder von dem in Abs. III 1 1. Hs. genannten Beamten.

[24] s. o. S. 200 f., 203 sub 3.

[25] s. o. S. 212.

[26] GR I, 1/368 f.

[27] „the lawful arrest or detention of a person against whom action is being taken with a view to deportation or extradition" / „... de l'arrestation ou de la détention d'une personne contre laquelle une procédure d'expulsion ou d'extraditon est en cours."

[28] § 16 AusländerG v. 28. 4. 1965, vorher § 7 V AusländerpolizeiVO v. 22. 8. 1938 i. V. m. § 17 II FEG.
Vgl. auch *Guradze*, Konvention, Erl. 28 IV zu Art. 5 MRK.

[29] § 10 Deutsches AuslieferungsG (DAG) v. 23. 12. 1929 (RGBl. I/239), zuletzt geändert durch G. v. 19. 12. 1964 (BGBl. I/1067). Vgl. auch *Guradze*, a.a.O., Erl. 28 V. Da Abschiebungs- und Auslieferungshaft in der BRD nur vom Richter angeordnet werden dürfen (Art. 104 GG, § 50 II AusländerG, § 11 DAG), greift hier möglicherweise bereits Art. 5 I a MRK ein.

der lit. f (Festnahme oder Haft einer Person, um sie daran zu hindern, unberechtigt in das Staatsgebiet einzudringen) auch eine kurzfristige Festnahme einer Person decken, die illegal die Grenze überschreitet, so etwa die Zurückschiebung des noch im Grenzbereich Angetroffenen[30]. Dagegen spricht jedoch der historische Hintergrund der Schaffung der MRK. Bei lit. f 1. Alt. muß man in diesem Zusammenhang an die in der damaligen Zeit in zahlreichen Staaten und auch heute noch in einigen Gebieten — etwa dem Nahen Osten — bestehenden Anhaltelager für illegale Einwanderer denken. Dementsprechend nennt *Partsch* bei der Aufzählung der von lit. f betroffenen Personenkreise neben den Auszuweisenden und Auszuliefernden die Einwanderer[31]. Von Interesse ist hier ferner die Bestimmung des Art. 5 IV. Wenn dort ohne jede Ausklammerung oder Erwähnung nicht betroffener Fälle kurzfristiger Art jedem Festgenommenen und in Haft Gehaltenen das Recht eingeräumt wird, ein Verfahren zu beantragen, in dem ein Gericht unverzüglich über die Rechtmäßigkeit der Haft entscheidet und im Falle der Widerrechtlichkeit die Entlassung anordnet, so kann auch dies als Anhaltspunkt dafür gewertet werden, daß sämtliche Eingriffsvorbehalte des Abs. I, und damit auch die 1. Alt. der lit. f, sich nur auf FEen von einiger Dauer beziehen.

4. Art. 5 I b 2. Alt.

Nach Ansicht einiger Autoren[32] deckt lit. b 2. Alt. auch die Vorschriften der Prozeßgesetze, die eine Vorführung — insbesondere von Beschuldigten, Zeugen und zu untersuchenden Personen — gestatten, also eine meist auf kürzere Zeit ausgerichtete FE.

Es wurde aber bereits erwähnt, daß die 2. Alt. der lit. b die 1. Alt. insofern ergänzt, als sie die Fälle erfaßt, in denen die FE nicht als Ungehorsamsstrafe, sondern als Beugemittel verwendet wird[33]. Diese Funktion legt die Annahme nahe, daß die 2. Alt. solche Fälle nicht deckt, in denen eine Pflicht zum Erscheinen oder Verweilen durch Vorführung oder Festhaltung durchgesetzt werden soll. Die Ungehorsamsstrafe stellt nämlich einen bloßen Freiheitsentzug dar. Bei der

---

[30] § 8 II AusländerpolizeiVO, jetzt erheblich erweitert in § 18 II AusländerG (neben Erweiterung der Frist von 48 Stunden auf 7 Tage kein Antreffen im Grenzgebiet mehr nötig).

[31] GR I, 1/357; ebenso Hess. Hochschulwochen 1953/246 („der illegitime Einwanderer"). *Pfeifer*, Festschrift für Hugelmann I/431 erörtert für das österreichische Recht zu lit. f nur die Schubhaft nach § 5 des FremdenpolizeiG v. 1954 (BGBl. Nr. 75) und die Auslieferungshaft nach § 59 StPO.

[32] *Herzog*, AöR 86/217 f.; *Guradze*, Konvention, Erl. 12 zu Art. 5 MRK; *Schwarz-Kleinknecht*, Anm. 1 B zu Art. 5 MRK. Vgl. o. S. 167 Fn. 6. — *Appell*, S. 81 f. gibt nicht klar zu erkennen, welche der beiden Alternativen der lit. b er anwenden will.

[33] s. o. S. 172.

Durchsetzung einer Pflicht zum Erscheinen oder Verweilen geht es aber — weil die Pflicht nicht wegen der bloßen Anwesenheit begründet ist — darum, weitere Handlungen mit dem Vorgeführten vornehmen zu können (Vernehmung, Untersuchung, Gegenüberstellung usw.). Der Entzug der Bewegungsfreiheit steht nicht im Vordergrund und ist im Verhältnis zu den anderen Maßnahmen eigentlich nur eine Nebenfolge. Die 2. Alt. der lit. b dürfte daher nur das Zwangsmittel der Beugehaft decken, das — wie die Ungehorsamsstrafe der 1. Alt. — in bloßem Freiheitsentzug besteht[34]. Die in den maßgebenden Fassungen verwendeten Verben „to secure" und „garantir", die beide „sichern, sicherstellen" meinen[35], deuten auch viel weniger als die Übersetzung „zur Erzwingung" darauf hin, daß hier das Zwangsmittel des unmittelbaren Zwanges zur Durchsetzung einer Pflicht zum Erscheinen gedeckt werden sollte.

Die Beugehaft erstreckt sich aber in aller Regel über eine längere Zeit als eine Vorführung. Freilich erfaßt lit. b 2. Alt. — ebenso wie der Vorbehalt zugunsten der rechtsprechenden Gewalt in der 1. Alt. — nach dem Wortlaut nicht nur solche Fallgestaltungen, bei denen die Erzwingungshaft auf längere Dauer angelegt ist, der Betroffene aber schon nach kurzer Zeit bereit ist, seiner Verpflichtung zu genügen, sondern auch die Fälle, in denen die Haft von vornherein eine kürzere Zeit nicht überschreiten soll[36]. Auch für lit. b 2. Alt. gilt jedoch das eben bei lit. f angeführte Argument aus Abs. IV des Art. 5 für eine Beschränkung des ganzen Abs. I auf FEen von einiger Dauer.

5. Ergebnis

Mithin ergibt sich, daß nicht nur die lit c, sondern auch die übrigen Eingriffsvorbehalte des Art. 5 I zugunsten von Verwaltungsbehörden

---

[34] So bezeichnet *Guradze*, Stand, S. 193 die lit. b als Beugehaft und nennt S. 194 — ebenso wie *Schorn*, S. 148—151 — nur Fälle von Ungehorsamsstrafe und Beugehaft. (In Konvention, Erl. 12 zu Art. 5 MRK, nennt *Guradze* dagegen ferner den unmittelbaren Zwang und die Festnahme und Festhaltung von Störern.) *Partsch* spricht bei Kennzeichnung des Inhalts der lit. b in Hess. Hochschulwochen 1953/246 vom Beugehäftling (in GR I, 1/357 vom widerspenstigen Zeugen) und führt in GR I, 1/359 aus, unter lit. b fielen die Haft im Rahmen der Zwangsvollstreckung und im Zeugniserzwingungsverfahren. Von einem Vorgeführten ist auch bei *Echterhölter*, JZ 1956/144, *Hodler*, Diss. S. 82 und *Zwingenberger*, S. 212 („Verhaftung [!] von Zeugen und anderen Personen aufgrund des GVG und der Prozeßgesetze") keine Rede. Auch *Pfeifer*, Festschrift für Hugelmann I/428, spricht für das österreichische Recht nur von Beugehaft.

[35] Für „to secure" *Kniepkamp*; *Muret-Sanders-Springer* (sub II); für „garantir" *Doucet*; *Quemner-Neumann*; *Sachs-Villatte*.

[36] Die Mindestdauer der Ersatzzwangshaft beträgt nach dt. Recht in der Regel einen Tag (§ 16 II VwVG; ebenso Art. 33 II BayVwZVG, § 20 II BreVwVerfG, § 24 S. 2 HbgVwVG, § 65 II NWVwVG, § 67 I 2 RhPfVwVG, § 206 II SHLVwG).

— bis auf lit. b (2. Alt.) — nicht zur Deckung solcher FEen geschaffen sind, die von vornherein auf eine kürzere Zeit begrenzt sind, bzw. daß dies zumindestens zweifelhaft erscheint (lit. f 1. Alt.). Angesichts dieser Lage erhebt sich auch das Bedenken, ob lit. b 2. Alt. mit der Erstreckung auf die von vornherein kürzeren FEen richtig ausgelegt ist. Zudem zeigt sich, daß auch solche FEen nicht von den Vorbehalten des Abs. I erfaßt werden, die zunächst auf eine kürzere Zeit gerichtet sind (etwa zur Durchführung weiterer Ermittlungen oder zur Vornahme einer Untersuchung), aber (je nach Ausgang der Ermittlungen, der Untersuchung usw.) in eine längere FE — aufgrund einer neuen Anordnung — übergehen können. Die Vorbehalte des Abs. I decken also nur die Fälle längerer Haft bzw. solche Festnahmen, die nach dem im Zeitpunkt der Festnahme bestehenden Willen der festnehmenden Behörde die Einleitung einer auf Dauer gerichteten FE darstellen.

Die Kommission[37] ist zwar davon ausgegangen, daß Art. 57 f. des niederländischen StrafverfahrensG, die eine Festnahme zum Zwecke weiterer Ermittlungen gestatten[38], von Art. 5 I c MRK erfaßt werden. Das ergibt sich daraus, daß die Kommission nach Wiedergabe des Wortlauts der lit. c die Frage prüft, ob die zulässige Dauer dieser Festhaltung dem Erfordernis der Unverzüglichkeit in Art. 5 III 1 entspricht. Diese sehr summarische Entscheidung bietet aber keinen Anlaß, die hier gewonnene Erkenntnis der fehlenden Erstreckung des Art. 5 I auf zunächst kurzfristige FEen, bei denen nur die Möglichkeit eines anschließenden längeren Freiheitsentzugs besteht, zu revidieren. Die Entscheidung enthält insoweit nicht nur keine Begründung, sondern legt in ihrer Kürze sogar die Annahme nahe, daß die Kommission die vor der Frage nach dem Erfordernis der Unverzüglichkeit zu prüfende Frage nach der Tragweite des Merkmals „zum Zwecke seiner Vorführung" überhaupt nicht gesehen hat.

Die Vorschriften des staatlichen Rechts, in denen FEen zugelassen werden, die von vornherein auf kürzere Zeit gerichtet sind oder die zunächst auf kürzere Zeit gerichtet sind und bei denen nur die Möglichkeit der Anordnung einer längeren FE besteht, könnten auf der Grundlage der allgemeinen Meinung nur mit Hilfe einer extensiven Auslegung unter die Eingriffsvorbehalte des Abs. I gebracht werden, wenn es dazu nicht sogar einer Analogie bedürfte (etwa bei lit. e). Im folgenden Unterabschnitt wird untersucht, ob dieser Weg beschritten werden kann oder muß oder ob sich bei Anwendung der Auslegungsmaßstäbe, die neben dem Wortlaut und der systematischen

---

[37] Rec. 21/69, 70 f.
[38] Dazu näher unten S. 244.

Stellung innerhalb des Katalogs des Art. 5 I noch verbleiben[39], die Möglichkeit oder der Zwang ergibt, die kurzfristige FE gänzlich aus dem Anwendungsbereich des Art. 5 auszuklammern.

Zweiter Unterabschnitt

Folgerungen aus den festgestellten Lücken

20. Kapitel

Ziele und Zwecke der MRK[1]

Eines der Ziele der MRK bestand nach Abs. III der Präambel in der Festigung der europäischen Einheit durch Wahrung und Entwicklung („the maintenance and further realisation"/„la sauvegarde et le développement") der Menschenrechte und Grundfreiheiten. Wenn dies auch in erster Linie auf die zukünftige Entwicklung der Menschenrechte hinweist, was im Hinblick auf die von der MRK geschaffenen, einer gleichlaufenden Rechtsentwicklung in den Mitgliedsstaaten des Europarates förderlichen Organe[2] verständlich erscheint, so mag aus der angeführten Stelle auch das Streben nach einer gewissen Rechtsangleichung schon durch die Konvention selbst hergeleitet werden[3]. Hauptziel und -zweck der MRK war es aber, einen Mindest-

---

[39] Die Entstehungsgeschichte, auf die bereits mehrfach eingegangen wurde (S. 173 f., 179, 208, 213), kann bei der Auslegung völkerrechtlicher Verträge nur in beschränktem Umfang herangezogen werden (*Bernhardt*, S. 60 ff., 66; *Partsch*, GR I, 1/321). Die Heranziehung ist aber dann zulässig, wenn der Text — wie hier — aus sich heraus nicht genügend klar ist (z. B. StIGH, CPJI Série A/B No. 62 S. 13 — Leuchtturmstreit —; GH, Affaire Lawless [Fond], S. 52 f.; *Bernhardt*, S. 60—66, 109 f., 111—120). Der Grundsatz, daß Vorarbeiten solchen Staaten gegenüber nicht zur Auslegung herangezogen werden können, denen sie — wie bei der MRK der BRD (*Partsch*, GR I, 1/321 Fn. 291) — vor Beitritt zum Vertrage nicht zugänglich gemacht worden sind (StIGH, PCIJ Series A No. 23 S. 42 — internationale Oderkommission —; *Bernhardt*, S. 117 bis 120), spielt hier keine Rolle, weil keine der BRD nachteiligen Schlüsse gezogen werden.

[1] Zur Zulässigkeit dieses Auslegungsmaßstabs z. B. *Appell*, S. 15; *Echterhölter*, JZ 1956/142; *Herzog*, AöR 86/199; *Partsch*, GR I, 1/319.

[2] Kommission, GH, Ministerausschuß als Organ zur Sicherung der Menschenrechte.

[3] *Appell*, S. 15; *Echterhölter*, a.a.O.; *Herzog*, AöR, 86/197 f.; *Partsch*, GR I, 1/319, 320.

standard an Freiheitsrechten zu garantieren[4] und diese Garantie eingedenk der Verletzungen der Menschenrechte während der Kriegs- und Nachkriegszeit auf eine internationale Ebene zu verlagern[5].

Die MRK verbürgt nur die „klassischen" Menschenrechte, die schon vor Inkrafttreten der Konvention zu den Rechtsordnungen der Mitgliedsstaaten gehörten[6], wie denn die Unterzeichnerstaaten in Abs. V der Präambel auch ihr gemeinsames Erbe an politischen Überlieferungen, Achtung der Freiheit und Vorherrschaft des Rechts beschwören. Daher ging es bei der Schaffung der MRK weniger um die Schöpfung neuer Rechte oder um die Neuziehung der Grenzen der klassischen Freiheitsrechte[7] — den Versuch, soziale und politische Grundrechte aufzunehmen, hatte man bald aufgegeben[8] —, sondern um die Verankerung der bestehenden Rechte in einer zwischenstaatlichen Vereinbarung: „to take the first steps for the *collective enforcement* of certain of the Rights ..."/„à prendre les premières mesures propres à assurer la *garantie collective* de certains des droits ..." (Präambel, Abs. V)[9].

Daß die Abgrenzung der Rechte nicht zu den Motiven gehörte, die zur Schaffung der MRK führten, zeigt sich auch daran, daß der grundlegende Entwurf der Beratenden Versammlung des Europarates die zu garantierenden Rechte nur aufzählte, nicht aber „definierte"[10]. Dieser Entwurf[11] hob dagegen das Hauptziel der MRK deutlich hervor, wenn der Ministerausschuß in Art. 1 aufgefordert wurde, alsbald eine Konvention fertigstellen zu lassen, die eine kollektive Garantie der Rechte der UN-Erklärung enthalten sollte, und wenn in Art. 7 der

---

[4] s. nur *Appell*, S. 16; *Dürig* in Maunz-Dürig, Rdn. 60 zu Art. 1 Abs. II GG; *Echterhölter*, a.a.O.; *Geck*, DVBl. 1956/526; *Herzog*, AöR 86/199 und Diss. S. 265; *Hodler*, NJW 1953/531 und Diss. S. 70; vgl. auch Art. 60 MRK, wonach keine Bestimmung der Konvention so ausgelegt werden darf, daß sie Menschenrechte oder Grundfreiheiten, die in den staatlichen Gesetzen enthalten sind, beschränkt.

[5] Dazu sogleich im Text.

[6] *Golsong*, Rechtsschutzsystem, S. 4 f. und JöR N. F. 10/125; *Hodler*, Diss. S. 30 f.

[7] *Hodler*, a.a.O.; *Scheuner*, Festschrift für Jahrreiss, S. 377, der ausführt, der Zweck der MRK — nicht Erweiterung der nationalen Grundrechtsverbürgungen, sondern Verstärkung ihres Rechtsschutzes — mache es begreiflich, daß die Rechtsschutzvorschrift des Art. 6 bislang bei der Anwendung der MRK durch die staatlichen Gerichte und die Kommission mit Abstand führe; angesichts des in den Mitgliedstaaten im ganzen gesicherten Rechtszustands könnten Verletzungen der materiellen Grundrechte nicht so häufig sein.

[8] Vgl. *Golsong*, JöR N. F. 10/125; *Partsch*, ZaöRV 15/645, 649, 656 f. und GR I, 1/248; *Schorn*, S. 27 f.; *Weiß*, S. 7, 9. Jetzt erstes Zusatzprotokoll (ZustimmungsG v. 20. 12. 1956, BGBl. II/1879).

[9] Hervorhebungen vom Verfasser.

[10] Die in wenigen Art. der endgültigen Fassung der MRK enthaltenen ausführlichen Eingriffsvorbehalte sind nur auf eine Konzession an die Common-Law-Vertreter zurückzuführen, s. o. S. 174.

[11] Bei *Weiß*, S. 40.

Zweck dieser kollektiven Garantie dahin erläutert wurde, daß die innerstaatlichen Gesetze und ihre Anwendung mit den allgemeinen Rechtsgrundsätzen übereinstimmen sollten, die von den zivilisierten Nationen anerkannt werden[12].

Dem Hauptziel und -zweck entsprechend liegen die entscheidenden Neuerungen der MRK darin, daß hier erstmalig das Individuum als Völkerrechtssubjekt anerkannt wurde, daß es seinen eigenen Staat vor internationale Instanzen[13] ziehen kann und daß ein fremder (Mitglieds-)Staat über die sonst nur bei Verletzung primitiver Gebote der Menschlichkeit mögliche sog. „intervention d'humanité"[14] hinaus einen anderen Mitgliedsstaat verklagen kann, der seine *eigenen* Angehörigen in ihren Menschenrechten und Grundfreiheiten verletzt[15, 16].

Aus diesem Hauptzweck der MRK läßt sich allerdings nicht schließen, die Konvention sei derart auszulegen, daß das staatliche Recht in allen Fällen vor ihr Bestand haben kann. Die Unterzeichnerstaaten haben sehr wohl mit Abänderungen des innerstaatlichen Rechts durch die Konvention gerechnet, was sich schon an der Aufnahme des Art. 64 zeigt, der den Staaten die Möglichkeit von Vorbehalten zugunsten ihres — konventionswidrigen — Rechts einräumt. Jedoch kann man wegen des gemeinsamen geistigen Erbes der Unterzeichnerstaaten und wegen der Geltung der Menschenrechte in den einzelnen Rechtsordnungen schon vor Schaffung der MRK davon ausgehen, daß die Konvention Ausdruck der gemeinsamen Rechtsüberzeugung der Mitgliedsstaaten ist[17]. Daher konnte und sollte sie weder zu grundlegenden Umwälzungen der staatlichen Rechtsordnungen führen, noch sollte sie sonstige tiefgreifende Änderungen wichtiger Rechtsgebiete bewirken. Dies um so weniger, als die MRK nur die Garantie eines solchen

---

12 Art. 38 lit. c des Statuts des Internationalen Gerichtshofs.

13 s. o. S. 219 Fn. 4.

14 *v. d. Heydte*, Bd. I/267 f.

15 Besonders deutlich Rolin in der Beratenden Versammlung, Official Report of the 16th Sitting (25th August 1950), in: Council of Europe, Consultative Assembly, Second Session, Reports Part II (Sittings 13 to 21) S. 477, 480.

16 Bezeichnenderweise ist während des dt. Ratifikationsverfahrens wiederholt hervorgehoben worden, daß das Wesentliche der MRK in dieser Anerkennung des Individuums als Rechtsträger auf dem Gebiet des Völkerrechts und in der übernationalen Sicherung der Rechte liege, z. B. Abgeordneter Professor Dr. Carlo Schmid im BT, 1. WP, 135. Sitzung, Stenographische Berichte S. 5267 (D); Abgeordneter Dr. Mende (Berichterstatter des BT-Rechtsausschusses) und Abgeordneter Professor Dr. Wahl in der 113. Sitzung dieses Ausschusses am 14. 6. 1951 (mitgeteilt bei *Zwingenberger*, S. 81 f. und 84 f.).

Ebenso Counter Memorial der irischen Regierung im Falle Lawless v. 27. 8. 1960, CEDH Série B 1960—61 S. 209, 210. s. auch *Robertson*, BYIL 1950/150; aus der dt. Literatur statt aller *Schorn*, S. 25.

17 *Appell*, S. 16, *v. Weber*, ZStW 65/346.

Mindeststandards zum Gegenstand hatte, den man als unerläßliche Voraussetzung dafür ansah, daß ein Staat mit einem anderen eine nähere Verbindung eingeht[18]. Deshalb ist der Ansicht zuzustimmen, daß die Konvention das innerstaatliche Recht nur in wenigen Ausnahmefällen abändern sollte[19]. Diese Extremfälle ausgenommen, erscheint es zutreffend, wenn v. Weber ausführt, jeder Mitgliedsstaat sei davon ausgegangen, daß sein Recht der Konvention entsprach[20]. Wären die zahlreichen und wichtigen Fälle der kurzfristigen polizeilichen FE, die von Art. 5 nicht gedeckt sind, nach Ratifizierung der MRK unzulässig, so führte dies zwar nicht zu einer grundlegenden Umwälzung der Rechtsordnung in den Mitgliedsstaaten, wohl aber zu einer tiefgreifenden Änderung auf einem für die tägliche Praxis wichtigen und für die Erfüllung der staatlichen Aufgaben bedeutsamen Rechtsgebiet. Deshalb ist eine derartige Auslegung der MRK von den Zielen und Zwecken der Konvention her im Zweifel unrichtig.

21. Kapitel

Rechtsvergleichende Auslegung

Zur Feststellung der Absichten der Konventionsverfasser und der Unterzeichnerstaaten ist es notwendig, einen Blick auf die Rechtslage in anderen Mitgliedsstaaten des Europarats zu werfen. Die Kommission hat diese Auslegungsart erst vor kurzem anerkannt und angewandt[1]. Die in der Literatur vertretene Ansicht, nur diejenigen nationalen Rechtssysteme seien beachtlich, aus denen die auszulegenden Begriffe stammen[2], ist zu eng. Die Beachtung nur der englischen und französischen Rechtslage, auf die eine solche Auffassung bei Art. 5, der keine spezifischen Rechtsbegriffe anderer Systeme enthält, hinausliefe, stellt keine ausreichende Grundlage für Rückschlüsse dar.

---

18 *Partsch*, Hess. Hochschulwochen 1953/245. — Diese nähere Verbindung ist nach Art. 1 lit. a der Satzung des ER Zweck dieser Einrichtung.

19 *Scheuner*, Festschrift für Jahrreiss, S. 369; *Herzog*, AöR 86/194 und 199; im Ergebnis auch *Partsch*, Hess. Hochschulwochen 1953/245 (strenger in GR I, 1/320). Zu weitgehend *Jescheck*, NJW 1954/784, der aus der MRK nur einen Schutz gegen Verletzungen des Wesensgehalts der Grundrechte herleitet und jede Umgestaltung des innerstaatlichen Rechts verneint.

20 ZStW 65/346; folgend *Appell*, S. 16.

1 Entscheidung v. 6. 10. 1966, Rec. 21/69. — Ein Beispiel für die Beachtung der Rechtslage in den Unterzeichnerstaaten bieten die Ausführungen *Herzogs*, AöR 86/239 (betr. Art. 5 V MRK) (einschränkend *Herzog*, BayVBl. 1959/45).

2 *Appell*, S. 121; *Echterhölter*, JZ 1956/142; *Pieck*, S. 27.

Die Abfassung der MRK in den Amtssprachen des Europarats bedeutet nämlich nicht, daß die übrigen Staaten, die an der Ausarbeitung der Konvention beteiligt waren und die die MRK unterzeichnet haben, sich auch den englischen und französischen Rechtsordnungen unterworfen haben, derart, daß man den verwendeten Begriffen nur die Bedeutung beilegen könnte, die sie in der englischen und französischen Rechtssprache haben[3]. In der Mitberücksichtigung der anderen Rechte liegt gerade der Unterschied zur grammatikalischen Auslegung, die hier notwendigerweise auf die Bedeutung der Begriffe im Englischen und Französischen beschränkt ist.

Sollte sich ergeben, daß in den anderen Staaten die kurzfristige polizeiliche FE nur in Spezialvorschriften für einzelne Fallgruppen geregelt ist und daß diese Vorschriften in ihrer Mehrzahl unter die Vorbehalte des Art. 5 I eingeordnet werden können, so läge die Annahme nahe, man habe auch in der MRK diese Art der FE nur unter den Voraussetzungen der — freilich weit auszulegenden — lit. b—f zulassen wollen und habe weiter gefaßte Bestimmungen wie § 15 I b PrPVG nicht mehr dulden wollen. Sollten dagegen in anderen Staaten Vorschriften bestehen, die dem § 15 I b PrPVG entsprechen oder ähneln, so spräche dies für einen Willen der Beteiligten, derartigen Regelungen durch die MRK nicht den Boden zu entziehen. Entsprechendes gilt für die Frage, ob die Strafprozeßgesetze der Mitgliedstaaten, soweit sie kürzere FEen zulassen, in allen Fällen von Art. 5 I gedeckt sind[4].

I. Polizeigesetze

1. Frankreich

Frankreich hat die MRK zwar bis heute nicht ratifiziert, war aber an ihrer Ausarbeitung maßgeblich beteiligt[5]. Da das französische Ver-

---

[3] So auch *Partsch*, Hess. Hochschulwochen 1953/242: die Begriffe der MRK seien unabhängig von den einzelstaatlichen Rechtsordnungen; allein die Begriffssprache des internationalen Rechts sei für die Auslegung des Vertrages maßgebend. Auf derselben Linie liegt es, wenn *Herzog*, AöR 86/197 f. aus Abs. III und IV der Präambel herleitet, daß die MRK die Entstehung einer gemeineuropäischen Rechtsprache auf dem Gebiet der Grundrechte anstrebe.

[4] Die Frage der Anwendbarkeit und des Ranges der MRK in den anderen Mitgliedstaaten (dazu *Partsch*, GR I, 1/280, 285 f., 287 f., 288 f.; auch *Golsong*, JöR N.F. 10/129 f. und Rechtsschutzsystem, S. 13—15) ist für die Prüfung der Absichten der Konventionsverfasser und der Unterzeichnerstaaten ohne Bedeutung und braucht hier nicht behandelt zu werden.

[5] Insbesondere durch den vormaligen Justizminister Pierre Henri Teitgen (Mitglied des Rechtsausschusses der Europa-Bewegung und Berichterstatter des Rechts- und Verwaltungsausschusses der Beratenden Versammlung des ER).

waltungsrecht und insbesondere das Polizeirecht aufgrund der geschichtlichen Entwicklung mit dem deutschen Recht besonders nahe verwandt ist, erscheint ein Blick auf die französische Rechtslage von besonderem Interesse.

Die Präambel der Verfassung vom 28. 9. 1958[6] nimmt — wie schon vorher die Verfassung vom 13. 10. 1946[7] — die Erklärung der Menschenrechte von 1789 in Bezug. Nach Art. 7 dieser Erklärung darf niemand angeklagt, verhaftet oder gefangengehalten werden außer in den durch das Gesetz bestimmten Fällen[8].

Das französische Polizeirecht kennt[9] die Ermächtigung in Form der Generalklausel sowohl für das Gebiet der police municipale (Art. 97 [und 96] des Code de l'administration communale vom 22. 5. 1957[10], die fast wörtlich den Art. 97 [und 91] des bis dahin geltenden Loi

---

[6] Bei *Mayer-Tasch,* S. 105; G. *Franz,* S. 452.

[7] Bei G. *Franz,* S. 410.

[8] Bei *Mayer-Tasch,* S. 127; G. *Franz,* S. 302 (als Bestandteil der Verfassung v. 3. 9. 1791).

Art. 66 I der Verf. v. 1958 („Niemand kann willkürlich in Haft gehalten werden") bezieht sich ausweislich seines Zusammenhangs mit Abs. II („Die richterliche Gewalt sichert als Hüterin der persönlichen Freiheit die Beachtung dieses Grundsatzes nach den im Gesetz genannten Bedingungen") und seiner Stellung im Titel VIII „De l'autorité judiciaire", in dem u. a. von der Unabhängigkeit der richterlichen Gewalt gehandelt wird (Art. 64 I), nur auf die Strafverfolgung und das zivilgerichtliche Verfahren, denn Frankreich kennt keine persönlich unabhängigen Verwaltungsrichter (*Pieck,* S. 29 m. Nachw.).

[9] Neben Sondergesetzen, wie etwa Gesetz zum Schutze der Geisteskranken v. 30. 6. 1838 (s. UN Yearbook, Suppl. Vol. 1/97 und *Duverger-Sfez,* GR I, 2/573).

[10] Kurz: Code municipal; Journal Officiel v. 2. 6. 1957.

Art. 97 lautet (die eingeklammerten Passagen fehlten im Gesetz v. 5. 4. 1884):

„La police municipale a pour objet d'assurer le bon ordre, la sûreté (la sécurité) et la salubrité publiques. Elle comprend notamment:

1 Tout ce qui intéresse la sûreté et la commodité du passage dans les rues, quais, places et voies publiques, ce qui comprend le nettoiement, l'éclairage, l'enlèvement des encombrements, la démolition ou la réparation des édifices menaçant ruine, l'interdiction de rien exposer aux fenêtres ou autres parties des édifices qui puisse nuire par sa chute, ou celle de rien jeter qui puisse endommager les passants ou causer des exhalaisons nuisibles;

2 Le soin de réprimer les atteintes à la tranquillité publique, telles que les rixes et disputes accompagnées d'ameutement dans les rues, le tumulte excité dans les lieux d'assemblée publique, les attroupements, les bruits et rassemblements nocturnes qui troublent le repos des habitants, et tous actes de nature à compromettre la tranquillité publique;

3 Le maintien du bon ordre dans les endroits ou il se fait de grands rassemblements d'hommes, tels que les foires, marchés, réjouissances et cérémonies publiques, spectacles, jeux, cafés, églises et autres lieux publics;

4 Le mode de transport des personnes décédées, les inhumations et les exhumations, le maintien du bon ordre et de la décence dans les cimetières, sans qu'il soit permis d'établir des distinctions ou des prescriptions particulières à raison des croyances ou du culte du défunt, ou des circonstances qui ont accompagné sa mort;

sur l'organisation municipale vom 5. 4. 1884[11] entsprechen), als auch für das Gebiet der police rurale (Art. 1 des Gesetzes vom 21. 6. 1898[12] — Livre III des Code rural —)[13]. Eine Vorschrift, die sich besonders — etwa in der Art des § 15 PrPVG — mit der FE durch die police administrative[14] befaßt, fehlt jedoch. Deshalb herrschte zunächst Streit darüber, ob diese Generalermächtigungen dem Erfordernis eines (formellen) Gesetzes i. S. des Art. 7 der Menschenrechtserklärung ge-

5 L'inspection sur la fidélité du débit des denrées qui se vendent au poids ou à la mesure, et sur la salubrité des comestibles exposés en vente;

6 Le soin de prévenir, par des précautions convenables, et de faire cesser, par la distribution des secours nécessaires, les accidents et les fléaux calamiteux, tels que les incendies, les inondations, (les ruptures de digues, les éboulements de terre ou de rochers, les avalanches ou autres accidents naturels,) les maladies épidémiques ou contagieuses, les épizooties (de pourvoir d'urgence à toutes les mesures d'assistance et de secours et) s'il y a lieu, de provoquer l'intervention de l'administration supérieure;

7 Le soin de prendre provisoirement les mesures nécessaires contre les aliénés dont l'état pourrait compromettre la morale publique, la sécurité des personnes ou la conservation des propriétés;

8 Le soin d'obvier ou de remédier aux événements fâcheux qui pourraient être occasionnés par la divagation des animaux malfaisants ou féroces."

Art. 96 lautet (wörtlich wie Art. 91 des Gesetzes v. 5. 4. 1884):

„Le maire est chargé sous la surveillance de l'administration supérieure, de la police municipale, de la police rurale et de l'exécution des actes de l'autorité supérieure qui y sont relatifs."

11 Journal Officiel v. 6. 4. 1884 (auch Recueil Sirey, Année 1884/553). Beide Artikel sind durch Art. 630 des Code municipal aufgehoben worden.

12 Loi sur le Code rural (Livre III: De la police rurale), Journal Officiel v. 23. 6. 1898 (auch Recueil Sirey, Année 1899/705).

Art. 1 lautet:

„Les maires sont chargés, sous la surveillance de l'administration supérieure, d'assurer conformément à la loi du 5 avril 1884, le maintien du bon ordre, de la sécurité et de la salubrité publiques, sauf dans les cas où cette attribution appartient aux préfets. Ils sont également chargés de l'exécution des actes de l'autorité supérieure relative à la police rurale."

Art. 1 ist durch den neuen Code rural v. 16. 4. 1955 (Journal Officiel v. 19. 4. 1955) nicht berührt worden, s. Art. 1337 dieses Gesetzes.

13 Die genannten Vorschriften beziehen sich zwar nur auf den Bürgermeister, jedoch wird eine den Befugnissen des Bürgermeisters auf dem Gebiet der police municipale entsprechende Ermächtigung des Präfekten aus Art. 99 des Gesetzes v. 5. 4. 1884 (jetzt Art. 107 I und II Code municipal) hergeleitet („Les pouvoirs qui appartiennent au maire, en vertu de l'article 97, ne font pas obstacle au droit du préfet de prendre, pour toutes les communes du département ou plusieurs d'entre elles, et dans tous les cas où il n'y aurait pas été pourvu par les autorités municipales, toutes mesures relatives au maintien de la salubrité, de la sûreté et de la tranquillité publiques.

Ce droit ne peut être exercé par le préfet à l'égard d'une seule commune qu' après une mise en demeure au maire restée sans résultat."); vgl. Conseil d'État, Entscheidung v. 2. 12. 1932, Dalloz Hebdomadaire 1933 S. 40 und die Lehre, s. *Beyer*, S. 64 f. (der selbst freilich den Art. 99 übersieht und deshalb den Wortlaut dieser Bestimmung für die Begründung des Conseil d'État hält; der von *Beyer* angeführte Art. 99 ist offenbar der Art. 91 des Gesetzes, vgl. *Beyers* Ausführungen S. 62 und 69 f.).

14 Im Gegensatz zur police judiciaire.

nügten, zumal in keiner von ihnen die FE oder FB als polizeiliche Maßnahme genannt war oder ist[15]. Diese Streitfrage ist mittlerweile durch die Rechtsprechung des Conseil d'État überholt. Heute steht fest, daß die Generalermächtigungen Gesetze darstellen, die die Polizei zu Eingriffen in die „libertés publiques“ und damit auch in die persönliche Freiheit des Bürgers berechtigen[16].

Da die Polizei in Frankreich ebenso wie in Deutschland subsidiär zur Erfüllung solcher Aufgaben der Gefahrenabwehr für zuständig erachtet wird, die an sich anderen Behörden, insbesondere den Gerichten, zugewiesen sind, ist auch in Frankreich die Sistierung zur Sicherung privatrechtlicher Ansprüche zulässig[17].

Somit ergibt sich, daß in Frankreich die GK als Eingriffsermächtigung nicht nur in dem Umfang wie im deutschen Polizeirecht verwendet wird, sondern daß ihre Verwendung über diejenige in Deutschland noch hinausgeht, weil eine „eingeschränkte“ GK für Eingriffe in die persönliche Freiheit fehlt und demzufolge weder die Maßnahme „FE“ im Gesetzestext in Erscheinung tritt, noch eine zeitliche Grenze für polizeiliche FEen festgelegt ist. Insoweit bleibt das französische Polizeirecht heute noch hinter dem Stand zurück, den das preußische Recht mit dem FreiheitsschutzG von 1848[18] erreicht hatte, das die Verwahrung aus polizeilichen Gründen ausdrücklich als Maßnahme nannte und Entlassung oder Überweisung „in das ordentliche Verfahren“ binnen 24 Stunden vorsah (§ 3).

2. Belgien

Die belgische Verfassung vom 7. 2. 1831[19] bestimmt in Art. 7 III, daß außer bei Ergreifung auf frischer Tat niemand festgenommen werden darf ohne eine mit Gründen versehene richterliche Anordnung. Diese Vorschrift bezieht sich nur auf Festnahmen zum Zwecke der Strafverfolgung. Auf dem Gebiet der Gefahrenabwehr läßt das belgische Recht nicht nur in speziellen Gesetzen geregelte — und zumeist längerdauernde — FEen zu[20], sondern es kennt auch allgemein gefaßte

---

[15] *Beyer*, S. 74.

[16] *Rolland*, Rdn. 474 (S. 409) und 464 (S. 399 f.); *Beyer*, S. 73, 74 f.; *Kaufmann*, S. 240 f.; s. auch *Waline*, Traité élémentaire de droit administratif, 6e éd. 1951, S. 286 (in den späteren Auflagen wird auf diese Ausführungen verwiesen, s. 9e éd. (Droit administratif) 1963, Rdn. 1095).

[17] *Beyer*, S. 77 i. V. m. S. 49; vgl. auch *Rolland*, Rdn. 474 sub 1.

[18] s. o. S. 51 Fn. 2.

[19] G. *Franz*, S. 54; *Mayer-Tasch*, S. 3.

[20] z. B. Unterbringung Trunksüchtiger (UN Study, Abschn. 739), Ausweisungs-(Abschiebungs-)Haft (daselbst Abschn. 742; UN Yearbook, Suppl. Vol. 1/22 sub 2).

Ermächtigungen zu FEen. So ist die Polizei befugt, zur Verhinderung und Unterbindung mit Strafe bedrohter Handlungen oder von Ordnungsstörungen in der Öffentlichkeit alle Maßnahmen zu treffen, die zur Aufrechterhaltung der öffentlichen Ordnung notwendig sind und hierbei auch zur Festnahme des Störers zu schreiten. Ferner dürfen unbekannte Personen, deren Verhalten verdächtig erscheint, zur Feststellung der Personalien festgenommen werden. Die Polizei darf den Festgenommenen in allen diesen Fällen nicht länger als 24 Stunden aus eigenem Recht festhalten[21].

3. Schweden

Die schwedische „Regierungsform" vom 6. 6. 1809[22] hat nur die strafprozessuale FE im Auge, wenn sie in § 16 bestimmt, daß der König niemanden an persönlicher Freiheit schädigen oder schädigen lassen soll, der nicht nach Recht und Gesetz überführt und verurteilt worden ist. Ansonsten enthält das schwedische Staatsrecht keine Bestimmung, nach der Eingriffe in Freiheit und Eigentum nur aufgrund eines Gesetzes vorgenommen werden dürfen[23].

Das allgemeine Polizeirecht Schwedens kennt für die regionalen wie für die lokalen Behörden Generalklauseln[24].

Für die kurzfristige FE aus polizeilichen Gründen besteht eine besondere Regelung in §§ 12 und 13 der Allgemeinen Polizeiinstruktion (Allmän polisinstruktion) vom 4. 6. 1948[25]. Nach § 12 I 1[26] hat der Polizeibeamte denjenigen, dessen Verhalten eine Störung der öffentlichen Ordnung oder eine unmittelbar bevorstehende Gefahr für die öffentliche Ordnung darstellt, vorübergehend in Verwahrung zu nehmen, wenn dies für die Aufrechterhaltung der öffentlichen Ordnung notwendig ist. Satz 2 der Bestimmung schreibt die Ingewahrsam-

---

21 Bericht der belgischen Regierung in UN Yearbook, Suppl. Vol. 1/22 sub 3 und 4 m. Angabe von Rechtsgrundlagen und Entscheidungen.

22 *Mayer-Tasch*, S. 466. Die „Regierungsform" ist eines der vier Gesetze, die grundgesetzlichen Charakter besitzen, s. *Fahlbeck-Herlitz-Stjernquist*, JöR N. F. 4/299.

23 *Fahlbeck-Herlitz-Stjernquist*, a.a.O., S. 336.

24 *Sjöholm*, S. 40—43 und Zusammenfassung S. 347 (auch 348 f.).

z. B. § 5 der Instruktion für die Provinzialverwaltungen (Länsstryrelseinstruktion) v. 30. 5. 1958 (Sveriges Rikes Lag S. B 1415): Den Provinzialverwaltungen obliegt als höchsten Polizeibehörden der Provinzen die Verantwortung für das Polizeiwesen und dessen Leitung in ihrem Bezirk; sie haben darüber zu wachen, daß die allgemeine Ordnung und Sicherheit dort aufrechterhalten und die Maßnahmen ergriffen werden, die zur Abwehr von Gefahren für diese Rechtsgüter erforderlich sind...

Vgl. ferner für die Sonderpolizeibehörden *Sjöholm*, S. 89.

25 Svensk Författningssamling 1948 S. 563.

26 Dazu *Sjöholm*, S. 281—306 und Zusammenfassung S. 351.

nahme zur Verhütung einer solchen mit Strafe bedrohten Handlung vor, gegen die der Beamte einzuschreiten verpflichtet ist.

Gemäß § 12 II ist die Ingewahrsamnahme alsbald dem zuständigen Vorgesetzten zu melden, der sofort zu prüfen hat, ob die Maßnahme fortdauern soll. Nach § 13 II 1 darf der Festgenommene nur so lange in Verwahrung gehalten werden, wie die Gefahr besteht, daß er sein ordnungsstörendes Verhalten fortsetzen werde; eine bestimmte Zeitgrenze fehlt. Der Paragraph enthält im übrigen Vorschriften über die Durchführung der Festnahme (Abs. I) und die Art und Weise des Vollzugs des Gewahrsams. Der Festgehaltene darf danach nur den Freiheitsbeschränkungen unterworfen werden, die vom Zweck der Verwahrung, von der Aufrechterhaltung der Ordnung im Haftlokal und von der allgemeinen Sicherheit geboten sind. Er soll so schnell wie möglich vernommen werden (Abs. II 2, 3).

Die Regelung des § 12 I der Allgemeinen Polizeiinstruktion stimmt demnach in der Frage der Voraussetzungen des polizeilichen Gewahrsams fast wörtlich mit § 15 I b PrPVG überein. Auch in bezug auf die Bestimmungen über die Dauer des Gewahrsams und den Umfang der Beschränkungen des Festgenommenen besteht Übereinstimmung mit dem deutschen Polizeirecht[27].

4. Niederlande

Das niederländische Polizeigesetz (Politiwet) vom 4. 7. 1957[28] bestimmt in Art. 28, daß die Polizei die Aufgabe hat, in Übereinstimmung mit den geltenden Gesetzen für die Aufrechterhaltung der Rechtsordnung zu sorgen und Hilfsbedürftigen Hilfe zu gewähren. In dem betreffenden Abschnitt des Gesetzes (Hoofdstuk II: Taak en bevoegdheden van de politie) sind nicht nur die Aufgaben, sondern auch die Befugnisse der Polizei geregelt[29]. Die übrigen Vorschriften kommen als Rechtsgrundlage für polizeiliche Maßnahmen nicht in Betracht. Daher muß Art. 28 PolizeiG nicht nur als Aufgabenzuweisung, sondern auch als Ermächtigungsgrundlage und damit als echte polizeiliche GK angesehen werden.

---

27 Grundsatz der Notwendigkeit/Erforderlichkeit in §§ 14 I/41 I PrPVG (§§ 1 I/30 I NdsSOG); Sondervorschriften in den neuen Polizeigesetzen, z. B. BrePolG §§ 11 III 1, 12 III; HessSOG §§ 49 II Nr. 1, 50 II; RhPfPVG §§ 7 S. 1, 8 III.

28 Wet van 4 juli 1957, houdende een regeling met betrekking tot de gemeente- en rijkspolitie, Staatsblad van het Koninkrijk der Nederlanden S. 577.

29 s. auch *v. d. Hoeven*, JöR N. F. 14/369, der hervorhebt, daß Aufgaben, Befugnisse und Organisation der Polizei in diesem einen Gesetz geregelt sind.

Die Aufrechterhaltung der Rechtsordnung, wozu insbesondere die Verhinderung strafbarer Handlungen gehört, erfordert in gewissen Fällen auch eine Festnahme. Besondere Vorschriften über die FE durch die Polizei fehlen. Da die Verfassung (Grondwet voor het Koninkrijk der Nederlanden vom 24. 8. 1815[30] (Art. 171) das Recht auf persönliche Freiheit unter Gesetzesvorbehalt stellt und keine besonderen Voraussetzungen für die Gesetze, die eine FE zulassen, enthält, bietet die GK des Art. 28 PolizeiG somit auch die Grundlage für eine Ingewahrsamnahme.

5. Dänemark und Norwegen

Ähnliche Überlegungen gelten für Dänemark und Norwegen. Die Verfassungen beider Länder lassen eine FE aufgrund eines Gesetzes zu (Danmarks Riges Grundlov vom 5. 6. 1953[31]; § 71 II; Kongeriget Norges Grundlov vom 17. 5. 1814[32], § 99 I), wobei das dänische Grundgesetz die nicht von einem Richter beschlossene FE außerhalb der Strafrechtspflege noch ausdrücklich erwähnt[33].

Besondere Anforderungen an dieses Gesetz — etwa Anführung der FE als zulässige Maßnahme oder genaue Umschreibung der Tatbestände, in denen zur FE geschritten werden darf — stellen die Verfassungen nicht. Daher kann auch eine GK, in der die Maßnahme „FE" nicht genannt ist, eine ausreichende Rechtsgrundlage für eine Ingewahrsamnahme bilden. Eine solche GK ist sowohl im dänischen als auch im norwegischen Polizeirecht enthalten.

Nach § 108 I des dänischen RechtspflegeG von 1916[34] hat die Polizei die Aufgabe, Sicherheit, Frieden und Ordnung aufrechtzuerhalten, dafür zu sorgen, daß Gesetze und Herkommen befolgt werden und dabei auch die erforderlichen Maßnahmen zu treffen[35], um Straftaten zu verhindern, zu erforschen und zu verfolgen. Aus der Überschrift des Abschnittes, in den § 108 eingeordnet ist "(Politimyndigheden")kann allerdings nicht zwingend geschlossen werden, daß es sich hier um eine Norm handelt, die zu polizeilichen Maßnahmen berechtigt.

---

30 *Fruin*, S. 1; dt. Text bei *Mayer-Tasch*, S. 299.
31 *Karnov*, Bd. I/3; dt. Text bei *Mayer-Tasch*, S. 23.
32 Norges Lover, S. 51; dt. Text bei *Mayer-Tasch*, S. 335.
33 § 71 VI: „Außerhalb der Strafrechtspflege soll die Gesetzmäßigkeit einer nicht von einer richterlichen Behörde beschlossenen und nicht in der Ausländergesetzgebung begründeten FE auf Begehren des Betreffenden ... den ordentlichen Gerichten oder einer anderen richterlichen Behörde zur Nachprüfung vorgelegt werden."
34 *Karnov*, Bd. II/1665 (vgl. o. S. 191 Fn. 7).
35 Wörtlich: Das Erforderliche zu unternehmen (foretage det fornødne).

Zwar bedeutet „myndighed“ in erster Linie „Macht, Machtbefugnis, Befugnis“[36], es kann aber auch, besonders bei Gebrauch des Plurals, den Sinn von „Behörde“ haben[36]. Letztere Bedeutung kann hier insbesondere deshalb nicht ausgeschlossen werden, weil der vorangehende Abschnitt „Anklagemyndigheden“, also „Anklagebehörden“[37], überschrieben ist und demgemäß auch die Bestellung der öffentlichen Ankläger und die Organisation und Tätigkeit ihrer Behörden behandelt. Dagegen folgt aus den vom Gesetzgeber gewählten Formulierungen „dafür zu sorgen, daß ...“ und „die erforderlichen Maßnahmen zu ergreifen, um ...“, daß hier keine bloße Umschreibung der polizeilichen Aufgaben vorliegt, sondern eine echte GK, die eine Rechtsgrundlage für Polizeiverfügungen darstellt. Hinzu kommt, daß eine Aufzählung der Aufgaben der Polizei für die übrigen Vorschriften des Abschnittes „Politimyndigheden“, die sich mit Organisations- und Finanzfragen befassen (§§ 109—118 — Polizeibezirke, Polizeibeiräte, Versorgungsfragen usw.) gänzlich überflüssig gewesen wäre. Daher ist zu folgern, daß § 108 I eine eigene Bedeutung, nämlich als Ermächtigungsnorm, besitzt.

Zum Schluß auf diese Rechtsnatur des § 108 I RechtspflegeG zwingt auch und vor allem der Umstand, daß das dänische Recht ansonsten weder eine Vorschrift enthält, die allgemein zu polizeilichen Maßnahmen ermächtigt, noch eine Vielzahl von Einzelermächtigungen anstelle einer solchen allgemeinen Ermächtigung kennt; wollte man § 108 I nur als Aufzählung der polizeilichen Aufgaben betrachten, so fehlte es — von einigen Sondergesetzen abgesehen[38] — an einer Rechtsgrundlage für präventiv-polizeiliches Einschreiten.

Dieser Bedeutung des § 108 I RechtspflegeG entsprechend bezeichnet *Sjöholm* die Vorschrift als eine dem schwedischen Recht entsprechende GK hinsichtlich der allgemeinen „kompetens“ der Polizeiorgane[39]; „kompetens“ aber bezeichnet im Schwedischen die Zuständigkeit und auch die Machtbefugnisse[40], nicht jedoch die Aufgabe, wofür das Wort „uppgift“ verwendet wird[41].

---

[36] *Bork; Førsund-Balk; Haugen; Siegler,* jeweils Stichwort „myndighed (t)“.

[37] *Bork; Førsund-Balk;* jeweils Stichwort „anklagemyndighed(t)“.

[38] So auf dem Gebiet der FE die Unterbringungsgesetze, s. Aufzählung bei *Karnov,* Bd. II/1753 Fn. 737 (zu § 468 RechtspflegeG).

[39] S. 43. *Sjöholm* spricht in Fn. 27 irrtümlich von § 113 Retsplejeloven, der aber offensichtlich keine GK enthält.

[40] *Auerbach; Gullberg* jeweils Stichwort „kompetens“.

[41] *Auerbach; Gullberg* jeweils Stichwort „uppgift“; s. Überschrift des § 1 Allmän polisinstruktion (S. 226 Fn. 25): „Polisens uppgifter“.

Da die polizeilichen Aufgaben auch in Dänemark in gewissen Fällen nur mit Hilfe einer — kürzeren — FE erfüllt werden können, rechtfertigt die GK des § 108 I RechtspflegeG auch eine solche Maßnahme[42].

Die gleichen Gedankengänge gelten für § 1 des norwegischen PolizeiG (Politilov) vom 13. 3. 1936 Nr. 3[43]. Danach übt der Staat die Polizei aus[44], deren es bedarf, um die öffentliche Ordnung aufrechtzuerhalten, Gesetzesübertretungen zu verfolgen und die anderen Aufgaben auszuführen, die der Polizei (als Behörde) nach Gesetz oder Gewohnheit obliegen.

Auch hier deutet die Fassung („übt die Polizei aus") darauf hin, daß die Vorschrift mehr als eine bloße Aufzählung der polizeilichen Aufgaben enthält; auch hier behandeln die nachfolgenden Bestimmungen Materien, für die es einer Aufzählung der Aufgaben der Polizei nicht bedurft hätte (Behördenorganisation, Personalstärke der Überfallabteilungen, Einstellungsvoraussetzungen und Rechtsverhältnisse der Beamten, Polizeikosten usw.); und auch hier im norwegischen Recht ist keine Vorschrift enthalten, die als allgemeine Rechtsgrundlage für präventiv-polizeiliche Maßnahmen in Frage käme, wie auch eine Vielzahl von Einzelermächtigungen anstelle einer GK fehlt[45].

Sogar die Bestärkung dieser Überlegungen durch die Bezeichnung als „generalklausul angående polisorganens allmänna kompetens" bei *Sjöholm* gilt ebenfalls für § 1 Politilov[46]. Die Einordnung des § 1 in das Kapitel „Politiets organisasjon" (Organisation der Polizei) kann dieses Ergebnis nicht erschüttern, zumal auch die dänische GK bei anderer Bezeichnung des Gesetzesabschnitts in engem räumlichen Zusammenhang mit Organisationsnormen steht.

Daß dem norwegischen Recht eine allgemein gefaßte Ermächtigung zu einer FE nicht fremd ist, zeigt sich, abgesehen von der GK des § 1 Politilov an zwei der Spezialgesetze. So gestattet das Gesetz betreffend die Landstreicherei, Bettlerei und Trunkenheit vom 31. 5. 1900 Nr. 5[47] in § 20 I der Polizei, einen Betrunkenen nicht nur dann bis zur Ausnüchterung in Verwahrung zu nehmen, wenn er den Verkehr stört, Personen belästigt oder eine Gefahr für sich selbst oder andere herbei-

---

[42] s. hierzu auch *Karnov*, Bd. I/15 Fn. 221 (zu Art. 71 Grundlov) und Bd. II/1687 Fn. 321 (zu § 108 Retsplejelov).

[43] Lov om politiet; Norges Lover, S. 1515.

[44] „Staten sørger for det politi ..." = „dafür sorgen, daß" (*Førsund-Balk*); „bewerkstelligen" *(Bork, Siegler)*; „arrange, make provisions to see to it that" *(Haugen)* (sämtlich Stichwort „sørge").

[45] Auch in Norwegen bestehen selbstverständlich einzelne Spezialgesetze, s. Regierungsbericht in UN Yearbook, Suppl. Vol. 1/177 und sogleich im Text.

[46] *Sjöholm*, S. 43.

[47] Lov om Løsgjængeri, Betleri og Drukkenskab (Norges Lover S. 406).

führt, sondern auch, wenn er den allgemeinen Frieden oder die allgemeine Ordnung stört. Das MilitärdisziplinarG vom 6. 5. 1921 Nr. 3[48] nennt als Gründe für die Festnahme eines Untergebenen neben Ungehorsam und grober Verletzung der Disziplin auch die Störung der öffentlichen Ordnung durch den Festzunehmenden (§ 21 S. 2 Nr. 1).

6. Italien

Nach Art. 13 II der Verfassung der italienischen Republik vom 1. 1. 1948 ist jede Form der Inhaftierung, Untersuchung und Durchsuchung einer Person sowie jede sonstige Beschränkung der persönlichen Freiheit nur statthaft aufgrund einer richterlichen Verfügung und nur in den Fällen und Formen, die das Gesetz vorsieht[49]. Abs. III dieser Bestimmung läßt in außerordentlichen vom Gesetz genau umschriebenen Not- und Dringlichkeitsfällen vorläufige Maßnahmen der für die öffentliche Sicherheit zuständigen Behörde zu, die binnen 48 Stunden dem Gericht mitgeteilt werden müssen und als aufgehoben und wirkungslos gelten, wenn sie von diesem nicht innerhalb der folgenden 48 Stunden bestätigt werden.

Art. 157 I und II des SicherheitsG (Testo Unico delle leggi di pubblica sicurezza vom 18. 6. 1931[50]) sieht vor, daß sowohl Personen, die — außerhalb ihrer Heimatgemeinde — durch ihr Benehmen Verdacht erregen und sich auf Verlangen der Polizeibeamten nicht durch Vorlage der Kennkarte oder auf andere zuverlässige Weise legitimieren können (Abs. I), als auch Personen, welche die öffentliche Ordnung und Sicherheit oder die Moral gefährden (Abs. II), vor die örtliche Sicherheitsbehörde geführt werden können. Diese konnte, wenn sie den Verdacht bestätigt fand, die Rückkehr der verdächtigen Person in ihre Heimatgemeinde auf einem bestimmten Wege oder auch durch zwangsweisen Rücktransport anordnen. Nach Inkraftreten der Verfassung von 1948 stellte der Verfassungsgerichtshof die Verfassungswidrigkeit von Art. 157 I und II insoweit fest, als Abs. II die Zurückbeförderung in die Heimatgemeinde im Zwangswege und Abs. I die Zurückbeförderung überhaupt betraf[51]. Diese Materie ist denn auch mit Gesetz vom 27. 12. 1956, das u. a. die Einschaltung der Gerichte anordnet,

---

[48] Lov om den militære disciplinær- og politimyndighet (Norges Lover, S. 1107).

[49] Dt. Text nach *Calamandrei-Barile*, GR I, 2/665 sowie nach *Mayer-Tasch*, S. 249 mit Abänderung der zweiten Hälfte des Satzes nach *Leisner*, JöR N.F. 10/256 Fn. 80 und *Calamandrei-Barile*, a.a.O. (dazu sogleich im Text); italienischer Text bei *Zanobini*, S. 3 ff.

[50] *Zanobini*, S. 1731 ff. (1769).

[51] Urteil vom 14. 6. 1956 (Gazzetta Ufficiale v. 23. 6. 1956 Nr. 155); s. *Zanobini*, S. 1769 Fn. 175.

neu geregelt worden[52]. Soweit Art. 157 I und II eine Mitnahme zur Polizeidienststelle zwecks Identitätsfeststellung oder zur Abwehr akuter Polizeigefahren ermöglicht, ist die Vorschrift vom VerfGH unbeanstandet geblieben. Dementsprechend enthält auch das Gesetz von 1956 keine Vorschriften über das Anhalten oder Verbringen von Personen zur Polizeiwache.

Der italienische VerfGH versteht das erste „und" in Art. 13 II der Verfassung („..., se non per atto motivato dell'autorità giudiziaria *e* nei soli casi e modi previsti dalla legge" — „aufgrund einer begründeten richterlichen Verfügung *und* ...") nicht kumulativ und meint deshalb, die Verfassung lasse auch nicht-richterliche Eingriffe in die persönliche Freiheit zu[53]. Da das Gericht ferner alle Grundrechte unter den immanenten Vorbehalt des Schutzes der öffentlichen Sicherheit stellt[54] — trotz des Art. 13 II der Verfassung auch die persönliche Freiheit —, bietet Art. 157 I und II, soweit er durch das Urteil des VerfGH vom 14. 6. 1956 nicht betroffen wird, eine ausreichende gesetzliche Grundlage für eine polizeiliche FE.

Bei diesem Weg über Art. 13 II der Verfassung besteht keine feste Zeitgrenze für die FE. Bringt man Art. 157 I und II des SicherheitsG dagegen unter Art. 13 III der Verfassung, wie es Calamandrei-Barile tun wollen[55], so wäre aus dieser Stelle der Verfassung die Höchstfrist für die FE zu entnehmen[56].

Somit ist festzustellen, daß auch das italienische Polizeirecht eine allgemeingefaßte Ermächtigung zur kurzfristigen FE kennt.

---

[52] Gesetz Nr. 1423 betreffend „Misure di prevenzione nei confronti delle persone pericolose per la sicurezza e per la pubblica moralità".

[53] *Leisner*, a.a.O., S. 256 zu Fn. 80. — Anders die italienische Regierung im Bericht v. 26. 4. 1956, UN Yearbook, Suppl. Vol. 1/147 (li. Sp.) „... and then only in the cases and according to the forms specified by law". Ebenso übersetzt *Mayer-Tasch*, S. 259 „... es sei denn, sie erfolge auf Grund einer mit Gründen versehenen richterlichen Verfügung, und dies allein in den vom Gesetz vorgesehenen Fällen und Formen."

[54] *Leisner*, a.a.O., S. 249 f.

[55] a.a.O., S. 750. Diese Autoren bemängeln nur, daß entgegen Art. 13 III der Verf. in Art. 157 SicherheitsG eine zeitliche Begrenzung fehlt. — Der Begriff „Not- und Dringlichkeitsfall" in Art. 13 III der Verf. wird weit ausgelegt. *Calamandrei-Barile* subsumieren selbst (a.a.O., S. 750 f.) die in Art. 238 und 238 a der italienischen StPO i. d. F. v. 1955 vorgesehene Festnahme wegen Fluchtgefahr bei Verdacht einer Straftat, wegen der Haftbefehl ergehen muß, sowie das Recht der Polizei zur vorläufigen Unterbringung von gefährlichen Geisteskranken und Betrunkenen unter diesen Begriff.

[56] Da Art. 13 III Verf. unmittelbar gilt (angeführte Entscheidung des VerfGH v. 14. 6. 1956; *Leisner*, a.a.O., S. 255; *Calamandrei-Barile*, a.a.O., S. 750), brauchte man nicht die Verfassungswidrigkeit des Art. 157 I und II SicherheitsG wegen der fehlenden zeitlichen Begrenzung anzunehmen, wie es *Calamandrei-Barile*, a.a.O., S. 750 tun.

7. Schweiz

Obwohl die Schweiz an der Ausarbeitung der MRK nicht beteiligt war und nach dem Beitritt zum Europarat im Jahre 1963 die Konvention bislang noch nicht ratifiziert hat, ist ein Blick auf das Schweizer Recht als das Recht eines seit langem demokratisch regierten Staatswesens von Interesse.

In der Bundesverfassung der Schweizerischen Eidgenossenschaft vom 29. 5. 1874[57] fehlt eine Bestimmung über die persönliche Freiheit. Die Verfassungen der Kantone, die das Grundrecht der persönlichen Freiheit gewährleisten, enthalten einen Gesetzesvorbehalt[58]. Dieser darf nach Schweizer Lehre und Praxis bei Vorhandensein eines die Einschränkung rechtfertigenden öffentlichen Interesses ausgefüllt werden[59], insbesondere also durch (materielle) Gesetze zur Strafverfolgung und zum Zwecke der Aufrechterhaltung der öffentlichen Ordnung und Sicherheit[60].

Als eine für Eingriffe in die persönliche Freiheit ausreichende gesetzliche Grundlage wird auch die polizeiliche GK angesehen[61] — die in der Schweiz oft nur gewohnheitsrechtlich gilt[62] —. Aber auch die Gesetze, die sich ausdrücklich mit der Maßnahme der FE befassen, enthalten nicht nur genau umschriebene Tatbestände[63], sondern ebenfalls Ermächtigungen genereller Art.

So gestattet beispielsweise § 74 III des Zürcher Gesetzes über das Gemeindewesen vom 6. 6. 1926 dem Gemeinderat, Personen, „welche die Sicherheit oder das Eigentum anderer ernstlich bedrohen oder gefährden, bis auf die Dauer von 2 Tagen in Polizeiverhaft (zu) nehmen, wenn der Gefahr nur durch sofortigen Verhaft begegnet werden kann"[64]. Und § 67 des Dienstreglements für das Polizeikorps des Kantons

---

[57] *Mayer-Tasch*, S. 496.

[58] Hinsichtlich der „Verhaftung". Die einschlägigen Bestimmungen der 25 Kantonsverfassungen sind abgedruckt bei *Spoendlin*, S. 95 ff. Soweit ein ausdrücklicher Gesetzesvorbehalt fehlt (Appenzell Inner-Rhoden, Verf. v. 24. 12. 1872, Art. 2 — bei *Spoendlin*, S. 98 —) oder wo er beschränkt ist (Obwalden, Verf. v. 27. 4. 1902, Art. 6, „unter Vorbehalt der Gesetzgebung über das Strafrechtsverfahren" — bei *Spoendlin*, S. 96 —), gilt er stillschweigend, *Giacometti*, S. 173 f.; *Spoendlin*, S. 67 f.

[59] *Bossart*, S. 52; *Giacometti*, S. 173.

[60] s. *Bossart*, S. 52; *Spoendlin*, S. 73—87; Markus *Meyer*, S. 53; *Schwarzenbach*, S. 38, 93.

[61] *Giacometti*, S. 176; *Schwarzenbach*, S. 93. Vgl. auch Entscheidungen des Schweizerischen Bundesgerichts, AS Bd. 63 (1937) I. Teil S. 213, 222; Bd. 67 (1941) I. Teil S. 74, 76.

[62] *Giacometti*, S. 176; *Schwarzenbach*, S. 93.

[63] Wie etwa die Versorgungsgesetze, d. h. Unterbringungsgesetze (die z. T. auch kurzfristige Festnahmen zwecks Untersuchung regeln, *Bossart*, S. 80).

[64] Abgedruckt bei *Spoendlin*, S. 77 Fn. 20 und auszugsweise bei *Bossart*, S. 81 Fn. 99.

Zürich vom 8. 3. 1951 bestimmt, daß vorübergehend in Gewahrsam zu nehmen sind: „Geisteskranke, die sich oder anderen gefährlich werden können, Betrunkene, die durch ihren Zustand Ärgernis erregen, sowie Personen, welche die öffentliche Ruhe und Sicherheit gefährden[65]." An dieser Vorschrift ist bemerkenswert, daß die an letzter Stelle genannte Eingriffsbefugnis, die den § 67 erst zu einer Generalermächtigung macht, in der ursprünglichen Fassung des Dienstreglements vom 15. 3. 1911[66] nicht enthalten war, sondern erst 1951 eingefügt wurde.

8. England

Die englische Rechtslage unterscheidet sich deutlich von der des Kontinents. In England fehlt es infolge der geschichtlichen Entwicklung an einer einheitlichen Polizeigewalt[67]. Im Verlaufe der „Glorreichen Revolution" von 1688 wurde das selbständige Verordnungsrecht der Krone beseitigt[68]. Auch sonst ist die englische Geschichte durch ein hartnäckiges Ringen um Beschränkungen der Krone gekennzeichnet[69]. Dieser Kampf macht es verständlich, daß die Engländer ängstlich darauf bedacht waren, der Polizei nur die Befugnisse zuzugestehen, die unbedingt notwendig waren[70]. Demzufolge fehlt es sowohl an einer polizeilichen GK als auch an Teilgeneralklauseln. Soweit allgemein gehaltene Bestimmungen der Exekutive Befugnisse geben (etwa „for the prevention of nuisances" oder „for the good rule of government"), handelt es sich nicht um Eingriffsbefugnisse für Einzelfälle, sondern um Ermächtigungen zum Erlaß von Verordnungen[71].

---

[65] Bei *Bossart*, S. 81 Fn. 99.

[66] Abgedruckt bei *Spoendlin*, S. 78 Fn. 23.

[67] Wie übrigens (folgeweise) auch an Freiheitsrechten im kontinentaleuropäischen Sinne.

[68] *Hatschek*, Engl. StaatsR, Bd. II/547 f.; *Kaufmann*, S. 228 f.

[69] *Beyer*, S. 122f. — Es sei nur auf die wichtigsten Ergebnisse dieses Kampfes hingewiesen: Magna Carta Libertatum von 1215 (auzugsweise bei G. *Franz*, S. 498), Petition of Right von 1627 (G. *Franz*, S. 502), Habeas Corpus Act von 1679 (G. *Franz*, S. 510), Bill of Rights von 1689 (G. *Franz*, S. 512).

[70] *Beyer*, a.a.O.

[71] *Hatschek*, Engl. StaatsR, Bd. II/503 und Das StaatsR des vereinigten Königreichs, S. 234; *Kaufmann*, S. 228; dies verkennt *Beyer*, S. 126, 155, 156 f. Bei den von *Beyer* als Beispiele für Teilgeneralklauseln angeführten Road Traffic Act, 1930 (s. o. S. 193 Fn. 29), s. 20 (II) — rücksichtsloses, gefährliches oder sorgloses Fahren — und Public Order Act, 1936 (s. o. S. 193 Fn. 28) — Beyer nennt keine sections — kann man von Teilgeneralklauseln, die zur Festnahme berechtigen, nur insofern sprechen, als die Straftaten, an deren Begehung die — strafprozessuale, im Falle der Public Order Act allerdings auch der Gefahrenabwehr dienende — Festnahmebefugnis geknüpft ist, nur allgemein umschrieben sind; bei der Public Order Act trifft dies aber allenfalls auf section 5 (drohende Worte usw.) zu.

Die abwehrende Haltung der Engländer gegenüber der Polizei führte zur Einsetzung des Richters als Kontrollorgan, insbesondere für die Fälle, in denen es gilt, Zwangsmaßnahmen gegen den Bürger durchzuführen. Da somit auch der Verwaltungszwang den Gerichten anvertraut ist[72], darf die Exekutive grundsätzlich keine FE im Wege der Vollstreckung von Verfügungen vornehmen. Abgesehen von einigen wenigen Vorschriften, die eine Schutzhaft gestatten, ist die vorläufige Festnahme (arrest without warrant) das einzige Rechtsinstitut, das der englischen Polizei für eine FE zur Verfügung steht. Auf die mit dieser Tatsache zusammenhängenden Eigentümlichkeiten der Anknüpfung der Festnahmebefugnisse an Straftatbestände und der nicht sauber durchgeführten Trennung von Strafprozeßrecht und Polizeirecht sowie auf den Umstand, daß der arrest without warrant zugleich der Verbrechensverhütung dienen muß, wurde bereits bei Erörterung des Art. 5 I c MRK hingewiesen[73]. Dort wurde auch schon eine Auswahl aus den bei weitem überwiegenden Festnahmerechten gegeben, die in Zusammenhang mit Straftatbeständen geregelt sind und nur insofern polizeirechtliche Natur besitzen, als sie die Unterbindung oder Verhütung mit Strafe bedrohter Handlungen ermöglichen[74].

Die Schutzhaft (protective custody) ist über einzelne Bestimmungen des Statute Law hinaus (z. B. die Licensing Act, 1902, die die Festnahme eines Trunkenen zuläßt, der seiner nicht mehr mächtig auf öffentlicher Straße oder öffentlichem Platz angetroffen wird[75]), nach Common Law zulässig, um jemanden vor Gefahren für Leib oder Leben zu schützen[76].

Neben der Schutzhaft kennt das englische Recht noch eine geringe Anzahl weiterer Vorschriften, die eine FE lediglich aus Gründen der Gefahrenabwehr zulassen. Ein Beispiel bietet section 64 der Metropolitan Police Act, 1839[77], die der Londoner Polizei die Befugnis verleiht, jede Person, die zwischen Sonnenuntergang und 8 Uhr morgens herumlungernd angetroffen wird und keine zufriedenstellende Rechen-

---

[72] Wohl in Fortwirkung der Deutung des berühmten chapters 39 der Magna Carta („Nullus liber homo capiatur vel imprisonetur aut dissaisiatur aut utlagetur aut exuletur aut aliquo modo destruatur, nec super eum ibimus nec super eum mittemus, nisi per legale judicium parium suorum vel per legem terrae") durch die Jurisprudenz des 17. Jahrhunderts, *Hatschek*, Engl. StaatsR, Bd. II/504 und Das StaatsR des vereinigten Königreichs, S. 234 f.; *Kaufmann*, S. 229; *Beyer*, S. 124.

[73] s. o. S. 191 f. — Selbstverständlich sind daneben auch in England die Unterbringung gefährlicher Geisteskranker und ansteckend Kranker und die Erziehung verwahrloster Jugendlicher in Anstalten zulässig, s. Regierungsbericht v. 16. 1. 1957, UN Yearbook, Suppl. Vol. 1/239 li. Sp. sub 4.

[74] S. 192—193.

[75] 2 Edw. 7 c. 28, s. 1 (H. St. Vol. 13/191).

[76] Dazu *Moylan*, S. 35; für die Republik Irland *Kelly*, S. 60.

[77] 2 & 3 Vict. c. 47 (H. St. Vol. 18/31, 37).

schaft über sich abgeben kann, festzunehmen, auch wenn kein Verdacht besteht, daß der Betreffende die Absicht hat, eine Straftat zu begehen. Außerhalb der Hauptstadt steht der Polizei dieses Festnahmerecht nur gegenüber Personen zu, die an bestimmten Anlagen oder Plätzen angetroffen werden[78]. Aber auch diese Festnahmen werden mit Ausnahme der Schutzhaft als „criminal cases" und als „arrests without warrant" behandelt — was insbesondere grundsätzlich Vorführung vor den Richter zur Folge hat —, denn nur in solchen criminal cases kann eine Festnahme ohne richterliche Anordnung rechtmäßig vorgenommen werden[79].

9. Schlußfolgerungen

Der Überblick über das Polizeirecht der bedeutendsten Mitgliedstaaten des Europarats, die an der Ausarbeitung der MRK beteiligt waren, zeigt mithin: Belgien, Dänemark, Frankreich, Italien, die Niederlande, Norwegen und Schweden kennen Generalklauseln oder ähnlich weit gefaßte Vorschriften für die präventiv-polizeiliche FE, die vom Standpunkt der allgemeinen Meinung aus — wonach jede Art von FE unter Art. 5 I MRK fällt — nicht mit der Konvention vereinbar sind. Selbst wenn man lit. b 2. Alt. auf Verpflichtungen anwenden wollte, die nicht mit der Tätigkeit der Rechtspflege zusammenhängen, so fehlte es doch an einer genügenden Bestimmtheit der Pflichten des Störers i. S. der Lawless-Entscheidungen. Anders liegt es in England. Der arrest without warrant zur Verhütung strafbarer Handlungen ist wegen der damit verbundenen Vorführung des Festgenommenen vor den Richter unter lit. c 2. Fall zu subsumieren[80]. Hielte man die Schutzhaft aus Gründen der Rangordnung der Rechte für zulässig, so ließe sich feststellen, daß der Rechtszustand hinsichtlich der behördlichen FE in England auch dann den Erfordernissen des Art. 5 I MRK entspräche, wenn man der allgemeinen Meinung folgte. Eine unbedeutende Ausnahme bestünde nur in den wenigen Fällen, in denen kein Verdacht erforderlich ist, daß der Betreffende beabsichtige, eine Straftat zu begehen[81] und die daher nicht unter lit. c 2. Fall zu bringen sind. Man könnte deshalb folgern, die Konventionsverfasser und die Unterzeichnerstaaten hätten die Absicht gehabt, entsprechend dem englischen Vorbild Festnahmen durch die Polizei, abgesehen von der Strafverfolgung (und möglicherweise der Schutzhaft, falls man an sie dachte), nur noch zur Verhinderung mit Strafe bedrohter Handlungen zuzulassen und — was die

---

[78] So etwa auf Treidelpfaden, Kais, Böschungen usw. nach der Canals (Offences) Act, 1840, 3 & 4 Vict. c. 50, s. 10 (H. St. Vol. 18/50).

[79] Regierungsbericht, UN Yearbook, Suppl. Vol. 1/236 re. Sp.; *Jowitt*, Stichwort „Arrest" (S. 152) 2. Abs.

[80] s. o. S. 194.

[81] s. S. 235 f.

Modalitäten und Folgen der Festnahme angeht — die englische Regelung auch insoweit zu übernehmen, als nach Art. 5 I c 1. Hs. i. V. m. Abs. III in allen diesen Fällen nunmehr Vorführung vor den Richter stattzufinden hätte.

Es ist jedoch einmal zu beachten, daß auch das englische Recht in den zahlreichen Fällen nicht von Art. 5 I gedeckt ist, in denen der festnehmende Beamte von vornherein nur den Willen hat, die Personalien des „offenders" festzustellen. Zwar erweckt der Grundsatz, daß bei jedem arrest without warrant eine Vorführung nötig ist[82] i. V. m. dem weiteren Grundsatz, daß das englische Recht neben dem arrest without warrant keine „Mitnahme zur Wache" oder ein ähnliches Institut kennt[83, 84], den Eindruck, als müsse sich an jede Festnahme eine Vorführung anschließen[85]. Auch in England ist aber dann, wenn „power of arrest" besteht, als Minus — selbstverständlich — die bloße Sistierung und Entlassung nach Namensfeststellung zulässig, falls die Polizei annehmen kann, daß der Betreffende für die Strafverfolgung zur Verfügung stehen werde[86].

Abgesehen von dieser Lücke sprechen gegen einen Willen zur Übernahme des englischen und des diesem jedenfalls in den Grundzügen entsprechenden irischen Rechtszustandes die Zahl und die Bedeutung der Mitgliedstaaten mit anderer Regelung, die bei der Ausarbeitung der Konvention beteiligt waren und die dann die MRK unterzeichnet haben. Die Schlußfolgerung, daß die anderen Staaten in der Frage der kurzfristigen FE sich dem englischen Rechtssystem hätten anschließen wollen, könnte deshalb nur gezogen werden, wenn entweder das englische Rechtssystem gewichtige und klar erkennbare Vorteile hätte oder deutliche Anhaltspunkte für einen Übernahmewillen vorhanden wären. Keines von beidem ist der Fall.

---

[82] s. o. S. 194.

[83] *Wilberforce*, S. 11 sub 2 unter Hinweis auf die „Richterregeln" i. d. F. von 1964; *Williams*, Police Power, S. 43 re. Sp. („Under the present law, there is no power to detain for questioning without arrest even for a few minutes, and even if the suspect's name and address are unknown.").

[84] s. zu beidem auch *Sandes*, S. 39 f. mit Rechtsprechungsnachweisen.

[85] s. auch die zahlreichen Vorschriften, die eine Vorführung des „unknown offenders" vorschreiben, z. B. Highway Act, 1835 (5 & 6 Will. 4 c. 50), s. 79 (H. St. Vol. 11/34, 85) („and take him forthwith before any justice of the peace, ..."); Railways Clauses Consolidation Act, 1845 (8 & 9 Vict. c. 20), s. 154 (H. St. Vol. 19/590, 661) („to seize and detain ..., and convey him with all convenient despatch before some justice ..."); The Regulation of Railways Act, 1889 (52 & 53 Vict. c. 57), s. 5 (II) (H. St. Vol. 19/863) („... may detain him until he can be conveniently brought before some justice or otherwise discharged by due process of law.").

[86] s. etwa den bei Markus *Meyer*, S. 169 mitgeteilten Fall der Queen's Bench, in dem die Beschuldigten nach Personalienfeststellung auf der Wache sogleich entlassen worden waren (freilich wurde dort auch diese Sistierung als rechtswidrig angesehen, weil Legitimation an Ort und Stelle erfolgt war).

Die englische Regelung der Festnahmebefugnisse kann nicht losgelöst von dem gesamten dortigen Straf- und Strafprozeßrecht betrachtet werden. Dieses aber leidet wegen seiner Aufsplitterung in eine Unzahl von Einzelgesetzen und wegen des daneben geltenden Common Law an großer Unübersichtlichkeit für Außenstehende. Insbesondere das Festnahmerecht ist so kompliziert, daß „even a lawyer would not like to say on the spur of the moment whether a particular arrest is legal or not“[87]. Dies erschwert die Praxis erheblich, weil kein Polizeibeamter alle Einzelermächtigungen mit den dazugehörigen Besonderheiten im Kopf haben kann[88]. Der englische Polizist, der zudem bis vor kurzem für seine Mißgriffe wie ein Privatmann nach zivilrechtlichen Grundsätzen haftete[89], wird daher in vielen Fällen, in denen eine Festnahme zulässig ist, nicht dazu schreiten[90], so daß der Staat mit der Fülle der Festnahmevorschriften in ähnlicher Weise seiner selbst spottet wie in Deutschland vor Auflockerung des Legalitätsprinzips durch Neufassung des § 153 I StPO im Jahre 1924[91]. Trotz der zahlreichen Einzelvorschriften sind die Festnahmebefugnisse bei weitem nicht ausreichend, insbesondere was die Feststellung der Personalien eines „offenders“ angeht. Die Klagen hierüber sind alt[92]. *Williams* kommt zu dem Ergebnis, das englische Festnahmerecht bestehe aus einer ungesunden allgemeinen Regel (scil. keine Befugnis zur Sistierung) mit einer Reihe willkürlicher und ganz verschieden gefaßter Ausnahmen[93]. Die Polizei ist genötigt, die ungenügenden Festnahmebefugnisse „by bluff“ zu ergänzen, wobei sie wegen der Kompliziertheit der Materie zumeist

---

87 *Williams*, LQR Vol. 66/469; Markus *Meyer*, S. 169.

88 Zumal auch die übrigen Befugnisse der Polizei in dieser Weise geregelt sind, s. *Beyer*, S. 149—151 für die Beschlagnahme. Nach *Mackenzie-Street*, GR I, 2/837 gestatten mindestens 70 Gesetze Haussuchungen.

89 *Loewenstein*, Bd. II/157 f.; *Beyer*, S. 125 f.; *Wilberforce*, S. 10.

90 s. *Beyer*, S. 147.

91 s. *Drews-Wacke*, S. 158.

92 *Williams* (LQR Vol. 66/465) führt eine bis 1950 unbeantwortet gebliebene Anfrage aus dem Jahre 1884 an die Zeitschrift „Sollicitor's Journal“ an, in der der Einsender schildert, wie er von einem Ladenbesitzer auf die Straße geworfen worden sei und die Polizei es abgelehnt habe, Maßnahmen zur Feststellung der Identität des Täters zu treffen, sich vielmehr auf den Rat beschränkt habe, er, der Einsender, solle dem Ladenbesitzer so lange folgen, bis er dessen Namen und Anschrift festgestellt habe, weil vorher keine Vorladung möglich sei.

93 LQR Vol. 66/476 f.

Die Unzulänglichkeiten beruhen teilweise auf dem unrichtigen Weg, den das englische Recht einschlägt, um der Polizei die Personalienfeststellung zu ermöglichen: Statt die benötigte „power of arrest“ zu schaffen, wird die Strafbarkeit desjenigen begründet, der seine Personalien nicht angibt; ein nutzloses Unterfangen, wenn — wie in vielen Fällen — auch wegen dieses Delikts keine Festnahmebefugnis besteht (*Williams*, a.a.O.).

Festnahmebefugnis bei Verweigerung der Personalien geben z. B. die Metropolitan Streets Act, 1867 (30 & 31 Vict. c. 134), s. 12 (H. St. Vol. 24/857) und die Firearms Act, 1937 (1 Edw. 8 & 1 Geo. 6 c. 12), s. 6 (III) (H. St. Vol. 5/1093).

Erfolg hat[94]. Die Praxis funktioniert nur leidlich, weil sich die englische Polizei einer anerkannten Autorität erfreut[95] und Rechtsmittel wegen „false arrest" daher selten sind[96].

Ein weiterer rechtspolitischer Nachteil des englischen Systems liegt darin, daß die Verbindung der Festnahmebefugnisse mit der Begehung von Straftaten zu einer weitgehenden Pönalisierung der Rechtsordnung führt. Da nicht alle Fälle vorausgesehen werden können, in denen ein polizeiliches Einschreiten erforderlich ist, kommt auch England nicht ohne generalklauselartig weite Bestimmungen aus[97], nur beziehen sich die Tatbestände nicht unmittelbar auf Polizeiwidrigkeit und Festnahme, sondern auf die Strafbarkeit und damit nur mittelbar auf die Festnahme.

Von einem solchen Festnahmerecht kann nicht angenommen werden, daß es den Vertretern der anderen Mitgliedstaaten als Vorbild hätte dienen können.

Gegen einen Willen der Vertreter der übrigen Staaten, das englische System für ihre Länder zu übernehmen, spricht neben den aufgezeigten Mängeln vor allem die Tatsache, daß eine solche Anpassung zu einem längeren rechtlosen Zustand bis zur Schaffung der neuen Gesetze mit ihren Einzeltatbeständen geführt hätte. Dies konnte schon nach den Zielen der Konvention nicht gewollt sein, zu denen im übrigen auch keine Gleichschaltung der Rechtssysteme gehörte. Dem entspricht es, daß kein Staat auch nur versucht hat, diesen Weg zu beschreiten.

Demgegenüber verliert die bis auf den Fall der (strafprozessualen) Sistierung bestehende Kongruenz der englischen Rechtsordnung mit den Vorbehalten des Art. 5 I an Gewicht. Dies auch deshalb, weil der für den späteren Art. 5 MRK grundlegende Vorschlag in der UN-Menschenrechtskommission[98] nicht nur von England stammte, sondern auch von den Vertretern Frankreichs und Dänemarks, also zweier Staaten mit anderem Rechtssystem bei der behördlichen FE, von denen man nach dem bisher Gesagten nicht annehmen kann, daß sie sich der englischen Rechtslage hätten anpassen wollen. Auch die Entstehungsgeschichte ergibt somit nichts für einen Übernahmewillen der kontinental-europäischen Staaten.

---

94 *Williams*, a.a.O., S. 469 und 476.

95 Markus *Meyer*, S. 169; *Williams*, a.a.O., S. 476.

96 *Williams*, Police Power, S. 41 und LQR Vol. 66/469.

97 Vgl. s. 20 der Road Traffic Act, 1930 (o. S. 193 Fn. 29). Überhaupt gehen die englischen Festnahmevorschriften z. T. wieder außerordentlich weit; so etwa die Vorschriften, die eine Festnahme wegen „loitering" oder wegen verdächtigen Verhaltens vorsehen im Vergleich mit dem Erfordernis des unmittelbaren Bevorstehens der Polizeigefahr/Straftat nach § 15 I b PrPVG und § 12 der schwedischen Allmän polisinstruktion.

98 s. o. S. 173 Fn. 18.

Demnach ist mangels eindeutig für eine solche Absicht sprechender Umstände nicht anzunehmen, daß sich die übrigen Mitgliedstaaten mit der Annahme der jetzigen Fassung des Art. 5 MRK der englischen Regelung hätten anschließen und ihren eigenen bewährten Vorschriften über die präventiv-polizeiliche FE, insbesondere ihren Generalklauseln, hätten den Boden entziehen wollen.

II. Strafprozeßgesetze

Die Strafprozeßgesetze mehrerer Mitgliedstaaten enthalten Vorschriften, die es gestatten, sowohl Personen, die nicht der Täterschaft verdächtig sind, festzuhalten, als auch Beschuldigte zunächst — noch ohne die Absicht der Polizei, den Betroffenen dem Richter vorzuführen — für kürzere Zeit zum Zwecke der Überprüfung und weiterer Ermittlungen festzunehmen. Die Vereinbarkeit dieser Bestimmungen mit Art. 5 MRK ist teils zu verneinen, teils zweifelhaft.

1. Frankreich

Der Code de Procédure Pénale (CPP) v. 23. 12. 1958 kennt das Institut der „garde à vue". Ist ein „crime" oder „délit flagrant" begangen worden, so kann der herbeigerufene „officier de police judiciaire" allen Anwesenden zunächst verbieten, sich vor Abschluß seiner Tätigkeit zu entfernen (Art. 61 I). Wenn ein solcher Beamter es als für die Untersuchung nötig erachtet, kann er nach Art. 63 I für die Dauer von 24 Stunden festnehmen (garder à sa disposition): jede Person, die sich am Ort der Tat befunden hat (Art. 63 I i. V. m. 61 I), jede Person, deren Identität festzustellen oder nachzuprüfen ihm im Laufe seiner Ermittlungen nötig erscheint (Art. 63 I i. V. m. 61 II) und jede Person, von der er annimmt, sie sei zu Auskünften über den Tathergang in der Lage (Art. 63 I i. V. m. 62 I). Im Verlauf der „enquête préliminaire", also der ersten Ermittlungen der Polizei aus eigenem Entschluß oder nach Aufforderung durch den „Procureur de la République"[1], ist die garde à vue einer jeden freiwillig auf der Polizeiwache erschienenen Person für 24 Stunden statthaft, deren Festhaltung der Beamte als für die Ermittlungen notwendig erachtet (Art. 77 I)[2]. Hier kann der Staatsanwalt die garde à vue sogar unter eben diesen Voraussetzungen um weitere 24 Stunden verlängern (Art. 77 II i. V. m. I), während er bei der Erforschung eines délit flagrant eine solche Verlängerung nur

---

1 Art. 75, 78 a.a.O.

2 Eine garde à vue ist außerdem statthaft bei der Zeugenvernehmung im Auftrage des Untersuchungsrichters, Art. 154 a.a.O.

verfügen darf, wenn schwerwiegende Anhaltspunkte für eine Täterschaft vorliegen (Art. 63 II, III)[3].

Die dargestellte Regelung ist allerdings erst seit dem 2. 3. 1959 geltendes Recht. Unter der Herrschaft des alten Code d'instruction criminelle (CIC) vom 16. 3. 1808 nahm die Polizei bis dahin die jetzt im CPP enthaltenen Rechte in Anspruch, obwohl nur Vorschriften mit erheblich geringerer Tragweite bestanden[4]. Dieses seit Abschaffung des mächtigen napoleonischen Untersuchungsrichters im Jahre 1897 aus zwingenden praktischen Gründen geübte Verfahren erfreute sich jedoch höchstrichterlicher Billigung[5]. Es darf auch nicht übersehen werden, daß der französischen Polizei bereits vor 1959 — und damit z. Z. der Ausarbeitung der MRK — tatsächlich einige Befugnisse dieser Art zustanden. So durften nach Art. 34 I, II CIC der Staatsanwalt und seine Hilfsbeamten bei der Aufklärung eines délit flagrant alle Anwesenden am Verlassen des Tatorts hindern und notfalls festnehmen[6]. Heute noch von Bedeutung ist Art. 8 I des Gesetzes vom 27. 11. 1943[7], der die notwendigen Maßnahmen — einschließlich der zwangsweisen Mitnahme zur Wache[8] — gestattet, wenn es der Polizei im Laufe der Ermittlungen nötig erscheint, die Identität einer Person festzustellen oder zu überprüfen[9]. Ebenfalls noch in Kraft ist Art. 165 des Dekrets vom 20. 5. 1903[10]. Die Vorschrift, die gleichermaßen der police administrative und der police judiciaire dient, gibt der Gendarmerie die Befugnis, jede reisende Person und jeden Ausländer festzunehmen, wenn der Betreffende keine Legitimationspapiere mit sich führt. Eine Überstellung an den Richter ist nicht vorgesehen, vielmehr muß der Festgenommene dem Bürgermeister oder Beigeordneten der Gemeinde vorgeführt werden.

Schließlich sei darauf hingewiesen, daß beide Prozeßgesetze die Befugnis des Staatsanwalts kennen, „mandats d'amener" und „mandats de dépôt" auszustellen. So kann der Staatsanwalt auch heute noch

---

[3] Bei Verbrechen und Vergehen gegen die Sicherheit des Staates gelten längere Fristen für die garde à vue, Art. 16, 48 des Gesetzes No. 63—23 v. 15. 1. 1963 (Journal Officiel v. 16. 1. 1963; auch bei *Dalloz*, CPP, S. 293).

[4] Sie ging dabei von Art. 307 des Dekrets v. 20. 5. 1903 aus (bei *Dalloz*, CIC, 51e éd., S. 17 ff.; Art. 307 hat seit dem Dekret v. 22. 8. 1958 einen anderen Inhalt, s. *Dalloz*, CPP, S. 12 ff.), der aber nur vorsah, daß die Gendarmerie den auf frischer Tat Festgenommenen bis zu 24 Stunden festhalten konnte, wenn es nicht möglich war, ihn sogleich dem Staatsanwalt vorzuführen.

[5] *Roth*, S. 56 f., 58; vgl. *Schaffer*, S. 48 („enquête officieuse").

[6] Es fehlten aber Bestimmungen über die Fortdauer der FE, *Roth*, S. 73.

[7] Bei *Dalloz*, CIC, 51e éd., S. 61 ff. und CPP, S. 51.

[8] s. *Parra*, S. 80, 162; *Roth*, S. 63 Fn. 2.

[9] Die Vorschrift wird heute noch für die Sistierung während der enquête préliminaire benötigt, weil die garde à vue hier voraussetzt, daß der Betroffene zunächst freiwillig auf der Dienststelle erschienen ist, *Parra* und *Roth*, a.a.O.

[10] s. Fn. 4.

neben dem mandat d'amener gegen den der Teilnahme an einem crime flagrant Verdächtigen (Art. 70 CPP) einen auf 24 Stunden befristeten mandat de dépôt[11] gegen den eines mit Gefängnis bedrohten délit flagrant Beschuldigten erlassen (Art. 71 CPP)[12]; in allen diesen Fällen ist nach altem und neuem Recht keine Vorführung vor den Richter vorgesehen, wenn der Betroffene nicht länger in Haft bleiben soll[13].

Diese Rechte werden, soweit sie gegenüber Tatverdächtigen bestehen oder bestanden bzw. in Anspruch genommen wurden, nicht von Art. 5 I (lit. c) MRK gedeckt. Es fehlt an dem Erfordernis „zum Zwecke seiner Vorführung vor die Gerichtsbehörde". Die Befugnisse der Art. 61, 63 und 77 CPP bestehen gerade für den Fall, daß die Umstände noch nicht für eine Festnahme zur Vorführung zum Erlaß eines Haftbefehls ausreichen. Vielmehr sollen weitere Ermittlungen ermöglicht werden. Erweist sich danach der Tatverdacht als unbegründet oder wird die Tat schon ausreichend aufgeklärt, ohne daß ein Haftgrund besteht, so wird der Richter überhaupt nicht eingeschaltet. Die Mitwirkung des Richters entfällt auch bei der Festhaltung eines Tatverdächtigen nur zur Prüfung der Personalien. Wird der von der garde à vue Betroffene doch noch dem Richter vorgeführt, dann geschieht dies aufgrund des Ergebnisses der neuen Ermittlungen, so daß die ursprüngliche Festnahme nicht zum Zwecke dieser Vorführung geschah. In dem Fehlen der Haftvoraussetzungen im Zeitpunkt der Festnahme (nach den Vorstellungen des Festnehmenden) liegt der wesentliche Unterschied zu den oben[14] erwähnten unter lit. c fallenden Sachverhalten, in denen ein mit Vorführungswillen Festgenommener ohne Vorführung wieder entlassen wird, wenn sich während der Vorführungsfrist herausstellt, daß die FE nicht mehr anzudauern braucht.

Daß die Kommission die Regelung der Art. 57 f. des niederländischen StrafverfahrensG, die ebenfalls eine Festhaltung zum Zwecke weiterer Ermittlungen gestattet[15], stillschweigend unter Art. 5 I c MRK fallen läßt, daß diese Entscheidung aber keine Veranlassung gibt, die hiesige Beurteilung des Anwendungsbereichs der lit. c zu ändern, wurde bereits erwähnt[16].

Soweit die angeführten Vorschriften zu Maßnahmen gegen Personen berechtigen, die der Tat nicht verdächtig sind, scheidet lit. c von vorn-

---

[11] Der mandat de dépôt hat das Festhalten einer Person zum Gegenstand, die dem erlassenden Richter oder Beamten bereits zur Verfügung steht, vgl. *Schaffer*, S. 87 f.

[12] Dazu *Schaffer*, S. 56.

[13] Zur Regelung des CIC s. Art. 40 II und *Roskothen*, S. 66 f.

[14] S. 200 f.

[15] s. unten S. 244.

[16] Oben S. 217.

herein aus. Zu überlegen bleibt hier nur, ob lit. b 2. Alt. eingreift, zumal es sich um Vorgänge handelt, die in Zusammenhang mit der Rechtspflege stehen[17]. Schon oben[18] wurde jedoch dargelegt, daß dieser Eingriffsvorbehalt nur das Zwangsmittel der Beugehaft decken dürfte. Gegen eine Subsumierung der hier erörterten Vorschriften unter lit. b 2. Alt. spricht ferner der Umstand, daß dieser Vorbehalt erst im Ausschuß der Höheren Beamten, also fast am Ende der Ausarbeitung der MRK, eingefügt worden ist[19]. Wollte man die hier erörterten Befugnisse unter lit. b 2. Alt. bringen, so müßte man annehmen, daß sie in den früheren Stadien der Arbeiten entweder übersehen oder gar gesehen, aber mißbilligt worden wären. Für die zweite Möglichkeit liegen keine Anhaltspunkte vor; die erste scheidet schon deshalb aus, weil man sich mit dem Strafprozeß im Rahmen des Art. 5 ausführlich befaßt hat (Abs. I lit. a, c; Abs. III).

Es ist daher zumindestens sehr zweifelhaft, ob lit. b 2. Alt. die angeführten Vorschriften deckt.

2. Schweden

Das neue schwedische VerfahrensG vom 18. 7. 1942[20] (in Kraft seit 1948[21]) hat die vorher von der Polizei geübte Praxis, in Zusammenhang mit der Strafverfolgung Personen — auch Nichtverdächtige — zur Befragung oder zur Überprüfung der Personalien auf die Wache mitzunehmen, legalisiert. Die Polizei ist nunmehr befugt, jeden, der am Tatort zugegen war, zwangsweise zwecks Vernehmung zur Dienststelle zu bringen[22]. Unverdächtige dürfen dabei bis zu 6, Verdächtige bis zu 12 Stunden festgehalten werden; ist im letzteren Fall der Verdacht nicht stark genug, um eine Inhaftierung zu rechtfertigen, so wird der Betroffene entlassen, ohne daß ein Richter mit dem Fall befaßt wird[23].

Darüber hinaus darf die Polizei einen Verdächtigen schon dann festnehmen, wenn die Umstände noch nicht zur Anordnung der Untersuchungshaft — und damit zur Vorführung vor den Richter — ausreichen, die FE aber wegen der weiteren Ermittlungen von besonderer

---

[17] s. o. S. 171 f.
[18] S. 215 f.
[19] *Partsch*, GR I, 1/359.
[20] Rättegångsbalk, Sveriges Rikes Lag, S. 999; *Simson*, Das Zivil- und StrafprozeßG, S. 26 ff.
[21] *Simson*, a.a.O., S. 1, 26.
[22] a.a.O., 23 : 8 (= Kapitel 23 § 8).
[23] a.a.O., 23 : 9, 1 (= Kapitel 23 § 9 Abs. I); vgl. *Bratholm*, S. 73 re. Sp.

Bedeutung erscheint[24]. Ein aufgrund dieser Befugnis Festgenommener kann bis zum Tage nach dem Festnahmebeschluß oder, falls für die Entscheidung über die Haftfrage weitere Ermittlungen erforderlich sind, bis zum 5. Tage nach diesem Beschluß im eigenen Gewahrsam der Polizei gehalten werden[25]. Wird der Betroffene danach entlassen, ohne daß ein Antrag auf Verhaftung beim Gericht gestellt wird, so befaßt sich kein Richter mit dieser FE.

3. Norwegen

Die norwegische Polizei verfährt trotz zweifelhafter Rechtsgrundlage hinsichtlich der Mitnahme von Verdächtigen und Zeugen und der Festhaltung Verdächtiger zwecks näherer Überprüfung etwa ebenso wie die Polizei in Schweden. Diese Praxis stößt nicht auf Widerspruch, unter anderem deshalb, weil man die bestehenden Befugnisse für zu eng hält[26].

4. Niederlande

Das niederländische StrafverfahrensG vom 15. 1. 1921[27] kennt — neben der Flagrantenfestnahme[28] — das Recht des Staatsanwalts (officier van justitie) und seiner Hilfsbeamten (hulpofficieren[29]) sowie aller sonstigen Untersuchungsbeamten[30], eine verdächtige Person festzunehmen, zwecks Vernehmung zur Dienststelle zu bringen und dort bis zu 6 Stunden festzuhalten[31]. Ein danach oder auf frischer Tat festgenommener Verdächtiger kann aufgrund eines Befehls des Staatsanwalts oder eines Hilfsbeamten bis zu 2 Tagen in Haft gehalten werden, falls dies für die Untersuchung nötig erscheint. Wenn die Untersuchung es dringend erfordert, kann der Staatsanwalt diesen „bevel tot inverzekeringstelling" um weitere 2 Tage verlängern[32]. Erst wenn der Beschuldigte

---

24 a.a.O., 24 : 5, 2.

§ 5 II lautet (nach *Simson*, a.a.O., S. 93): „Liegen keine völlig ausreichenden Gründe für eine Verhaftung vor, so darf der Beschuldigte trotzdem festgenommen werden, wenn es von besonderer Bedeutung zu sein scheint, daß er in Erwartung der weiteren Ermittlungen in Gewahrsam genommen wird."

Abs. III: „Der Beschluß über die Festnahme ist von dem Untersuchungsführer oder dem Ankläger zu erlassen."

25 a.a.O., 24 : 12, 1.

26 *Bratholm*, S. 71—73, insbesondere 73.

27 Wetboek van Strafvordering; *Houwing-Stellinga-Hofman*, Nederlandse Wetboeken, Bd. 2 Nr. VIII.

28 Art. 53.

29 Insbesondere Beamtengruppen der Reichs- und Gemeindepolizei, Art. 154.

30 Art. 141.

31 Art. 54, 61 II.

32 Art. 57—59.

länger als 4 Tage in Haft gehalten werden soll, muß er einem Richter zum Erlaß eines „bevel tot bewaring“ vorgeführt werden[33, 34].

5. Schlußfolgerungen

Die Erweiterung der angeführten Befugnisse aus der Zeit des CIC durch den CPP zeigt, daß man sie nicht für überflüssig, sondern für notwendig erachtete. Folglich kann kaum angenommen werden, daß die französischen Vertreter einer Fassung des Art. 5 MRK zustimmen wollten, die diese Rechte beseitigt hätte. Der gleiche Schluß ist aus den genannten Vorschriften der schwedischen und niederländischen Strafprozeßgesetze zu ziehen, hinsichtlich deren Unvereinbarkeit mit Art. 5 MRK vom Standpunkt der allgemeinen Meinung aus das zu den französischen Bestimmungen Gesagte entsprechend gilt. Bei der Beurteilung der Willensrichtung der schwedischen Delegierten[35] kommt noch hinzu, daß Schweden die Rechte seiner Polizei erst kurz vor Schaffung der MRK erweitert hatte. Schließlich ist zu beachten, daß man sich in Norwegen schon seit längerer Zeit mit dem Gedanken trägt, die schwedische Regelung zu übernehmen und damit die bisherige Praxis zu legalisieren[36].

22. Kapitel

Ratifikationsverfahren

In allen Ländern, die an der Abfassung der MRK beteiligt waren und die Konvention ratifiziert haben, sind — ebensowenig wie in Frankreich, das das Ratifikationsverfahren noch nicht zu Ende geführt

[33] s. Art. 63—65.

[34] Die von der Kommission (Rec. 21/69, 71) offengelassene Frage, ob der officier van justitie ein gesetzlich zur Ausübung richterlicher Gewalt ermächtigter Beamter i. S. des Art. 5 III 1 1. Hs. MRK — und damit, wie zu ergänzen ist, eine Gerichtsbehörde i. S. der lit. c — ist, muß verneint werden. „Officier van justitie“ ist die niederländische Bezeichnung für Staatsanwalt (*Kroes*, Stichwort „officier“); lediglich für die Generalstaatsanwälte beim Obergericht und beim Hohen Rat wird die Bezeichnung „procureur-generaal“ verwendet (Art. 139 f. StrafverfahrensG; *Kroes*, Stichwort „procureur generaal“). Der officier van justitie hat Straftaten zu verfolgen (s. Art. 139 bis 141, 148 f. a.a.O.) und untersteht den Weisungen der Generalstaatsanwälte (Art. 139 II, 140 II a.a.O.). So spricht auch die niederländische Regierung in UN Yearbook, Suppl. Vol. 1/163 li. Sp. vom „public prosecutor“ und stellt ihm den „judge“ gegenüber.

[35] Schweden führte im Ausschuß der Höheren Beamten sogar den Vorsitz, s. *Partsch*, ZaöRV 15/648 f.

[36] *Bratholm*, S. 73.

hat — während des Ratifikationsverfahrens keine Bedenken gegen die weitere Zulässigkeit der kurzfristigen behördlichen FE aufgetreten[1]. Dies obwohl die Vereinbarkeit des nationalen Rechts mit der MRK zum Teil ausführlich erörtert worden ist und diese Prüfung mehrere Staaten zur Einlegung eines Vorbehalts veranlaßt hat[2]. Das einzige Land, das meinte, mit Rücksicht auf Art. 5 MRK einige Vorschriften ändern zu müssen, war Dänemark[3]; hierbei handelte es sich aber um Bestimmungen des Fürsorgerechts, die längerdauernde FEen betrafen. Dieser Umstand spricht zusammen mit den vorstehenden Ausführungen ebenfalls für eine Fortgeltung des betreffenden nationalen Rechts[4].

Dagegen sind in der Bundesrepublik Deutschland und in Österreich Bedenken gegen die Vereinbarkeit des staatlichen Rechts mit Art. 5 MRK geltend gemacht worden.

Österreich, das schließlich einen Vorbehalt zugunsten seiner Verwaltungsverfahrensgesetze[5] und der darin vorgesehenen Maßnahmen des Freiheitsentzugs einlegte[6], kann hier außer Betracht bleiben. Die Verwaltungsverfahrensgesetze enthalten zwar auch Bestimmungen über eine kurzfristige Festnahme[7]. Anlaß der Bedenken wegen der Vereinbarkeit dieser Gesetze mit Art. 5 MRK waren aber nicht diese Vorschriften, sondern war die in den Verwaltungsverfahrensgesetzen i. V. m. den einzelnen Verwaltungsgesetzen eröffnete Möglichkeit für die Verwaltungsbehörden, Zwangshaft und erhebliche Freiheitsstrafen festzusetzen[8], so z. B. Arrest bis zu einem Jahr oder Ersatzarreststrafe bis zu 18 Monaten bei Verstößen gegen das DevisenG[9].

Bei der Beratung des deutschen ZustimmungsG äußerten die Länder Hamburg, Niedersachsen und Nordrhein-Westfalen im Bundesrat Bedenken gegen die in §§ 15 PrPVG, 9 NdsSOG enthaltene Regelung der Schutzhaft, die sie später jedoch (bis auf Niedersachsen) mit Rücksicht auf ein geplantes neues PolizeiG aller Bundesländer wieder fallen ließen, ohne daß ein Beschluß des Bundesrates ergangen wäre[10]. Der Rechtsausschuß des Bundestages befaßte sich ebenfalls mit der Wirkung

---

[1] s. dazu *Partsch*, ZaöRV 17/93—132.

[2] Irland (kostenlose Pflichtverteidigung, *Partsch*, a.a.O., S. 106); Norwegen (Jesuitenverbot, *Partsch*, a.a.O., S. 97); Schweden (Staatskirche, *Partsch*, a.a.O., S. 98).

[3] *Partsch*, a.a.O., S. 107 f.

[4] s. *Geck*, DVBl. 1956/526 re. Sp. (anläßlich der Auslegung des Art. 6 MRK).

[5] BGBl Nr. 172/1950; auch bei *Mannlicher*, S. 14 ff.

[6] Abgedruckt in Ann. II/88; soweit Art. 5 betroffen ist, auch bei *Partsch*, GR I, 1/355 Fn. 378.

[7] §§ 35, 36 VerwaltungsstrafG (bei *Mannlicher*, S. 350 ff.).

[8] s. *Partsch*, GR I, 1/355; *Pfeifer*, Festschrift für Hugelmann, I/428 f.

[9] s. *Mannlicher*, S. 372 (Anm. 5 zu § 10 VerwaltungsstrafG).

[10] *Hodler*, NJW 1953/532 und Diss. S. 85 unter Bezugnahme auf das Kurzprotokoll der 83. Sitzung des Rechtsausschusses des BR v. 14. 2. 1952, Umdruck R 44/52.

des Art. 5 auf die Vorschriften über die Schutzhaft, kam aber schließlich zu der Auffassung, die Frage, ob eine Zustimmung zur MRK zu unüberwindlichen Schwierigkeiten führe, sei praktisch gegenstandslos, da die deutschen Grundrechtsvorschriften zumeist weitergingen; Bedenken gegen die Vereinbarkeit der Vorschriften über die Schutzhaft mit Art. 5 äußerte er nicht[11].

Diesen Beratungen ist nicht zu entnehmen, daß die betreffenden Gremien sich allgemein mit dem deutschen System der kurzfristigen FE und seiner Vereinbarkeit mit Art. 5 MRK befaßt haben. Man hat vielmehr bei Art. 5 nur den Fall der Schutzhaft herausgegriffen, der — wie leicht zu erkennen ist — unter keinen der Eingriffsvorbehalte des Abs. I fällt. Die Behandlung gerade der Schutzhaft mag auch in den Jahren 1951/52, wie schon bei der Beratung des GG, noch durch die frische Erinnerung an die mißbräuchliche Schutzhaft der nationalsozialistischen Zeit beeinflußt gewesen sein. Auf eine Rechtsansicht in den gesetzgebenden Körperschaften, daß die MRK tiefgreifende Veränderungen auf dem Gebiet der kurzfristischen FE mit sich bringe und auf einen Willen, solche Veränderungen durch Zustimmung zur Konvention herbeizuführen, kann mithin nicht geschlossen werden.

Auch in der z. Z. in der Schweiz geführten Diskussion über die Frage, welche Bestimmungen des Schweizer Rechts im Falle der Ratifikation der MRK abgeändert werden müßten, sind Bedenken im Hinblick auf Art. 5 MRK bislang nur wegen des Unterbringungsrechts aufgetreten, nicht aber wegen der Vorschriften über die kurzfristisge FE[12].

23. Kapitel

Ergebnis

I. Die beiden Möglichkeiten

Die bisherigen Ausführungen haben ergeben, daß die eingangs auf der Grundlage der allgemeinen Meinung gezeigten Einwirkungen des Art. 5 MRK auf das innerstaatliche Recht nicht richtig sein können und daß die Vorschriften über die kurzfristige verwaltungsbehördliche — insbesondere polizeiliche — FE entweder sämtlich oder doch grundsätzlich — mit wenigen Ausnahmen — weitergelten müssen. Zur Erreichung dieses Ergebnisses sind zwei Wege ins Auge zu fassen:

---

[11] BT, 1. WP, Drucks. Nr. 3338 S. 2 f. (sub f) und 5.
[12] Vgl. O. K. *Kaufmann*, St. Galler Festgabe, S. 245 ff., insbesondere 261.

1. Man könnte einmal annehmen, daß alle FEen, also auch diejenigen, die nur auf eine kurze Zeit gerichtet sind, von Art. 5 MRK erfaßt werden. Dann bliebe nur die Möglichkeit, die Eingriffsvorbehalte des Art. 5 weit auszulegen und in den Fällen, die auch mit einer weiten Auslegung nicht zu fassen sind, einen Analogieschluß zu ziehen oder auf andere Bestimmungen oder Grundgedanken der MRK zurückzugreifen. Das ist der Weg, den die h. M. einschlägt, ohne freilich wichtige Einzelheiten — wie die Tragweite der lit. c — zu bemerken. Die Autoren gehen dabei davon aus, daß die für Art. 5 I gewählte kasuistische (Definitions-)Methode zwangsläufig unbeabsichtigte Lücken offenläßt, die durch Auslegung geschlossen werden können[1]. Die Zulässigkeit einer solchen extensiven Auslegung ist bei der MRK um so mehr zu bejahen, als der Text unter den Vertretern zahlreicher Staaten innerhalb weniger Monate ausgehandelt werden mußte[2], so daß die Gefahr unbeabsichtigter Lücken besonders groß war. Zudem ist das Recht der persönlichen Freiheit einer kasuistischen Behandlung besonders unzugänglich, wie sich daran zeigt, daß der Parlamentarische Rat, der die Aufnahme eines allgemeinen Vorbehalts entsprechend Art. 21 IV HChE und Art. 98 S. 2 BayVerf.[3] zugunsten der Absteckung der Einschränkungsmöglichkeiten von Grundrecht zu Grundrecht abgelehnt hatte, im Falle des Art. 2 GG von dieser Methode abgewichen ist, weil es sich als unmöglich erwies, eine befriedigende Fassung für speziellere Einschränkungen zu finden[4].

Selbst wenn man sich bei der extensiven Auslegung über die gegenständliche Beschränkung der lit. b 2. Alt. hinwegsetzte, so eröffnete dieser Vorbehalt wegen der billigenswerten Ansicht von GH und Kommission für das Gebiet der Wahrung der öffentlichen Sicherheit und Ordnung doch nur die Möglichkeit, die voraussehbaren Fälle einer kurzfristigen Ingewahrsamnahme in Einzeltatbeständen zu regeln, so daß mit Sicherheit Lücken blieben. Eine ausdehnende oder entsprechende Anwendung der lit. c 2. Fall auf die kurzfristige FE zur Verhinderung strafbarer Handlungen — etwa mit der Argumentation a maiore ad minus von der zugelassenen längeren Haft zur Ver-

---

1 *Echterhölter*, JZ 1956/142; *Herzog*, AöR 86/200; *Appell*, S. 16; *Zwingenberger*, S. 116; im Ergebnis auch *Partsch*, der zwar in GR I, 1/320 vor einer restriktiven Auslegung der Rechte warnt, aber die Vorbehalte der lit. d und e weit auslegt (s. o. S. 213, 210). Ebenso wohl *Hodler* (Diss. S. 43 f.), *Robertson* (BYIL 1950/152) und *Solf* (BAnz. Nr. 89 v. 9. 5. 1952, S. 7 sub IV), die auf zu erwartende Lücken hinweisen.

2 Die für die Fassungsarbeit maßgebenden Ausschüsse der Sachverständigen und der Höheren Beamten tagten nur wenige Tage (2.—8. 2. und 8.—17. 6. 1950, s. *Weiß*, S. 7 und 8).

3 Gesetzesvorbehalt für den Fall, daß die öffentliche Sicherheit, Sittlichkeit, Gesundheit und — in Bay — Wohlfahrt es zwingend erfordern.

4 *v. Mangoldt*, S. 38.

hütung von (neuen) Straftaten — brächte die Gefahr einer weitgehenden Pönalisierung der Rechtsordnung mit sich.

2. Der zweite Weg besteht in der Ausklammerung sämtlicher FEen, die nicht auf eine gewisse Dauer gerichtet sind, aus Art. 5, d. h. aus dem Begriff der FE i. S. des Abs. I 2 1. Hs. dieser Bestimmung. Die Möglichkeit einer solchen Auslegung ergibt sich aus der Vielzahl der Lücken und Zweifelsfragen hinsichtlich der kurzfristigen FE, die Art. 5 enthält und zu denen er Anlaß gibt, i. V. m. den in diesem Unterabschnitt getroffenen Feststellungen.

II. Entscheidung

1. Die zweite Lösungsmöglichkeit, nach der jede gesetzlich zugelassene, nicht auf die Dauer gerichtete FE der Konvention entspricht, ist für die staatlichen Rechte günstiger.

Daher stellt sich die Frage, ob schon der häufig zitierte Satz, völkerrechtliche Verpflichtungen seien im Zweifel restriktiv auszulegen (in dubio pro mitius), die Beschreitung des zweiten Weges gebietet. Das BVerwG und das OVG Münster[5] sowie mehrere Schriftsteller[6] gehen davon aus, daß es sich hierbei um einen anerkannten Grundsatz handle. Die Geltung eines solchen Auslegungsgrundsatzes ist jedoch nicht zweifelsfrei. Der Ständige Internationale Gerichtshof hat zwar im Wimbledon-Fall[7] zu Art. 380 des Versailler Friedensvertrages (Internationalisierung des Nord-Ostsee-Kanals) ausgeführt, diese Bestimmung beschränke Deutschland in der Ausübung seiner Souveränität, was genüge, um die Klausel in Zweifelsfällen restriktiv auszulegen[8, 9]. Später hat der Gerichtshof diese Interpretationsmethode auf Fälle beschränkt, in denen die „ordinary methods of interpretation"

---

[5] BVerwG, MDR 1957/697 und MDR 1958/446; ebenso Beschluß v. 13. 12. 1957, VI C 270/57, auszugsweise mitgeteilt bei *Partsch*, GR I, 1/378 Fn. 450; OVG Münster, NJW 1956/1374 f.; im Grundsatz zustimmend: BDHE 4/20, 22; BayObLG, NJW 1961/270; OLG Celle, NJW 1960/880.

[6] *Geck*, DVBl. 1956/526; *Morvay*, ZaöRV 21/335; aus der völkerrechtlichen Literatur: *Berber*, Bd. I/447; *Oppenheim-Lauterpacht*, S. 953 f. (§ 554 [5]); *Verdross*, S. 174; ferner *Herzog*, AöR 86/200 und *Partsch*, GR I, 1/317, die beide nur Bedenken gegen die Anwendung auf die MRK äußern.

[7] CPJI, Série A No. 1, S. 24 f.

[8] Der StIGH hat es aber abgelehnt, auf diesem Wege gegen den klaren Wortlaut des Art. 380 a.a.O. zu entscheiden.

[9] Die Ausführungen des StIGH im Lotus-Fall (CPJI, Série A No. 10), es bestehe eine Vermutung gegen Beschränkungen der staatlichen Unabhängigkeit (a.a.O., S. 18), betreffen das entsprechende Problem (liberale oder restriktive Haltung) bei der Feststellung von Regeln des Völkergewohnheitsrechts; s. *Bernhardt*, S. 144.

versagen[10]. Der Internationale Gerichtshof hat bislang die Regel, staatliche Verpflichtungserklärungen seien grundsätzlich restriktiv auszulegen, weder genannt, noch gebilligt oder abgelehnt[11]. Die übrige internationale Gerichtsbarkeit nach dem 2. Weltkrieg bietet ein uneinheitliches Bild[12]. Da der Grundsatz der restriktiven Interpretation das Grundprinzip der Souveränität der Staaten zugrunde liegt, werden in der Literatur angesichts der sich wandelnden Vorstellungen über die Bedeutung der Souveränität und der stärkeren Betonung der zwischenstaatlichen Interdependenz heute Bedenken gegen einen solchen Auslegungsgrundsatz geltend gemacht[13]. Zu diesen allgemeinen Zweifeln kommt bei der MRK hinzu, daß es sich um einen Vertrag handelt, der innerhalb einer internationalen Organisation abgeschlossen wurde, weswegen einer Rücksichtnahme auf die staatliche Souveränität noch mehr Bedenken als im Bereich der nichtorganisierten Völkergemeinschaft entgegenstehen[14] und daß die Einschränkung der staatlichen Souveränität bei der MRK nicht nur die unvermeidbare Folge einer anderweitigen Zielsetzung, sondern selbst Zweck des Vertrages ist[15].

Die Frage, ob ein (subsidiärer) Auslegungsgrundsatz des erwähnten Inhalts anzuerkennen ist und ob er auf die MRK angewandt werden kann, braucht indessen nicht entschieden zu werden, weil hier bereits die „normalen Auslegungsmethoden" zum Ziele führen:

Nur bei Beschreiten des zweiten Weges können die zahlreichen und starken Argumente, die gegen die Erfassung der kurzfristigen FE durch Art. 5 MRK sprechen, berücksichtigt werden, können die in zahlreichen Mitgliedstaaten geltenden Generalklauseln und sonstigen weiter gefaßten Vorschriften über die präventiv-polizeiliche FE aufrechterhalten und die aufgezeigten, durch die Notwendigkeit der Anknüpfung an die Vorbehalte des Art. 5 I bedingten konstruktiven Schwierigkeiten des ersten Weges, die notwendige Lückenhaftigkeit und die rechtspolitischen Gefahren der ersten Lösungsmöglichkeit — wie Unübersichtlichkeit und Pönalisierung — vermieden werden. Da der zweite Lösungsweg im Verhältnis zum ersten auch keine übermäßige Beeinträchtigung des Bürgers zur Folge hat[16], ist aufgrund

---

10 PCIJ, Series B No. 11 (betreffend die postalischen Befugnisse Polens im Danziger Hafen).

11 *Bernhardt*, S. 151.

12 *Bernhardt*, S. 152.

13 *Bernhardt*, S. 156; *Dahm*, Bd. I/160 f., Bd. III/54; *Sauer*, S. 183 (sub a), (anders S. 184 sub d).

14 *Partsch*, GR I, 1/317.

15 *Herzog*, AöR 86/200 (sub dd).

16 So im Ergebnis auch *Partsch*, GR I, 1/364, der es bedauert, daß die Konvention (Art. 5 I b) auch dort zur gesetzlichen Einzelregelung zwinge, wo eine beschränkte GK wie in § 15 PrPVG sinnvoller wäre.

der Ziele der Konvention, der daraus folgenden Absicht der Unterzeichnerstaaten, das innerstaatliche Recht nur in wenigen Extremfällen abzuändern und aufgrund des aufgezeigten Willens der Beteiligten, das Recht der kurzfristigen FE nicht wesentlich umzugestalten, dem zweiten Weg der Vorzug zu geben.

Die Frage, ob eine von vornherein nur auf eine kurze Zeit gezielte FE überhaupt von Art. 5 MRK erfaßt wird[17], ist somit zu verneinen. Überdies hat sich gezeigt, daß zunächst auf kürzere Zeit gerichtete FEen, bei denen die Möglichkeit des Übergangs in eine längere Festhaltung besteht, aus dem Anwendungsbereich des Art. 5 herausfallen[18].

2. Diese Beschränkung des Begriffs der FE i. S. des Art. 5 findet sogar eine gewisse Bestätigung in den Ausführungen von *Partsch* und *Herzog*, die sich bisher am gründlichsten mit Art. 5 beschäftigt haben.

Partsch verweist wegen des Begriffs „FE" nicht einfach auf Art. 2 II 2, 104 GG und die dazu vorliegende Literatur und Rechtsprechung, sondern definiert die FE im Sinne des Art. 5 besonders[19]. Herzog widmet der Erörterung des Begriffs der Freiheit i. S. des Art. 5 einen ganzen Abschnitt[20]. Dem dürfte das richtige Gefühl zugrunde liegen, daß gewisse Maßnahmen, die nach deutschem Recht eine FE darstellen, nicht unter diesen Begriff in Art. 5 MRK fallen. Daß es sich bei den auszuklammernden Maßnahmen um solche handelt, die nicht auf eine gewisse Dauer gerichtet sind, klingt bei Partsch ebenfalls an, wenn er ausführt, als FE i. S. von Art. 5 sei nicht jede Freizügigkeitsbeschränkung anzusehen, sondern nur eine sehr viel weitergehende Einschränkung der Bewegungsfreiheit, wie sie vor allem mit der Einweisung in eine geschlossene Anstalt verbunden sei[21]. Auch führt Partsch bei einem allgemeinen Überblick über die in Art. 5 I geregelten Fälle bezeichnenderweise nur längere FEen an[22].

Die (gefühlsmäßigen) Zweifel hinsichtlich des Anwendungsbereichs des Art. 5 zeigen sich auch an der Behandlung der Sistierung und der Vorführung in der Literatur. Während Herzog in seiner Dissertation die Sistierung als unter Art. 5 fallend behandelte und weit-

---

[17] s. o. S. 185, 186 f.
[18] s. o. S. 217 oben.
[19] GR I, 1/357 f.
[20] AöR 86/200 ff.
[21] a.a.O.
[22] Den gerichtlich Verurteilten (lit. a), den Beugehäftling (lit. b), den Untersuchungshäftling (lit. c), den verwahrlosten Jugendlichen (lit. d), den Geisteskranken usw. (lit. e) und die Einwanderer, Auszuweisenden und Auszuliefernden (lit. f) (Hess. Hochschulwochen 1953/246); fast genauso GR I, 1/357). Ähnlich *Guradze*, Stand, S. 194 f.

gehend für unzulässig erklärte[23], erwähnt er dieses Rechtsinstitut in seinen späteren Arbeiten[24] nicht mehr, obwohl er sich dort sehr viel eingehender mit Art. 5 befaßt und einen Aufsatz speziell der Untersuchung der polizeilichen Befugnisse zur FE nach dem BayPAG widmet[25]. Partsch, der die Rechtsprechung der Kommission zu Art. 5 I b 2. Alt. ausdrücklich billigt[26], müßte konsequenterweise die Rechtsgrundlagen für die Sistierung[27] — außerhalb von Bayern und Rheinland-Pfalz — als mit Art. 5 I unvereinbar erklären, statt dieses Rechtsinstitut wie die Autoren der übrigen einschlägigen Arbeiten — *Hodler, Guradze, Zwingenberger* — zu übergehen. Dies und die Inkonsequenz von Partsch und insbesondere von Herzog, die die Vorführung nach den Polizeigesetzen nicht behandeln, obwohl sie die kurzfristige Festhaltung zur Untersuchung unter Art. 5 I (lit. e) fallen lassen[28] und obwohl Herzog sogar die Vorführung von Zeugen und Maßnahmen nach §§ 81 a—c StPO als von Art. 5 I (lit. b) erfaßt ansieht[29], zeigt ebenso wie das Fehlen jeder Erörterung der Vorführung und Sistierung bei *Dürig, Hodler, Guradze* und *Zwingenberger*[30], daß die genannten Autoren die Institute der Sistierung und Vorführung nach den Polizeigesetzen — und damit zwei Maßnahmen, die von vornherein nur auf kürzere Zeit gerichtet sind — stillschweigend vom Geltungsbereich des Art. 5 ausnehmen.

Der hier vertretenen Meinung dürften auch die Regierungen Belgiens, Dänemarks, Frankreichs, Norwegens und Schwedens sein. Anders ist es nicht zu erklären, daß in ihren Berichten — abgesehen von dem der belgischen Regierung — an den UN-Generalsekretär über den Stand des Menschenrechts „freedom from arbitrary arrest, detention and exile" (Art. 9 der UN-Menschenrechtserklärung)[31], das hinsichtlich des arrests und der detention mit Art. 5 MRK inhaltsgleich ist, die Rechtsgrundlagen für die kurzfristige polizeiliche FE überhaupt nicht erwähnt sind[32]. Die belgische Regierung führt zwar die FE zur Verhinderung von strafbaren Handlungen und Ordnungs-

---

[23] s. o. S. 170.
[24] BayVBl. 1959/44 ff.; AöR 86/194 ff.
[25] BayVBl., a.a.O.
[26] GR I, 1/361.
[27] s. o. S. 58 f.
[28] s. o. S. 210, 211.
[29] AöR 86/217 f., s. o. S. 167 f.
[30] s. o. S. 170 Fn. 26.
[31] "No one shall be subject to arbitrary arrest, detention or exile" (Text auch in UN Yearbook, Suppl. Vol. 1 S. VII).
[32] Berichte in UN Yearbook, Suppl. Vol. 1 S. 75 (Dänemark), 94 (Frankreich — ebenso *Duverger-Sfez*, GR I, 2/543 ff., 570—575), 175 (Norwegen), 213 (Schweden).

störungen an, bezeichnet sie aber als summarische Maßnahme, die nicht als Festnahme i. S. des Art. 7 der Verfassung angesehen werde[33, 34].

Auch die Studie eines Ausschusses der UN-Menschenrechtskommission über das Recht des Art. 9 der Menschenrechtserklärung[35] enthält weder einen Hinweis auf die oben[36] angeführten Befugnisse des belgischen, dänischen, französischen, italienischen, norwegischen und schwedischen Polizeirechts, noch erwähnt sie § 15 PrPVG und die Polizeigesetze der Länder, obwohl die Bundesregierung in ihrem Bericht an den Generalsekretär auf diese Vorschriften ausführlich eingegangen ist[37]. Überhaupt fehlt in dieser Studie jede Erörterung der kurzfristigen verwaltungsbehördlichen FE[38]. Der Ausschuß dürfte daher die von vornherein nur auf kürzere Dauer angelegte Festnahme ebenfalls nicht als FE i. S. des Art. 9 der Menschenrechtserklärung ansehen.

3. Gegen die Richtigkeit des hier gewonnenen Ergebnisses scheint der Umstand zu sprechen, daß in lit. a und in lit. b 1. Alt. (Ordnungsstrafe) auch kürzere — etwa eintägige — FEen erfaßt sind. Deshalb könnte es überraschend erscheinen, wenn der Begriff der FE, der allen Vorbehalten des Abs. I übergeordnet ist, bzw. die mit der FE identischen Begriffe arrest/arrestation und detention/détention in den einzelnen lit. verschieden ausgelegt werden. Zwischen den lit. a und b 1. Alt. einerseits und den anderen lit. besteht jedoch ein sachlicher Unterschied insofern, als in den beiden ersten Fällen die FE vom Gericht selbst angeordnet ist oder das Gericht doch schon ein bestimmtes Verhalten vom Betroffenen verlangt hat, während die übrigen Eingriffsvorbehalte sich an Verwaltungsbehörden wenden. Wollte man dies nicht als Grund für die Differenzierung gelten lassen, so stünde nichts im Wege, wegen der Nichterfassung der kurzfristigen Fälle in den übrigen lit. auch die lit. a und b 1. Alt. nur auf FEen von längerer Dauer zu beziehen.

III. Bestimmung der „kurzen Zeit"

Steht somit fest, daß sämtliche verwaltungsbehördlichen FEen i. S. des Art. 104 GG von Art. 5 MRK nicht berührt werden, wenn die

---

33 UN Yearbook, a.a.O., S. 21.

34 Die italienische Regierung verzichtete auf eine Erörterung der Maßnahmen nach den Sicherheitsgesetzen wegen der damals bevorstehenden Gesetzesänderung (Bericht, a.a.O., S. 147, 151 li. Sp.).

35 UN-Study, Part I—IV. Die Studie beruht nur z. T. auf den in UN Yearbook, a.a.O., zusammengefaßten Regierungsberichten, vgl. Abschn. 16 und 17 der Studie.

36 S. 222—232.

37 UN Yearbook, a.a.O., S. 101, 107 f. Die BReg. erwähnt dagegen nicht die Bestimmungen über die Vorführung.

38 Part III, IV.

Behörde den Betroffenen nur für kurze Zeit in Gewahrsam halten will, so muß nunmehr geklärt werden, bis zu welcher Grenze eine solche „kurze Zeit" anzunehmen ist.

Die MRK will in Art. 5 denjenigen, der in Zusammenhang mit einer Straftat festgenommen worden ist, besonders günstig stellen: die Fortdauer der Haft wird von richterlicher Entscheidung abhängig gemacht, die von Amts wegen und unverzüglich herbeigeführt werden muß (Abs. III). Der aus anderen Gründen Festgenommene hat dagegen nur das Recht, ein Verfahren zu beantragen, in dem von einem Gericht innerhalb kurzer Zeit[39] über die Rechtmäßigkeit der Haft entschieden wird (Abs. IV). Wenn die MRK nun innerhalb der auf längere Dauer gerichteten und grundsätzlich unter die Verfahrensherrschaft des Richters gestellten FE nach Art. 5 I c/III eine Festhaltung bis zur Vorführung aus — mit der Sprache des GG — „eigener Machtvollkommenheit" der Exekutive zuläßt, so gibt sie auch den von ihr besonders geschützten Personenkreis zunächst einmal für eine provisorische Maßnahme in die Hand der Exekutive. Da der Charakter des Provisorischen und Vorübergehenden auch den in dieser Arbeit untersuchten FEen anhaftet, bietet sich die Frist für die Vorführung eines Beschuldigten innerhalb der auf längere Dauer abzielenden FE nach Abs. I c/III als Maßstab an für die Abgrenzung der unter Art. 5 fallenden von den aus dem Anwendungsbereich dieser Vorschrift auszuklammernden FEen (i. S. des GG)[40].

Art. 5 III enthält selbst keine bestimmte Frist für die Vorführung. Das Erfordernis der Unverzüglichkeit verbietet nur sachlich nicht bedingte Verzögerungen[41]. Wegen der Ziele der MRK, eine gemeinsame Garantie eines Mindeststandards herbeizuführen und die Rechtsangleichung zu fördern[42], kann der Begriff der Unverzüglichkeit durch Vergleich der Strafprozeßgesetze der Mitgliedstaaten näher bestimmt werden.

Sofern eine Höchstfrist überhaupt besteht — was z. B. in Belgien, Luxemburg und nach schweizerischem Bundesrecht nicht der Fall

---

[39] Die dt. Übersetzung spricht sowohl in Abs. III 1 als auch in Abs. IV von „unverzüglich", obwohl die maßgebenden Texte in Abs. III „promptly"/„aussitôt" und in Abs. IV „speedily"/„à bref délai" verwenden.

[40] In diesem Rückgriff auf die Vorführungsfrist liegt kein Widerspruch zu den Ausführungen auf S. 186, aus Art. 5 III 1 1. Hs. folge, daß auch die Zeit der Festhaltung bis zur Vorführung als FE i. S. des Art. 5 angesehen werde. Diese Feststellung bezieht sich — wie die späteren Ausführungen ergeben haben — nur auf den Fall, daß die Festhaltung bis zur Vorführung Teil einer auf Dauer gerichteten Maßnahme ist.

[41] s. *Dürig* in Maunz-Dürig, Rdn. 38 zu Art. 104 GG; *Hamann*, Anm. 8 zu Art. 104 GG; vgl. o. S. 118 Fn. 79.

[42] s. o. S. 218 f.

ist[43] —, ordnen die Gesetze die Vorführung eines Festgenommenen unter gewöhnlichen Umständen zumeist binnen 24[44] oder 48[45] Stunden oder am Tage nach der Festnahme[46] an. In besonderen Fällen gelten längere Fristen[47]. Der Richter oder auch der Staatsanwalt können die Vorführungsfrist verlängern[48]. England kennt ebenfalls keine bestimmten Fristen. Der Festgenommene ist „schnell" vorzuführen[49], was in den großen Städten regelmäßig „innerhalb von 24 Stunden" bedeutet; in anderen Landesteilen können mehr als drei Tage vergehen[50].

In Schweden soll die Festnahmebehörde, wenn sie einen Festnahmebeschluß erlassen hat oder wenn ein Ergriffener bei ihr abgeliefert wird, am nächsten Tag beim Gericht die Verhaftung beantragen[51]. Der Antrag darf jedoch bis zum 5. Tage nach dem Festnahmebeschluß hinausgeschoben werden, wenn für die Entscheidung über die Haftfrage weitere Ermittlungen erforderlich sind[52]. Das Gericht darf die Verhandlung über den Verhaftungsantrag bis zu vier Tagen ver-

---

[43] In Belgien (UN Yearbook, Suppl. Vol. 1/22) und Luxemburg (*Karamuntzos*, S. 76 f. und 4) jeweils Art. 106 des CIC von 1808. Schweizerisches BundesG über die Bundesstrafrechtspflege v. 15. 6. 1934 (abgedruckt in Bundesstrafrechtspflege, S. 76 ff.), Art. 62 II (Vorführung „ohne Verzug").

[44] Dänemark, Art. 71 III der Verf.; Frankreich, Art. 63 II CPP (Begrenzung der garde à vue auf grundsätzlich 24 Stunden); Griechenland, Art. 5 II der Verf. von 1952 (*Mayer-Tasch*, S. 135; *Karamuntzos*, S. 84 f.); Italien (Richter oder Staatsanwalt), Art. 244 StPO von 1930 (bei *Karamuntzos*, S. 82; durch die Änderungen 1955 unberührt, UN Yearbook, Suppl. Vol. 1/148, 149); Zypern, UN-Study, Abschn. 131.

[45] Österreich, § 4 FreiheitsschutzG 1862 (*Mayer-Tasch*, S. 412), § 177 II StPO i. d. F. v. 20. 4. 1960 (BGBl. Nr. 98), § 36 VerwaltungsstrafG 1950 (BGBl. Nr. 172; *Mannlicher*, S. 414). Ebenso außerhalb des Europarates z. B. Bulgarien, Israel, Japan, Tschechoslowakei (UN-Study, Abschn. 131).

[46] BRD, Art. 104 III 1 GG/§ 128 I 1 StPO; Norwegen, Art. 236 StPO (bei *Karamuntzos*, S. 79 und UN Yearbook, Suppl. Vol. 1/176); *Türkei*, Art. 128 I StPO v. 20. 4. 1929 (englischer Text bei *Mueller*, S. 13 ff.) (Die Angabe in UN-Study, Abschn. 131 — am Tage der Festnahme — bezieht sich offenbar auf den aufgrund Haftbefehls Ergriffenen, Art. 109 I, 108 I StPO).

[47] Frankreich: in Staatsschutzsachen 48 Stunden mit Verlängerungsmöglichkeit um zweimal 5 Tage, im Ausnahmezustand bis auf 15 Tage (vgl. oben S. 241 Fn. 3); Österreich: 3 Tage, wenn es bei Aufruhr oder öffentlicher Gewalttätigkeit nicht möglich ist, die Schuldigen sogleich zu ermitteln (Festnahme aller Teilnahmeverdächtigen), § 181 StPO.

[48] So kann der italienische Staatsanwalt die Frist bis auf 7 Tage verlängern (UN-Study, Abschn. 133). s. ferner die Regelung in Art. 63 II, III, 77 I, II CPP (oben S. 240 f.), nach der Frankreich eigentlich zu den Ländern mit 48-Stunden-Frist zu rechnen ist. — Nach Art. 5 II der griechischen Verf. v. 1. 1. 1952 (s. Fn. 44) verlängert sich die Vorführungsfrist auf die zum Transport benötigte Zeit, wenn die Festnahme außerhalb des Gerichtssitzes geschieht.

[49] In Irland „with reasonable promptitude", welche insbesondere von der Erreichbarkeit des Richters abhängt (*Sandes*, S. 41).

[50] Regierungsbericht, UN Yearbook, Suppl. Vol. 1/237 re. Sp.

[51] VerfahrensG, 24 : 12, 1 (s. S. 243 Fn. 20).

[52] VerfahrensG, a.a.O. (vgl. 24 : 5, 2, o. S. 243 f.).

schieben[53], so daß ein Festgenommener acht bis zehn Tage einsitzen kann, ehe sich ein Richter mit der Entscheidung über die Verhaftung befaßt[54].

Die Kommission hat aus diesen Regelungen gefolgert, daß den Mitgliedstaaten ein Spielraum hinsichtlich des Erfordernisses der Unverzüglichkeit in Art. 5 III zusteht und hat die Regelung des niederländischen Rechts, das eine viertägige „inverzekeringsstelling" gestattet, für innerhalb dieses Bereichs liegend angesehen[55].

Die deutsche Vorführungsfrist gehört somit nicht einmal zu den längeren Fristen, sondern liegt in der Nähe der kürzesten festen Frist von 24 Stunden, denn die Rechtsordnungen mit dieser Frist kennen zumeist Verlängerungsmöglichkeiten, die nicht außer acht gelassen werden dürfen. Ohne daß entschieden zu werden braucht, ob sich innerhalb des weiten Rahmens der angeführten Regelungen eine bestimmte Frist zur Abgrenzung der auf „kurze Zeit" gerichteten FEen von den FEen mit Dauerelement festlegen läßt und wo die Grenze gezogen werden müßte, kann somit festgestellt werden, daß FEen, die die Frist des Art. 104 III 1 GG/§ 128 I 1 StPO[56] nicht überschreiten sollen, auf jeden Fall zu den auf eine kürzere Zeit gerichteten FEen gehören.

IV. Schlußfolgerungen für die im 3. und 4. Kapitel angeführten Vorschriften[57]

1. StPO

Die vorläufige Festnahme nach § 127 I 1. Alt. und II, die in eine richterliche Untersuchungshaft übergehen soll, ist auf Dauer gerichtet, wird aber von Art. 5 I c 1. Fall (bzw. 3. Fall) gedeckt[58]. Die strafprozessuale Sistierung (§ 127 I 2. Alt.) ist auf eine kurze Zeit gerichtet und fällt aus dem Anwendungsbereich des Art. 5 heraus. Die Möglichkeit, daß anschließend eine Untersuchungshaft angeordnet wird, wenn sich die Personalien nicht feststellen lassen[59], ändert nichts daran, daß die FE zunächst nur auf kurze Zeit angelegt ist[60]. Die FEen nach §§ 81 a, 81 b, 163, 164 und nach §§ 102, 103, 105 bleiben innerhalb des Bereichs des Art. 104 II 3 GG und werden damit von Art. 5 nicht erfaßt.

---

53 VerfahrensG, 24 : 13.

54 s. *Simson*, Schweizerische Zeitschrift für Strafrecht 1945/247.

55 Rec. 21/69, 71. Die Kommission führt freilich keine der innerstaatlichen Vorschriften an. — Zur niederländischen Regelung s. o. S. 244 f.

56 Und erst recht die der Art. 19 II 1 HessVerf. und 5 II 1 RhPfVerf. (s. o. S. 130, 131).

57 Soweit sie nicht bereits ausgeschieden wurden: § 2 II 2 JSchG (S. 82), § 2 BGSG (S. 87).

58 Daher bedarf es keiner näheren Untersuchung des Ranges der MRK im Hinblick auf die leges posteriores § 112 III und IV n. F. (i. V. m. § 127 II) StPO (vgl. o. S. 166).

59 s. o. S. 45.

60 s. o. S. 217 oben.

2. Polizeigesetze und Sondergesetze

Die Sistierung nach dem OWiG ist ebenso zu beurteilen wie die entsprechende Maßnahme nach § 127 I 2. Alt. und § 163 StPO[61].

Auch die FEen nach den Polizeigesetzen und nach den angeführten Sondergesetzen halten sich im Rahmen des Art. 104 II 3 GG und bedürfen daher keiner Deckung durch Art. 5 I:

Dies gilt zunächst für die Sistierung, die Durchsuchung, die Vorführung aus eigenem Recht und aufgrund eigener Entschließung der Polizei sowie für den Gewahrsam im eigentlichen Sinne, wenn das PolizeiG keine über die Frist des Art. 104 II 3 GG hinausgehende FE gestattet oder wenn — trotz vorhandener Rechtsgrundlage — der Gewahrsam diese Frist nicht überschreiten soll oder die Polizei noch nicht weiß, ob eine solche Überschreitung erforderlich werden wird. Ebenso liegt es bei den als Beispiele für Vorführungen auf Ersuchen genannten Bestimmungen, und zwar nicht nur bei § 44 WehrpflichtG, sondern auch bei § 18 I GeschlKrG[62]. Zwar kann die Vorführung zur Untersuchung nach § 18 I a.a.O. in eine längere FE übergehen, wenn sich die Notwendigkeit einer Behandlung oder Beobachtung ergibt. Trotz dieser Möglichkeit sind das Ersuchen um Vorführung und die Vorführung selbst auf eine FE bis höchstens zum Ende des folgenden Tages (s. § 18 II 3 a.a.O.) gerichtet, denn die Festhaltung zur Behandlung oder Beobachtung beruht auf einer neuen (richterlichen) Anordnung, die auf Tatsachen gestützt ist, die bei Anordnung der Vorführung noch nicht bekannt waren oder noch nicht feststanden.

Ähnliche Überlegungen führen zur Verneinung des Dauerelements auch bei den Fällen des polizeilichen Gewahrsams i. e. S., in denen die FE länger als bis zum Ende des folgenden Tages dauern soll[63]. In diesen Fällen nimmt die Polizei in aller Regel nicht von vornherein mit dem Ziel fest, die Frist des Art. 104 II 3 GG zu überschreiten, vielmehr ergibt sich die Notwendigkeit einer längeren FE erst während des Gewahrsams. Grundlage für die Festhaltung durch die Polizei ist auch von diesem Zeitpunkt an bis zur Entscheidung des Richters noch der ursprüngliche VA, dem das Dauerelement fehlt[64].

---

[61] Das Verhältnis der MRK zum späteren OWiG kann deshalb offenbleiben (vgl. o. S. 166).

[62] Auch hier braucht daher das Verhältnis der MRK zu späterem Bundesrecht nicht vertieft zu werden (vgl. o. S. 166).

[63] In BW, Bln, Bre und Hbg, s. o. S. 73 f.

[64] Wenn man eine neue Anordnung der Polizei für die Festhaltung bis zur Entscheidung des Richters für erforderlich halten und gesondert an Art. 5 messen wollte, so müßte man — falls die beabsichtigte FE überhaupt als auf Dauer gerichtet anzusehen wäre — mit einer Analogie zu Art. 5 I c 2. Fall und mit einer Abwägung der Güter Leib und Leben gegen die persönliche Freiheit helfen; denn ein längerer Gewahrsam ist schon nach deutschem Polizeirecht nur zulässig — weil nur dann erforderlich —, wenn

3. Richterliche Anordnung der Freiheitsentziehung

a) Die Ausklammerung der nur auf kurze Zeit gerichteten Maßnahmen aus dem Begriff der FE i. S. des Art. 5 MRK gilt auch, wenn der Richter die FE aufgrund Polizeirechts anordnet, weil kein Notfall vorliegt, die Exekutive also nicht zur FE schreiten darf[65]. Diese Regelung des Art. 104 II 1, 2 GG für die präventiv-polizeiliche FE ist in den anderen Mitgliedstaaten unbekannt[66] und stellt eine zusätzliche Sicherung des deutschen Rechts dar. Dieser zusätzliche Schutz bewirkt keine Veränderung der Tragweite des Art. 5 I in der Bundesrepublik Deutschland gegenüber derjenigen in anderen Mitgliedstaaten und ändert nichts an den Überlegungen, die dazu führten, die kurzfristige FE aus Art. 5 I lit. b—f auszuscheiden.

b) Des Zusammenhangs wegen sei noch erwähnt, daß die richterliche Anordnung der FE, die erforderlich ist, weil die Frist des Art. 104 II 3 GG[67] überschritten werden soll — soweit überhaupt ein Dauerelement anzunehmen ist — sich auch dann mit der MRK vereinbaren läßt, wenn man die lit. a des Art. 5 I wegen der auf den Strafprozeß beschränkten Bedeutung des englischen „conviction"[68] nicht auf jede richterlich angeordnete FE beziehen wollte[69]. Bei der FE zur Verhinderung strafbarer Handlungen, dem ersten der beiden Fälle, in denen nach deutschem Polizeirecht eine Haft über das Ende des folgenden Tages hinaus zulässig ist[70], würde die lit. a eingreifen, weil hier durch die Anknüpfung an Tatbestände des Strafgesetzes ein gewisser Zusammenhang mit dem Strafrecht besteht und die weitere Bedeutung des französischen „condamnation"[71] eine solche Auslegung zuläßt. Im zweiten Fall — der Schutzhaft — müßte auf eine Güterabwägung zwischen persönlicher Freiheit einerseits und Leib und Leben andererseits zurückgegriffen werden.

---

es gilt, strafbare Handlungen zu verhüten, deren Begehung bei einer Freilassung am Ende des Tages nach der Ingewahrsamnahme noch droht oder wenn Gefahren für Leib oder Leben des Betroffenen abzuwehren sind (vgl. *Kaufmann*, S. 336).

65 s. o. S. 132—136.

66 Im Ergebnis ähnlich nur England, wo der Polizeizwang den Polizeigerichten anvertraut ist (s. o. S. 235).

67 Bzw. der Art. 19 II 1 HessVerf. und 5 II 1 RhPfVerf. (s. o. S. 130, 131).

68 *Erdsiek-Dietl*, *Kniepkamp*, *Muret-Sanders-Springer* jeweils Stichwort „conviction"; ebenso *Herzog*, AöR 86/213.

69 So *Herzog*, a.a.O.; ebenso *Guradze*, Konvention, Erl. 8 und 26 II zu Art. 5 MRK und (ohne Begründung) Stand, S. 193, 194; *Schorn*, S. 146; *Zwingenberger*, S. 211 f.; a. A. *Appell*, S. 112; *Hodler*, Diss. S. 82 f., 87 und NJW 1953/532 (li. Sp. a. E.); *Partsch*, GR I, 1/359, 349.

70 s. Fn. 64.

71 „condamnation" kann auch zivilgerichtliche Verurteilungen bezeichnen, s. *Piccard-Thilo-Steiner* und *Wicher*, jeweils unter diesem Stichwort; *Doucet* und *Quemner-Neumann*, jeweils Stichwort „Verurteilung".

Zusammenfassung der wesentlichen Ergebnisse

1. Der Begriff der FE im Sinne des Art. 104 GG kann nicht nach der Dauer der Maßnahme oder nach den Mitteln abgegrenzt werden, mit denen die „eigen-willige“ Bestimmung des Aufenthaltsortes verhindert wird. Daher stellen nicht nur der Polizeigewahrsam und die vorläufige Festnahme, sondern auch die Sistierung, die Vorführung und die Festhaltung oder Mitnahme zur Durchsuchung FEen im Sinne des Art. 104 GG dar.

2. Die eingeschränkte Generalklausel der §§ 15 PrPVG, 9 NdsSOG (und der entsprechenden Vorschriften) ist eine ausreichende gesetzliche Grundlage im Sinne der Art. 2 II 3, 104 I 1 GG für FEen.

3. Der Bundesgrenzschutz darf keine präventiv-polizeiliche FE aufgrund des § 2 BGSG vornehmen, weil es an einer ausdrücklichen Einschränkung des Art. 2 II 2 GG in diesem Gesetz fehlt (Art. 19 I 2 GG).

4. Vorschriften der Polizeigesetze, die eine FE (insbesondere eine Vorführung) in Zusammenhang mit der Strafverfolgung gestatten, sind nur anwendbar, wenn die mit der FE bezweckte Aufklärung einer Straftat ein geeignetes Mittel ist, um eine *im Einzelfall* bevorstehende Gefahr für die öffentliche Sicherheit oder Ordnung abzuwehren.

5. Die Polizei ist zur FE ohne vorgängige richterliche Anordnung nur berechtigt, wenn der Richter nicht mehr rechtzeitig entscheiden kann (Art. 104 II 1 GG). Dieser Grundsatz hat besondere Bedeutung für die Vorführung.

6. Hat die Polizei in einem Notfall (sub 5) eine FE vorgenommen, so braucht sie eine nachträgliche Entscheidung des Richters über Zulässigkeit und Fortdauer der FE (Art. 104 II 2 GG) nur dann herbeizuführen, wenn sie den Betroffenen — falls ein Gesetz dies zuläßt — länger als bis zum Ende des Tages nach dem Ergreifen (Art. 104 II 3 GG) in Gewahrsam halten will. Sie darf in diesem Fall die Frist des Art. 104 II 3 GG nicht „ausnutzen“, sondern ist zur unverzüglichen Einholung der richterlichen Entscheidung von dem Zeitpunkt an verpflichtet, in dem sie erkennt, daß die FE länger als bis zum Ende des folgenden Tages dauern muß.

Eine Ausnahme von dem ersten Grundsatz besteht nach hessischem und schleswig-holsteinischem Polizeirecht; in Hessen und Rheinland-Pfalz ist der Zeitraum, in dem die Polizei eine Person ohne richterliche Entscheidung festhalten darf, gegenüber Art. 104 GG verkürzt.

7. Für die Entscheidung nach Art. 104 II GG über die Zulässigkeit und Fortdauer einer auf Polizeirecht beruhenden FE sind die Verwaltungsgerichte zuständig, falls keine gesetzliche Zuweisung an andere Gerichte vorliegt. Die Zuweisung an die Amtsgerichte im BlnPVG ist wegen Verstoßes gegen Art. 71 BlnVerf. unwirksam.

8. FEen im Sinne des Art. 104 GG durch die Exekutive, die sich im zeitlichen Rahmen der Art. 104 II 3 GG / Art. 104 III 1 GG, § 128 I StPO halten, werden von Art. 5 MRK nicht erfaßt. Diese Vorschrift hat daher das Recht der kurzfristigen polizeilichen FE nicht beeinflußt.

Anhang

Artikel 5 MRK in den maßgebenden Fassungen und in der amtlichen deutschen Übersetzung

Article 5

(1) Everyone has the right to liberty and security of person. No one shall be deprived of his liberty save in the following cases and in accordance with a procedure prescribed by law:

(a) the lawful detention of a person after conviction by a competent court;

(b) the lawful arrest or detention of a person for non-compliance with the lawful order of a court or in order to secure the fulfilment of any obligation prescribed by law;

(c) the lawful arrest or detention of a person effected for the purpose of bringing him before the competent legal authority on reasonable suspicion of having committed an offence or when it is reasonably considered necessary to prevent his committing an offence or fleeing after having done so;

(d) the detention of a minor by lawful order for the purpose of educational supervision or his lawful detention for the purpose of bringing him before the competent legal authority;

(e) the lawful detention of persons for the prevention of the spreading of infectious diseases, of persons of unsound mind, alcoholics or drug addicts or vagrants;

(f) the lawful arrest or detention of a person to prevent his effecting an unauthorised entry into the country or of a person against whom action is being taken with a view to deportation or extradition.

(2) Everyone who is arrested shall be informed promptly, in a language which he understands, of the reasons for his arrest and of any charge against him.

(3) Everyone arrested or detained in accordance with the provisions of paragraph 1 (c) of this Article shall be brought promptly before a

judge or other officer authorised by law to exercise judicial power and shall be entitled to trial within a reasonable time or to release pending trial. Release may be conditioned by guarantees to appear for trial.

(4) Everyone who is deprived of his liberty by arrest or detention shall be entitled to take proceedings by which the lawfulness of his detention shall be decided speedily by a court and his release ordered if the detention is not lawful.

(5) Everyone who has been the victim of arrest or detention in contravention of the provisions of this Article shall have an enforceable right to compensation.

Article 5

1. Toute personne a droit à la liberté et à la sûreté. Nul ne peut être privé de sa liberté, sauf dans les cas suivants et selon les voies légales:

a) s'il est détenu régulièrement après condamnation par un tribunal compétent;

b) s'il a fait l'objet d'une arrestation ou d'une détention régulières pour insoumission à une ordonnance rendue, conformément à la loi, par un tribunal ou en vue de garantir l'exécution d'une obligation prescrite par la loi;

c) s'il a été arrêté et détenu en vue d'etre conduit devant l'autorité judiciaire compétente, lorsqu'il y a des raisons plausibles de soupçonner qu'il a commis une infraction ou qu'il y a des motifs raisonnables de croire à la nécessité de l'empêcher de commettre une infraction ou de s'enfuir après l'accomplissement de celle-ci;

d) s'il s'agit de la détention régulière d'un mineur, décidée pour son éducation surveillée ou de sa détention régulière, afin de le traduire devant l'autorité compétente;

e) s'il s'agit de la détention régulière d'une personne susceptible de propager une maladie contagieuse, d'un aliéné, d'un alcoolique, d'un toxicomane ou d'un vagabond;

f) s'il s'agit de l'arrestation ou de la détention régulières d'une personne pour l'empêcher de pénétrer irrégulièrement dans le territoire, ou contre laquelle une procédure d'expulsion ou d'extradition est en cours.

2. Toute personne arrêtée doit être informé, dans le plus court délai et dans une langue qu'elle comprend, des raisons de son arrestation et de toute accusation portée contre elle.

3. Toute personne arrêtée ou détenue, dans les conditions prévues au paragraphe 1 c) du présent article, doit être aussitôt traduite devant un juge ou un autre magistrat habilité par la loi à exercer des fonctions judiciaires et a le droit d'être jugée dans un délai raisonnable, ou libérée pendant la procédure. La mise en liberté peut être subordonnée à une garantie assurant la comparution de l'intéressé à l'audience.

4. Toute personne privée de sa liberté par arrestation ou détention a le droit d'introduire un recours devant un tribunal, afin qu'il statue à bref délai sur la légalité de sa détention et ordonne sa libération si la détention est illégale.

5. Toute personne victime d'une arrestation ou d'une détention dans des conditions contraires aux dispositions de cet article a droit à réparation.

Artikel 5

(1) Jeder Mensch hat ein Recht auf Freiheit und Sicherheit. Die Freiheit darf einem Menschen nur in den folgenden Fällen und nur auf dem gesetzlich vorgeschriebenen Wege entzogen werden:

a) wenn er rechtmäßig nach Verurteilung durch ein zuständiges Gericht in Haft gehalten wird;

b) wenn er rechtmäßig festgenommen worden ist oder in Haft gehalten wird wegen Nichtbefolgung eines rechtmäßigen Gerichtsbeschlusses oder zur Erzwingung der Erfüllung einer durch das Gesetz vorgeschriebenen Verpflichtung;

c) wenn er rechtmäßig festgenommen worden ist oder in Haft gehalten wird zum Zwecke seiner Vorführung vor die zuständige Gerichtsbehörde, sofern hinreichender Verdacht dafür besteht, daß der Betreffende eine strafbare Handlung begangen hat, oder begründeter Anlaß zu der Annahme besteht, daß es notwendig ist, den Betreffenden an der Begehung einer strafbaren Handlung oder an der Flucht nach Begehung einer solchen zu verhindern;

d) wenn es sich um die rechtmäßige Haft eines Minderjährigen handelt, die zum Zwecke überwachter Erziehung angeordnet ist, oder um die rechtmäßige Haft eines solchen, die zwecks Vorführung vor die zuständige Behörde verhängt ist;

e) wenn er sich in rechtmäßiger Haft befindet, weil er eine Gefahrenquelle für die Ausbreitung ansteckender Krankheiten bildet, oder weil er geisteskrank, Alkoholiker, rauschgiftsüchtig oder Landstreicher ist;

f) wenn er rechtmäßig festgenommen worden ist oder in Haft gehalten wird, weil er daran gehindert werden soll, unberechtigt in das Staatsgebiet einzudringen oder weil er von einem gegen ihn schwebenden Ausweisungs- oder Auslieferungsverfahren betroffen ist.

(2) Jeder Festgenommene muß unverzüglich und in einer ihm verständlichen Sprache über die Gründe seiner Festnahme und über die gegen ihn erhobenen Beschuldigungen unterrichtet werden.

(3) Jede nach der Vorschrift des Absatzes 1 c dieses Artikels festgenommene oder in Haft gehaltene Person muß unverzüglich einem Richter oder einem anderen, gesetzlich zur Ausübung richterlicher Funktionen ermächtigten Beamten vorgeführt werden. Er hat Anspruch auf Aburteilung innerhalb einer angemessenen Frist oder auf Haftentlassung während des Verfahrens. Die Freilassung kann von der Leistung einer Sicherheit für das Erscheinen vor Gericht abhängig gemacht werden.

(4) Jeder, der seiner Freiheit durch Festnahme oder Haft beraubt ist, hat das Recht, ein Verfahren zu beantragen, in dem von einem Gericht unverzüglich über die Rechtmäßigkeit der Haft entschieden wird und im Falle der Widerrechtlichkeit seine Entlassung angeordnet wird.

(5) Jeder, der entgegen den Bestimmungen dieses Artikels von Festnahme oder Haft betroffen worden ist, hat Anspruch auf Schadensersatz.

Literaturverzeichnis

(Drucksachen und stenographische Sitzungsberichte des Deutschen Bundestages und Drucksachen der Landtage werden nur in den Fußnoten zum Text angeführt.)

Altmeyer, J.—H. *De Clerck*: Polizeiverwaltungsgesetz von Rheinland-Pfalz, 2. Auflage, Siegburg 1956.

Anschütz, Gerhard: Die Verfassung des Deutschen Reichs vom 11. August 1919, 14. Auflage, Berlin 1933.

Appell, Ehrhart: Die Europäische Konvention zum Schutze der Menschenrechte und Grundfreiheiten in ihrer Bedeutung für das deutsche Strafrecht und Strafverfahrensrecht, Diss. Marburg 1961.

Aauerbach, Carl: Svensk-Tysk Ordbok, 3. upplagan, Stockholm 1948.

Bach, Gregor: Erkennungsdienstliche Maßnahmen nach Einstellung des Ermittlungsverfahrens, NJW 1962/1000.

Bachof, Otto: Ebenfalls: Freiheitsentziehung nach Art. 104 GG, DÖV 1952/393.

— Anm. zu BGH, DVBl. 1952/411, daselbst S. 412.

— Ein neues Polizeigesetz in Bayern, DÖV 1955/105.

— Verfassungsrecht, Verwaltungsrecht, Verfahrensrecht in der Rechtsprechung des Bundesverwaltungsgerichts, 2. Auflage, Tübingen 1964.

Baerensprung, Renate: Die Freiheit der Person nach dem Bonner Grundgesetz, Diss. Heidelberg 1953.

Baumann, Jürgen: Unterbringungsrecht (Kommentar), Tübingen 1966. Zitiert: UntR.

— Die Bedeutung des Artikels 2 GG für die Freiheitsbeschränkungen im Strafprozeß, in: Festschrift für Eberhard Schmidt zum 70. Geburtstag, Göttingen 1961, S. 525 ff.

Baumbach, Adolf — Wolfgang *Lauterbach:* Zivilprozeßordnung, 29. Auflage, München und Berlin 1966.

Baur, Fritz: Freiwillige Gerichtsbarkeit, 1. Buch, Allgemeines Verfahrensrecht, Tübingen 1955.

Begründung (des PrMdI) zum PrPVG, abgedruckt bei *Scheer-Trubel*, S. 95 ff. und bei *Klausener-Kerstiens-Kempner* zu den einzelnen Vorschriften.

Berber, Friedrich: Lehrbuch des Völkerrechts, Bd. I, München und Berlin 1960.

Bericht über den Verfassungskonvent auf Herrenchiemsee vom 10. bis 25. August 1948, Drucklegung durch die Bayerische Staatskanzlei im Auftrage des Verfassungsausschusses der Ministerpräsidenten-Konferenz der westlichen Besatzungszone, München 1948.

Berner, Georg: Gesetz über die Aufgaben und Befugnisse der Polizei in Bayern, 3. Auflage, München 1965.

Bernet, Peter C.—Rolf *Groß*: Polizeirecht in Hessen (Loseblatt-Ausgabe), Wiesbaden-Dotzheim, Stand vom 1. 10. 1966.

— Das neue Gefahrenabwehrrecht in Hessen, NJW 1965/1567.

Bernhardt, Rudolf: Die Auslegung völkerrechtlicher Verträge insbesondere in der neueren Rechtsprechung internationaler Gerichte (Beiträge zum ausländischen öffentlichen Recht und Völkerrecht Bd. 40), Köln und Berlin 1963.

Bettermann, Karl August: Die Freiwillige Gerichtsbarkeit im Spannungsfeld zwischen Verwaltung und Rechtsprechung, in: Festschrift für Friedrich Lent zum 75. Geburtstag, München und Berlin 1957, S. 17 ff.

— Der Schutz der Grundrechte in der ordentlichen Gerichtsbarkeit, GR III, 2/779 ff., Berlin 1959.

Beyer, Erich: Die Generalklausel des § 14 PVG verglichen mit den entsprechenden rechtlichen Regelungen in Frankreich, Spanien, England und der Sowjetunion (nach dem Stande des Jahres 1953), Diss. Kiel 1959.

Bork, Egon: Dansk — Tysk Ordbog, 5. udgave, København, 1956.

Bossart, Peter: Persönliche Freiheit und administrative Versorgung, Diss. Zürich 1964.

Bratholm, Anders: Artikel „Norway", in: Police Power and Individual Freedom, edited by Claude R. *Sowle,* Chicago 1962, S. 70 ff.

Brösamle, Walter: Welcher Richter ist zur Entscheidung über die Zulässigkeit und Fortdauer einer Freiheitsentziehung im Sinne des Art. 104 Abs. 2 GG zuständig? DÖV 1952/169.

Bundesrechtspflege — Organisationsgesetz, Bundeszivilprozeß, Bundesstrafprozeß, herausgegeben von der (Schweizerischen) Bundeskanzlei 1958. Zitiert: Bundesrechtspflege.

Calamandrei, Piero—Paolo *Barile:* Die Grundfreiheiten in Italien, GR I, 2/659 ff., Berlin 1967.

Council of Europe/Conseil de l'Europe, Collection of Decisions of the European Commission of Human Rights/Recueil de Décisions de la Commission européenne des Droits de l' Homme, No. 21, Straßburg (Strasbourg), März 1967. Zitiert: Rec.

Council of Europe, Consultative Assembly, Reports, Second Session, Part II (Sittings 13 to 21), Straßburg (Strasbourg) 1950.

Dahm, Georg: Völkerrecht, Bd. I, III, Stuttgart 1958 und 1961.

Dalcke, A.—Ernst *Fuhrmann*—Karl *Schäfer:* Strafrecht und Strafverfahren, 37. Auflage, Berlin 1961. Zitiert: *Dalcke.*

Dalloz: Code de Procédure Pénale, 8e édition, Paris 1966 — 67. Zitiert: CPP.

— Code d'instruction criminelle annoté d'après la doctrine et la jurisprudence, 51e édition, Paris 1959. Zitiert: CIC.

Dernedde: Anmerkung zu VG Freiburg, DVBl. 1951/313, daselbst Seite 316.

— Anm. zu OVG Münster, DVBl. 1952/408, daselbst S. 410.

v. Doemming, Klaus-Berto—Rudolf Werner *Füßlein*—Werner *Matz*: Entstehungsgeschichte der Artikel des Grundgesetzes, JöR N. F. 1 (1951)/1 ff.

Doucet, Michel: Dictionnaire juridique et économique / Wörterbuch der deutschen und französischen Rechtssprache, Teil I: Französisch-Deutsch, Teil II: Deutsch-Französisch, 2. Auflage, München und Berlin 1966.

Drews, Bill: Preußisches Polizeirecht, 2. Bd., Besonderer Teil, Berlin 1933. Zitiert: PrPolR.

— Vom Recht der Polizei zur Feststellung der Persönlichkeit, Die Polizei 1929/477.

Drews, Bill—Gerhard *Wacke*: Allgemeines Polizeirecht — Ordnungsrecht — der Länder und des Bundes, 7. Auflage, Berlin, Köln, München, Bonn 1961.

Dronsch, Gerhard: Der Rang der Europäischen Menschenrechtskonvention im deutschen Normensystem, Diss. Göttingen 1964.

Dürig, Günter: Art. 2 des Grundgesetzes und die Generalermächtigung zu allgemeinpolizeilichen Maßnahmen, AöR 79 (1953/54) / 57.

Duverger, Maurice—Lucien *Sfez*: Die staatsbürgerlichen Freiheitsrechte in Frankreich und in der Union Française, GR I, 2/543 ff., Berlin 1967.

Echterhölter, Rudolf: Die Europäische Menschenrechtskonvention in der juristischen Praxis, JZ 1956/142.

— Die Europäische Menschenrechtskonvention im Rahmen der verfassungsmäßigen Ordnung, JZ 1955/689.

Ehard: s. *v. Schneider.*

Eichhoff: Das neue preußische Polizeiverwaltungsgesetz, DJZ 1931/804.

Erbs, Georg: Handkommentar zur Strafprozeßordnung, Frankfurt a. M. und Bonn 1950.

Erdsiek, Gerhard—Clara-Erika *Dietl*: Englisch-Deutsch, Wörterbuch für Recht, Wirtschaft und Politik, 1. Teil A—K, Bleckede 1964.

Eyermann, Erich—Ludwig *Fröhler*: Verwaltungsgerichtsordnung, 4. Auflage, München und Berlin 1965.

Fahlbeck, Erik—Nils *Herlitz*—Nils *Stjernquist*: Die Entwicklung des öffentlichen Rechts Schwedens in den Jahren 1933—53, JöR N. F. 4 (1955)/299.

Finkelnburg, Klaus: Anm. zu VG Freiburg, DVBl. 1965/575, daselbst S. 577.

Forsthoff, Ernst: Lehrbuch des Verwaltungsrechts, 1. Bd., Allgemeiner Teil, 9. Auflage, München und Berlin 1966.

Førsund, Ragnar—Norman *Balk*: Norsk-Tysk, Ordbok, Oslo 1951.

Franz, Günther: Staatsverfassungen, 2. Auflage, München 1964.

Franz, Otto: Die kurzfristige Freiheitsentziehung durch die Polizei, NJW 1966/240.

— Blutentnahme und Freiheitsentziehung, NJW 1966/1850.

Friesenhahn, Ernst: Über Begriff und Arten der Rechtsprechung, in: Festschrift für Richard Thoma zum 75. Geburtstag, Tübingen 1950, S. 21 ff.

Fruin, J. A. (Herausgeber): De Nederlandsche Wetboeken (bearbeitet von N. J. Bink), 's Gravenhage 1959.

Geck, W. K.: Anm. zu OVG Münster, DVBl. 1956/524, daselbst S. 525.

Geerds, Friedrich: Über strafprozessuale Maßnahmen, insbesondere Entnahme von Blutproben bei Verdacht der Trunkenheit am Steuer, GA 1965/321.

Gerber, Hans: Freiheitsentziehung nach Art. 104 GG, DÖV 1952/387.

Gerland, Heinrich: Anm. zu RG JW 1934/107 Nr. 15 (= RGSt 67/351), daselbst S. 107.

Giacometti, Zaccharia: Das Staatsrecht der Schweizerischen Kantone, Zürich 1941.

Giese, Friedrich—Egon *Schunck*: Grundgesetz für die Bundesrepublik Deutschland, 7. Auflage, Frankfurt a. M. 1965.

Gobrecht, Werner: Polizeirecht (Ordnungsrecht) des Landes Berlin (Kommentar), 3. Auflage, Hamburg 1967.

Golsong, Heribert: Das Rechtsschutzsystem der Europäischen Menschenrechtskonvention, Karlsruhe 1958.

— Die europäische Konvention zum Schutze der Menschenrechte und Grundfreiheiten, JöR N. F. 10 (1961)/123.

v. d. Groeben, Klaus—Hans Joachim *Knack*: Allgemeines Verwaltungsgesetz für das Land Schleswig-Holstein (Landesverwaltungsgesetz) (Loseblatt-Ausgabe), Köln, Berlin, Bonn, München 1968.

Grundt, F.—Henrik *Bahr* (Bearbeiter): Norges Lover 1682—1961, herausgegeben von der Juridiske Fakultet Oslo, Oslo 1962. Zitiert: Norges Lover.

Gullberg, Ingvar E.: Svensk-Engelsk Fackordbok (A Swedish-English Dictionary of technical terms used in business, industry, administration, education and research), Stockholm 1964.

Guradze, Heinz: Der Stand der Menschenrechte im Völkerrecht, Göttingen 1956. Zitiert: Stand.

— Anm. zu BVerfG, NJW 1960/1243, daselbst.

— Die Europäische Menschenrechtskonvention, Berlin und Frankfurt a. M. 1968. Zitiert: Konvention.

Halsbury's Laws of England, Vol. 10, 3. Edition, London 1955. Zitiert: Halsbury's Laws.

Halsbury's Statutes of England, 2. Edition, London, Vol. 5 (1948), 11 (1949), 13 (1949), 14 (1949), 18 (1950), 19 (1950), 24 (1950), 33 (1954). Zitiert: H. St.

Hamann, Andreas: Das Grundgesetz (Kommentar), 2. Auflage, Neuwied und Berlin 1961.

Hatschek, Julius: Das Staatsrecht des vereinigten Königreichs Großbritannien—Irland (Das öffentliche Recht der Gegenwart, Bd. XXV), Tübingen 1914.

— Englisches Staatsrecht, II. Bd.: Die Verwaltung (Handbuch des Oeffentlichen Rechts. IV. II. 4. II.), Tübingen 1906. Zitiert: Engl. StaatsR.

Haugen, Einar: Norsk-Engelsk Ordbok/Norwegian-English Dictionary, Oslo und Madison (Wisconsin), 1965.

Hellquist, C. G. (Herausgeber): Sveriges Rikes Lag. 86. upplagan, Stockholm 1964.

Henkel, Heinrich: Strafverfahrensrecht, Stuttgart und Köln 1953.

Hennes, Hermann: Die umstrittene Erscheinungspflicht nach § 17 PVG NW, Die Polizei 1960/182.

Herbst, Robert: Dictionary of commercial, financial and legal terms — Wörterbuch der Handels-, Finanz- und Rechtssprache / Dictionnaire des termes commerciaux, financiers et juridiques, Bd. I: English-German-French, 2. edition, Luzern 1963.

Herzog, Roman: Grundrechtsbeschränkung nach dem Grundgesetz und Europäische Menschenrechtskonvention, Diss. München 1958.

— Der Freiheitsentzug nach dem Polizeiaufgabengesetz im Lichte der Menschenrechtskonvention, BayVBl. 1959/44.

— Das Grundrecht auf Freiheit in der Europäischen Menschenrechtskonvention, AöR 86 (1961)/194.

v. d. Heydte, Friedrich August: Völkerrecht, Bd. I, Köln 1958.

Hodler, Christian: Die Europäische Menschenrechtskonvention und das Bonner Grundgesetz, Diss. Göttingen 1953.

— Die Freiheit der Person nach der Europäischen Menschenrechtskonvention, NJW 1953/531.

v. d. Hoeven, J.: Die Entwicklung des öffentlichen Rechts in den Niederlanden seit 1951, JöR N. F. 14 (1965)/349.

Hoffmann, Wolfgang: Die polizeiliche Sistierung zur Feststellung von Personalien, DVBl. 1967/751.

Houwing, Ph. A. N.—J. R. *Stellinga*—M. C. *Hofman* (Herausgeber): Nederlandse Wetboeken en aanverwante Wetten (Nederlandse Wetgeving, Deel B), (Loseblatt-Sammlung), Bd. II, Deventer, Stand Januar 1967.

Huber, Hans: Der Hauptentscheid des Europäischen Gerichtshofs für Menschenrechte in der Sache Lawless, ZaöRV 21 (1961)/649.

Inhulsen, G. P.: Das englische Strafverfahren, Berlin 1936.

James, Philip S.: Introduction to English Law, 5. Edition, London 1962.

Jansen, Paul: Freiwillige Gerichtsbarkeit, Handkommentar, Berlin 1959.

Jellinek, Walter: Verwaltungsrecht, 3. Auflage 1931, unveränderter Neudruck, Offenburg 1948.

Jeschek, Hans Heinrich: Die europäische Konvention zum Schutze der Menschenrechte und Grundfreiheiten, NJW 1954/783.

Jowitt, William Allen, Earl: The Dictionary of English Law, Vol. 1, A—H, London 1959.

Kaiser, Eberhard: Zwangsmaßnahmen der Polizei gemäß § 81 a SPtO, NJW 1964/580.

Karamuntzos, Anastasius: Die vorläufige Festnahme bei Flagrantdelikten (Rechtsvergleichende Untersuchungen zur gesamten Strafrechtswissenschaft, N. F. Heft 14), Bonn 1954.

Karnov, M. (Herausgeber): Karnov's Lovsamling, 6. udgave, Bd. I, II, København 1961 (Bearbeiter der Anmerkungen Stephan Hurwitz, W. E. von Eyben). Zitiert: *Karnov*.

Kaufmann, Erich: Der polizeiliche Eingriff in Freiheiten und Rechte; bearbeitet von Horst *Blomeyer-Bartenstein*, Heribald *Närger*, Günter *Olzog*, Ingeborg *Ruprecht* unter der Leitung Kaufmanns, Frankfurt a. M. 1951. Zitiert: *Kaufmann*.

Kaufmann, O. K.: Frauen, Italiener, Jesuiten, Juden und Anstaltsversorgte — Vorfragen eines Beitritts der Schweiz zur Europäischen Menschenrechtskonvention, in: St. Galler Festgabe (Stillstand und Fortentwicklung im Schweizerischen Recht), Bern 1965, S. 245.

Keidel, Fritz—Theodor *Keidel*: Freiwillige Gerichtsbarkeit, 9. Aufl., München und Berlin 1967. Zitiert: *Keidel*.

Keidel, Helmut: Der Grundsatz des rechtlichen Gehörs im Verfahren der Freiwilligen Gerichtsbarkeit, Diss. Köln 1964.

Kelly, John Maurice: Fundamental Rights in the Irish Law and Constitution, Dublin 1961.

Kern, Burkhard: Die rechtlichen Grundlagen der Razzia, Diss. Tübingen 1951.

Kern, Eduard: Der Schutz des Lebens, der Freiheit und des Heims, GR II/51, Berlin 1954.

— Freiheitsentziehung durch Verwaltungsbehörden? DÖV 1954/112.

— Anm, zu LVG Hannover, DÖV 1955/444, daselbst S. 445.

— Strafverfahrensrecht, 8. Auflage, München und Berlin 1967.

Kilian, Walter: Der Geltungsbereich des Zitiergebots in Artikel 19 Absatz 1 Satz 2 des Grundgesetzes, Diss Heidelberg 1966.

Kiskalt, Hans: Deutsches Polizeirecht, Darmstadt 1964.

Kitzinger, Friedrich: Die Verhinderung strafbarer Handlungen durch Polizeigewalt, München 1913.

Klausener, Erich—Christian *Kerstiens*—Robert *Kempner*: Das Polizeiverwaltungsgesetz, II. Auflage, Berlin 1932.

Kleinknecht, Theodor: Die Anwendung unmittelbaren Zwangs bei der Blutentnahme nach § 81 a StPO, NJW 1964/2181.

Kleinknecht, Th.—H. *Müller*—L. *Reitberger*: Kommentar zur Strafprozeßordnung, 6. Auflage, bearbeitet von Hermann *Müller* und Walter *Sax*, Bd. 1 und 2, Darmstadt 1966. Zitiert: KMR.

Klinger, Hans: Verwaltungsgerichtsordnung, 2. Auflage, Göttingen 1964.

Kniepkamp, Hanns P.: Rechtswörterbuch Englisch-Deutsch und Deutsch-Englisch, Berlin 1960.

Koehler, Alexander: Verwaltungsgerichtsordnung, Berlin und Frankfurt a. M. 1960, ErgBd. 1962.

v. Köhler, Karl-Heinz: Die fehlende Feststellungsklage im Kartellrecht, NJW 1961/2093.

König, Hans-Günther: Allgemeines Sicherheits- und Polizeirecht in Bayern (v. Brauchitsch-Ule, Verwaltungsgesetze des Bundes und der Länder, Bd. III, 2. HalbBd.), Köln, Berlin, Bonn, München 1962.

Kohlhaas, M.: Anm. zu OLG Hamburg, JR 1964/430, daselbst S. 431.

Kohlrausch, Eduard: Strafprozeßordnung, 23. und 24. Auflage, Berlin und Leipzig 1933 und 1936.

Kommentar zum Bonner Grundgesetz (Bonner Kommentar), (Loseblatt-Ausgabe), Bd. I und II, Hamburg, Stand Juli 1967. Zitiert: BK.

Kopperschmidt, Gert: Das Vorladungs- und Auskunftsrecht der Polizei, DÖV 1953/76.

Krent, Dietrich: Der Bundesgrenzschutz — seine rechtliche Stellung und seine Aufgaben, Diss. Köln 1956.

v. Kries, August: Lehrbuch des Deutschen Strafprozeßrechts, Freiburg i. Br. 1892.

Kroes, H. W. J.: Duits Handwoordenboek, 2. Teil: Nederlands-Duits, 4. Auflage, Den Haag 1952.

Kruse, Walter: Zur Blutentnahme auf der Polizeiwache? Blutalkohol 1964/365.

Kuhle, H.—H. *Steuerwald:* Berliner Gesetze (Loseblatt-Ausgabe), 1.—2. Auflage, Berlin, Stand vom 1. November 1967.

Leisner, Walter: Die klassischen Freiheitsrechte in der italienischen Verfassungsrechtsprechung, JöR N. F. 10 (1961)/243.

Lent, Friedrich—Walther J. *Habscheid:* Freiwillige Gerichtsbarkeit, 4. Auflage, München und Berlin 1962.

Lent, Friedrich—Othmar *Jauernig*: Zivilprozeßrecht, 13. Auflage, München und Berlin 1966.

Lobe, Adolf—Max *Alsberg*: Die Untersuchungshaft, Berlin 1927.

Löwe-Rosenberg: Die Strafprozeßordnung und das Gerichtsverfassungsgesetz, Bd. I und II, 21. Auflage, Berlin 1963 und 1965, ErgBd. 1967.

Loewenstein, Karl: Staatsrecht und Staatspraxis von Großbritannien, Bd. II (Justiz, Verwaltung, Bürgerrechte), Berlin, Heidelberg, New York 1967.

Mackenzie, W. J. M.—Harry *Street:* Grundfreiheiten im Vereinigten Königreich von Großbritannien und Nordirland, GR I, 2/801 ff., Berlin 1967.

v. Mangoldt, Hermann: Das Bonner Grundgesetz, Berlin und Frankfurt a. M. 1953.

v. Mangoldt, Hermann—Friedrich *Klein*: Das Bonner Grundgesetz, Bd. I, 2. Auflage, Berlin und Frankfurt a. M. 1957.

Mannlicher, Egbert: Das Verwaltungsverfahren (Handausgabe österreichischer Gesetze und Verordnungen N. F., Gruppe I, Bd. 6), 7. Auflage, Wien 1964.

Maunz, Theodor: Deutsches Staatsrecht, 15. Auflage, München und Berlin 1966.

Maunz, Theodor—Günter *Dürig*: Grundgesetz (Loseblatt-Ausgabe), 2. Auflage, Bd. I und II, München und Berlin, Stand vom 1. März 1966.

Mayer, Otto: Deutsches Verwaltungsrecht, Bd. I, 1. Auflage, Leipzig 1895.

Mayer-Tasch, Peter Cornelius (i. V. m. Ion *Contiades*): Die Verfassungen Europas, Stuttgart 1966.

Menger, Christian-Friedrich: System des verwaltungsgerichtlichen Rechtsschutzes, Tübingen 1954.

Meyer, Markus: Der Schutz der persönlichen Freiheit im rechtsstaatlichen Strafprozeß. Diss. Zürich 1962.

Modellentwurf = Entwurf eines Modell-Gesetzes über die öffentliche Sicherheit und Ordnung, bearbeitet von einem Studienausschuß des Instituts zur Förderung öffentlicher Angelegenheiten e. V., Frankfurt a. M. 1952.

Morvay, Werner: Rechtsprechung nationaler Gerichte zur Europäischen Konvention zum Schutze der Menschenrechte und Grundfreiheiten vom 4. November 1950 (MRK) nebst Zusatzprotokoll vom 20. März 1952 (ZP), ZaöRV 21 (1961)/316 (Teil II).

Moylan, Sir John: Das britische Polizeiwesen (So lebt England, Heft 3), Berlin und Stuttgart 1948.

Mueller, Gerhard O. W. (Herausgeber): The Turkish Code of Criminal Procedure (The American Series of Foreign Penal Codes, No. 5), New Jersey und London 1962.

Müller, Hanswerner: Zwangsweise Unterbringung in Anstalten, Der Deutsche Rechtspfleger 1953/553.

Müller, Josef: Razzia, Die Polizei 1965, Beilage (Die polizeiliche Lage) Juni und Oktober.

Müller-Heidelberg, K.—H. W. *Clauss*: Das Niedersächsische Gesetz über die öffentliche Sicherheit und Ordnung, 2. Auflage, Hannover 1956.

Muret, E.—D. *Sanders*—Otto *Springer*: Langenscheidts enzyklopädisches Wörterbuch der englischen und deutschen Sprache, Teil I: Englisch-Deutsch, 1. Bd. A—M, 2. Bd. N—Z, Berlin-Schöneberg 1962 und 1963.

Naucke, Wolfgang: Festnahmerecht aus § 81 a StPO? SHAnz. 1963/183.

Naumann, Richard: Streitigkeiten des öffentlichen Rechts, in: Staatsbürger und Staatsgewalt, Bd. II S. 365.

Nawiasky, Hans—Claus *Leusser*: Die Verfassung des Freistaates Bayern vom 2. Dezember 1946, München und Berlin 1948, ErgBd. (*Nawiasky*—Hans *Lechner*) 1953.

Nebinger, Robert: Verwaltungsrecht, Allgemeiner Teil, 2. Auflage, Stuttgart 1949.

Norges Lover: s. *Grundt—Bahr.*

Oppenheim, L.—H. *Lauterpacht*: International Law, Vol. I: Peace, 8. Edition, London, New York, Toronto 1955.

Palandt: Bürgerliches Gesetzbuch, 27. Auflage, München 1968.

Parra, Charles: Traité de procédure pénale policière, Lyon 1959.

Partsch, Karl Josef: Die europäische Menschenrechtskonvention, in: Hessische Hochschulwochen für staatswissenschaftliche Fortbildung, 19. April bis 2. Mai 1953 Bad Wildungen; Bad Homburg v. d. H. und Berlin 1953, S. 231.

— Die Entstehung der europäischen Menschenrechtskonvention, ZaöRV 15 (1953/54)/631.

— Die europäische Menschenrechtskonvention vor den nationalen Parlamenten, ZaöRV 17 (1956/57)/93.

— Die Rechte und Freiheiten der europäischen Menschenrechtskonvention, GR I, 1/235, Berlin 1966.

Peters, Karl: Strafprozeß (Lehrbuch), 2. Auflage, Karlsruhe 1966. Zitiert: Peters.

— Zwangsbefugnisse nach § 81 a StPO, Blutalkohol 1964/241.

Pfeifer, Helfried: Die Bedeutung der Europäischen Menschenrechtskonvention für Österreich, in: Festschrift für Karl Gottfried Hugelmann (Bd. I), Aalen 1959, S. 399.

Piccard, Robert—Emile *Thilo*—Ernest *Steiner:* Rechtswörterbuch französisch-deutsch und deutsch-französisch, I. Teil: französisch-deutsch, Zürich 1950.

Pieck, Werner: Der Anspruch auf ein rechtsstaatliches Gerichtsverfahren — Art. 6 Abs. 1 der Europäischen Menschenrechtskonvention in seiner Bedeutung für das deutsche Verfahrensrecht —, Berlin 1966.

Pikart, Heinz—Karl Eugen *Henn:* Lehrbuch der Freiwilligen Gerichtsbarkeit, Köln, Berlin, Bonn, München 1963.

Pioch, Hans Hugo: Das Gesetz über den unmittelbaren Zwang bei Ausübung öffentlicher Gewalt durch Vollzugsbeamte des Bundes (UZwG), Die Polizei 1961/129.

— Gesetz über den unmittelbaren Zwang bei Ausübung öffentlicher Gewalt durch Vollzugsbeamte des Bundes (UZwG), Köln, Berlin, Bonn, München 1963. Zitiert: UZwG.

— Der Bundesgrenzschutz — seine Aufgaben und seine Befugnisse, Die Polizei 1952/165.

Potrykus, Gerhard: Jugendschutzgesetz, Kommentar (Loseblatt-Ausgabe) 2. Auflage, München und Berlin, Stand vom 15. Januar 1966.

Publications de la Cour Européenne des Droits de l'Homme / Publications of the European Court of Human Rights, herausgegeben von der Kanzlei des Gerichtshofs, Straßburg (Strasbourg);

Série A: Arrêts et Décisions/Series A: Judgements and Decisions, 1960—61, Affaire „Lawless"/„Lawless" Case,

1. Arrêt du 1er juillet 1961 (Fond) / Judgement of 1st July 1961 (Merits) (Entscheidung in der Hauptsache: zitiert: Affaire Lawless [Fond]),
2. Arrêt du 14e novembre 1960 (Exeptions préliminaires et questions de procédure)/Judgement of 14th November 1960 (Preliminary objections and questions of procedure);

Série B: Mémoires, Plaidoiries et Documents/Series B: Pleadings, Oral Arguments and Documents, 1960—61, Affaire „Lawless"/„Lawless" Case.

Zitiert: CEDH.

Quemner, Thomas A.—Hugo *Neumann:* Dictionnaire juridique Français-Allemand, Allemand-Français, Paris 1960.

Rausch, H.: Personalausweisrecht, 2. Auflage, Bielefeld 1962.

Rebmann, Kurt—Werner *Roth*—Siegfried *Herrmann:* Gesetz über Ordnungswidrigkeiten, Stuttgart und Köln 1968.

Redeker, Konrad—Hans-Joachim *v. Oertzen:* Verwaltungsgerichtsordnung, 2. Auflage, Stuttgart 1965.

Rehmert, Fritz G.: Zur Frage der „anderen Streitigkeiten des öffentlichen Rechts", DÖV 1958/251.

Reichard, Hans: Gesetz über das gerichtliche Verfahren bei Freiheitsentziehungen, Köln und Berlin 1956.

Reiff, Hermann: Polizeigesetz für Baden-Württemberg, Stuttgart, München, Hannover 1956.

Reynold, Heinrich: Der englische Strafprozeß, DRiZ 1962/74.

Rheinwald, Eberhard—Arno *Kloesel*: Polizeigesetz für das Land Baden-Württemberg, 3. Auflage, Stuttgart 1964.

Rietdorf, Fritz: Gesetz über Aufgaben und Befugnisse der Ordnungsbehörden — Ordnungsbehördengesetz — vom 16. Oktober 1956, Stuttgart, München, Hannover 1957.

Röhl, Hellmut: Das rechtliche Gehör, NJW 1964/273.

Robertson, A. H.: The European Convention for the protection of human rights, BYIL 1950 (Vol. 27)/145.

Rolland, Louis: Précis de droit administratif, 9e édition, Paris 1947, avec addendum de mise à jour au 1er novembre 1949.

Rosenberg, Leo: Lehrbuch des Deutschen Zivilprozeßrechts, 9. Auflage, München und Berlin 1961.

Roskothen, Ernst: Französisches Strafverfahrensrecht, Bonn 1951.

Rotberg, Hans Eberhard: Gesetz über Ordnungswidrigkeiten, 3. Auflage, Berlin und Frankfurt a. M. 1964.

Roth, Uta Margrit: Das französische Strafverfahrensrecht und seine Reform, Diss. Freiburg i. Br. 1963.

Saage, Erwin: Freiheitsentziehungsverfahren, München und Berlin 1958.

Sachs—Villatte: Enzyklopädisches französisch-deutsches und deutsch-französisches Wörterbuch, Erster Teil: Französisch-Deutsch, 4. Bearbeitung von Karl *Moser*, Berlin-Schöneberg 1959.

Samper, Rudolf: Kommentar zum bayerischen Polizeiaufgabengesetz, München 1965.

Sandes, Robert Lindsay: Criminal Law and Procedure in the Republic of Ireland, 3rd. edition, London 1951.

Sauer, Ernst: Grundlehre des Völkerrechts, 3. Auflage, Köln und Berlin 1955.

Schack, F.: Die polizeilicheVorladung, RVerwBl. 1935/709.

Schäfer, Walter: Die Klagearten nach der VwGO, DVBl. 1960/837.

Schaffer, Helmut: Das strafprozessuale Vorverfahren in Frankreich und Deutschland, Diss. Berlin (Freie Universität) 1964.

Scheer, Bernhard: Allgemeines Polizeirecht und Ordnungsrecht im Lande Niedersachsen, Hamburg 1962.

Scheer, Bernhard—Hans *Trubel*: Preußisches Polizeiverwaltungsgesetz, 6. Auflage, Hamburg 1961.

Schelling, Hermann: Verwaltungsakt und richterliche Entscheidung bei präventiv-polizeilichen Freiheitsentziehungen nach Art. 104 des Grundgesetzes, Diss. Heidelberg 1960 (Stand Herbst 1956).

Scheuner, Ulrich: Die Grundrechte der Menschenrechtskonvention in ihrer Anwendung durch die Organe der Konvention, Festschrift für Jahrreiss, Köln, Berlin, Bonn, München 1964, S. 355.

Schiedermair, Rudolf: Einführung in das bayerische Polizeirecht, München und Berlin 1961.

Schlegelberger, Franz: Gesetz über die Angelegenheiten der Freiwilligen Gerichtsbarkeit, Bd. I, 7. Auflage, Köln und Berlin 1956.

Schmehl: Freiheitsentziehungen nach dem gegenwärtig in Baden-Württemberg geltenden Recht unter besonderer Berücksichtigung der Verfahrensbestimmungen, Die Justiz (Amtsblatt des Justizministeriums Baden-Württemberg) 1957/280.

Schmidt, Eberhard: Lehrkommentar zur Strafprozeßordnung und zum Gerichtsverfassungsgesetz, Teil II, Göttingen 1957 mit Nachtragsband I (Nachträge und Ergänzungen zu Teil II), 1967 (zitiert: ErgBd.).

Schmidt, Hermann Walter: Das Vorführungsrecht der Polizei, NJW 1962/2190.

Schmidt-Bleibtreu, Bruno—Franz *Klein:* Kommentar zum Grundgesetz für die Bundesrepublik Deutschland, Neuwied und Berlin 1967.

Schneider, Ernst Erich: Hessisches Polizeigesetz, 2. Auflage, Wiesbaden 1963.

v. Schneider, Heinrich: Gesetz über die Angelegenheiten der freiwilligen Gerichtsbarkeit (Textausgabe mit Erläuterungen), 4. Auflage, bearbeitet von Hans *Ehard*, München 1932. Zitiert: *Ehard*.

Schönke, Adolf—Horst *Schröder:* Strafgesetzbuch, 13. Auflage, München und Berlin 1967.

Schorn, Hubert: Die Europäische Konvention zum Schutze der Menschenrechte und Grundfreiheiten und ihr Zusatzprotokoll in Einwirkung auf das deutsche Recht, Frankfurt a. M. 1965.

Schreiber, Alfred: Terminologie Juridique / Juristisches Wörterbuch Français-Allemand, Allemand-Français, Droit pénal et procédure pénale, Genève 1949.

Schultz, Dietrich: Rechtsgrundlagen von Razzien, JR 1966/207.

Schulz, Georg: Strafprozeßordnung, 3. Auflage, Hamburg 1966.

Schunck, Egon—Hans *De Clerck:* Verwaltungsgerichtsordnung, 2. Auflage, Siegburg 1967.

Schwarz, Otto—Eduard *Dreher:* Strafgesetzbuch, 29. Auflage, München und Berlin 1967.

Schwarz, Otto—Theodor *Kleinknecht*: Strafprozeßordnung, 27. Auflage, München und Berlin 1967.

Schwarzenbach, Rudolf: Grundriß des allgemeinen Verwaltungsrechts, 2. Auflage, Bern 1965.

Senger, Richard—Hugo *Kurzmann*: Kommentar zum Ordnungsbehördengesetz, Köln 1957.

Siegler, J. J.: Dansk-Tysk Ordbog, 2. udgave, København 1944.

Simson, Gerhard: Das Zivil- und Strafprozeßgesetz Schwedens, Berlin 1953.
— Das neue schwedische Strafverfahren, Schweizerische Zeitschrift für Strafrecht 1945/227.

Sjöholm, Erik: Om politimakten och dess begränsningar (mit einer Zusammenfassung in deutscher Sprache: „Über die Polizeigewalt und ihre Schranken"), Stockholm 1964.

Solf, H. H.: Zur Entstehungsgeschichte der Europäischen Konvention der Menschenrechte, BAnz. 1952 Nr. 89 vom 9. 5. 1952, S. 7.

Spitta, Theodor: Kommentar zur Bremischen Verfassung von 1947, Bremen 1960.

Spoendlin, Kaspar: Die verfassungsmäßige Garantie der persönlichen Freiheit, Diss. Zürich 1945.

Staatsbürger und Staatsgewalt — Jubiläumsschrift zum hundertjährigen Bestehen der deutschen Verwaltungsgerichtsbarkeit und zum zehnjährigen Bestehen des Bundesverwaltungsgerichts, Karlsruhe 1963.

Stein, Friedrich—Martin *Jonas*—Adolf *Schönke*—Rudolf *Pohle*: Kommentar zur Zivilprozeßordnung, 1. Bd., 18. Auflage, Tübingen 1953.

Stich, Rudolf: Die öffentlich-rechtlichen Zuständigkeiten der Zivilgerichte, in: Staatsbürger und Staatsgewalt, Bd. II/387.

Storz, Karl: Freiheitsentziehung nach Art. 104 GG; Unterbringung von Geisteskranken, DÖV 1954/330.

Stümper, Alfred: Zulässigkeit polizeilicher Razzien in Baden-Württemberg, BWVerwBl. 1962/68 ff., 87 ff.

Süsterhenn, Adolf—Hans *Schäfer*: Kommentar der Verfassung für Rheinland-Pfalz, Koblenz 1950.

Sveriges Rikes Lag: s. *Hellquist*.

Tiedemann, Klaus: Anmerkung zu BayObLG, JZ 1964/625, daselbst S. 625.

Triepel, Heinrich: Streitigkeiten zwischen Reich und Ländern, o. O. 1923.

Trubel, Hans: Sind Polizeirazzien rechtlich zulässig? Dt. Pol. 1959/270.

Ule, Carl Hermann: Verwaltungsgerichtsbarkeit (v. Brauchitsch-Ule, Verwaltungsgesetze des Bundes und der Länder, Bd. I, 2. HalbBd.), 2. Auflage, Köln, Berlin, München, Bonn 1962. Zitiert: VwGbkt.

— Verwaltungsprozeßrecht, 4. Auflage, München und Berlin 1966. Zitiert: VerwaltungsprozeßR.

Ule, Carl Hermann—Ernst *Rasch*: Allgemeines Polizei- und Ordnungsrecht (v. Brauchitsch-Ule, Verwaltungsgesetze des Bundes und der Länder, Bd. III, 1. HalbBd.), Köln, Berlin, Bonn, München 1965.

Soweit nichts anderes vermerkt, sind alle zitierten Stellen von *Ule* bearbeitet.

United Nations Document E/1371 (E/CN. 4/350) (of) 23 June 1949: Commission on Human Rights, Report to the Economic and Social Council on the fifth session of the Commission, held at Lake Success, New York, from 9 May to 20 June 1949.

United Nations Document E/1681 (E/CN. 4/507) (of) 29 May 1950: Commission on Human Rigths, Report to the Economic and Social Council on the work of the sixth session of the Commission, held at Lake Success, New York, 27 March—19 May 1950.

United Nations Publication/Publication des Nations Unies E/CN. 4/826/Rev. 1: Study of the right of everyone to be free from arbitrary arrest, detention and exile/Étude du droit en vertu duquel nul ne peut être arbitrairement arrêté, détenu ou exilé, New York 1964. Zitiert: UN-Study.

United Nations, Yearbook on Human Rights for 1948 / for 1949 / for 1950, New York 1950/1951/1952, First Supplementary Volume: "Freedom from arbitrary arrest, detention and exile", New York 1959. Zitiert: UN Yearbook und UN Yearbook, Suppl. Vol. 1.

Unruh, Bernhard: Das Hessische Polizeigesetz, Stuttgart 1955.

Verdross, Alfred: Völkerrecht, 5. Auflage, Wien 1964.

Verhandlungen des Hauptausschusses: Parlamentarischer Rat, Verhandlungen des Hauptausschusses, Bonn 1948/49.

Wacke, Gerhard: Das Bundesgesetz über unmittelbaren Zwang, JZ 1962/137 ff., 199 ff.

— Das Recht der Polizei auf Auskünfte, Die Polizei 1962/161 ff. (I. Die Einholung von Auskünften nach Allgemeinem Polizeirecht), 210 ff. (II. Vorladungen und Zwangsmittel zu ihrer Vollstreckung).

— Polizeirecht als Bundesrecht, in: Staatsbürger und Staatsgewalt, Bd. II/161.

Waline, Marcel: Traité élémentaire de droit administratif, 6e édition, Paris 1951.

— Droit administratif, 9e édition, Paris 1963.

v. Weber, Hellmuth: Die strafrechtliche Bedeutung der europäischen Menschenrechtskonvention, ZStW 65 (1953)/334.

— Die Durchsetzung der Grundrechte der europäischen Menschenrechtskonvention in der innerdeutschen Strafrechtspflege, MDR 1955/386.

Weber, Werner: Eigentum und Enteignung, GR II/331, Berlin 1954.

Weil, Gordon: The European Convention on Human Rights, Leyden 1963.

Weinhold, Edgar: Fachwörterbuch für Rechtspflege und Verwaltung/Dictionnaire juridique et administratif, Französisch-Deutsch, Deutsch-Französisch, Baden-Baden 1949.

Weiß, Claus: Die europäische Konvention zum Schutze der Menschenrechte und Grundfreiheiten (Dokumente, herausgegeben von der Forschungsstelle für Völkerrecht und ausländisches öffentliches Recht der Universität Hamburg, Heft XV), Frankfurt a. M. und Berlin 1954.

Wicher, Alfred: Handwörterbuch der Französischen Rechtssprache, Frankfurt a. M. 1951.

Wilberforce: Die bürgerlichen Grundrechte des Einzelnen (Schriftenreihe der Juristischen Studiengesellschaft Karlsruhe, Heft 74), Karlsruhe 1966.

Williams, Glanville L.: Demanding name and address, LQR Vol. 66 (1950)/465.

— Artikel „England", in: Police Power and Individual Freedom, edited by Claude R. *Sowle*, Chicago 1962, S. 41.

Wimmer, August: Einführung in das englische Strafverfahren, Bonn 1947.

v. Winterfeld, Achim: Das Verfassungsprinzip des rechtlichen Gehörs, NJW 1961/849.

Wolff, Hans J.: Verwaltungsrecht I, 6. Auflage, 1965, Verwaltungsrecht III, 1966, jeweils München und Berlin. Zitiert: VR I, III.

— Das Verfahren bei Freiheitsentziehungen, DÖV 1951/313.

Yearbook of the European Convention on Human Rights, The European Commission and European Court of Human Rights/Annuaire de la Convention Européenne des Droits de l'Homme, Commission et Cour Européennes des Droits de l'Homme, The Hague/La Haye,

Bd. I (1955—1956—1957), 1959 (noch unter dem Titel: European Commission of Human Rights/Commission Européenne des Droits de l'Homme — Documents and Decisions/Documents et Décisions),

Bd. II (1958—1959), 1960,

Bd. IV (1961), 1962.

Zitiert: Ann.

Zanobini, Guido—*Zanobini*, Luciano: Codice delle Leggi Amministrative (Textausgabe mit Anmerkungen), 6. edizione, Milano 1963.

Zinn, Georg August—Erwin *Stein*: Die Verfassung des Landes Hessen, 1. Bd., Bad Homburg v. d. H. und Berlin 1954.

Zwingenberger, Kurt: Die Europäische Konvention zum Schutze der Menschenrechte in ihrer Auswirkung auf die Bundesrepublik Deutschland, Diss. Heidelberg 1958.

FSC
www.fsc.org
MIX
Papier | Fördert
gute Waldnutzung
FSC® C083411

Kolibri 360 GmbH
Ferdinand-Jühlke-Straße 7
99095 Erfurt, Deutschland
produktsicherheit@kolibri360.de

Druck:
CPI Druckdienstleistungen GmbH
im Auftrag der
Kolibri 360 GmbH
Ferdinand-Jühlke-Str. 7
99095 Erfurt